Ensaios escolhidos

Vol. I

Título original:
Alfredo Margarido: Ensaios Escolhidos —Vol. I
Colonialismo, Resistência, Independência

Organização: Isabel Castro Henriques

Introdução: Isabel Castro Henriques e Diogo Ramada Curto

Revisão: Patrícia Almeida

Digitalização dos originais: Paula Gonçalves
com o apoio da Fundação Calouste Gulbenkian

Índices: Paula Gonçalves
com o apoio do Instituto de História Contemporânea

O IHC é financiado por fundos nacionais através da FCT – Fundação para a Ciência e a Tecnologia, I.P., no âmbito dos projectos UIDB/04209/2020, UIDP/04209/2020 e LA/P/0132/2020.

Capa: Edições Almedina

Depósito Legal n.º

ISBN: 978-972-44-2666-2

Paginação:
MA

Impressão e acabamento:
???????

para
EDIÇÕES 70
Março 2023

EDIÇÕES 70, uma chancela de Edições Almedina, S.A.
Avenida Emídio Navarro, 81, 3D
3000-151 Coimbra
e-mail: editoras@grupoalmedina.net

Alfredo Margarido

Ensaios escolhidos

Vol. I

Colonialismo, Resistência, Independência

Organização de Isabel Castro Henriques

70

INTRODUÇÃO

1.

Alfredo Margarido: uma curiosidade insaciável, uma sabedoria infinita sempre generosamente partilhada

Em 2012, dois anos depois da sua morte, vários amigos de Alfredo Margarido, novos e velhos, oriundos de diversos quadrantes, escreveram testemunhos sobre ele, editados em livro pela Biblioteca Nacional de Portugal([1]). Se todos referiram a sua dimensão intelectual, muitos falaram do seu percurso político e das relações afectivas que com ele mantiveram, sublinhando a sua personalidade sábia, livre e crítica, desprendida de interesses mesquinhos e «da busca de honrarias e adereços afins». São testemunhos que, se falam da sua obra, permitem também conhecer os princípios que nortearam a sua vida, o que o movia, como agia, como transmitia o seu saber, como estabelecia e cultivava as mais variadas amizades.([2])

([1]) *Alfredo Margarido (1928–2010): Um Pensador Livre e Crítico* (Lisboa: Biblioteca Nacional de Portugal (BNP) — Catálogos, 2012).

([2]) Todas as citações são de testemunhos da obra *Alfredo Margarido (1928–2010): Um Pensador Livre e Crítico.*

Quem foi Alfredo Margarido?

«Alfredo Margarido foi muita coisa — ensaísta, poeta, ficcionista, historiador, tradutor, antropólogo, sociólogo, filósofo, pintor, professor, político [...] —, mas foi sobretudo, em continuidade, um provocador cultural no melhor sentido (pro/vocare) [...].» «A coragem e a persistência com que atacou antigos e novos mitos portugueses valeram-lhe desconfianças e inimizades. Mas estas não invalidaram a lucidez e o acerto de muitas suas teorias, que são tão actuais e pertinentes [...].» ([3])

«Alfredo Margarido [...] um ser inquieto, indagador, exigente, afoito, corajoso, desabusado e irreverente. Polemista por exigência da alma, tinha dificuldade em deixar uma só ideia sem oposição. Ambicionava ser o que foi: um homem livre. Sem gosto pelos limites, quis, com elegância, afecto e devoção, ser tudo. Deu-se à cerâmica, à escultura, à pintura, à poesia, ao romance, ao jornalismo, à crítica de ideias e de livros, à história, à antropologia, ao magistério, e, à sua maneira, à política. Ninguém se espantaria se nos dissessem que estava actuando como trapezista [...]. Sabia muito. E muito aprendi com ele.» ([4])

«Uma das facetas mais marcantes da sua postura [...] é a do "descodificador", na desmontagem das ideias e dos conceitos consagrados [...]. Essa sua irreverência "semiológica" era devastadora, desconcertante e incómoda, pois abalava os saberes instalados. Nisso era mestre, o que dava abertura à polémica e lhe trouxe inimigos mais ou menos declarados[.]» ([5])

«O Margarido era um intelectual, tinha lido TUDO e a sua fome de livros era incomensurável, mas África e a sua problemática tocava-o. Se é verdade que lhe dei a conhecer a força daquela civilização que os que fazem a história esqueceram, também é verdade que o Margarido sendo um homem dos

---

([3]) Arnaldo Saraiva, *op. cit.*, p. 41.

([4]) Alberto da Costa e Silva, *op. cit.*, p. 35.

([5]) António Branquinho Pequeno, *op. cit.*, p. 37.

livros era dos livros que sabia retirar a própria terra vermelha e as gentes amesquinhadas.» ([6])

«[...] homem de conhecimentos enciclopédicos, espírito crítico e vigilante, autor de uma obra tão multifacetada quanto inovadora, sem esquecer a figura do lutador antifascista e anticolonialista. A sua recusa em "arranjar-se", procurando uma "colocação" em Portugal, após o 25 de Abril de 1974, foi aliás reveladora de uma atitude cívica de desinteresse, que muitos poucos podem reivindicar.» «[...] nunca terá feito cedências para se arranjar, nem tão pouco para se conformar, esvaziando o seu comportamento e escritos de um sentido crítico, inovador e apaixonadamente violento. Foram [...] estas últimas marcas que lhe custaram a reputação de ter sido um homem difícil[.]» ([7])

«Il fallait l'avoir vu pour croire qu'il existait vraiment! Lui, je veux dire un tel personnage, une telle personnalité, avec ce mélange visiblement voulu et assumé d'autorité intellectuelle, de sympathie et d'ouverture, de cette volonté de partage qui suppose qu'on clarifie, avec la fermeté nécessaire, les frontières pour pouvoir effectivement échanger. Notre rencontre? C'était en 1969, à Paris. Un lieu, une époque.» «Un puits de science. Un feu d'artifice intellectuel [...]. Avec cette chaleur à l'égard des autres [...]. Inutile de dire que chacun se demandait qui pouvait bien être ce personnage étrange, au profil assez peu commun dans le milieu universitaire.» ([8])

([6]) Artur do Cruzeiro Seixas, *op. cit.*, p. 43.

([7]) Diogo Ramada Curto, *op. cit.*, p. 53.

([8]) Elikia M'Bokolo, *op. cit.*, pp. 61–62.

Em português: «Era preciso tê-lo visto para acreditar que existia! Ele, quer dizer, uma tal personagem, uma tal personalidade, marcada por uma mistura visivelmente querida e assumida de autoridade intelectual, de simpatia e de abertura, de uma vontade de partilha que supõe que se clarifique, com a firmeza necessária, as fronteiras para se poder efectivamente trocar. O nosso encontro? Foi em 1969, em Paris. Um lugar, uma época.» «Um poço de ciência. Um fogo de artifício intelectual [...]. Com um calor em relação aos outros [...]. Inútil dizer que todos se perguntavam quem podia ser esta personagem estranha, com um perfil tão pouco comum no meio universitário.»

«Alfredo Margarido era, como os melhores, um monte de contradições: um rezingão inteligente que disfarçava os afectos, um cultor da palavra acerada e perscrutadora que escondia, com pudor e alguma malícia, o seu talento de artista plástico, um erudito sólido que fazia[,] com desenvoltura, poesia e romance, um provocador profissional que amava o convívio e sabia cultivar as amizades, um professor que gostava de desarrumar a sabedoria estabelecida e convidava à irreverência fundamentada, em suma, um cavalheiro de opinião diferente [...].»([9])

«A sua vida preenchida, a sua cultura enciclopédica, a sua curiosidade insaciável eram potenciadas em permanência por essa "inteligência inquieta", associada à forma como assumia a sua condição do "intelectual" [...] e do "professor" que seria até ao fim.» «Das artes plásticas, à sociologia, à antropologia, à história, eram vastos os conhecimentos que transmitia aos seus alunos (e aos seus amigos) recusando a escolástica, o dogma, a rotina e problematizando, repensando, questionando, reavaliando criticamente. O que o tornava às vezes incómodo [...].»([10])

«O Professor Alfredo Margarido foi um dos mais conceituados intelectuais portugueses do século XX e um nome fundacional dos Estudos Africanos em Portugal e no mundo de língua portuguesa. Todavia, estranhamente, nem em Portugal a sua obra tem a projecção que merece.» «[...] com ele aprendi que a irreverência apazigua a inquietação intelectual — embora se pague bem caro [...]. Alfredo Margarido pagou bem caro essa sua postura intelectual inquieta e irrequieta.»([11])

«O Alfredo tinha um conjunto de características que me fizeram aproximar dele: curiosidade intelectual, desassombro, independência, firmeza de carácter e frontalidade [...]. Dispunha de competências que me fizeram aproximar dele por encantamento: pintor, escritor, poeta, ensaísta, tradutor, investigador. Um autêntico homem da Renascença [...]. O Alfredo

([9]) Eugénio Lisboa, *op. cit.*, p. 65.

([10]) Fernando Pereira Marques, *op. cit.*, pp. 68–70.

([11]) Inocência Mata, *op. cit.*, pp. 77 e 80.

era um erudito no verdadeiro significado cognitivo, cultural e moral. Mas era um erudito que não dispensava [...] o escrutínio da actualidade e gostava ele próprio de ser escrutinado. [...] Tratava-se de um pensador ímpar que, por traço de personalidade, optou por fugir do conforto dos holofotes e dos salões. Nunca transigiu nos seus princípios e nunca permitiu, com a aceitação de honrarias e adereços afins, a instrumentalização do seu passado ungindo políticos e intelectuais que o não merecessem [...].» ([12])

«As curtas estadias das primeiras visitas deram-me a conhecer o homem de olhos azuis, que falava baixo, salpicando o português com acento francês. As palavras, diluídas em formatos enciclopédicos, reflectiam alguém que há muito tinha deixado o miserabilismo português para ganhar uma dimensão global. Na chegada de Paris, onde vivia há mais tempo do que o tempo que eu tinha vivido, transpirava todas as liberdades que tinha encontrado em França e que o teriam transformado para sempre.» «Foram muitos anos que vivemos na mesma casa, e, à semelhança da série americana [*ALF*], sinto-me tentada a dizer que também morei com um extraterrestre [...]. Servia de atracção aos meus amigos, imberbes e ignorantes como eu, que observavam esbugalhados aquela figura excêntrica, pomposamente catalogado de intelectual.» «Era um homem difícil [...] tinha mau feitio, era inconformista, ultra crítico e super sarcástico e de uma provocação ilimitada. Intolerante à estupidez e a qualquer manifestação de ignorância, era talvez a pessoa com maior imunidade à manipulação, ao comodismo intelectual, à necessidade da carreira.» ([13])

«[...] dizer Alfredo Margarido é lembrar a obra e o exemplo cívico de um dos observadores mais lúcidos da nossa realidade [...],observação essa que [...] se vai transformando em conhecimento, em saber e discurso, e daí em intervenção decidida sobre essa mesma realidade [...].» «Lembro o intelectual: curioso universal, analista minucioso, crítico rigoroso até à autocrítica, semeador de perguntas e de interrogações, [...]

([12]) Jorge Moreira da Silva, *op. cit.*, pp. 85–86.
([13]) Mariana Castro Henriques, *op. cit.*, pp. 109–110.

incitador de respostas, polemista. Lembro [...] o professor: transversal, interdisciplinar, praticante da ginástica do diálogo [...]. Não esqueço o artista: poeta lírico (ou verbal) e poeta plástico, sem fronteiras nem limites visíveis entre as linguagens [...].» ([14])

«O pioneirismo na abordagem sobre a autonomia da História de África no panorama dos estudos africanos em Portugal, tem na pessoa do Professor Alfredo Margarido um dos principais protagonistas, tendo inspirado muitos estudantes africanos [...].» «Alfredo Margarido, poeta [...], ensaísta, e ficcionista, [...] foi uma espécie de figura mítica para a minha geração. Oriundo das artes, viria a revelar-se como uma personalidade de recorte cultural eclético — da ficção à sociologia, da pintura à antropologia, da história das ideias aos estudos africanos [...].» ([15])

«Après le départ de Jean Copans [de l'Université d'Amiens] [...] Alfredo Margarido pris la relève et assuma cet enseignement [...]. L'anthropologie culturelle et sociale pris de l'envol sous la domination spirituelle de ce "gourou" tolérant et sceptique. Elle représentait selon moi la dimension poétique, critique et encyclopédique des sciences sociales face au danger positiviste ambiant.» ([16])

«Que dizer de Alfredo Margarido? Com Margarido partilhava raízes próximas, das serranias ásperas transmontanas e nos tempos de sombrias tiranias. Uma herança precisa de rebeldia genética, matriz celta e hebraica, e que será o nó essencial do nosso comportamento colectivo de séculos [...] Alfredo Margarido aceitou-me sempre com delicadas ternuras imensas [...]. Não saberei dizer do seu percurso académico

---

([14]) Perfecto E. Quadrado, *op. cit.*, pp. 113 e 115.

([15]) Rosa Cruz e Silva, *op. cit.*, pp. 117 e 119.

([16]) Trinh Van Thao, *op. cit.*, p. 121.

Em português: «Depois da partida de Jean Copans [da Universidade de Amiens] [...] Alfredo Margarido veio substituí-lo e assumiu o ensino [...] a antropologia cultural e social "levantou voo" sob a dominação espiritual desse "guru" tolerante e céptico. Ela representava para mim a dimensão poética, crítica e enciclopédica das ciências sociais perante o perigo do positivismo ambiente.»

[...] caminhei diversamente. Recebia-o como um homem da Renascença no século vinte, onde as nossas vidas fluíam [...] entre paixões e desencantos, muitos e diversos, mas onde permanecia o prazer, a alegria de viver, de sentir e decifrar o mundo. Seja, um espírito alerta, habitado febrilmente por uma curiosidade emotiva, generosa, um estado mental de bondade afectiva, suprema qualidade.» ([17])

«Mas ficou o eco das palavras / dos pensamentos lavrados em papel / das aguarelas leves como penas / a balançar nas mentes cautelosas [...]. O que outrora disseste, meu amigo, / / tem raízes na lembrança / da memória que perdura / gravada no desespero. Resta viva a rebeldia / da lição que nos deixaste [...].» ([18])

Palavras que os amigos registaram e que dão conta de uma personagem sábia, inquieta, crítica, livre, que se foi construindo em tempos e espaços diversos, marcados por vicissitudes múltiplas, relações serenas ou conflituosas, interrogações, incertezas, sonhos, dificuldades.

Os primeiros tempos: da infância e juventude à sua intervenção social e política (1928–1954)

Alfredo Margarido nasceu transmontano em Moimenta, Vinhais, em 5 de Fevereiro de 1928.

Era o lugar de origem da família paterna, próximo da fronteira com Leão, berço da sua avó, e os pais quiseram que o primeiro filho aí nascesse, tendo de imediato regressado ao Porto, onde estavam instalados. O pai era militar, a mãe tratava da casa e dos filhos que foram nascendo, sete ao todo. Um morreu em criança, outro, Fernando, o seu irmão mais próximo, partiu para o Brasil no final da adolescência e por lá ficou, uma ausência que marcou para sempre a vida de Alfredo.

([17]) Vasco de Castro, *op. cit.*, p. 125.

([18]) Excertos de um poema de Adelino Torres, *op. cit.*, pp. 31—32.

Alfredo Margarido saiu de Moimenta com poucos meses de idade e só lá regressaria uma vez em toda a sua vida: em Junho de 2010.

Em 12 de Outubro de 2010, Alfredo Margarido morria em Lisboa, com 82 anos.

É desse longo percurso de vida que escrevo. Não pretende abordar a sua interminável bibliografia, de obras escritas em vários formatos, inéditas e editadas ao longo de décadas([19]), mas sim traçar os passos da sua vida, que o marcaram, que o construíram e que nos permitem, hoje, conhecê-lo melhor.

Uma primeira fase do seu percurso existencial, desde 1928 até 1954, transporta-o de Moimenta ao Porto e, logo depois, a Bragança, onde vive a sua infância; depois, segue-se Viana do Castelo, onde passou a adolescência e a primeira juventude, e de novo o Porto e Lisboa, onde viria a instalar-se em 1954.

Bragança foi a cidade onde aprendeu as primeiras letras, o mundo das desobediências e das irreverências, as fugas dos colégios de padres e de madres, foi também o lugar dos primeiros amigos e das muitas brincadeiras no rio Fervença, que banha a cidade. A partir dos finais da década de 1930, Viana do Castelo, a cidade minhota, viria a ser o berço onde germinou a sua cultura literária, plástica e política. Escrever bem e ler tudo foram desde muito cedo as duas grandes preocupações e ocupações do seu quotidiano, a que se acrescentavam a escola, o liceu, o desporto — o remo e o futebol — e o fascínio pelo mar. Mas Viana foi também o lugar das primeiras pulsões criadoras, traduzidas na poesia e na cerâmica que ia produzindo, primeiro com o irmão Fernando, depois com António Pedro e o grupo surrealista de cerâmica de Viana. Aí, aprendeu cedo a dureza do trabalho: começou muito jovem uma «profissão» de empregado de escritório, sentiu — como escreveu em 1980 — a violência da sua «situação de "colonizado" do interior» e também «das consequências nefastas da alienação».

([19]) Sobre a sua bibliografia, ver *Alfredo Margarido (1928–2010): Um Pensador Livre e Crítico.*

A censura, a perseguição, a repressão levaram-no a filiar-se aos 18 anos (1946) no Partido Comunista Português. As relações com intelectuais, artistas e resistentes de várias origens profissionais e sociais, primeiro em Viana, depois no Porto, onde viveu e frequentou a Escola Superior de Belas-Artes, permitiram-lhe adquirir conhecimentos mais rigorosos sobre a situação repressiva do regime, alargando os seus horizontes intelectuais e alimentando uma sede constante e quase obsessiva de «saber mais». Em 1948, começou a receber o jornal *Avante*. Repudiava o regime e confessava-se intelectual comunista, nas palavras que a PIDE registou nos seus arquivos. Preso pela primeira vez em 1948 «por actividades subversivas», foi de novo levado para a cadeia do Porto, em 1949, por pertencer ao MUD Juvenil e fazer parte da Comissão Concelhia da candidatura à presidência da República do General Norton de Matos. Estava assim iniciado o seu percurso pelas prisões portuguesas e assim se ia «fabricando» Alfredo Margarido.

Entre 1954 e 1964, África, Lisboa e a CEI: nasce o anticolonialista

O percurso de Alfredo Margarido que o vai levar de Lisboa a África, de regresso a Lisboa e ao exílio em Paris inicia-se na capital lisboeta, cidade onde se casa com Manuela Margarido, nasce o primeiro filho, António, adere à efervescência cultural dos círculos intelectuais e artísticos portugueses que contestavam o regime.

Em Lisboa, Alfredo escreve poesia, romance, crítica literária e crítica plástica, trabalha como jornalista, como tradutor... vigiado pela PIDE! África entra então no seu quadro de vida e de reflexão. No texto introdutório ao seu livro consagrado ao estudo das literaturas das nações africanas de língua portuguesa (1980) ([20]), Alfredo regista aspectos fundamentais desse seu tempo português e africano. Por exemplo, refere-se a algumas das razões que o levaram muito cedo a tornar-se o

---

([20]) Alfredo Margarido, *Estudos sobre as literaturas das nações africanas de língua portuguesa* (Lisboa: A Regra do Jogo, 1980).

anticolonialista que sempre se manteve: se o primeiro elemento reside no peso da «colonização» sentido quando jovem trabalhador em Viana, «o casamento com uma escritora nascida numa ilha como o Príncipe, mostrara-me o outro aspecto da colonização: o racismo difuso mas constante do mundo português». Desenvolve relações, conversas, cumplicidades com vários africanos que viviam e estudavam ou trabalhavam em Lisboa. A Casa dos Estudantes do Império (CEI) viria a tornar-se num importante lugar de encontro, de uma militância anti-regime englobando a vertente colonial, e de reorganização do seu olhar, da sua análise, da sua reflexão sobre a realidade das colónias.

Em 1955, parte com a família para África, para São Tomé e Príncipe, onde aprendeu a cultivar o cacau, e em 1956–1957, instala-se em Luanda (Angola), onde foi o responsável pelo Fundo das Casas Económicas. Nesta então colónia portuguesa, contacta directamente com a dureza da colonização, com a violência do discurso colonial, com a hipocrisia das ideologias oficiais. Mas também se deu conta da capacidade africana de definir estratégias para preservar autonomias culturais e assegurar as resistências ao colonizador. Mais tarde, escreveria: «Quando fui obrigado a partir [de São Tomé] para Luanda, já compreendera perfeitamente o mecanismo da dominação, assim como a sua profunda desumanidade. Para o colonialista, não havia homens, apenas coisas do trabalho[.]»

Em Luanda, vários amigos como José Blanc de Portugal, Mário António (Fernandes de Oliveira), Artur Manuel do Cruzeiro Seixas introduziram-no nos meandros da sociedade luandense, reforçando os seus conhecimentos graças às relações rapidamente estabelecidas com angolanos como Ernesto Lara Filho, Viriato da Cruz, Joaquim Pinto de Andrade, Alexandre do Nascimento e muitos outros... Na capital angolana, Alfredo Margarido desenvolve múltiplas actividades e práticas angolanas — do trabalho à criação plástica e à escrita poética, da participação em jornais e outros periódicos, onde, através de uma palavra "protegida" mas coerente e eficaz, procurava denunciar o carácter absurdo e arbitrário do poder dos colonos, à organização de eventos de natureza cultural, como exposições — que revelavam a sua intervenção, persistente e determinada, contra o colonialismo português. Mas, como escreveu, os «colonialistas tinham entretanto compreendido que o espaço cultural podia ser uma arma anticolonial eficaz». A sua expulsão de Angola tornara-se inevitável: viria a ser expulso em finais de Setembro de 1957, após a realização de uma exposição de artes plásticas que organizou em Luanda conjuntamente com Artur do Cruzeiro Seixas.

De regresso a Portugal, de novo em Lisboa, retoma o seu trabalho de jornalista e de tradutor, que lhe permite viver com a família, ao mesmo tempo que reata as relações militantes com a Casa dos Estudantes do Império, participando na organização de antologias de criadores africanos, tanto de ficção como de poesia, capazes de assegurar a divulgação dos valores africanos e colaborando vigorosamente na *Mensagem*, o boletim da CEI. Escreve poesia e ficção, introduz com Artur Portela o *nouveau roman*, publica em jornais e em revistas artigos marcados pelas suas preocupações africanas e anticoloniais. Jornalista e responsável pela secção cultural do *Diário Ilustrado* (de onde viria a ser expulso sob pressão da PIDE), trabalhando igualmente na Guimarães Editores, Alfredo Margarido manteve uma intensa actividade intelectual, sempre vigiado pela polícia política, que desde o início de 1958 o proíbe de sair do país. Numa situação profissional precária, sobretudo a partir de 1961, data dos acontecimentos de revolta registados em Luanda que levaram ao início da guerra colonial, pede asilo político na Embaixada do Brasil, com a mulher e os dois filhos, António e José. Tenta negociar, sem êxito, uma saída para Londres. Perseguido pela PIDE, «regressa» às prisões portuguesas entre 1962 e 1963, seguindo-se a sua instalação com a família em Valença do Minho, com residência fixa.

Entretanto, mantém uma interessante correspondência com Cruzeiro Seixas, sempre em Luanda, que põe em evidência duas linhas fundamentais do seu trabalho intelectual e criativo que se organiza em torno da dimensão política: o surrealismo, que «pode ser utilizado como arma de franca agressão contra as estruturas burguesas», e a luta contra o colonialismo utilizando as formas culturais.

Em Janeiro de 1964, Alfredo candidata-se a uma bolsa de estudo da Fundação Calouste Gulbenkian que lhe é atribuída, permitindo-lhe finalmente sair do país. À pressa, sem malas — não fossem as autoridades pidescas arrepender-se —, apanha um comboio com destino a Paris, no dia 29 de Outubro desse mesmo ano. Não sem se ter visto embrulhado numa série de peripécias, ao chegar à fronteira portuguesa, desencadeadas pela PIDE, que o considerava um indivíduo «perigoso, atrevido e ousado, cínico e metediço, persistente até ao desafio, com a preocupação de se valorizar aos olhos do "partido" e dos seus pares» ([21]).

Paris, o conhecimento e a liberdade (1964–1974)

Do Alfredo Margarido parisiense, falam melhor do que ninguém os muitos amigos e companheiros dessa época, portugueses e não portugueses, que com ele partilharam o seu exílio, deixando registos de memórias, histórias, acontecimentos, comportamentos, leituras, interpretações, fragmentos de vidas, que construíram também a existência de Alfredo. ([22]) «Exilado em França, pude enfim abordar os temas políticos africanos directamente, sem passar pelo disfarce obrigatório da estética, sem recear o peso da censura» ([23]), escreveu Alfredo Margarido em 1980, acrescentando que pôde então descartar-se dos seus múltiplos pseudónimos ([24]) e escrever livremente.

Estudou (quase) tudo, formou-se em sociologia na École Pratique des Hautes Études, mais tarde École des Hautes Études en Sciences Sociales (EHESS), cujos quadros veio a integrar como investigador e professor, escreveu artigos

---

([21]) Palavras do agente da PIDE Inácio Faria, em 24 de Junho de 1964. Arquivos da PIDE, ANTT.

([22]) Ver testemunhos, *Alfredo Margarido (1928–2010): Um Pensador Livre e Crítico*, pp. 30–126.

([23]) Alfredo Margarido, *Estudos sobre as literaturas das nações africanas de língua portuguesa* (Lisboa: A Regra do Jogo, 1980).

([24]) Lúcio da Câmara, Paulo Saraiva, Manuel Kambinda são alguns dos nomes que utilizou para assinar textos diversos. *Op. cit.*, 1980, p. 29.

infinitos em livros, em revistas, em jornais e foi traduzido em várias línguas. Multiplicou as suas competências na vasta área das ciências sociais, reflectiu sobre o teatro, o cinema, a fotografia, as artes plásticas, numa perspectiva transdisciplinar, o seu discurso atravessado pelos saberes das diversas disciplinas que ia adquirindo e trabalhando.

Investigou e ensinou em várias universidades francesas — Paris-Nanterre, Paris-Vincennes, Paris I Panthéon-Sorbonne, Amiens, Tours — matérias tão aparentemente diferentes como a sociologia africana, a sociologia dos idosos em França, a literatura portuguesa, muito marcada desde 1970 por uma aproximação consistente à obra de Fernando Pessoa que lhe permitia vaguear pelos mais variados caminhos da criação e da mente. E muitos outros temas: a escultura africana, que sempre o fascinou, a história da República e da ditadura portuguesas, as literaturas africanas e a utilização da língua do colonizador, a cultura portuguesa — do Renascimento à «cultura genuína» —, a emigração portuguesa na Europa, a história e a literatura de Cabo Verde, não esquecendo o campo de concentração do Tarrafal, os nacionalismos e os movimentos de libertação, as independências africanas e o absurdo da ideia de descolonização, as teorias económicas, as políticas e as ideologias contemporâneas — dos marxismos aos colonialismos, aos fascismos e nazismos. A reflexão teórica em torno de conceitos, noções, categorias classificatórias — da etnia à modernidades e à lusofonia — levam-no a recorrer frequentemente a pensadores gregos, como Homero, Sócrates e, sobretudo, Platão. Os mitos e as mitologias, os espaços rurais, que considera redutores da liberdade dos homens, e os espaços urbanos criadores da novidade, o interesse pela "loucura" e pelos fenómenos psíquicos (que o levou a estagiar em hospitais psiquiátricos) põem em evidência a abrangência dos seus interesses.

«Tu que sabes tanta coisa», escrevia-lhe de Roma, em 1996, Luciana Stegagno Picchio, pondo em evidência a recusa dos poderes universitários portugueses em reconhecer os seus talentos e a infinidade dos seus saberes([25]).

([25]) *Alfredo Margarido (1928–2010): Um Pensador Livre e Crítico*, p. 160.

Mas Paris foi também o lugar de muitos encontros e desencontros com intelectuais, escritores, artistas, políticos, africanos, brasileiros, franceses, italianos e tantos outros, e sempre o seu fascínio pelas mulheres, das quais veio a ter dois filhos franceses, Marion e Mathieu, em meados da década de 1970.

A acção política, a proximidade às FAP em 1966, um mandado de captura emitido pela PIDE para todas as fronteiras em 1967 e a recusa da renovação do seu passaporte no consulado português em Paris, em Setembro do mesmo ano (o que o impediu de sair legalmente de França até 1974), a participação activa no processo das revoltas estudantis de Maio de 1968 e sempre a sua escrita militante contra a ditadura portuguesa, que os *Cadernos de Circunstância* registaram([26]), constituem outras tantas das suas preocupações em terras de França.

Depois do 25 de Abril 1974: a difícil «pacificação» das suas relações com Portugal

Numa carta dirigida a Vergílio Ferreira, escrita em Valença do Minho, onde se instalou durante um curto tempo de férias permitidas por Abril de 1974, Alfredo, que, como outros exilados, tinha vindo ver e viver a revolução, faz referência ao seu «re-encontro», ou «re-desencontro com Portugal [que] dura pouco tempo e lá vou eu outra vez, na massa dos emigrados, dado que já não sou "réfugié-politique portugais"»([27]). Desiludido com os caminhos seguidos pela Revolução dos Cravos, incapaz, por princípio e por feitio, de pedinchar, reclamar ou exigir, regressa a Paris, consolida a sua situação profissional na EHESS, adquire a nacionalidade francesa e segue o seu percurso de intelectual empenhado e reconhecido em tantos lugares do mundo, excepto no seu país!

Durante os 15 anos que se seguem, o seu saber e o seu ensino são disputados por várias universidades, sobretudo

---

([26]) Ver testemunhos de Fernando Pereira Marques, João Freire, Luís Ramalhosa Guerreiro, *op. cit.*

([27]) Carta a Vergílio Ferreira, *op. cit.*, p. 147.

brasileiras, onde permanecerá frequentemente por longos períodos; mas também África o reclama, e muitas são as instituições europeias que o obrigam a uma circulação constante, alargando o seu campo de reflexão, as suas relações intelectuais, as suas amizades com jovens e menos jovens. Dispondo de uma memória prodigiosa, de um pensamento dialéctico, de uma notável capacidade de articulação dos problemas, de um profundo conhecimento... de quase tudo que França lhe permitiu reforçar, de uma curiosidade centrada na convicção da força explicativa escondida no âmago do pormenor, Alfredo Margarido soube utilizar os instrumentos intelectuais ao seu alcance para se reconstruir num «intelectual francês», como gostava de dizer.

Com uma arrogância não só contrária a si próprio e aos seus valores, tão falsa como era verdadeira a sua maneira portuguesa de estar na vida, só viria a ultrapassar lentamente as suas amarguras e as suas polémicas com Portugal na segunda metade da década de 1980, reconhecendo a sua longa e singular «portugalidade», como viria a escrever num dos seus últimos poemas, em Julho de 2010: «trouxe sempre a vida da minha infância...» ([28]).

Os anos finais de 1980 marcam o seu regresso ao país, num novo quadro afectivo e profissional. Convidado a ensinar na Universidade Autónoma de Lisboa e depois na Universidade Lusófona de Tecnologias e Humanidades, foi-se instalando em Lisboa, adquirindo uma paz e uma serenidade inéditas. Alfredo Margarido ensinava, investigava, escrevia, pintava, encontrava alguns dos amigos de Paris, também instalados no país. As viagens a Paris, para dar aulas na EHESS, eram semanais até à sua reforma em 1992, tornando-se então menos frequentes em função das aulas e das actividades de docência que Lisboa impunha.

Convites, colóquios, conferências, cursos levaram-no a viajar na Europa, em África, nas Américas: Alfredo adquirira um reconhecimento intelectual nos espaços de língua portuguesa.

([28]) Poema, *op. cit.*, p. 182.

Em Portugal, esse reconhecimento foi sempre difícil. Como escreveu em 2012 um dos seus amigos, «é lamentável [...] que nenhum governo e nenhum Presidente da República se tivesse lembrado ou, lembrando-se, decidido não atribuir nenhuma condecoração a Alfredo. Sinto vergonha desse esquecimento da 3.ª República Portuguesa» (29). Nem condecorações, nem prémios, nem medalhas (salvo do Governo de Cabo Verde, em 2002), nem reconhecimentos públicos, nem nome nas ruas... A sua dimensão na cultura portuguesa nunca foi reconhecida!

A doença começou a instalar-se na viragem do século, obrigando a estadias de hospital penosas em Paris, regressando sempre a Lisboa, a «sua cidade», como diria o irmão Benjamim. A última década da sua vida foi marcada por uma serenidade que, dizia, sempre lhe faltara até então... Mesmo assim, sofreu mais um duro golpe, quando recebeu uma carta lacónica e formal da Universidade Lusófona, onde continuava a ensinar, a «dispensar os seus serviços de docência»: a transmissão do seu saber, a reflexão crítica que generosamente partilhava com alunos e colegas, a sua vida de ensino longa, de décadas, acabava num bocado de papel, que sentiu como uma violenta agressão e uma profunda tristeza.

Pacientemente, lutou contra um Parkinson que, qual PIDE, o perseguia, o controlava, o proibia, o impedia, o transformava. Apesar desse sofrimento, em casa, em Lisboa, vivia calmo, pacífico, sem queixas nem lamentações, generoso, sempre de bom humor. Lia tudo, escrevia na velha máquina de escrever, pensava, pintava... era a aguarela que mais o seduzia e que dizia bem a sua natureza poética, sensível, desprendida do material, quase infantil, que convivia com a sua dimensão intelectual e com o seu pensamento racional. Como escreveu um dos seus amigos, as suas «aguarelas [...] não são tão líricas ou tão *naïves* como se pintam; a sua copiosa policromia e a sua diversa liquidez, as suas pequenas dimensões, o descuido de algumas das suas formas e traços, servem decerto uma semântica da inocência e da transparência, nunca dissociada porém das suas

(29) Jorge Moreira da Silva, *op. cit.*, p. 86.

sugestões lúdicas, dialécticas ou dinâmicas» ([30]). Também Eduardo Lourenço escreveu a propósito da sua pintura pessoana: «Ninguém se tinha lembrado como Alfredo Margarido de tomar ao pé da letra os mitos escritos, as pinturas mudas como se dizia nos tempos camonianos, que são afinal o suporte e em última análise a "verdadeira" vida do poeta da "Ode Marítima". Alfredo Margarido deixou-se guiar, descontraidamente[,] pelo romanesco da poesia de Pessoa[.]» ([31])

Continuava, como sempre, a olhar e a interpretar o mundo à sua volta, reflectia sobre o mais insignificante objecto que se transformava num suculento problema, numa fascinante aventura, numa longa dissertação carregada de sabedoria e de erudição: uma couve podia tornar-se o revelador crucial de convergências identitárias; um remendo nas calças permitia-lhe discorrer sobre a metamorfose de um país salazarento num Portugal livre e democrático.

Quando, em Maio de 2010, o filho mais novo o veio visitar e lhe perguntou: «Qu'est-ce que tu fais maintenant, Alfredo?» ([32]) A resposta não podia ser mais lúcida e mais dramática: «Je m'écoute me dissoudre.» ([33])

Como escreveu o amigo Trinh Van Thao, em Outubro de 2010: «poète, il a choisi l'automne pour partir...» ([34]).

Em forma de conclusão: o legado de Alfredo Margarido

Não se trata, no final deste breve texto, de fornecer uma longa indicação e descrição da obra que nos deixou Alfredo Margarido, mas apenas de uma curta apresentação de elementos que caracterizam essa sua produção intelectual e permitem melhor conhecê-la e compreendê-la.

([30]) Arnaldo Saraiva, *op. cit.*, p.28.

([31]) Eduardo Lourenço, *Obra Plástica de Alfredo Margarido* (Vila Nova de Famalicão: Fundação Cupertino de Miranda, 2007), p. 9.

([32]) «O que fazes agora, Alfredo?»

([33]) «Oiço-me dissolver.»

([34]) «Poeta, escolheu o Outono para partir.»

Alfredo Margarido viveu, escreveu, pintou, sempre de forma quase compulsiva, e deixou uma obra imensa, dispersa um pouco por todo o lado. Se a sua pintura é mais facilmente localizável, embora uma parte significativa esteja espalhada por França, Portugal e Brasil — «fazia um boneco» e oferecia-o de imediato ao seu interlocutor ou amigo —, os seus escritos, de natureza muito diversa no conteúdo e na forma, encontram-se espalhados em jornais e periódicos nacionais e internacionais, em obras colectivas — estudos, capítulos, introduções, prefácios, posfácios —, em revistas culturais e científicas, nacionais e estrangeiras, que, como escreveu Eugénio Lisboa, «se deviam reunir em livro (ou livros) [...] tantos dos seus fulgores [...] de difícil consulta» ([35]).

O seu espólio literário — o que dele restava, porque, sem paciência para preservar, deitou fora «muita papelada» — encontra-se na Biblioteca Nacional de Portugal, para onde seguiram milhares de papéis desarrumados, soltos, desordenados, rascunhados, dactilografados, escritos, «embonecados», amarelecidos, empoeirados... que Fátima Lopes, responsável pelos espólios da BNP, se viu heroicamente obrigada a ordenar, interpretar, dar uma arrumação racional, não pondo em causa a «irracionalidade» própria do autor. Era uma tarefa necessária para que toda esta barafunda de papel pudesse adquirir um sentido lógico, dando posteriormente a conhecer aos futuros leitores e investigadores manuscritos inacabados, ideias registadas, cartas ilustradas, desenhos rabiscados, textos inéditos escritos, reescritos, à mão e à máquina, com um título, ou dois ou três diferentes, que nunca sabemos se é o mesmo, se é outro, às vezes parecendo feitos e refeitos em momentos distintos da sua vida. ([36])

Alfredo Margarido escrevia vários textos ao mesmo tempo, prosa e poesia, temas diferentes, pintava, desfazia o que fazia,

---

([35]) Eugénio Lisboa, *Alfredo Margarido (1928–2010): Um Pensador Livre e Crítico*, p. 66.

([36]) A BNP publicou, em 2012, o catálogo já citado, *Alfredo Margarido (1928–2010): Um Pensador Livre e Crítico*, no qual se encontra indicada uma parte significativa da sua obra.

recomeçava, remendava, cortava e colava, desmembrava, rasgava. E tinha ainda duas outras particularidades muito incómodas: não datava quaisquer documentos e fazia desaparecer o que acabara de escrever ou de guardar, ficando horas a revolver a confusão sem o conseguir encontrar. Semanas ou meses depois, quando procurava outro objecto perdido, fosse papel, livro, carta, tesoura, a primeira coisa aparecia! Mais umas semanas e havia de recuperar a segunda... e assim se atrasava com textos e ensaios que os editores desesperadamente lhe pediam que entregasse. Dou apenas o exemplo do seu imenso livro de poemas *Situação Líquida*, que devia ter sido publicado em 1992 pela Imprensa Nacional-Casa da Moeda, com um prefácio do Eugénio Lisboa. Várias vezes vi provas desse livro que Alfredo corrigia, alterava, retirava poemas, incluía outros; a situação repetia-se, e as provas iam e vinham. E acabaram por ficar em casa, dispersas, baralhadas, perdidas... e o livro nunca foi publicado.

Os livros que escreveu não foram muitos comparando com os milhares de páginas escritas, mas revelaram algumas das infinitas temáticas que o interessavam e que tratou nos seus textos dispersos. Desde os anos 1960 até ao século XXI, publicou ensaios, poesia e ficção, de que se destacam obras como, no ensaio, *Teixeira de Pascoaes* (1961), *Negritude e Humanismo* (1964), *Jean-Paul Sartre* (1965), *A Introdução do Marxismo em Portugal* (1975), *Estudos sobre as literaturas das nações africanas de língua portuguesa* (1980), *Plantas e Conhecimento do Mundo nos Séculos XV e XVI* (1989), *As Surpresas da Flora no Tempo dos Descobrimentos* (1994) ou *A Lusofonia e os Lusófonos: novos mitos portugueses* (2000). Na poesia, publicou *Poemas com Rosas* (1953) e *Poema para Uma Bailarina Negra* (1958) ([37]). Na ficção, integrou-se na tendência do *nouveau roman*, publicando *No Fundo Deste Canal* (1960), *Centopeia* (1961) e *As Portas Ausentes* (1963). Com Artur Portela Filho preparou *O Novo Romance* (1962), texto divulgador dessa tendência literária. Investigador da cultura portuguesa, estudou Fernando Pessoa, mas igualmente

---

([37]) Obra editada recentemente pelo amigo Cruz Santos, na Editora Modo de Ler.

Camões ou Jorge de Sena; também as problemáticas africanas estão presentes numa obra ensaística e crítica, multidisciplinar e incontornável, bem como na sua intervenção cívica. Traduziu James Joyce, Nathalie Sarrautte, Hemingway, John Steinbeck, Nietzsche e Herman Melville. Uma parte da sua obra plástica foi reunida em *33+9 Leituras Plásticas de Fernando Pessoa* (1988) e em *Obra Plástica de Alfredo Margarido* (2007).

Muitos dos seus amigos deram conta, nos testemunhos que deixaram em 2012(38), da diversidade que caracteriza a sua obra. Amigos dos primeiros tempos portugueses e africanos(39); companheiros da sua vida parisiense(40); colegas e estudantes do pós 25 de Abril e da sua posterior instalação em Lisboa(41); outros que o admiraram ou criticaram ou a ele não foram indiferentes, com ou sem laços familiares(42), todos escreveram sobre Alfredo Margarido, assinalando temas e textos, revelando memórias, na universidade, nos cafés, nos colóquios, em casa, através do correio ou de conversas telefónicas, e sublinhando a natureza inovadora e crítica da sua obra.

Se Brunello de Cusatis evidencia o lugar pioneiro de Alfredo Margarido «a estudar e a enfrentar com grande honestidade intelectual o pensamento político pessoano», publicando em 1971, no *Bulletin des Études Portugaises* o ensaio «La pensée politique de Fernando Pessoa»(43), Daniel Lacerda, director da revista *Latitudes* (Paris), põe em evidência o seu constante e inovador contributo, as suas sugestões «preciosas», «a sua invulgar e corajosa postura [que] assentava numa matriz de

---

(38) *Alfredo Margarido (1928–2010): Um Pensador Livre e Crítico.*

(39) Alberto da Costa e Silva, Cruzeiro Seixas, Eugénio Lisboa, Gaspar da Silva.

(40) Adelino Torres, António Branquinho Pequeno, Fernando Pereira Marques, João Freire, Luís Ramalhosa Guerreiro, Vasco de Castro, Elikia M'Bokolo, Luiz Silva, Marc Ferro, Trinh Van Thao.

(41) Arnaldo Saraiva, Brunello de Cusatis, Daniel Lacerda, Diogo Ramada Curto, Inocência Mata, Perfecto Cuadrado, Rosa Cruz e Silva, Luís Vaz.

(42) Luís Tavares, Jorge Moreira da Silva, Mariana Castro Henriques.

(43) Brunello de Cusatis, *Alfredo Margarido (1928–2010): Um Pensador Livre e Crítico*, p. 46.

autonomia e de grande sensibilidade à expressão literária e artística [...] [que] não foi até hoje creditada pelo *establishment* como outros ensaístas contemporâneos, antes permanecendo evanescente numa franja marginal — para alguns maldita» ([44]). Também a importância da sua escrita diversa sobre a realidade histórica, sociológica, literária cabo-verdiana é evidenciada por Luiz Silva, que sublinha ainda a presença assídua de Alfredo Margarido em todas as actividades da Associação dos Cabo-verdianos em França, assim como as suas reflexões em torno da música e das artes plásticas de Cabo Verde ([45]). Já o longo testemunho de Luís Ramalhosa Guerreiro põe em evidência as múltiplas dimensões da obra de Alfredo Margarido e a sua dispersão, e regista a necessidade «urgente [de] organização, publicação e estudo», indispensáveis ao conhecimento de «uma das vozes críticas mais informadas, perturbantes e contundentes da nossa contemporaneidade» ([46]).

A publicação da vasta obra de Alfredo Margarido é certamente urgente, necessária, fundamental para o conhecimento da cultura portuguesa contemporânea. Espera-se que este primeiro volume que agora se edita venha a constituir um ponto de partida para futuras investigações e edições que levem mais além o conhecimento do contributo intelectual de Alfredo Margarido, o seu empenho continuado em criar as condições para a transformação constante do conhecimento, recusando as certezas imediatas e fáceis, valorizando o erro e a interrogação e dando à crítica a sua dimensão explicativa do mundo.

Lisboa, Dezembro de 2022–Janeiro de 2023

ISABEL CASTRO HENRIQUES

([44]) Daniel Lacerda, *op. cit.*, pp. 49–51.

([45]) Luiz Silva, 2012, *op. cit.*, pp. 104–106.

([46]) Luís Ramalhosa Guerreiro, 2012, *op. cit.*, p. 95.

2.

Alfredo Margarido: do surrealismo às lutas anticoloniais[1]

Isabel Castro Henriques organizou, para a colecção «História e Sociedade» das Edições 70, estes *Ensaios Escolhidos* de Alfredo Margarido. O primeiro volume inclui trabalhos escritos entre 1964 e 2005 relativos a temas do colonialismo, resistência e independência. A história do colonialismo é, aqui, feita com base numa teoria inédita da prática pós-colonial que Margarido desenvolveu durante uma vida de luta e investigação. Se o «colonialismo penetrou profundamente na nossa prática política, económica e intelectual» — escreveu —, impunha-se «uma mudança radical dos hábitos intelectuais portugueses» (p. 405 deste livro). Em comparação com um volume anterior, caso único em termos de sistematização de ensaios levada a cabo pelo próprio autor, os critérios utilizados nesta compilação são diferentes.

Em *Estudos sobre literaturas das nações africanas de língua portuguesa* (Lisboa: A Regra do Jogo, 1980) — depois de uma longa introdução sobre «Teorias e epistemologias», na qual se

[1] Agradeço a Isabel Castro Henriques e Nuno Domingos a leitura crítica desta introdução.

questionou o significado da literatura nas lutas pela emancipação das nações africanas —, foi adoptada uma divisão geográfica, que começava por Angola, seguindo-se Cabo Verde, Moçambique e São Tomé e Príncipe. Enquanto, no volume que agora se publica, o critério seguido é, apenas, temático. Numa primeira parte, recolhem-se os textos do autor relativos ao processo de denúncia das mais diversas formas de dominação colonial, bem como os que dizem respeito às lutas pela independência, autonomia e estratégias de resistência. No centro de todas as análises, com valor de argumento principal, encontra-se a história dos Africanos e o modo como ela determinou a formação de um espaço Atlântico, com base no tráfico de escravos. É que «a escravatura "fabrica" brasileiros» (p. 328 deste livro); mas a partir de finais do século XIX assiste-se à «recuperação da dignidade dos dominados» (p. 365 deste livro). Numa segunda parte, o objecto principal são as ideologias de justificação do colonialismo. Escrutinam-se, assim, as construções feitas com recurso à ciência e aos saberes disciplinares ou as que se definiram a partir de locais, práticas ou conceitos agregadores, como sucedeu por reacção na Casa dos Estudantes do Império ou, mais recentemente, no espaço imaginário da Lusofonia.

O ponto de partida é constituído pelo ensaio intitulado *Negritude e Humanismo*, publicado em 1964 pela Casa dos Estudantes do Império. Trata-se de um texto, já incluído na citada compilação do autor *Estudos sobre literaturas das nações africanas* (1980), que volta a sair neste volume. Encontram-se, nele, dois aspectos que o autor procurou sempre abordar em conjunto. Por um lado, identificam-se as interpretações que dominam um campo, detectando as suas insuficiências e ajustando os conceitos aos respectivos territórios analíticos. Por outro lado, atende-se à função do real, neste caso constituída por culturas e processos, com direito à sua autonomia e racionalidade próprias. Foi o que sucedeu em África, cujos condicionalismos tinham na base a materialidade das relações de produção, a começar por aquelas que se estabeleciam entre colonos e colonizados. Para a compreensão destas últimas relações, terá sempre de se entrar em linha de conta com a administração e o Estado colonial, bem como com as novas tecnologias da comunicação. Mas é de notar que tais relações, como fica demonstrado ao longo deste livro, estiveram também inscritas numa gama variada de linguagens e comportamentos, incluindo modos de resistência patentes no recurso aos tambores ou nos mocambos e quilombos de São Tomé e do Brasil (pp. 122–123 deste livro).

A partir dessa dupla ancoragem, Margarido discutiu o termo «negritude», enquanto forma sintética de designar o «humanismo negro». Começou por reconstruir a sua genealogia: criado por Aimé Césaire em cerca de 1935, cuja poesia visava alcançar um sentido revolucionário; foi reutilizado por Senghor; e sistematizado por Jean-Paul Sartre, depois de ter sido referido por Francisco José Tenreiro, em *Ilha de Nome Santo* (1942). Mais do que qualquer outro autor, na mira do ataque de Margarido, estava Sartre. Este associava aos negros «tudo o que se refere a uma irracionalidade», constituindo uma «essência negra» e criando uma antinomia entre brancos e negros, como sucedia na oposição entre o branco engenheiro e o negro camponês (pp. 4–6 deste livro).

Qual o contexto mais pertinente para compreender a intenção de Margarido ao criticar Sartre pelas suas ideias acerca da negritude? O autor deste livro considerou que a *Anthologie de la Nouvelle Poésie Nègre et Malgache* de Senghor, com prefácio de Sartre, teve efeito imediato, ao mostrar a capacidade criadora dos autores africanos e servir de modelo para as futuras antologias que a Casa dos Estudantes do Império veio a publicar, a partir de 1960 (p. 41 deste livro). Contudo, em Portugal, aos elementos que faziam parte da discussão francesa sobre a negritude, haveria que somar o intricado contributo do surrealismo. Pelo meio ficavam, conforme Margarido veio a elencar: a genealogia dos diferentes nativismos; o pan-africanismo jamaicano e norte-americano; o fascínio pelo *jazz*, pelas danças e o corpo das mulheres negras; as contribuições brasileiras sobre a fome, a seca e a exploração económica, particularmente visíveis em Cabo Verde; a mobilização e recrutamentos levados a efeito pelo Partido Comunista Português junto dos círculos de estudantes africanos; e a Conferência de Bandung, em 1955, que, ao fornecer uma justificação política aos colonizados, abriu as portas ao conflito com as potências coloniais.

Mas a discussão mais importante aberta por Margarido a respeito da negritude, que se afigura como em muitos outros campos pioneira, diz respeito ao facto de que em Angola, como depois em Moçambique e na Guiné, a partir de 1961, a iniciativa política e armada dos povos colonizados não estava necessariamente escorada na negritude. A formulação do autor é, ainda mais prudente: «se o conceito participa, contudo, na formulação teórica, não o podemos considerar como suporte da reflexão, que determina não só o discurso nacionalista e independentista, mas, sobretudo, a mobilização para o combate» (p. 43 deste livro). E, por um momento, Margarido parece atribuir o máximo de consciência possível das razões justificadoras do combate a Amílcar Cabral e à sua contemporânea Casa dos Estudantes do Império, em Lisboa.

Na crítica de Margarido a Sartre, será possível identificar uma salutar irreverência, associada à intenção de inverter os termos de uma relação desigual com a cultura francesa dominante(2). Depois, um dos maiores progressos registados na compreensão do contexto que levou Margarido a pronunciar-se sobre a negritude — por permitir ler Margarido contra a corrente ou as razões por ele próprio explicitadas — encontra-se na tese de doutoramento de Teresa Matos Pereira. Reconstitui-se nela o trajecto do surrealismo às lutas anticoloniais. Um dos pontos de partida esteve na revista *Documents*, com 15 números publicados entre 1929 e 1930, sob a direcção de Georges Henri Rivière e Georges Bataille. Tal como sucedia com as colagens surrealistas, a revista sobrepunha arte, ciências sociais e arqueologia. O domínio da arte ia dos gregos à arte negra, do *jazz* às obras medievais, sem esquecer a pintura de Picasso, propondo «uma diluição das hierarquias culturais e expressões estéticas baseadas numa visão eurocêntrica, ao

---

(2) Em francês, mas como reflexo das suas publicações na Casa dos Estudantes do Império, Alfredo Margarido já tinha publicado: «Incidences socio-économiques sur la poésie noire d'expression portugaise», *Diogène. Revue Internationale des Sciences Humaines*, n.º 37 (1962), pp. 53–80.

mesmo tempo que [se promovia] uma irrupção do acaso e do Outro — dois elementos cruciais na poética surrealista» (3).

Para simplificar, passo ao lado de Bataille, demasiado criativo, provocador e independente para se encaixar em qualquer agenda, como o fez André Breton com o comunismo; mas reconheço a necessidade de reter dele pelo menos um texto, inspirado em Marcel Mauss, revelador do impacto que nele tiveram a etnografia e o conhecimento dos povos extra-europeus (4). Concentro-me num outro membro do grupo e autor da referida revista, Michel Leiris, que também procurou alcançar uma visão não eurocêntrica. Numa das suas viagens, atravessou África, desde o Senegal até ao Mar Vermelho. Entre 1931 e 1933, integrou a expedição Dakar-Djibouti chefiada por Marcel Griaule, no quadro das iniciativas do Museu de Etnografia do Trocadéro. Foram, então, recolhidos mais de 3000 objectos — sendo uns comprados, outros roubados, por vezes recebidos como presentes, que ficaram na posse do Estado francês e foram depositados no referido museu —, mais 6000 fotografias, 2000 registos audiovisuais e 1500 fichas manuscritas (5). Em 1934, Leiris publicou o seu diário de

(3) Teresa Matos Pereira, *Uma Travessia da Colonialidade: Pintura, coleções e intervisualidades* (Vale de Cambra: Caleidoscópio, 2020), cito pelo original *Uma Travessia da Colonialidade: Intervisualidades da Pintura, Portugal e Angola.* Tese de doutoramento (Lisboa: Faculdade de Belas-Artes da Universidade de Lisboa, 2011), p. 269. Agradeço a chamada de atenção para esta tese a Jorge Rivera que me fez reflectir sobre as várias dimensões do surrealismo.

(4) Aníbal Fernandes, «Apresentação», *in* Georges Bataille, *O ânus solar (e outros textos do Sol)* (Lisboa: Assírio & Alvim, 2007), p. 12; *Idem*, «La notion de dépense» [*La critique sociale*, n.º 7 (Janeiro, 1933), pp. 7–15], *in Idem*, *Œuvres complètes*, vol. I — *Premiers écrits 1922–1940*, apresentação de Michel Foucault (Paris: Gallimard, 1970), pp. 302–320, 628–636.

(5) Louise Tythacott, *Surrealism and the Exotic* (Londres: Routledge, 2003), p. 205, *cit. in* Teresa Matos Pereira, *Uma Travessia da Colonialidade*, *op. cit.*, p. 272; Florence Weber, *Brève histoire de l'anthropologie* (Paris: Flammarion, 2015), pp. 220–222, *maxime* p. 221. A título de exemplo, acerca do interesse pelas viagens de exploração, numa perspectiva que tinha mais de inquérito judicial ou militar, ver Marcel Griaule, *Les grands explorateurs* (Paris: PUF, 1946).

viagem intitulado *L'Afrique Fantôme*, «um autêntico grito de recusa das relações alimentadas "no terreno" à sombra do poder colonial»([6]). O paradoxo do movimento surrealista estabeleceu-se, então, nos seguintes termos: por um lado, condenavam-se a pilhagem dos bens culturais das sociedades não europeias e a sua mercantilização nos mercados ocidentais, numa linha de anticapitalismo e anticolonialismo; por outro lado, os surrealistas reuniram grandes colecções de arte africana, ameríndia e oceânica, tendo em vista a valorização dessas mesmas culturas([7]).

Embora com alguns antecedentes, a primeira exposição do Grupo Surrealista de Lisboa ocorreu em 1949([8]). Coincidindo

---

([6]) Florence Weber, *Brève histoire de l'anthropologie*, *op. cit.*, p. 221.

([7]) Teresa Matos Pereira, *Uma Travessia da Colonialidade*, *op. cit.*, p. 273.

([8]) Jorge de Sena, «Sobre o Surrealismo» [1944–1978], *in Idem*, *Estudos de literatura portuguesa*, vol. III (Lisboa: Edições 70, 1982), pp. 213–260, *maxime* pp. 217–232; José-Augusto França, *Da pintura surrealista*, sep. de *Arquitectura* (s. l.: 1958); *Idem*, *A pintura surrealista em Portugal* (Lisboa: Artis, 1966); *Idem*, *A Arte em Portugal no Século XX (1911–1961)*, 4.ª ed. (Lisboa: Livros Horizonte, 2009; 1.ª ed. 1974), pp. 257–269; *Quaderni Portoghesi*, n.º 3 (Primavera, 1978) [artigos de Jorge de Sena, Alexandre O'Neill, José Augusto França e Alfredo Margarido]; João Nuno Alçada, «Apenas uma narrativa de António Pedro, ou o romance surrealista em Portugal», *Revista da Biblioteca Nacional*, vol. 2, n.º 1 (1982), pp. 85–100; Luís de Moura Sobral, *Le surréalisme portugais*, prefácio de Alex Macleod, «Le salazarisme ou la grande noirceur portugaise» (Montréal: Département d'Histoire de l'Art de Université de Montréal, 1984); Maria de Fátima Marinho, *O Surrealismo em Portugal* (Lisboa: Imprensa Nacional-Casa da Moeda, 1987); João Lima Pinharanda, «O Declínio das Vanguardas: dos anos 50 ao fim do milénio», in *História da Arte Portuguesa*, ed. Paulo Pereira (Lisboa: Temas & Debates, 1995), pp. 594–597; José Cândido Oliveira Martins, *Teoria da paródia surrealista*, pref. de Vítor Aguiar e Silva (Braga: APPACDM Distrital de Braga, 1995); María Jesús Ávila, Perfecto E. Cuadrado, eds., *Surrealismo em Portugal, 1934–1952* (Lisboa-Badajoz: Museu do Chiado, Museo Extremeño e Iberoamericano de Arte Contemporáneo, 2001); Adelaide Ginga Tchen, *A aventura surrealista: o movimento em Portugal do casulo à transfiguração* (Lisboa: Colibri, 2001); João Lima Pinharanda, «Quando o pintor é um caso à parte ou as velhas ainda lá estavam», in *Mário Cesariny*, eds. João L. Pinharanda e Perfecto

com a candidatura de Norton de Matos à presidência da República, nela ficou expressa uma mensagem de oposição ao fascismo. Nesse mesmo ano, Mário Cesariny e Pedro Oom saíram em riste contra muitos intelectuais, incluindo os que se identificavam como surrealistas([9]). Como já foi notado, tratou-se de um grupo inicial frágil e instável, do qual muitos acabaram por partir ou desistir: Cruzeiro Seixas ingressou na marinha mercante, tendo-se fixado em Angola; Mário Henrique Leiria rumou ao Brasil, Pedro Oom regressou «abjectionista» e outros elementos do grupo abandonaram o movimento([10]).

Nas palavras de um dos seus mais firmes opositores, o padre jesuíta Agostinho Veloso, eram raras, em Portugal, as manifestações de surrealismo e não passavam de «arremedos baratos de servilismo à obra de fealdade» ou de «fealdades infernais»; sendo que o surrealismo poderia ser definido como «a revolta absoluta», «a insubmissão total», «a sabotagem sistemática», «numa palavra, o culto da negação e do absurdo»([11]). Entre fragilidades e arremedos, José-Augusto França — tido como o

---

E. Cuadrado, *op. cit.* (Lisboa: EDP, Assírio & Alvim, 2004), p. 17; Carlos Reis, *História Crítica de Literatura Portuguesa*, vol. IX — *Do Neo-Realismo ao Post-Modernismo* (Lisboa: Editorial Verbo, 2005), pp. 133–181; Maria João Simões, *Luminescentes subversões: o fantástico na narrativa breve surrealista*, sep. da *Revista forma breve*, n.º 6 (Aveiro: Universidade de Aveiro, Centro de Línguas e Culturas, 2008); Tania Martuscelli, *Mário-Henrique Leiria inédito e a linhagem do surrealismo em Portugal* (Lisboa: Colibri, 2013), pp. 15–26; António Cândido Franco, *História e mito do surrealismo em Portugal* (Lisboa: Apenas, 2015).

([9]) Mário Cesariny e Pedro Oom, «O Cadáver esquisito zangado», in *Antologia surrealista do cadáver esquisito* (Lisboa: Guimarães Editores, 1961), pp. 39–45.

([10]) João Lima Pinharanda, «Quando o pintor é um caso à parte ou as velhas ainda lá estavam», in *Mário Cesariny*, eds. João L. Pinharanda e Perfecto E. Cuadrado, *op. cit.*, p. 17.

([11]) Agostinho Veloso, *A Farsa surrealista*, sep. de *Brotéria* (Lisboa: Edições Brotéria, 1956), p. 18; Idem, *A desrealização "surrealista"*, sep. de *Brotéria* (Lisboa: Edições Brotéria, 1956), p. 27. Para a ideia do surrealismo enquanto proclamação de uma revolta absoluta, que se inspira em Albert Camus, *L'Homme Révolté*, e acerca da sua recepção em Portugal, ver José Cândido Oliveira Martins, *Teoria da paródia surrealista*, *op. cit.*, p. 235.

que conferiu ao movimento uma consistência mais institucional, qualquer que seja o significado que isto possa ter em relação a um movimento das artes e das letras — acabou por reconhecer ser «evidente que o surrealismo falhou, entre nós, ao nível do grupo (ou de grupos), e de acção colectiva, de responsabilidade moral, para além da formação que num ou noutro pintor ou escritor tenha impresso» ([12]).

A presença de Cruzeiro Seixas em Angola e a sua troca de correspondência com Mário Cesariny marcaram a «primeira aparição da poética surrealista no meio luandense» ([13]). Mais importante do que os contrastes entre a África dos mitos, dos instintos e das emoções, e a Europa da razão cartesiana, foram as práticas de Cruzeiro Seixas. Coleccionador de arte africana e artista, organizou duas exposições em Luanda. A primeira das mostras teve lugar em 1953, no cinema Restauração. A exposição, que o artista veio a recordar como uma acção terrorista, fora posta sob a égide das seguintes palavras de Aimé Césaire: «Je retrouverai le secret des grands communications et des grandes combustions. Je dirai orage. Je dirai fleuve. Je dirai tornade. Je dirai feuille. Je dirai Arbre.» ([14])

Quando a notícia da mostra chegou a Lisboa, Mário Cesariny comentou na sua correspondência com Cruzeiro Seixas que soubera por uma amiga «que tinhas exposto com efervescências aí em Luanda» e felicitou o amigo, com «um envolvente abraço pela tua Exposição-Roda-Dentada-Carne-de-Camélia» ([15]). Incitou, ainda, o seu interlocutor a fazer outras exposições fora de Luanda, tanto na África do Sul como no Congo, pois «Leopoldville ou a Cidade do Cabo podem estar

([12]) José-Augusto França, *A pintura surrealista em Portugal, op. cit.*, p. 15.

([13]) Teresa Matos Pereira, *Uma Travessia da Colonialidade, op. cit.*, p. 276.

([14]) Cruzeiro Seixas, «Fu un'azione terroristica» [entrevista a Maria José de Lancastre], *Quaderni Portoghesi*, n.º 3 (Primavera, 1978), pp. 133–136, *maxime* p. 136.

([15]) *Cartas de Mário Cesariny para Cruzeiro Seixas 1941–1975*, eds. Perfecto Cuadrado, António Gonçalves, Cristina Guerra (Lisboa: Documenta, Fundação Cupertino de Miranda, 2014), pp. 84, 86.

muitíssimo mais perto dos Parises que esta Lisboa (capital do Porto)» ([16]). Em função da exposição de Luanda e dos seus ecos na imprensa local, Cesariny escreveu uns «discursos às tropas luandinas», em que procurou esclarecer o que entendia por surrealismo. Entre tantos outros, citou Picasso em Paris, Kirchner em Dresden (descoberta da arte negra) e, na poesia, Baudelaire, Nerval e Lautréamont ([17]).

Uma segunda exposição de Cruzeiro Seixas decorreu em inícios de 1957, nas ruínas de um antigo palacete do século XVII, em Luanda. A inauguração contou com a presença do Secretário-Geral de Angola e do Procurador da República. No espólio de Cruzeiro Seixas, há postais de 1905 representando chefes feitos prisioneiros, o que pode ser interpretado como um modo de resistência à penetração europeia. Existem, também, fotografias de atrocidades coloniais em Angola. Numa delas, o artista plástico anotou: «fotografias de sanzala a arder no Quicolungo em 15 de Agosto de 1958 (arderam 132 cubatas neste fogo posto por plantadores de café)» ([18]). Nas palavras de Teresa Matos Pereira, «do contacto com as várias realidades angolanas, acentuou-se uma rejeição das relações de dominação colonial, que suportavam um caudal de violência e sujeição, perpetrado em nome de um progresso e civilização por si repudiados» ([19]). Mais tarde, Cruzeiro Seixas lembrou as duas exposições de Luanda, como «actos terroristas». O facto de na primeira ter citado, numa folha volante, Aimé Césaire valeu-lhe ter sido interrogado pela PIDE; ao mesmo tempo que assumia a «recusa da escravatura da razão» ([20]).

As exposições de Cruzeiro Seixas em Luanda suscitaram debates que são analisados na tese de Matos Pereira, cuja lição seguimos de perto. Em relação ao que se passou em 1953, houve reacções de repúdio em relação a uma experiência de

---

([16]) *Ibidem*, p. 89.

([17]) *Ibidem*, pp. 90–98.

([18]) Teresa Matos Pereira, *Uma Travessia da Colonialidade*, *op. cit.*, p. 277.

([19]) *Ibidem*, p. 283.

([20]) *Ibidem*, p. 284.

surrealismo tardio e de interrogação acerca do autêntico deserto de onde tinha vindo Cruzeiro Seixas(21). Alguns anos depois, em meados de 1956, Mário Cesariny informou o seu amigo que corria em Lisboa o projecto de uma revista paga com dinheiros de Luanda, suspeitando de que Alfredo Margarido pudesse ser um dos seus co-directores; a este último atribuiu a expressão: «isto é um deserto profundamente ordinário, onde só há o Seixas»(22).

A segunda exposição, inaugurada em Janeiro de 1957, seria hoje designada como uma instalação. Na montagem da mesma, Cruzeiro Seixas contou com a colaboração de Margarido. Deu aso a acesa polémica, sobretudo em *O Comércio de Angola* e no jornal que foi mais receptivo à mostra, *A Província de Angola*. Entre as várias estratégias utilizadas para depreciar Cruzeiro Seixas, chamaram-lhe o «dalizito dos musseques», considerando a exposição uma «porcaria», que não passava de umas telas penduradas «entre redes», enfim, «uma lixeira»(23). Em sua defesa, saiu o jovem Margarido, que acabou por ser expulso de Angola. Uma acção antevista por Cesariny, com base no catálogo ou folhinha da exposição(24).

> A África — escreveu Margarido — foi um continente que nunca nos deu sistemas filosóficos e nunca conheceu as peias de um cartesianismo mal-entendido. Daí que sintamos estar Cruzeiro Seixas no continente que é realmente o seu, com uma imaginação elástica e lançando os cabos em direcção a todos os seres e todas as coisas. Acontece que, na verdade, as pessoas, castradas pelas vidas comerciais em que se meteram, já não são capazes de viver [...]. Quando, procurando através da vida citadina — dita civilizada — uma raiz para a arte de Cruzeiro Seixa, sentimos uma resposta negativa, só a podemos encontrar no mundo negro, na

---

(21) *Ibidem*, pp. 284-285.

(22) *Cartas de Mário Cesariny para Cruzeiro Seixas 1941-1975*, *op. cit.*, p. 129.

(23) Teresa Matos Pereira, *Uma Travessia da Colonialidade*, *op. cit.*, pp. 286-294.

(24) *Cartas de Mário Cesariny para Cruzeiro Seixas 1941-1975*, *op. cit.*, p. 139.

raiz telúrica que é também e ainda viva em certos aspectos do homem português, sobretudo no homem de Trás-os-Montes e Alentejo(25).

Mais tarde, Margarido procurou fazer crer, com evidente exagero, que a exposição de 1957 resultara de uma colaboração improvisada por ele, em conjunto com Cruzeiro Seixas. Contara, ainda, com a participação de muitos vizinhos africanos, que aderiram à ideia de fazer sugestões ou dar uns toques de pintura. Este último facto irritara as autoridades coloniais, representadas por um tal Poeira. Na opinião deste último, era inadmissível a existência de uma espécie de ilha não africana, sobre a qual parecia ser impossível exercer o controlo despótico que estava habituado a ter sobre os Africanos. Concluindo Margarido que «a nossa presença naquela zona era já um sintoma de uma osmose profunda entre surrealistas e africanos: uma relação preferencial que tinha de ser condenada perentoriamente»(26).

Para Maria José Marinho, entre o primeiro livro de poemas de Margarido, *Poemas com rosas* (1953), e o livro intitulado *Poema para uma bailarina negra* (1958) interpuseram-se, pelo menos, dois aspectos: a sua participação nas actividades surrealistas em África; e a enorme influência da estética parisiense, incluindo uma série de enumerações caóticas e de histórias insólitas(27). Claro que, para se reconstituir o sentido da influência surrealista em Margarido, não basta comparar, no tempo, os seus livros de poesia, nem tão-pouco perceber o modo como se posicionou frente ao trabalho de Cruzeiro Seixas, em África. Apesar de serem escassas as referências em relação à colecção de arte africana reunida pelo artista, é sabido

(25) «O problema da imaginação (ou da falta dela) no depoimento de Alfredo Margarido sobre a exposição de Cruzeiro Seixas», *A Província de Angola* (22/01/1957), p. 6, *cit. in* Teresa Matos Pereira, *Uma Travessia da Colonialidade*, *op. cit.*, p. 29.

(26) Alfredo Margarido, «Surrealismo in Colonia», *Quaderni Portoghesi*, n.º 3 (Primavera, 1978), pp. 53–64, *maxime* pp. 60–61.

(27) Maria de Fátima Marinho, *O Surrealismo em Portugal*, *op. cit.*, pp. 256–259.

que a mesma acabou por ser vendida ao empresário Manuel Vinhas, tendo ficado em Luanda após a independência.

Enfim, Margarido apropriou-se do legado de ideias e experiências surrealistas, que era simultaneamente francês e africano, articulando-o com outras tendências, que transcendiam o surrealismo. Assim sendo, mais do que na alteridade formada pelos diferentes mundos interiores — do inconsciente e dos sonhos, situados longe da realidade, para os quais apontara André Breton, inspirado em Freud —, era no conhecimento da cultura africana que se encontrava a valorização do outro. Visto isso, é de notar que, à data da exposição de 1957, Margarido ainda pensava África dentro dos quadros de uma antinomia simplista. Nesta, dispunham-se, de um lado, as pulsões, os mitos e os ritos de uma cultura local africana; do outro, a racionalidade do cálculo associada ao mercado e aos agentes da técnica.

Contudo, no texto de 1964 sobre a negritude, mudou de posição, tendo-se insurgindo contra essa mesma antinomia. Considerou, então, mal fundada a simples oposição entre a razão do engenheiro europeu e a pulsão vital do africano. De igual modo, afigurou-se-lhe esquemático o contraponto entre a máquina da fábrica urbana e as forças telúricas da aldeia rural. Foi, pois, contra esse tipo de antinomias, a partir das quais se procurava definir a negritude, que Margarido se insurgiu. Os alvos das suas críticas ferozes foram Sartre, mas também Senghor, em menor escala Aimé Césaire e, como simples espelho do que em França se discutia, Tenreiro. No entender de Margarido, o essencialismo de Sartre afectava a sua concepção da negritude, retirando-lhe dinamismo e reduzindo-o a uma categoria ôntica heideggeriana([28]).

([28]) Para uma crítica das interpretações heideggerianas da sociedade, ver Pierre Bourdieu, «L'ontologie politique de Martin Heidegger», *Actes de la recherche en sciences sociales*, vol. 1, n.° 5–6 — *La critique du discours lettré* (Novembro 1975), pp. 109–156; *Idem*, *L'ontologie politique de Martin Heidegger* (Paris: Minuit, 1988); Richard Wolin, *The Politics of Being: The Political Thought of Martin Heidegger* (Nova Iorque: Columbia University Press, 1990); *Idem*, ed., *The Heidegger Controversy: A Reader* (Cambridge, MA: The MIT Press, 1993). A história — aliás, bem eurocêntrica — do

Nas origens intelectuais do anticolonialismo de matriz francesa, será possível identificar uma articulação de diferentes autores. Uma articulação que mais parece uma colagem surrealista ou uma das operações de bricolage descritas por

essencialismo e do imobilismo das culturas africanas tem uma genealogia complicada, que só marginalmente passa e, muito menos, se inicia em Sartre. Ainda, em 1948, Avelino Teixeira da Mota reproduzia uma série de estereótipos respeitantes às raças africanas que a conquista mandinga na Guiné tinha comprimido junto à costa, conservando o «puro sangue negro intacto o seu conceito de vida, imutáveis os seus usos e costumes», citado em «Classificação e evolução da casa e povoamento indígena», in *A Habitação Indígena na Guiné Portuguesa*, eds. A. Teixeira da Mota, Mário G. Ventim Neves (Bissau: Centro de Estudos da Guiné Portuguesa, 1948), p. 37. Com base nesta mesma concepção essencialista e imobilista, Teixeira da Mota associou os bronzes antigos da Guiné a uma cultura ancestral, animista, que tinha de ser estudada e recolhida no Museu de Bissau, Avelino Teixeira da Mota, «Descoberta de bronzes antigos na Guiné Portuguesa», *Boletim Cultural da Guiné Portuguesa*, ano XV, n.º 59 (1960), pp. 625–632; *Idem*, *Bronzes antigos da Guiné*, sep. das *Actas do Congresso Internacional de Etnografia* (Lisboa: Junta de Investigações do Ultramar, 1965). Aliás, já anteriormente argumentara que «a arte decaiu menos nas populações que ficaram mais "primitivas"», como sucedera com os Bijagós; é que para ele a arte das «sociedades negras» tinha um carácter «essencialmente animista e as primitivas instituições socio-religiosas estão sendo desarticuladas pelo contacto europeu», *Idem*, *Guiné Portuguesa*, vol. I (Lisboa: Agência Geral do Ultramar, 1954), p. 261. Nesta passagem, Teixeira da Mota inspirou-se, entre outros, em G. Balandier, «Les conditions sociologiques de l'art noir», *Présence Africaine*, n.º 10–11 (1951), pp. 58–71. Contudo, longe se está de poder pensar que Balandier tinha uma noção essencialista e parada no tempo das culturas africanas. Enfim, muitas das reflexões actuais sobre o movimento de restituição às ex-colónias de peças africanas recolhidas em museus parecem partilhar de idêntica concepção, na qual se imagina que as culturas de origem permanecem fixas e carecem dos objectos — em geral, com funções de culto — que lhes foram retirados. Neste livro, Alfredo Margarido criticou Teixeira da Mota por considerar que os lançados, na Costa de África, se viram envolvidos num processo de cafrealização, um anacronismo que escondia o medo e a repulsa por algo que era considerado monstruoso em relação a uma forma particular de degradação, em resultado «da condenação das relações íntimas com os africanos» (p. 170, em nota, deste livro).

Lévi-Strauss, em *La Pensée Sauvage* (Paris: Plon, 1962) (29). Por exemplo, Alexandre O'Neill numa carta para Mário Cesariny, datada de 16 de Setembro de 1947, escrita em Lisboa, elencava as suas leituras: «Neste momento estudo Freud e etc. incluindo Lautréamont, Rimbaud, Michaux, Aimé Césaire, Marx, Engels. Vespeira tem, segundo me disse, feito algumas colagens (o que não quer dizer nada... talvez até pelo contrário...)» (30). Desta breve citação, importa reter não só a série de autores (malditos, contestatários, revolucionários, etc.) que é posta a par das colagens, mas também a referência a Aimé Césaire, o único dos autores que era negro. Menos explícita, mas mais profunda, parece ser a inspiração em Michel Leiris. Esta deve ser avaliada em função das suas viagens africanas, da participação numa das revistas fundadoras do surrealismo francês e do modo como soube estabelecer pontes entre a etnologia e a criação literária (desde o estudo de 1947 sobre Baudelaire de Sartre, que Leiris

(29) Sobre a consciência do termo bricolage, no sentido que lhe emprestou Lévi-Strauss, por parte de Margarido, ver a nota de tradução que este último escreveu em Elikia M'Bokolo, *África Negra. História e Civilizações*, tomo I (Lisboa: Editora Vulgata, 2003), p. 203.

(30) Mário Cesariny, ed., *Contribuição ao registo de nascimento, existência e extinção do Grupo Surrealista de Lisboa*, ed. Mário Cesariny (Lisboa: s. e., 1974], s. p. Para a noção de colagem, nos inícios do surrealismo, sobretudo na década de 1930, com exemplos de Picasso, associada à prática de uma «invasão permanente», por parte de escritores e artistas que se recusavam a aceitar que a poesia e a pintura se pudessem fechar sobre si próprias, devendo permanecer permeáveis ao vento da rua e à aparente impassibilidade da natureza, ver Michel Carrouges, *André Breton et les données fondamentales du Surréalisme* (Paris: Gallimard, 1950), p. 241. Para um aprofundamento da noção de colagem, ver Elza Adamowicz, *Surrealist Collage in Text and Image. Dissecting the Exquisite Corpse* (Cambridge: Cambridge University Press, 1998); Michael Sheringham, *Everyday Life: Theories and Practices from Surrealism to the Present* (Oxford: Oxford University Press, 2006), pp. 100–101 [a justaposição de imagens em *Documents* subverte a integridade de cada uma delas]; Sara Lacerda Campino, «Colagens: considerações sobre o fragmento a partir de *A Âmpola Miraculosa* de Alexandre O'Neill», in *Impressões Surreais: O Surrealismo português entre os Surrealismos europeus*, ed. Maria João Simões (Coimbra: Centro de Literatura Portuguesa — Faculdade de Letras da Universidade de Coimbra, 2015), pp. 111–120.

prefaciou, até ao posfácio que escreveu ao romance de Michel Butor, de 1957).

No território da etnologia colonial, Michel Leiris escreveu as páginas porventura mais inspiradoras, por serem das mais depuradas. Assim sendo, numa conferência de 1950, argumentou: a propósito dos etnógrafos, como agentes mandatados do Estado colonial, que os mesmos deveriam sair em defesa das mesmas sociedades colonizadas, denunciando os mitos, a começar pelo da facilidade de vida nos trópicos, bem como todas as formas de segregação; invertendo a ideia de um saber etnológico posto ao serviço da administração colonial, em benefício dos «povos colonizados em vias de emancipação»; sem esquecer a importância de não reduzir o campo etnográfico ao do folclore, dando prioridade às sociedades consideradas menos contaminadas pela modernidade, para considerar as gentes sobre as quais mais se fazia sentir o processo de colonização da civilização ocidental, isto é, as populações das cidades, com os seus grupos de «civilizados» ou «destribalizados»([31]).

Tudo isso com a consciência profunda da mudança de perspectiva ocorrida entre a primeira expedição que Leiris fizera a África e a missão na qual participou após a Segunda Guerra. Na primeira viagem, o objecto que estava em causa era estudar as crenças da mentalidade primitiva e as suas respectivas instituições seculares. Enquanto, na mais recente, a principal preocupação fora suscitada pela crise de mão-de-obra na Costa do Marfim, a qual se seguiu à supressão do trabalho forçado. Havia, também, por parte de Leiris, a percepção aguda de que as coisas iam mudar no pós-guerra para os povos colonizados, devido à derrota de um império racista e ao florescimento dos regimes democráticos. O que estava em causa parecia tocar mais na vida das pessoas: «condições de existência nas suas

---

([31]) Michel Leiris, *Cinq études d'ethnologie: Le racisme et le Tiers Monde* (Paris: Gonthier, 1969) pp. 87–89, 99, 105. Para o contexto intelectual em que Leiris trabalhou, ver James Clifford, «On Ethnographic Surrealism», in *The Predicament of Culture: Twentieth-Century Ethnography, Literature and Art* (Cambridge, MA: Harvard University Press, 1981), pp. 539–564, *maxime* pp. 543–544; Florence Weber, *Brève histoire de l'anthropologie, op. cit.*, p. 221.

aldeias e plantações, níveis de vida, modos de retribuição dos contratados, possibilidades de emprego dos seus salários» ([32]).

Os exemplos de surrealistas que viajaram por outras paragens são muitos. Em meados da década de 1930, um dissidente como Artaud planeou uma viagem pelo México e Cuba, ao mesmo tempo que escreveu uma peça de teatro intitulada *La Conquête du Mexique*, na qual opôs à racionalidade europeia o carácter sagrado dos povos indígenas, que defendeu e investiu de enorme vigor. Breton também partiu, em 1938, para o México, onde Diego Rivera foi seu anfitrião. Ali, apaixonou-se pela arte popular mexicana, fazendo uma colecção de ex-votos, e passou a actuar como uma espécie de embaixador do surrealismo. Um dos seus projectos passou por um encontro com Trotsky, com quem pretendia escrever um manifesto que unisse artistas e escritores, em oposição ao estalinismo, aos fascismos e ao capitalismo. Porém, a sua publicação tardia não suscitou grandes adesões. Existem, ainda, outros surrealistas que não só viajaram como se instalaram no México, em busca de novos imaginários ([33]).

Ao forçar a sistematização e apontar algumas obras e autores surrealistas que poderão ter funcionado como modelos, aumenta-se o risco de imposição de um quadro demasiado rígido sobre um autor como Margarido. É certo que este se apresentou, sobretudo numa fase inicial, aberto e flexível a novas experiências. Mas as mudanças de perspectiva que parecem caracterizar a sua obra revelam que a mesma esteve envolta numa dinâmica ou num processo dialéctico. Por isso, a analogia estabelecida entre a construção da obra, os efeitos de uma colagem ou as operações de bricolage afigura-se ainda mais útil para compreender as articulações entre diferentes modos de conhecimento por ele estabelecidas. No mesmo sentido, não se

---

([32]) Michel Leiris, *La Règle du jeu*, vol. II — *Fourbis* (Paris: Gallimard, 1955), p. 161.

([33]) Philippe Ollé-Laprune, *Les Amériques, un rêve d'écrivains* (Paris: Éditions du Seuil, 2018) [trad. Leila de Aguiar Costa, *Américas, um sonho de escritores* (São Paulo: Editora Estação Liberdade, 2022), pp. 270–305]. Referência facultada por Margarida Borges, a quem agradeço.

trata apenas de percorrer os caminhos que levaram Margarido a ir do contacto com o surrealismo à descoberta de África, ao mesmo tempo que enveredou por uma etnologia reflexiva anticolonial. Mais importante será compreender o modo como ele entrou nos domínios da criação e crítica literária. Neste campo, além do citado *Poema para uma bailarina negra*, haverá que ter em conta um conjunto de livros, muitos deles em tradução, acompanhados de prefácios ou introduções nos quais se expressam múltiplos interesses acerca do domínio literário.

A benefício de inventário, aqui vai o elenco sem preocupações exaustivas, concentrado nos primeiros anos da década de 1960, num período que corresponde ao regresso de Margarido de Angola até à sua partida para França e redacção de *Negritude e Humanismo* (1964): (*i*) antes de mais, estava o seu interesse pelo *nouveau roman*, patente numa espécie de manifesto crítico, publicado em conjunto com Artur Portela, intitulada *O Novo Romance* (Presença, 1962), bem como na tradução de Nathalie Sarraute, *A era da suspeita: ensaios sobre o romance* (Guimarães Editores, 1963) ou no romance do autor situado em África, *A Centopeia* (Guimarães Editores, 1963), revelador da inexistência de um projecto colonial; (*ii*) o experimentalismo literário anterior, de inspiração francesa, foi contrabalançado pelo interesse por Portugal e os seus escritores, numa perspectiva comparada, conforme se constata no livro que dedicou a *Teixeira de Pascoaes* (Arcádia, 1961) e na longa introdução que escreveu para a tradução que fez de Vasco Pratolini, escritor comprometido com o destino das classes mais baixas, em *Tempo de Guerra* (Arcádia, 1961); (*iii*) uma vez regressado a Lisboa, com os seus interesses diversificados, Margarido continuou a envolver-se na valorização das vozes africanas, naquilo que elas tinham de mais elaborado, junto da Casa dos Estudantes do Império, onde começou por editar três volumes de *Poetas Moçambicanos* (1960), *Poetas Angolanos* (1962) e *Poetas de S. Tomé e Príncipe* (1963), tendo sido no mesmo âmbito que publicou o referido texto sobre a negritude; (*iv*) por último, mas com relevância do ponto de vista do trabalho intelectual profissionalizado, já que variaram os contractos com as editoras, há que situar as diversas traduções realizadas por Margarido — os seus quadros de referência são muito elásticos, conforme se verifica, por exemplo, com *Assim Falava Zaratrusta* de Nietzsche (Guimarães Editores, 1964), a *Antologia de Páginas Íntimas* de Franz Kafka (Guimarães Editores, 1961), a *História de Uma Vida* de Anton Tchécov (Guimarães Editores, 1961) e o *Moby Dick* de Herman Melville, traduzido em conjunto com Daniel Gonçalves (Estúdios Cor, 1962), acrescentem-se ainda à lista, sem preocupações exaustivas, uma *Antologia Poética* de Saint-John Perse (Guimarães Editores, 1961), *A Taça de Ouro* de John Steinbeck, em colaboração com Carlos Cunha (Livros do Brasil, 1962), *Madre Joana dos Anjos* de Jaroslaw Iwaszkiewicz (Estúdios Cor, 1962); *Na Minha Morte* de William Faulkner (Livros do Brasil, 1964); e *A Pequena Casa* de Anna Banti (Livros do Brasil, 1963).

O surrealismo, articulado com a criação artística e a etnografia, o *nouveau roman*, o interesse diversificado pela literatura nacional e estrangeira, o envolvimento político e anticolonial que consistiu em dar voz às literaturas africanas são um conjunto de domínios que Margarido percorreu, até ir para França, e que continuou a aprofundar. Por exemplo, na sua biografia de Sartre (Presença, 1965), que correspondeu já ao início do exílio em Paris, Margarido insistiu na necessidade de o escritor, a exemplo do que sucedia com o Hoederer de *As Mãos Sujas*, «mergulhar as mãos no sangue e na merda, de modo a transformá-las em instrumentos de libertação, libertas finalmente da sua inutilidade»([34]). O que essa mesma biografia também revela é um gosto pela sobreposição das áreas, conforme fica demonstrado com a bibliografia do escritor francês, dividida em livros de filosofia, romances e novelas, teatro, ensaios sobre literatura e política, cenários e memórias([35]). Um gosto pela sobreposição ou, insista-se, pela colagem que era, igualmente, exemplificado nos múltiplos temas evocados na tradução de Nietzsche, *A Gaia Ciência* (Guimarães Editores, 1967). De um ponto de vista da curiosidade literária, não é tanto o aprofundamento sobre a vida e a obra de Teixeira Pascoaes que importa

([34]) Alfredo Margarido, *Jean-Paul Sartre* (Lisboa: Presença, 1965), pp. 240–241.

([35]) *Ibidem*, pp. 255–257.

aqui registar([36]); mas uma nova abertura ao realismo mágico latino-americano, na tradução de uma obra que fala do reverso do Iluminismo e da razão, presente na construção de sociedades coloniais baseadas na escravatura africana, a saber, *O Século das Luzes* de Alejo Carpentier (Publicações Europa-América, 1971). Aliás, o cubano Carpentier foi quem inspirou Margarido a pensar que a natureza fornece os marcadores a partir dos quais foi possível afirmar a autonomia de um povo, por isso, a ceiba cubana está para o embondeiro dos angolanos (pp. 212 e 375 deste livro).

Nas já citadas palavras de Margarido, o cenário acabado de referir — que, em linhas gerais, corresponde à primeira fase da sua biografia intelectual, até à partida para França — foi constituído por uma «imaginação elástica», conforme escrevera no trecho citado acima acerca da exposição luandense de Cruzeiro Seixas, capaz de lançar «cabos em direcção a todos os seres e todas as coisas». Uma vez instalado em França, alterou a forma e a escolha dos temas e problemas. As investigações em ciências sociais começaram a revelar a imposição de um outro tipo de disciplina, que se fez sentir em termos de publicações. Os resultados começaram a surgir, sob a forma de artigos e recensões, a partir de 1969, prolongando-se por toda a década de 1970. Para dar conta do modo como estava a decorrer a sua integração académica, em 1975, Margarido auto-representou-se como exilado em França, desde 1964, e acrescentou que era: «investigador na École des Hautes Études em Ciências Sociais, sendo também Professor nas Universidades de Paris VII (História e Antropologia), Paris VIII (Introdução aos territórios africanos

---

([36]) *Idem*, «*Marânus*: uma linguagem poética quase niilista», *Arquivos do Centro Cultural Português*, vol. 10 (1976), pp. 607–629; *Idem*, «Bailar é construir o mistério e a mudança», *in* Teixeira de Pascoaes, *O bailado* (Lisboa: Assírio & Alvim, 1987), pp. VII–LVIII. Para a recepção de Teixeira Pascoaes pelos surrealistas, ver os dados recolhidos por António Cândido Franco, *O surrealismo português e Teixeira de Pascoaes* (São Paulo: Escrituras, 2013). Para a recepção de Gomes Leal, no mesmo âmbito surrealista, ver Francisco da Cunha Leão e Alexandre O'Neill, «Comentário», *in* Gomes Leal, *Antologia Poética* (Lisboa: Guimarães Editores, 1959), pp. 186–187.

de língua portuguesa) e Amiens (Sociologia do Conhecimento e Sociologia do Cinema)» ([37]).

Nos artigos escritos em francês, durante o exílio, as análises da história de África, sobretudo em relação a Angola, desenvolveram-se a par com recensões sobre obras de referência, nas áreas da história e da antropologia. As principais revistas em que colaborou passaram a ser os *Annales E. S. C.*, os *Cahiers d'Études Africaines, L'Homme, L'Homme et la société* e a *Revue française d'histoire des outre-mers.* Defendeu o seu estudo sobre os Lundas, como trabalho para a obtenção de diploma de sociologia da École Pratique des Hautes Études. Um exemplar inédito existe no seu espólio na Biblioteca Nacional em Lisboa, tendo sido publicados alguns artigos preparatórios, a começar por dois intitulados: «Processus de domination fondant un empire: Cas des Lunda», *Présence Africaine,* n.º LV (1965/3), pp. 100–118; «La capitale de l'Empire Lunda, un urbanisme politique», *Annales E. S. C.*, ano 25, n.º 4 (1970), pp. 857–861. Quanto ao seu «Doctorat d'État» sobre a história de Cabo Verde, apesar dos muitos artigos que escreveu, ficou inconclusa. Porque versou sobre o mesmo território do Nordeste de Angola que no seu diploma, assumindo uma perspectiva que era ao mesmo tempo crítica e política, vale a pena acrescentar um outro artigo em que Margarido pôs em causa a tese de um colega: «A propos d'un livre récent: Mythes, légendes et objets plastiques dans l'histoire chokwe» [recensão de Guilherme Augusto Mesquitela Lima, *Fonctions sociologiques des figurines de culte hamba dans la société et dans la culture tshokwè*], *Revue française d'histoire des outre-mers,* n.º 216 (1972), pp. 491–504([38]).

Claro que a exploração, distanciada, de assuntos de história e antropologia foi sendo realizada por Margarido, a par do seu envolvimento nas questões, mais politizadas, da negritude, da

([37]) Alfredo Margarido, *A introdução do marxismo em Portugal 1850–1930* (Lisboa: Guimarães & C.ª Editores, 1975) [contracapa].

([38]) A recensão da tese de Mesquitela Lima saiu no ano de um outro trabalho de Margarido sobre arte e tecnologia africanas, escrito em colaboração com Françoise Germaix Wasserman, «Du mythe et de la pratique du forgeron en Afrique noire», *Diogène: Revue Internationale des Sciences Humaines,* n.º 78 (1972), pp. 91–122.

luta anticolonial, das condições laborais nas colónias e do legado da escravatura. Exemplar, a este mesmo respeito, foi a recensão, numa das mais importantes revistas do campo historiográfico, da nova edição de Frantz Fanon, *Peau noire, masques blancs* (Paris: Éditions du Seuil, 1972), na qual Margarido levou a cabo uma comparação com as ideias de Gilberto Freyre (*Annales E. S. C.*, ano 29, n.º 2, 1972, pp. 297–302). No entanto, foi nas páginas de uma revista de ciência política que publicou uma série de artigos em língua francesa sobre a história da África dita portuguesa, no seu processo de luta anticolonial pela libertação e independência([39]).

Nos anos do exílio, Margarido viveu, de novo, uma geometria. Por um lado, estava o seu comprometimento político com os grupos de africanos, à cabeça dos quais se encontrava Mário Pinto de Andrade, tal como ele, nascido em 1928. Primeiro, num artigo intitulado «Processus de domination fondant un empire: Cas des Lunda», *Présence Africaine*, n.º 51 (1965), pp. 100–118, depois, em muitos outros trabalhos, Margarido seguiu em língua francesa o caminho já aberto de luta pela emancipação, desde que publicara *Negritude e Humanismo*([40]). Por outro lado, encontrava-se a sua actuação junto dos exilados políticos portugueses, sobretudo estudantes refractários ao serviço militar, em relação aos quais Margarido representava a figura do mais velho, com mais experiência, com mais conhecimentos e um outro nível de contactos. A este respeito, os *Cadernos de Circunstância: Análise e documentos da vida portuguesa*, entre 1967 e 1970, reuniram um número considerável de

([39]) Alfredo Margarido, «L'OUA et les territoires portugais», *Revue Française d'Études Politiques Africaines* (Outubro 1967), pp. 82–106; *Idem*, «Partis politiques africains sous domination portugaise», *Revue Française d'Études Politiques Africaines* (Julho 1968), pp. 44–68; *Idem*, «L'enseignement en Afrique dite "portugaise"», *Revue Française d'Études Politiques Africaines* (Agosto 1970), pp. 62–85; *Idem*, «L'Église catholique en Afrique portugaise», *Revue Française d'Études Politiques Africaines*, n.º 61 (Janeiro 1971), pp. 87–112.

([40]) *Idem*, recensão de Mário de Andrade, *Poesia, antologia, temática, literatura africana de expressão portuguesa*, Alger (*ronéotypé*), 1967, *L'Homme et la Société*, n.º 13 (1969), pp. 271–272.

antifascistas e anticolonialistas portugueses em Paris, cuja actuação conjunta merecia ser analisada. Nas suas memórias, João Freire fixou um retracto de Margarido, no interior do referido grupo:

> O mais velho do grupo era o Alfredo Margarido, também aquele que punha um ar mais «intelectual» e «professoral» naqueles debates, não hesitando em corrigir os erros de raciocínio ou de compreensão dos mais novos (como eu, que agradecia secretamente a lição) ou gaguejando-à-inglesa na resposta à argumentação dos mais aptos, de molde a «nunca sair pela porta baixa». O seu amplíssimo horizonte de interesses e conhecimentos, as suas facetas de antigo comunista heterodoxo, de surrealista (mas sempre algo misterioso), de conhecedor de todas as literaturas (africanas, em particular), do mundo «intelectual francês» e de grande parte das personalidades do pequeno mundo português, tornavam-no numa espécie de «torre do saber», sempre mais sugerido ou evocado do que propriamente explicado e justificado (não sei como seria nas suas aulas universitárias), e deixando-nos a nós, os alunos, a ingrata missão de imaginar o preenchimento adequado das reticências e suspensões das suas frases. Era um exercício intelectual verdadeiramente engraçado! E era um facto que muitas daquelas reuniões «políticas» eram bem mais profundas e enriquecedoras (para quem estivesse atento) do que a maior parte das aulas recebidas nas faculdades([41]).

Resta saber em que bases repousava essa postura de Margarido. Quais os seus antecedentes políticos? Quais as origens mais propriamente intelectuais em que se fundava alguém que se impunha como mais velho e sabedor? Duas intervenções de Margarido nos *Cadernos de Circunstância* têm a vantagem de

---

([41]) João Freire, *Pessoa comum no seu tempo: memórias de um médio-burguês de Lisboa na segunda metade do século XX* (Porto: Afrontamento, 2007), pp. 366–373, *maxime* p. 370. Para os *Cadernos de Circunstância*, Alfredo Margarido e o conjunto de referências críticas que caracterizaram o movimento político de Maio de 1968, ver Miguel Cardina, *Margem de certa maneira: o maoísmo em Portugal, 1964–1974* (Lisboa: Tinta-da-China, 2011), pp. 274, 340.

sugerir um caminho interpretativo que não tem sido seguido. Antes de mais, está um artigo composto a várias vozes sobre a questão de «A violência na luta política quotidiana». Nele, Margarido fala, como se se tratasse de um facto do passado, da Frente de Acção Popular (FAP). Este seria o último partido que tentara a luta armada, sem ter conseguido encontrar um apoio rápido e eficaz. Depois, Margarido seguiu uma argumentação que se afigurava original, ao considerar que, apesar de um tal falhanço, era inevitável que o confronto revolucionário e violento, de que dependia o destino do povo português, se desse. De momento, o mesmo confronto estava «disfarçado», devido à emigração e às guerras coloniais, «na medida em que tais sangrias de população activa imobilizam uma parte da opinião, obrigando-a a viver no "exterior" os problemas que são fundamentais para esses grupos e, portanto, para todos nós» ([42]).

O resultado estava à vista: não se criticava o governo português pelas guerras coloniais, apenas se apontava que os mesmos territórios corriam o risco de cair na dependência dos Americanos ou dos Russos; também não se denunciava a responsabilidade que cabia ao mesmo governo pela emigração económica, apenas se apontavam as péssimas condições de trabalho, salário e vida oferecidas ao emigrante português em França. Nestes domínios de inquirição, Margarido não era pioneiro e não estava só. Antes dele, existira a dissidência em relação ao Partido Comunista Português, protagonizada por Francisco Martins Rodrigues. Como é sabido, para este último, «o PCP escamoteava a importância do combate ao capitalismo e ao colonialismo, em detrimento da construção de uma frente que, em última análise, englobaria exploradores e explorados, colonialistas e anticolonialistas, burguesia e proletariado» ([43]).

([42]) «A violência na luta política quotidiana», *Cadernos de Circunstância*, n.º 2 (Fevereiro 1968), pp. 11–17. Para uma crítica ao «Partido comunista híper-legalista», ver p. 213 deste livro.

([43]) Miguel Cardina, «Génese, estruturação e identidade do fenómeno maoísta em Portugal (1964–1974)», in *Partido Comunista Português 1921–2021: Uma antologia*, ed. José Neves (Lisboa: Tinta-da-China, 2021), pp. 241–242. Sobre a cisão de Francisco Martins Rodrigues e a sua fundação da FAP, a que se seguirá o Comité Marxista-Leninista Português,

A partir daqui, ou seja, desde meados da década de1960, o PCP iniciou os seus ataques à referida dissidência. Esta, por sua vez, veio a ser organizada com intensidade redobrada a partir de 1968–1970, carreando um legado teórico maoísta que acabou por ser posto ao serviço dos grupos da denominada extrema-esquerda.

Datado de Novembro de 1968 é um outro artigo de Margarido, bem mais longo do que o anterior, sobre «As ideologias do colonialismo». Para o autor, o projecto colonial do Estado Novo já tinha sido ensaiado pela Primeira República, contando com o apoio das elites da *Seara Nova* e de Norton de Matos: da mesma forma que as colónias eram forçadas a produzir para a indústria nacional, reconhecia-se que a economia metropolitana era colonizada pela europeia. Neste quadro, Salazar declarara, desde muito cedo, a necessidade de organizar «a protecção das raças inferiores cujo chamamento à civilização cristã é uma das concepções mais arrojadas e das mais altas obras da colonização portuguesa». Segundo Margarido, a abolição do estatuto do indigenato em 1961 por Adriano Moreira representou já uma transformação do salazarismo, bem como a liquidação do velho ideário, com piscadelas a uma Europa em relação à qual Portugal funcionaria como um bastião. Assim, Margarido escreveu a formulação que outros vieram, mais tarde, a retomar sem o citar: «o salazarismo não se inquieta com a coerência, porque apenas lhe importa a prática, pois que governar é durar, e durar é ficar» (44).

Mas a ideologia não podia ser vista só do lado do regime. Na oposição republicana, Cunha Leal partilhava a mesma defesa do colonialismo excepcional português, o qual era preferível «ao colonialismo de certos anticolonialistas, em

---

ver João Madeira, *História do PCP: Das origens ao 25 de Abril (1921–1974)* (Lisboa: Tinta-da-China, 2013), pp. 420–423. Agradeço as referências desta nota e da anterior a José Neves, José Nuno Matos e Rita Luís.

(44) Alfredo Margarido, «As ideologias do colonialismo», in *Cadernos de Circunstância, 67–70* (Porto: Afrontamento, 1975), p. 107. Para a mesma argumentação, sem grande originalidade à luz das ideias de Margarido, ver Fernando Rosas, *Salazar e o poder: a arte de saber durar* (Lisboa: Tinta-da-China, 2012).

especial o da Rússia, com os seus campos de concentração e de trabalho forçado e com os seus milhões de vítimas, e ao dos Estados Unidos da América do Norte, com o seu odioso racismo interno». Paralelamente, Margarido verificou que os estereótipos raciais eram uma constante da literatura afro-racista portuguesa: «de Brito Camacho a Henrique Galvão, passando por Julião Quintinha, o "infantilismo", o "primitivismo" e o "antropofagismo" são o único juízo sobre os africanos» ([45]). São ainda passadas em revista as concepções de Silva Cunha, à época Ministro do Ultramar, sobre a assimilação dos povos indígenas, para depois se verificar o modo como o antropólogo Mesquitela Lima utilizava a etnologia «no seu sentido mais colonial» ([46]). De igual modo, debaixo da argumentação de Adriano Moreira escondia-se a ideia de que os africanos não-assimilados eram uns selvagens — «o que deve tranquilizar os utilizadores de *napalm* que não matam pessoas, mas... bichos!» ([47]).

A par do pensamento de Salazar, Margarido entrou em linha de conta com as ideias de Franco Nogueira, a par da prática e dos interesses defendidos pelos grupos económicos e grandes magnates (Champalimaud, Vinhas, os sectores dos seguros, dos petróleos e da banca). Na construção de uma rede coesa de interesses, argumentou, encontrava-se «o avesso das afirmações humanísticas, multirraciais e outras, do regime, que são a mentira ideológica para impedir o da verdade económica» ([48]). Existiam, ainda, outros aspectos a ter em conta: como o do modelo rodesiano que se apresentava como uma alternativa para as elites brancas de Angola, apoiantes de Venâncio Deslandes contra Adriano Moreira; ou a insistência na falta de coerência da doutrina política do salazarismo, na criação de um espaço económico português («uma amálgama de tácticas que correspondem, ao empirismo da sua

---

([45]) Alfredo Margarido, «As ideologias do colonialismo», in *Cadernos de Circunstância, 67–70, op. cit.*, p. 112.

([46]) *Ibidem*, p. 116.

([47]) *Ibidem*, p. 117

([48]) *Ibidem*, p. 122.

acção» ([49])). A última parte do artigo de Margarido é dedicada a analisar: o empreendimento da barragem de Cahora Bassa; o descontentamento que grassava em Angola; as posições assumidas por Marcello Caetano; as forças armadas, que pesavam à época em 44 % do orçamento nacional; e, do outro lado da barreira, o MPLA.

A intensificação dos processos de luta política, sobretudo no plano da luta anticolonial, em torno de 1970, parece que levou Margarido a assumir um duplo estatuto. A afirmação tem valor de hipótese. Por um lado, nas publicações em língua portuguesa, Margarido continuou a assumir o seu estatuto de militância política contra o Estado Novo, sobretudo, contra o colonialismo, conforme se pode verificar nas suas contribuições para os *Cadernos de Circunstância*. Por outro lado, em língua francesa, o seu trabalho intelectual adaptou-se às exigências universitárias, sob a forma de tese (que permaneceu inédita), artigos e recensões. Poderão os seus textos escritos em francês ser considerados peças de um quadro que era ainda dominado pelo historiador Fernand Braudel, guardião de uma espécie de «apolitismo político»? É que, como notou, há muito, Alain Guerreau, os *Annales*, depois da Segunda Guerra e durante um período de uma vintena de anos, se cresceram cumulativamente, graças aos números da economia e da demografia, negligenciaram a teoria. A ponto de se afigurar evidente que as guerras coloniais e a emancipação do Terceiro Mundo passaram despercebidas aos colaboradores da revista, talvez pelo simples facto de o próprio Braudel ter querido ignorar o tempo dos acontecimentos, considerados sem grande relação com os outros «tempos» — contrariamente ao que sucedera antes de 1939, quando a revista estivera mais atenta ao fervilhar dos acontecimentos([50]).

([49]) *Ibidem*, p. 125.

([50]) Alain Guerreau, «Les *Annales E. S. C.* vues par un médiéviste», *Lendemains: Zeitschrift für Frankreichforschung*, vol. 24 (Novembro 1981), pp. 43–51, *maxime* p. 49. Agradeço a Felipe de Souza Dias Brandi a indicação deste artigo.

Um dos exercícios que se afigura legítimo efectuar consistirá em querer saber se os três artigos e quatro recensões que Margarido publicou, entre 1970 e 1974, naquela que era uma muito prestigiada revista parisiense, os *Annales E. S. C.*, encaixam nessa matriz braudeliana; ou se, pelo contrário, correspondem já a uma tendência que se veio a acentuar, depois de Maio de 1968, a qual punha em causa o castelo de Braudel. Com a frontalidade que se lhe reconhece e à distância de uma dúzia de anos da revolta estudantil, Guerreau não teve dúvidas em considerar que os *Annales* acabaram por desempenhar o papel diametralmente oposto ao desempenhado desde a sua fundação até à Segunda Guerra. No início da década de 1980, uma espécie de divisão do trabalho intelectual com largas implicações na configuração do ensino e da investigação histórica parecia estar em curso. De um lado, assistiu-se a um processo de recuperação do controlo da universidade pelos nostálgicos da Argélia francesa e da autoridade de direito divino dos patrões universitários. Do outro lado, teve lugar uma apropriação dos grandes meios de informação (imprensa, edição, radiotelevisão) por uma «antropologia histórica», portadora de um imobilismo reactivo em face de mudanças inexplicáveis e irracionais([51]).

À luz de tais tendências, como situar a produção dispersa de Margarido? Será válida a referida distinção entre a produção em português (mais comprometida politicamente) e em francês (mais académica)? O facto é que, mesmo em francês, Margarido não deixou de se comprometer politicamente, mobilizando um conjunto de referências e de autores anticoloniais. Foi o que sucedeu na já referida recensão de Fanon, mas também noutra que escreveu acerca do tomo de Eduardo dos Santos, *Religiões de Angola* (1969), nos *Annales E. S. C.*, ano 25, n.º 6 (1970), pp. 1729–1731, em que fez menção a dois autores de destaque da luta anticolonial, Basil Davidson e Amílcar Cabral. Assim sendo, mesmo quando abordou movimentos proféticos e messiânicos, bem próximos dos interesses de uma antropologia histórica, Margarido não escondeu que se tratava

([51]) *Ibidem.*

de movimentos com uma forte dimensão de luta política([52]). Onde Margarido levou mais longe o seu lado de militante político foi num artigo sobre a tortura, onde também reflectiu sobre as suas ideias anticoloniais([53]).

Talvez valha a pena pensar como é que Margarido, nessa década de 1970, se organizou a partir, pelo menos, de quatro espaços: Portugal, que lhe impusera o exílio; França, onde procurava fazer carreira universitária; África, nomeadamente, Angola, onde vivera; e o Brasil, sobre o qual começou a trabalhar. Será que a dispersão aqui detectada, com reflexos na sua obra, determinou uma certa instabilidade nas ocupações docentes e a impossibilidade de progressão na carreira? De um ponto de vista da academia francesa, Margarido acabou por nunca submeter o seu «Doctorat d'État». Uma tese exigia muita paciência, tempo e ocupava o espaço integral de qualquer reflexão, enquanto ele não tinha gosto nem vocação para trabalhos muito longos, as ideias brotavam, e ele escrevia

([52]) Alfredo Margarido, «L'Église Toko et le mouvement de libération de l'Angola», *Revue Française d'Études Politiques Africaines*, n.º 5 (Maio 1966), pp. 80–97; *Idem*, «I movimenti profetici et messianici angolesi», *Rivista Storica Italiana*, ano LXXX, fasc. III (1968), pp. 538–592; *Idem*, «L'Église Toko et le Mouvement the Libération de L'Angola», *Mois en Afrique* (Maio 1972), pp. 80–97; *Idem*, «The Tokoist Church and its Influence on the Portuguese Colonization of Angola», in *Protest and Resistance in Angola and Brazil* (Berkeley: University of California Press, 1972); *Idem*, «La réciprocité dans un mouvement paysan du Sud du Brésil», *Annales E. S. C.*, ano 29, n.º 6 (1974), pp. 1338–1345. Um campo de estudos renovado, mais recentemente, por Ruy Llera Blanes, «Remembering and Su ering: Memory and Shifting Allegiances in the Angolan Tokoist Church», *Exchange*, vol. 38 (Utrecht, 2009), pp. 161–181; *Idem*, «Unstable Biographies. The Ethnography of Memory and Historicity in an Angolan Prophetic Movement», *History and Anthropology*, vol. 22, n.º 1 (2011), p. 93–119); Pedro Pinto, «A implantação das Testemunhas de Jeová em Portugal e no Ultramar português (1925–1974)», *Lusitania Sacra*, vol. 25 (Janeiro–Junho 2012), pp. 127–179; Fernando Hélder Panzo Macaia, *Os Movimentos Religiosos Africanos e a Luta Anti-Colonial na África Austral: O caso do Tocoísmo em Angola (1949–1975)*. Tese de doutoramento (Évora: Universidade de Évora, 2020).

([53]) *Idem*, «De la torture aux traîtres», *Raison présente*, n.º 31 (1974), pp. 5–21.

freneticamente. Assim se explica a sua dispersão: da literatura portuguesa à africana, incluindo interesses filológicos e uma atenção à literatura popular; da história e antropologia de África ao estudo do colonialismo. Margarido não terá, então, conseguido singrar na carreira académica francesa porque a sua dispersão não lhe permitiu focar-se na sua tese acerca da história do Norte de Angola.

Contudo, não estou certo de que a questão acerca do falhanço de uma carreira seja tão pertinente à luz dos valores e do horizonte que Margarido construiu para si próprio. Por isso, vale a pena voltar a um texto escrito e publicado em 1978 a propósito de Jorge de Sena, para perceber que algumas das ideias ali ensaiadas sobre a figura do genial poeta e ensaísta são projecções que definem o seu próprio autor, ou seja, Margarido. Refiro-me, em primeiro lugar, ao elogio de Sena como «um dos raros espíritos verdadeiramente enciclopédicos da vida cultural portuguesa, onde a maior parte dos intelectuais se satisfazem com a sua especialidade» (54). E, em segundo lugar, ao horror causado pelo principal sistema de consagração português, que nem sequer passava pela universidade, mas que se encontrava nas tertúlias do elogio mútuo. Era nelas que se encontrava a «mediocridade, a que a evocação dos cafés tristes e das beatas afogadas, num café velho e frio, dá uma nota de quase apodrecimento, como se estas tertúlias se condenassem a uma auto-eliminação contínua e grave» (55).

De igual modo, penso que a questão que coloquei ainda no final da sua vida acerca das razões que explicam o facto de Margarido não se ter arranjado em Portugal, depois de Abril de 1974, como muitos outros exilados fizeram, também se afigura duplamente discutível. Antes de mais, a sua curiosidade voraz e dispersa não se coadunava com as obrigações burocráticas de uma carreira universitária, nem em França, nem em Portugal. Depois, o modo como os departamentos de letras ou

---

(54) *Idem*, «Alguns comentários em torno de Jorge de Sena (1919–1978)», *Arquivos do Centro Cultural Português*, vol. XIII (1978), pp. 781–800, *maxime* p. 783.

(55) *Ibidem*, p. 782.

de ciências humanas e sociais se organizaram depois de 1974 — reproduzindo em boa medida a lógica dos patrões universitários com as suas clientelas — não lhe foi em nada favorável. Pelo menos em Lisboa, a antropologia ou excluiu do seu horizonte o colonialismo, ao mesmo tempo que se abriu à antropologia social britânica, em detrimento da influência francesa, ou recuperou os estudos sobre a vida rural e comunitária, seguindo uma linhagem intelectual que consagrou os estudos de Jorge Dias. De igual modo, foi num dos departamentos de antropologia de Lisboa que Mesquitela Lima — que Margarido criticara, em várias ocasiões, considerando que a sua antropologia era «caricatural» (pp. 381, 408–409 deste livro) — se transformou num autêntico patrão universitário. Um facto que, só por si, bloqueou qualquer tipo de contacto com Margarido. Da parte deste último, até ao fim, mais concretamente em 2008, a antropologia portuguesa, com o seu «carácter cientificamente reles», «não fez mais do que confirmar ou até exacerbar os preconceitos, à transformação das aldeias, ou simples reservas de força de trabalho, onde os chefes eram assegurados não para a assegurar a autoridade, mas para serem responsabilizados pelas tarefas de recrutamento dos trabalhadores» (p. 218 deste livro).

Semelhante ausência de condições para acolher Margarido terá igualmente pesado nos departamentos de história de Lisboa. Neles, imperou, depois de 1974–1975, um claro reviralho que reinstalou, se é que não reforçou, a referida figura do patrão universitário com a sua clientela de colaboradores. Nestes, radicava o temor suscitado por toda e qualquer áurea de ex-militante comunista ou de simples homem de esquerda associada a Margarido. Pior: a denominada história dos descobrimentos, a partir do mesmo período, constituiu-se como força de choque de um projecto ideológico formado pelos nostálgicos de um império excepcional que funcionara de forma integradora e luso-tropical. A prova de que assim aconteceu é que o principal historiador dessa força de choque — com ramificações várias, mas com um leque de problemas muito reduzido e escondendo-se atrás de um empirismo erudito, apenas capaz de reproduzir modelos pré-construídos —, apesar de nunca se ter doutorado, teve condições para continuar a investigar(56). Enquanto Margarido, cuja obra abraçava outros períodos, nunca alinhou com a mesma agenda nostálgica e foi simplesmente votado ao esquecimento.

Sem cair na tentação de querer encontrar um único momento fundador da dissensão entre Margarido e diferentes esferas do campo antropológico e historiográfico, vale a pena recuar a um dos capítulos recolhidos neste livro e que foi inicialmente publicado como artigo de jornal em 1976: «Os antropólogos portugueses na ratoeira do colonialismo» (pp. 404–411 deste livro). Nele, encontra-se uma crítica contundente ao trabalho de Jorge Dias sobre os Macondes. Como fora possível a este último descrever os acontecimentos políticos recentes, ou seja, a guerra como «contactos maciços de cultura»? Assim sendo, Jorge Dias «estava ilaqueado pelas instituições e pelo sistema repressivo que era o nosso». A antropologia numa das suas obras mais elaboradas, segundo Margarido, tinha sido posta ao serviço do colonialismo.

Uma tal postura irreverente, presente no capítulo acabado de citar e repetida ao longo deste livro, entrou em rota de colisão com os interesses criados, antes de mais, na academia. Na Universidade Nova de Lisboa, o jovem antropólogo Rui Pereira, que se interessou pela acção e trabalhos de Jorge Dias em Moçambique, identificou uma duplicidade por parte de quem passara a ser tido como um dos fundadores da antropologia científica. Entre os livros publicados e os relatórios confidenciais de Dias, as diferenças de percepção dos Macondes eram grandes. Se, nos primeiros, Dias deu a conhecer um grupo parado no tempo; nos segundos, seguiu as suas dinâmicas e as situações coloniais que caracterizavam a vida dos Macondes. De qualquer modo, para além da análise da referida duplicidade, Rui Pereira nunca pôs em causa o estatuto científico de Jorge Dias. Isto é, não beliscou a sua posição enquanto fundador da antropologia académica em Portugal. Com uma

(56) Luís Filipe Thomaz, *O problema político de Timor* (Braga: Pax, 1975); *Idem*, *Timor: autópsia de uma tragédia*, pref. Henrique Barrilaro Ruas (Lisboa: Edição do Autor, 1977).

tal atitude reverencial, o jovem antropólogo também respeitava Mesquitela Lima, um dos seus superiores hierárquicos no departamento de antropologia, em que cedo começara a ensinar([57]).

Os estudos sistemáticos sobre História Colonial e de África foram introduzidos em Portugal, no Departamento de História da Faculdade de Letras da Universidade de Lisboa nos finais de 1974, por Isabel Castro Henriques, que estudara na Sorbonne. Contudo, foram sempre mal-amados e desconsiderados pela maioria dos historiadores daquela instituição. Por sua vez, o interesse de Jill Dias pela história de África resultara da sua passagem por Angola, onde acompanhara o marido no serviço militar. Depois de uma tentativa para entrar na Faculdade de Letras, acabou por ser convidada, por Mesquitela Lima, para a Universidade Nova, deixando ali de haver espaço para acolher Alfredo Margarido. Tal como se um lugar, uma vez ocupado por parte de quem se queria impor no seu campo, institucional e do conhecimento, tivesse de criar o vazio à sua volta. E pouco importa argumentar que, de modo muito mais confinado ou especializado, Jill Dias, com uma formação de base em História Medieval e Moderna, também acabou por ser autora de uma obra dispersa, na qual se destacou o seu trabalho editorial na

---

([57]) Rui Pereira, *Antropologia aplicada na política colonial portuguesa*. Tese de doutoramento (Lisboa: Faculdade Ciências Sociais e Humanas da Universidade Nova, 1986); *Idem*, «Colonialismo e Antropologia: a especulação simbólica» [recensão a Donato Gallo, *O Saber Português — antropologia e colonialismo*, pref. Alfredo Margarido (Lisboa: Editores Reunidos, 1988), o prefácio constitui um dos capítulos deste livro, «Antropologia e preconceito», pp. 379–385], *Revista Internacional de Estudos Africanos*, n.os 10–11 (Janeiro–Dezembro 1989), pp. 269–281, *maxime* p. 232 [na conclusão deste artigo, o ataque, em lugar de ser feito a Margarido pela sua interpretação de Jorge Dias, é desferido contra Mário Moutinho em *Introdução à Etnologia* (Lisboa: Estampa, 1980), pp. 68–77, que defendera um ponto de vista próximo do de Margarido, que só poderia ser considerado mais um ataque a Dias]; réplica de Alfredo Margarido, «A história da etnologia crítica francesa», *Revista Internacional de Estudos Africanos*, n.os 12–13 (Janeiro–Dezembro 1990), pp. 469–472; Rui Pereira, «Resposta a Alfredo Margarido», *Revista Internacional de Estudos Africanos*, n.os 12–13 (Janeiro–Dezembro 1990), p. 474.

publicação da *Revista Internacional de Estudos Africanos* (1984–1999). A sua história de Angola ficou por cumprir([58]). No mesmo domínio do arbitrário, onde os excluídos são apenas os não-eleitos, o historiador Joel Serrão, que nunca se doutorou e que é alvo neste livro de uma dura crítica (pp. 120–121 deste livro), foi acolhido no Departamento de História da Universidade Nova.

A irreverência de Margarido, sem papas na língua, sempre contundente e provocatório, a sua dispersão, sem esquecer a ausência de títulos, combinada com uma curiosidade enciclopédica que irritava os especialistas da matéria, suscitaram duas atitudes. Por um lado, depois da publicação desse tomo de mais de quinhentas páginas, intitulado *Estudos sobre literaturas das nações africanas de língua portuguesa* (1980), historiadores e antropólogos puderam descartar-se do seu autor pelo simples facto de o seu campo ter ficado situado algures entre a crítica literária e a história da literatura. Ainda por cima, este era um campo em que Margarido continuou a multiplicar trabalhos sobre Castilho, Pessoa e muitos outros escritores e movimentos([59]). Sem ser reconhecido como um especialista ou, pelo menos, como historiador ou cientista social de África e do colonialismo, Margarido podia ser votado ao esquecimento.

Por outro lado, os seus contributos históricos, ideológicos e de maior densidade teórica acerca de África e da questão colonial — tal como foram recolhidos no referido tomo de

---

([58]) Malyn Newitt, «The History of Angola Jill Dias Never Wrote», in *As Lições de Jill Dias: Antropologia, História, África, Academia*, eds. Maria Cardeira da Silva e Clara Saraiva (Lisboa: CRIA, 2013), pp. 29–34.

([59]) Alfredo Margarido, «Quelques mythes agriculturistes et instructionnistes dans la pensée et la pratique portugaise (particulierement chez António F. de Castilho) pendant la premiére moitié du XIXe siécle», in *Actes du Colloque Utopie et Socialisme au Portugal au XIXe siécle* (Paris: Fondation Calouste Gulbenkian — Centre Culturel Portugais, 1982), pp. 535–585; *Idem*, «La pensée politique de Fernando Pessoa», *Bulletin des Études Portugaises*, nova série, vol. 32 (1971), pp. 141–184; *Idem*, «Introdução», *in* Fernando Pessoa, *Santo António, São João, São Pedro* (Lisboa: A Regra do Jogo, 1986); *Idem*, «Posfácio», *in* Fernando Pessoa, *Economia & commercio*, ed. Brunello De Cusatis (Roma: Ideazione, 2000).

1980 e se sucederam, até à publicação do pequeno ensaio de menos de cem páginas intitulado *A Lusofonia e os Lusófonos: Novos Mitos Portugueses* (Lisboa: Edições Universitárias Lusófonas, 2000) — nunca mereceram a devida atenção por parte de muitos especialistas na matéria. O *modus operandi* de Margarido era, porventura, demasiado incómodo para satisfazer todos aqueles que alinhavam numa série de antinomias e se procuravam colocar do lado certo da barricada. Assim aconteceu em relação à «negritude importada das propostas teóricas francesas», que não esteve sequer no primeiro plano dos ingredientes justificadores da luta dos Africanos, incluindo uma imensa diáspora, contra o colonialismo (pp. 43–44, 48 deste livro).

Porventura de forma mais aprofundada, o mesmo desconforto foi suscitado por Margarido em relação a esse saco de gatos de contornos ideológicos denominado luso-tropicalismo. Conforme sublinha neste livro, se os responsáveis pelas justificações do colonialismo português o aceitaram «como suporte suficiente», o luso-tropicalismo «já fora denunciado como incapaz de compreender o vero mecanismo da potência colonialista» (p. 44 deste livro). À cabeça dos denunciadores, estiveram Antonio Candido, Florestan Fernandes, Mário Pinto de Andrade e o próprio autor deste livro. Escusado, portanto, atribuir tanta importância ao luso-tropicalismo, sem procurar perceber outras justificações e, até, outras antinomias impostas pelo sistema colonial. Melhor seria reconstituir os nativismos e as suas reivindicações, como os que são protagonizados em Cabo Verde por Eugénio Tavares e Pedro Monteiro Cardoso, que assumiu em 1906 o pseudónimo de Afro; ambos marcados pelo pan-africanismo anglo-americano (p. 70 deste livro); numa linha literária e folclorista que irá dar, em 1936, à revista *Claridade*. Nesta, verificou-se uma maior influência de modelos brasileiros (de Gilberto Freyre a Arthur Ramos), numa espécie de «castração política», ou seja, «o processo literário foi encarregado de assumir, embora de maneira enviesada, os projectos políticos» (p. 52 deste livro). Mas, logo na década de 1950, um dos membros destacados daquela revista, Baltasar Lopes, ergueu a sua voz contra Gilberto Freyre, seguindo-se-lhe

Gabriel Mariano, na defesa da «cultura mestiça» dos Cabo-Verdianos (p. 63 deste livro). E, na longa duração, a produção dos mestiços ou mulatos é vista como o resultado de uma estratégia africana (pp. 143–146 deste livro); ou, no caso brasileiro, chega a ser vista como um perigo da integridade da sociedade brasileira, discriminados como «nervosamente instáveis» e «dominados pela histeria» (p. 310 deste livro).

Aqui, ficam alguns exemplos da desatenção de que Margarido foi alvo. Em 1977, numa obra crucial sobre Angola, centrada na discussão do luso-tropicalismo, da autoria do cientista político Gerald J. Bender, Margarido nem sequer foi citado([60]). Um ano depois, René Pélissier comentou de modo condescendente quatro artigos de Margarido([61]). Pior: Margarido não faz parte da bibliografia sobre a África lusófona que Pélissier publicou em 1980([62]). Muito mais tarde, num número da revista anual *Lusotopie* dedicado às ideologias coloniais e identidades nacionais nos mundos lusófonos, Margarido voltou a ser esquecido, com a excepção de ter surgido numa nota de um ex-guerilheiro angolano, Arlindo Barbeitos([63]). Mas onde essa ausência se afigura mais chocante é, talvez, na antologia sobre as ideologias coloniais e as formas de resistência organizada por Aquino de Bragança e Immanuel Wallerstein([64]).

([60]) Gerald J. Bender, *Angola under the Portuguese: the myth and the reality* (Londres: Heinemann, 1978) [trad. Artur Morão, *Angola sob o domínio português: mito e realidade* (Lisboa: Sá da Costa, 1980)].

([61]) René Pélissier, *La Colonie du Minotaure: nationalismes et révoltes en Angola (1926–1961)* (Orgeval: R. Pélissier, 1978), p. 687.

([62]) *Idem, Africana: bibliographies sur l'Afrique luso-hispanophone (1800–1980)* (Orgeval: Pélissier, 1980).

([63]) *Lusotopies 1997 — Lusotropicalisme: Idéologies coloniales et identités nationales dans les mondes lusophones* [citação de trabalho de Margarido por Arlindo Barbeitos, p. 312].

([64]) Aquino de Bragança e Immanuel Wallerstein, eds., *Quem é o inimigo?*, vol. I — *Anatomia do colonialismo*, pref. Melo Antunes; vol. II — *Os movimentos de libertação nacional*; vol. III — *A estratégia da libertação* (Lisboa: Iniciativas Editoriais, 1978).

A academia, atravessada por pequenas disputas e por lutas disfuncionais, nunca se caracterizou pela sua generosidade. Por isso, é fácil ver o trabalho dos pioneiros deitado por terra, abandonado ou esquecido. Penso que foi o que sucedeu a Alfredo Margarido. Mas o estatuto da vítima, esse barrete que muitos acabam por usar quando baixam os braços, nunca ele o enfiou. Até ao fim, continuou a trabalhar, a investigar, a revelar os seus campos de experimentação e a sua curiosidade espalhada por muitos domínios. A respeito ainda da recepção da sua obra, longe de querer empolar um dado isolado, talvez valha a pena reparar nessa primeira obra sobre a descolonização — onde se sente a mão orientadora e ressentida de Mário António Fernandes de Oliveira — para topar com uma referência a um trabalho de Margarido([65]).

Tratava-se de um inquérito acerca do modo como a língua portuguesa servira de instrumento de comunicação dos movimentos de libertação, logo, iria permanecer como legado do colonialismo português deixado às novas nações africanas. Na singularidade dessa citação, Mário António — o intelectual angolano que se passara para o lado português, mas que tivera na década de 1950 um dos seus contos ilustrado por Luandino Vieira — estendera a mão ao seu opositor. É certo que com ele partilhara ideias acerca das tendências autonomistas registadas em Angola, nas duas últimas décadas do século XIX, quando se assiste a uma multiplicação dos jornais. Tendências comparáveis às que se fizeram sentir em Cabo Verde no mesmo período, quando se dá o debate sobre a emigração forçada para S. Tomé e Príncipe, com um momento alto, em 1886, nos tumultos de Santo Antão, e que se vão intensificar durante a Primeira República, quando se assiste a uma «racionalização da dominação» (pp. 76, 80–81, 129 deste livro)([66]). Contudo, nesse gesto

---

([65]) Alfredo Margarido, «Qual, no seu entender, o futuro do português como língua literária em África?», *Colóquio-Letras*, n.º 21 (Setembro 1974), pp. 6–7, *cit.* em *A Descolonização Portuguesa: Aproximação a um estudo*, ed. Mário António Fernandes de Oliveira, vol. I (Lisboa: Instituto Democracia e Liberdade, 1979), p. 117.

([66]) Mário António Fernandes de Oliveira, *A formação da literatura angolana (1851–1950)* (Lisboa: Imprensa Nacional-Casa da Moeda, 1997).

de mobilização de um inimigo, para demonstrar o que parecia ser o contrário da sua intenção, talvez não existisse só uma ponta de perversão. O que ali estava em causa era, talvez, um gesto de conciliação, fundado na memória do convívio entre diferentes sensibilidades que remontava ao pequeno mundo de Luanda, quando Margarido escrevera sobre a segunda exposição surrealista de Cruzeiro Seixas...

DIOGO RAMADA CURTO

I.

DOMINAÇÃO E AUTONOMIAS

1.

Ideologias da independência

1.1. NEGRITUDE E HUMANISMO

A aparição do termo «negritude» verificou-se à volta de 1935, e foi criado por Aimé Césaire (nasceu em 25 de Junho de 1913) e por Léopold Sédar Senghor (nasceu em 9 de Outubro de 1906), para designar uma personalidade africana, que Senghor assim definiu: *«o que faz a negritude de um poema, é menos o tema do que o estilo, o calor emocional que dá vida às palavras, que transmuda a palavra em verbo»*. É, portanto, com estas duas personalidades que a tese da negritude começa a esboçar-se, procurando definir e assentar as infra e as super-estruturas. Mas há-de ser, contudo, a publicação do ensaio esclarecedoramente intitulado *Orphée Noir*(1), de Jean-Paul Sartre, que virá dar possibilidades de sistematização aos dados até então dispersos pelas obras daqueles pensadores e de outros escritores negros, crioulos e malgaches de expressão francesa.

---

(1) O ensaio intitulado *Orphée Noir* foi primitivamente publicado como prefácio à *Anthologie de la Nouvelle Poésie Nègre et Malgache*, organizada por Léopold Sédar Senghor (Paris: PUF, 1948) pp. IX–XLIV. Foi, mais tarde, incluído em *Situations*, vol. III (Paris: Gallimard, 1949) pp. 229–286.

A utilização cada vez maior do termo nem sempre tem levado em linha de conta a sua origem e o seu significado, não sendo difícil encontrá-lo empregado mais como uma palavra-feitiço, sobrecarregada de poderes míticos, do que como um termo perfeitamente identificado com um substracto racionalmente estabelecido. Decerto, o próprio Sartre o rodeou de algum equívoco pois, como vemos, se serve ele de uma imagem da mitologia grega, Orfeu, para, vestindo-lhe uma pele negra de empréstimo, a entregar à África, como uma chave mágica capaz de possibilitar a abertura das muitas portas económicas, políticas, quiçá religiosas, até então cerradas ao homem negro.

Não iremos proceder, agora, à crítica integral do processo da negritude, mas, apenas, mostrar os pontos de partida sartrianos para podermos, então, mostrar o que existe de racionalmente autêntico na expressão e aquilo que não passa de considerações irracionais e, por consequência, abusivas. Para isso, é necessário varrer do campo doutrinário tudo o que se refere a uma irracionalidade que tanto Sartre como Senghor (e muitos outros, depois, na sua esteira) pretenderam encontrar nas manifestações das sociedades e dos indivíduos negros. Tal irracionalidade, que apela para um mundo de puro-sentimento, para uma consciência abissal das «essências negras» é, sobretudo, alógica.

Quando, em 1953, Francisco Tenreiro e Mário Pinto de Andrade organizaram um caderno intitulado «Poesia Negra de Expressão Portuguesa», Mário P. de Andrade apenas se refere a uma «negritude», pela primeira vez expressa em língua portuguesa por Francisco José Tenreiro, no seu livro *Ilha de Nome Santo*, datado de 1942([2]). E este, por sua vez, assim pretende definir a «negritude»:

> porque a negritude põe de lado facções políticas e patriotismos de mal de pote, e repousa numa consciência em vias de renascimento, o Negro neste diálogo que agora se inicia entre

---

([2]) Francisco Tenreiro, *Ilha de Nome Santo* (Coimbra: Portugália [distrib.], 1942).

a Europa e a África, é estruturalmente claro e directo nas suas falas, amargo e duro por vezes — a dureza necessária para que os ouvidos de todos a possam aperceber plena.

Não ficamos, na verdade, grandemente elucidados quanto ao que é a negritude no seu plano geral e, ainda menos, quanto ao seu significado no vasto mundo negro de expressão portuguesa. A falha vinha, porém, detrás, tinha a sua origem nos teóricos franceses que, ao aceitarem o vocábulo como uma forma sintética de designar o humanismo negro, acabavam por deixar tudo no vago, no indeterminado.

De Césaire e Senghor a Sartre

Aimé Césaire e Senghor forneceram, contudo, as primeiras bases para esta incursão no plano do irracional. O primeiro, num poema célebre, fala-nos em (3)

aqueles que não inventaram nem a pólvora nem a bússola
aqueles que nunca souberam domar o *vapor nem a electricidade*
aqueles que nunca exploraram nem os mares nem o *céu*
mas aqueles sem os quais a terra não seria a terra,

enquanto Senghor, num campo menos dúbio de interpretação do que a poesia, encontrava uma fórmula para explicar o que poderia haver de dicotómico, de frontalmente oposto, entre os valores ocidentais europeus e os que pertenceriam à África negra: «a emoção é negra como a razão é helena» (4), que mais tarde, havia de explicar mais miudamente, escrevendo: «tem-se dito com muita frequência que o negro é o homem da natureza. Vive tradicionalmente da terra e com a terra, no e pelo cosmos».

---

(3) Aimé Césaire, *Cahier d'un Retour au Pays Natal* (Paris: Gallimard, 1947; 1.ª ed., 1939).

(4) *Présence Africaine*, nouvelle série, n.º 8–10 (Junho–Novembro, 1956), p. 52.

É a estas afirmações que Sartre vai beber directamente o fundamental da sua teoria da negritude, que coloca brancos e negros em posições antitéticas, que só forçadamente podem ser complementares, pois que, comentando os versos de Césaire, nos diz que esta reivindicação altiva da não-tecnicidade inverte a situação de penúria, transformando-a num elemento positivo: «o que podia passar por uma falta transforma-se em fonte positiva de riqueza. A relação técnica com a Natureza revela-a como quantidade pura, inércia, exterioridade: ela morre. Pela sua recusa altiva de ser homo-faber, o negro devolve-lhe a vida.» Já tive oportunidade de mostrar(5), o quanto de apressado existia nesta conclusão de Sartre, pois o homem africano nunca poderia ser o homem de uma natureza pura. Tal posição conduz-nos, de resto, a uma involução, que nos leva às teses feuerbachianas do mito da natureza pura. Ora sabemos que «qualquer produção é apropriação da natureza por parte do indivíduo, dentro e por meio de uma forma social» (6). Porque, de facto, não existe nenhum produto da natureza que não possua um lado natural, directamente ligado à maneira como se implanta no solo, se desenvolve, e ainda às formas que adquire, e um outro que é humano, pois que, ao considerarmos qualquer produto da natureza, estabelecemos um exame, uma comparação, incluímos tal produto na área das formas utilizadas pelo homem. É aliás Engels quem observa, na *Dialéctica da Natureza,* que o simples acto de partir uma noz é já uma forma de analisar.

Obliterando, ainda e voluntariamente, todas as aquisições técnicas das civilizações africanas, podia Sartre ampliar o alcance da oposição entre o branco engenheiro e o negro camponês, entre a concepção cartesiana do universo e a visão apenas sentimental dele. De resto, como iremos já verificar, a negritude sartriana é, quase sempre, o louvor sistemático de elementos que, afirmando-se por via de uma mítica «essência negra», só podiam ser comentados, interpretados e compreendidos no plano do sentimento.

---

(5) «Prefácio», in *Poetas de Moçambique.* 1.ª ed. (Lisboa: Casa dos Estudantes do Império, s. d.)

(6) K. Marx, *Zur Kritik der Politischen Oekonomie,* 10.ª edição, p. XVIII.

Pontos de articulação da negritude

Ao examinar, com alguma extensão, as teses sartrianas, Albert Franklin(7) estabeleceu os seguintes pontos de articulação da tese da negritude:

I. O racismo anti-racista
II. O sentimento do colectivismo
III. O ritmo
IV. A concepção sexual
V. A comunicação com a natureza
VI. O culto dos antepassados

Ainda que Sartre não tenha procedido a uma estruturação rigorosa da sua negritude, que, essa, encontra-se, antes, expressa em algumas frases líricas. Assim a vemos definida como «uma certa atitude afectiva em relação ao mundo», pelo que não nos pode surpreender que, em outro passo do seu ensaio, nos diga ainda, num comentário ao processo de julgamento, porque tem passado a Europa no pensamento negro africano: «Essa Europa, que esperava encontrar um pouco da sua grandeza nos olhos domésticos dos africanos, veio a verificar que já não há olhos domésticos: há-os selvagens e livres, que julgam a nossa terra.»

Esta maneira de pôr o problema releva do plano lírico-irracional em que Sartre sempre colocou a negritude, pois que, na verdade, não há essa espécie de «liberdade» a que o texto se refere, já que o julgamento do processo colonial europeu depende, antes, da soma dos interesses nacionais que intervêm na sistematização dos dados do colonialismo. Não se trata apenas de interesses de uma classe, já que, neste primeiro momento do processo de liquidação do colonialismo, as burguesias se ligam intimamente ao proletariado para tornarem viável a luta nacional. Mas tal combate nacional é apenas um meio transitório, vencido o qual o proletariado se encaminha para a revolução.

---

(7) Albert Franklin, «La Négritude: réalité ou mystification?», *Présence Africaine*, n.º 14 (1953), pp. 285–303.

Esquecendo a existência da necessidade, Sartre transferiu o problema para uma zona onde são voluntariamente desprezados os problemas das relações económicas, não apenas da Europa colonialista com a África colonial, como ainda aqueles que são criados pelas relações entre o colono e o colonizado. Fazendo das sociedades algo de inerte, que se define apenas por via de uma «essência negra», acaba por confundir as exigências sociais, à força de estabelecer uma distinção entre o real e a exigência de totalidade do humano.

I. O racismo anti-racista

Em muitas passagens de *Orphée Noir*, Sartre aborda, de perto ou de longe, o problema da distinção entre o homem branco e o homem negro, que lhe parece fundamental. E, por isso, querendo significar a distância a que se colocam dos brancos os poetas negros, crioulos e malgaches, antologiados por Senghor, diz: «o Ente é negro, o Ente é de fogo, nós somos ocidentais e longínquos, temos de justificar os nossos costumes, as nossas técnicas, a nossa palidez de malcozidos e a nossa vegetação verde-cinza».

É evidente a existência de um mal-entendido; os europeus brancos não terão de justificar os seus costumes senão no sentido em que possam constituir (e constituam) um elemento que participe nas técnicas de alienação.

Como sabemos, o colonialismo europeu interessa-se mais pelos territórios do que pelas populações, como foi notado por A. Sauvy e, por consequência, o indivíduo apenas lhe importa como produtor ou como mão-de-obra.

É óbvio que essa prática colectiva da exploração aparenta não implicar uma responsabilidade pessoal, pois que parece natural e normal agir como «toda a gente». O carácter excepcional que se dá às populações de cor, assenta ainda numa barreira intransponível, que é ao mesmo tempo social e económica, uma implicando a outra, num círculo vicioso que só pode ser ultrapassado pela denúncia sistemática da vacuidade de tal processo.

Com efeito, a cor da pele desempenha um papel primordial nesta procurada marginalidade, porque nela se consubstancia a *excepcionalidade* das populações de cor, a qual, por sua vez, justifica a classificação de *inferioridade* que atinge os grupos de cor.

A aparição do indivíduo em África teve de se fazer por via da afirmação inusitada da cor da sua pele, reivindicando para si as peculiaridades do corpo, que se caracteriza não só pela cor da pele, mas também pela forma do nariz, pelo cabelo lanoso, pelos lábios grossos.

Tais características encontram a sua contra-partida no estatuto social que é atribuído às populações coloniais de cor. Mas, e aqui reside outro dos fundamentos do problema, tal estatuto é-lhe consignado porque o poder político e o poder económico (indissociáveis) estão nas mãos da super-estrutura branca.

Torna-se evidente que o facto de o colonizador branco ter nascido com uma epiderme branca é um acontecimento que, sendo determinado por actos pré-natais, em nada parece comprometê-lo, mas como ao nascer dotado de uma pele particular, tal indivíduo se inscreve, imediatamente, numa zona privilegiada, é também evidente que o mesmo há-de suceder, no plano inverso, ao homem negro. Tais diferenças de epiderme originam atitudes espirituais diversas, que mergulham as suas raízes em razões económicas distintas; delas nasce a «razão» para que as sociedades brancas se sintam autorizadas a dominar as sociedades negras.

Os teóricos colonialistas, incapazes de explicar este domínio por razões práticas e coerentes, imediatas, preferiram refugiar-se num domínio metafísico, procurando argumentos de ordem espiritual, religiosos, tendentes a provar que o negro era (e é), em primeiro lugar, um homem inferior, destinado a servir eternamente o branco e, em segundo, que tal inferioridade foi determinada pelo próprio Deus, sendo, portanto, ilimitada no tempo e no espaço. Sabemos que os Boers, à força de procurar, descobriram na Bíblia a prova de que apenas o branco foi criado à imagem e semelhança de Deus.

Classificados os negros na categoria de não-homens, todos os esforços dos colonizadores irão correr no sentido de demonstrar a verdade do «postulado»; plano do homem branco([8]), não apenas porque isso viria, provocar perturbações de ordem metafísica, mas sobretudo porque atacaria o conjunto de privilégios que fazem da pele branca uma insígnia de superioridade. E, no caso de acontecer ser necessário aceitar esse homem negro num plano de aparente igualdade social, então, recorrer-se-á a um argumento bem conhecido: «não é como os outros», arrancando-o, desta forma, à massa abstracta dos demais homens negros, e utilizando-o contra as sociedades de cor, acusando os seus componentes de não possuírem as mesmas qualidades daqueles homens excepcionais. Impedindo-os, por isso, de aceder a um plano mais elevado. Consegue-se, deste modo, uma justificação e, também, uma tranquilização da consciência que se auto-justifica. Aceitando os poucos negros que o seu aparelho menorizador deixa ascender na escala do conhecimento, nega imediatamente aos restantes as mesmas qualidades e fica tranquila, a sociedade branca, quanto à razão que assiste ao seu domínio.

Não é de admirar, por isso, que as primeiras notas oficiais a respeito da guerra da Argélia, se referissem, apenas, a meras operações policiais levadas a cabo contra bandos piratas. Esvaziando do seu conteúdo ideológico tais combates, a sociedade colonialista pretendia ocultar que tais «bandos» lutavam contra as circunstâncias sociais provocadas pela práxis do capitalismo francês colonialista. Procurava a sociedade francesa colonialista encontrar uma justificação para poder proceder ao rápido esmagamento desses «bandos» sem, com isso, se sentir afectada na sua consciência «colonialista». Será

([8]) Em alguns territórios africanos, a administração colonialista proíbe a exibição de películas onde o homem branco apareça em nível ou papel inferior ao do homem negro. Assim, simples documentários de encontros de boxe, onde o louro e branco é derrotado pelo seu adversário negro são interditos.

A indústria de televisão foi proibida na África do Sul por tornar possível uma «intimidade» exagerada e incontrolável entre brancos e negros, podendo aqueles entrar em casa destes e podendo os últimos «possuir» e «desfrutar», ainda que apenas espiritualmente, as mulheres brancas que o pequeno ecrã lhes levaria a casa.

inútil descermos agora a considerarmos toda a evolução do problema, mas não há dúvida que constitui ele uma séria elucidação dos processos colonialistas, quando se lhes depara uma movimentação social que pretende pôr em causa a legitimidade das estruturas político-económicas.

Diremos que tal movimentação revolucionária se processou apenas porque os argelinos tomaram consciência da diferença de coloração de epiderme que os afastava dos franceses? Se tal tivesse sucedido, a tese de Sartre estaria certa e legitimada pelos acontecimentos. Sucede, porém, que a guerra argelina se iniciou em consequência do conhecimento das condições objectivas da vida na sua totalidade, e se a sociedade capitalista colonialista francesa pretendia encontrar na diferença de coloração das epidermes uma justificação, as condições da práxis não deixavam nenhuma dúvida quanto à totalidade do processo da alienação, e a insurreição, primeiro, a revolução, depois, tiveram de surgir.

Assim também o humanismo negro só pode legitimar-se como um convite ao conhecimento. A consciência de um nacionalismo africano opõe-se à existência de uma consciência nacional europeia; e se esta se serve de argumentos que datam do nazi-fascismo (como os de *direitos sagrados, grandeza e integridade da nação, missão civilizadora,* etc.([9]), não há dúvida de que são eles bem frágeis perante o facto de «num determinado estádio do seu desenvolvimento, as forças produtivas materiais entram em contradição com as relações de produção existentes». Tal foi o que sucedeu na Argélia, tal é o que serve para radicar a consciência do humanismo negro, sem apelar para elementos fortuitos ou de duvidosa categoria metafísica. O homem negro-africano está integrado num determinado quadro de elementos produtivos materiais, sujeito à pressão de circunstâncias de carácter positivo, umas de tipo socialmente ilegítimo (as da sociedade colonialista), outras de tipo socialmente legítimo (as da sociedade negra, ou antes, colonizada).

Fala-nos ainda Sartre de um regresso dialéctico e místico às origens que implica necessariamente um método. E tal regresso

([9]) Recorde-se que foi esta a argumentação utilizada pela OAS.

far-se-ia em consequência de uma morte do negro para a cultura branca, como se, de facto, tal cultura branca pudesse ter subvertido, em algum momento, a sageza negra, embora tal sageza não possa ser compreendida como um regresso a formas espirituais que não encontram já apoio nas condições materiais do continente africano. Vejamos, porém, qual é a posição do branco nas sociedades africanas.

Diz-nos o padre Placide Tempels:

> O branco, fenómeno novo surgindo no mundo bantu, só podia ser percebido de acordo com as categorias da filosofia tradicional dos bantus. O branco foi então incorporado no universo das forças, no lugar que lhe cabia, conforme a lógica do sistema ontológico bantu. Surpreendia-os a habilidade técnica do branco. O branco parecia ser senhor das grandes forças naturais. Era então necessário admitir que o branco era um antepassado, uma força humana superior ultrapassando a força vital de qualquer negro. A força vital do branco é tal que contra ela os «manga», ou a aplicação das forças eficazes naturais de que dispõem os negros, parecem desprovidas de efeito. (10)

Se nos dermos ao cuidado de examinar o conteúdo afectivo do *maná*, o que nele encontramos é um verdadeiro conhecimento do destino e da eficiência dos objectos de que dispõe o grupo social, pois que o *maná* se encontra localizado, a maior parte das vezes, num objecto comum. Como bem mostra Tran-Dúc-Tháo, o *mana* de uma lança consiste, apenas, de facto, no próprio poder dessa lança de matar o adversário pela acção da ponta. Mas como as determinações reais são camufladas por uma força sobrenatural, de pura eficácia mística, essa mesma lança mata não por ser pontiaguda, mas, muito pelo contrário, por carregar em si o *maná*.

Aproximando estas observações do que nos relata o padre Tempels, constatamos que os brancos estão incluídos no quadro dos *manás* apenas por controlarem formas e forças técnicas

(10) R. P. Placide Tempels, *Le Philosophie Bantoue*, 2.ª ed. (Paris: Présence Africaine, 1961), p. 45.

que, até então, estavam fora do quadro dominado pelo homem. Com efeito, os seres legendários, as figuras que formam o panteão e a mitologia africanos, usam o mesmo tipo de armas, de utensílios e de ferramentas, que os homens reais na vida quotidiana: o punhal, a lança, o escudo. Ou seja, a acção mística, como, de resto, sucede também nas mitologias gregas ou romanas (e mais atrás, ainda, no Egipto, ou na Suméria), reproduzem a estrutura das actividades reais.

Esta constatação vem ao encontro de outra, de um investigador português([11]): o negro considera o branco superior apenas pelo facto de este dominar as técnicas, por ser engenheiro-electrotécnico ou engenheiro-mecânico. Do mesmo modo, se compreende que os inquéritos realizados em tempos no Congo ex-belga, revelassem da parte dos autóctones a sua preferência pelas profissões que tinham que ver com a lei (o advogado, o juiz, são os elementos-cúpula da administração, no plano da lei; equivalendo por isso ao chefe tradicional da vida tribal), ou com a técnica (o mecânico é o homem que domina a máquina, o avião, as ferramentas mecânicas, os escravos de aço, que consubstanciam os *manás* dos brancos; neste plano o mecânico equipara-se, em parte não despicienda, com o feiticeiro).

Em tal caso, não se trata de uma submissão cultural, pois que é dentro das culturas tradicionais que essa preferência se verifica, sem significar corte com os elementos filosóficos, familiares ou outros. É evidente que o branco pode desejar fundamentar esta noção de superioridade, evitando a criação de escolas e de universidades, mas o humanismo negro explica-nos que tal noção se esboroa rapidamente logo que as populações africanas são postas em condições de frequentar escolas e aprender o domínio das ferramentas das técnicas.

Verificamos assim, sem possibilidade de dúvidas, que o racismo branco não pode ser combatido por um mero racismo negro que, cantando embora o esplendor da pele negra, a sua natureza insubstituível, não permite a conquista do domínio da

([11]) José Redinha, *Etno-sociologia do Nordeste de Angola* (Lisboa: Agência Geral da Ultramar, 1958).

técnica, sem a qual não é possível uma frutuosa compreensão dos problemas económicos. O que, tudo somado, torna impossível a edificação de uma política autenticamente africana. E convém afirmar aqui que, enquanto se não der uma autêntica negação da alienação africana, se não poderá verificar, na Europa colonialista, uma paralela libertação do proletariado europeu, já que, na verdade, a condição deste último é determinada, em parte substancial, pelas condições de exploração económica e humana do continente africano. Ao tomar consciência da exploração a que está sujeito, o homem negro coloca-se dentro do plano do humanismo negro. E este não é apenas um facto da cor da pele, mas sim a aliança do conhecimento desta cor da pele com o conhecimento das circunstâncias práticas da vida que constituem a práxis. Eis porque, na verdade, o racismo anti-racista acaba num beco sem saída, pois não garante ao homem africano uma total compreensão da especificidade dos seus problemas.

Ao pretender uma revolta das consciências, Sartre não considerou a necessidade de uma revolta mais funda, que pusesse em causa os fundamentos do colonialismo. E, no entanto, um verso de Césaire, esclarece bem o sentido que a sua negritude toma,

as nossas faces belas como o verdadeiro poder operatório da negação,

operação que, como não pode deixar de ser, ocorre no plano do materialismo dialéctico, o qual nos afirma que o problema do humano — e, mais precisamente, o problema das sociedades modernas —, do «mistério social» e a sua ultrapassagem são fundamentais para o materialismo dialéctico. Negando a negação, Césaire mostra-nos o sentido realmente revolucionário da sua poesia e divorcia-se do sentido irracional que Sartre lhe empresta. O que aqui se verifica, é que essa negação da negação se processa em relação a populações submetidas a formas de trabalho altamente alienatórias, o que implica a negação da propriedade individual que se fundamenta no trabalho pessoal, ou seja, ainda, na mais-valia, no tempo de trabalho não-pago. E este, mais do que algum outro continente, é a África que bem o conhece e muito o tem produzido nestes últimos cinco séculos.

Assim, o humanismo negro impõe ao homem de cor que tome consciência das particularidades da sua constituição física e do papel que ela o obriga a desempenhar no quadro geral das sociedades colonizadas; mas obriga-o sobretudo a meditar as condições objectivas da práxis constituída, procurando subverter os modelos de domínio económico que o obrigam a ser apenas produtor de mais-valia. O domínio político está directamente ligado aos modelos económicos, e estes exigem, por sua vez, o domínio das técnicas.

II. O sentimento do colectivismo

O colectivismo de Jean-Paul Sartre parece querer dizer que as sociedades africanas desconhecem a exploração do homem pelo homem. Conclusão deveras fácil, que esquece toda a longa movimentação social da África anterior ao domínio colonialista e dele contemporânea. Decerto, a ocupação europeia criou profundas fracturas sociais e, mais do que isso, forçou o aparecimento de um individualismo que as próprias tabelas de salários reforçaram, mas isso não impede, porém, que anteriormente a tais perturbações, não existissem formas de alienação, formas de exploração descaroáveis.

Não deixa de ser certo, porém, que este colectivismo é uma das constantes das sociedades africanas, que nem a cidade consegue destruir inteiramente. Georges Balandier, nos seus estudos sobre as sociedades africanas ao tempo sob administração francesa, mostra como as relações cidade-mato se mantêm relativamente firmes, malgrado a distância que separa estas duas formas de sociedade. Mas, note-se, este facto não sucede apenas com as sociedades africanas, verifica-se também nos grupos europeus de tipo campesino, que permitem ainda, apesar de tudo, um esboço de família extensa.(12)

---

(12) A. Margarido, «Prefácio», in *Tempo de Guerra*, ed. Vasco Pratolini (Lisboa: Arcádia, 1961). No que se refere a comunidades agro-pastoris,

De facto, o operário oriundo dos meios campesinos mantém ligações estreitas não apenas com os elementos da sua família já radicados na cidade, mas também com aqueloutros que se mantiveram na aldeia natal. O emigrante galego ou português, abandona a família na sua terra natal, gasta trinta ou quarenta anos a trabalhar em algum ponto afastado do globo, e regressa depois a essa mesma aldeia, alquebrado, mas com alguns capitais acumulados.

Quer isto dizer, portanto, que tal colectivismo não constitui um elemento caracteristicamente negro, mas se encontra, em graus diversos, nas sociedades cujo padrão económico se identifica com o das sociedades africanas.

Quando nos encontramos perante economias de subsistência, funcionando de acordo com padrões económicos rudimentares, deparamos com este colectivismo, que exige do indivíduo uma entrega total às necessidades do grupo. Tais grupos fechados, transferidos para as zonas urbanas, identificam-se com um tipo de necessidades, de opiniões, de reacções psicológicas, do mesmo carácter, pelo que a sua união, procurando um mesmo local para habitar, trabalhos de características idênticas, e tanto quanto possível na mesma empresa, mais não faz do que tentar preservar um sentido comunitário rudemente ameaçado, mas que inutilmente se tentará preservar. A destruição das bases económicas que garantiam a permanência desse colectivismo propicia o aparecimento da família do tipo ocidental, constituída por marido, mulher e filhos, a que, por vezes, se associam os ascendentes directos dos cônjuges. O salário individual exige o encurtamento das responsabilidades dos indivíduos para com a família e, pouco a pouco, esta vai-se reduzindo, até que a família extensa desaparece, fragmentada pelas exigências económicas do novo padrão de vida.

Estas constatações não pretendem negar que o colectivismo africano não seja autêntico, mas tão-só que o humanismo

---

será de interesse consultar as obras de Jorge Dias, nomeadamente, *Rio de Onor: Comunitarismo Agro-pastoril* (Lisboa: Instituto para a Alta Cultura — Centro de Estudos de Etnologia Peninsular, 1954).

negro o deve considerar como sendo a directa consequência de padrões económicos de tipo comunitário, que limita as suas exigências à subsistência. Logo que aparecem as economias de mercado e o salário consegue vencer a resistência dos grupos tribais, o colectivismo começa a ser ameaçado e acabará por ruir. O aparecimento de um individualismo negro, corresponde de perto ao individualismo branco provocado pelos mesmos motivos e percorrendo o mesmo caminho. O desaparecimento da família extensa é a prova imediata e concreta do facto.

III. O Ritmo

Também Senghor nos previne quanto à força da influência do ritmo na vida do homem negro: «quando assisto a um jogo de equipa, a um desafio de futebol, por exemplo, participo no jogo com o corpo inteiro»([13]). Evidentemente, Senghor exagera os particularismos do homem negro africano, pois é bem sabido que entre os espectadores brancos se dá o mesmo fenómeno, isto é, os espectadores participam no jogo, com todo o corpo, imitando nas bancadas os movimentos dos jogadores, aplicando por vezes alguns violentos remates... nas costas dos vizinhos da frente. Podemos dizer que esta participação se verifica, porque, nos genes destes jogadores de bancada, estão presentes alguns elementos negróides? Seria pelo menos singular servirmo-nos de uma argumentação deste tipo para darmos ao homem negro africano o seu domínio integral do ritmo.

Decerto, existe um ritmo caracteristicamente africano, e E. Borneman constata que, quando se ensina a um negro uma música ocidental, este a submete a três fases de transposição:

1. Batimento dos tempos fortes 1 e 3 com o pé e dos tempos fracos 2 e 4 com as mãos. (Estes constituem já uma síncope rudimentar.)

([13]) Léopold Sédar Senghor, «De la négritude: psychologie du Negro-africain», *Diogène: revue internationale des sciences humaines*, vol. 37 (1962), pp. 3–16.

2. Desaparição dos tempos fortes 1 e 3 batidos pelos pés.
3. Interrupção momentânea das mãos, ligação intensa na voz do tempo 2 com o tempo 3 e do tempo 4 com o tempo 1.([14])

Seja como for, estes ritmos correspondem a formas de trabalho que exigem a participação colectiva do grupo. Por isso, estas canções de trabalho ou são cantadas em coro, ou por alguém que, de fora, comanda o ritmo do esforço muscular. Tal tipo de canções ritmadas, feitas para ordenar um esforço físico pesado e lento, encontram-se ainda hoje, por exemplo, nos pedreiros que arrastam ou levantam uma pedra, nos camponeses que ajudam um carro de bois, etc.

Porque, na evolução geral do som, e considerando a sua passagem para a linguagem articulada, não é difícil verificar que o grito animal (ainda hoje característico dos grandes símios), transitou para a linguagem humana estruturando-se de acordo com trabalho produtor. E este era, como não podia deixar de ser, colectivo, tendo ainda como característica própria o uso de ferramentas cujas consequências materiais, na área do trabalho, eram idênticas. O canto, a palavra ritmada e organizada em função do trabalho, eis o primeiro ponto de articulação da linguagem.

Não custa por isso aceitar que A. Schaeffner([15]) vá ao ponto de afirmar que a música negra está em atraso em relação ao desenvolvimento da civilização africana, ainda bem que nos encontremos já perante uma série múltipla de alterações, que surgem na mesma medida em que os sistemas de trabalho e as ferramentas utilizadas se modificam.

É por isso com alguma estranheza que registamos as afirmações de Sartre: «é o ritmo, com efeito, que cimenta estes múltiplos aspectos da alma negra, é ele que comunica a sua leveza nietzschiana a estas pesadas intuições dionisíacas, é o

([14]) E. Borneman, «Les racines de la musique americaine», *Présence Africaine*, n.º 4 (1948/3), pp. 576–589.

([15]) André Schaeffner, *A música de África*, in *História da música* (Paris: Larousse) [referência não encontrada].

ritmo — tam-tam, *jazz*, estremecimento destes poemas — que figura a temporalidade da existência negra.»

Incapaz de ligar as formas do ritmo a formas peculiares de produção, Sartre está em pleno delírio verbalista. Não concebe, nem por um momento, que não haja no ritmo negro africano a menor parcela de «pesada intuição dionisíaca», mas sim total obediência às formas de produção. E só assim se pode chegar à aceitação e explicação das alterações introduzidas no corpo musical da África negra. As formas precisas dos cantos, das danças ou dos jogos, correspondem a destinos bem definidos. Tanto o grupo social como as entidades tribais adoptam fórmulas colectivamente utilizadas, que mantidas inalteráveis se transmitem de geração em geração (como sucede com os manás, ou com os muquixes). O já citado E. Borneman classificou estas fórmulas em oito tipos fundamentais:

1. Cantos de rapazes para agir sobre as raparigas: amor, provocação, desprezo;
2. Cantos de guerra: combate, exortação, medo;
3. Cantos de trabalhadores: resistência, coragem, cansaço;
4. Cantos dos padres, feiticeiros e chefes para influenciar a natureza: chuva, sol, enfeitiçamento;
5. Cantos de velhos para preparar o adolescente para a idade de homem: lendas, iniciação, sexo;
6. Cantos dos chefes e dos nobres: poder, respeito, receio;
7. Cantos maternos e femininos: canções de ninar, tristeza, alegria;
8. Cantos de crianças: alegria e brincadeira.

Assim, não nos custa hoje encontrar, na África negra, duas formas distintas de música: uma que se mantém fiel às formas tradicionais, no sentido em que estas se mantêm, por sua vez, fiéis a formas económicas já ultrapassadas; outra, produzida primeiro nas zonas urbanas ou urbanizadas, que acompanha novos padrões de trabalho e de economia, onde se introduzem os ritmos afro-americanos, afro-cubanos, afro-sul-americanos. A habanera, o tango, a rumba, o samba, a conga, o *swing*, o mambo, o baião, introduzidos e divulgados por meio da rádio, do disco e do cinema, sobrepõem-se rapidamente aos ritmos tradicionais, embora estes procurem resistir, sujeitando-se a novos tratamentos rítmicos. A obra musical, anónima até então, passa a ser produzida individualmente, o compositor surge como entidade nova nas sociedades africanas.

Quer tudo isto dizer que se o ritmo é uma das características da vida do homem africano, fazendo-se sentir em todos os planos (trabalho, ócio, religião, etc.), este evolui de acordo com as alterações (profundas ou leves) que vão surgindo nas formas de produção, nas relações do homem com a técnica, na maneira como as forças da alienação sobre ele impendem. Distinguir hoje entre ritmos urbanos e ritmos rurais é apenas encontrar nos ritmos musicais uma projecção das formas de produção. Assim sendo, o ritmo africano não é, como pretende Sartre, uma «figuração da temporalidade negra», mas um dos muitos elementos no qual se projectam as formas de produção, que o humanismo negro procura resolver de maneira eficiente e rápida.

IV. A concepção sexual

Trata-se de uma das afirmações mais comuns a respeito do homem negro, a de que ele possui impulsos sexuais mais violentos, e menos possíveis de dominar, de canalizar, do que os do homem branco. Isto quererá significar que a vida do negro africano, e do negro em qualquer parte do mundo, é dominada pelo sexo, e que toda a sua movimentação social se processa tendo apenas em vista a satisfação de apetites sexuais que, pela sua mesma violência, o impedem de dar atenção a qualquer outra coisa. Não falta ainda quem, para alicerçar esta teoria, procure no comportamento de algumas populações negras ou mestiçadas (casos de Cabo Verde, do Brasil, das Antilhas), uma razão adicional que justifique esta tese.

E, no entanto, não será difícil verificar que o comportamento sexual «livre» de tais populações tem a sua raiz nas práticas colonialistas da escravatura, que não hesitavam em destruir as famílias, em separar os cônjuges, designando-lhes novos parceiros, de acordo com as conveniências ou até os caprichos do senhor. Ainda não há muito, seria possível encontrar exemplos de tais práticas em territórios onde a colonização tinha já oficialmente desaparecido. A aparente «imoralidade» de tais práticas foi-se radicando no sentido em que os proprietários de escravos a elas recorriam para garantir uma maior natalidade, que lhes vinha aumentar o número de escravos e, por consequência, o valor do seu património. Técnica de antropotecnia que, como é óbvio, está também directamente ligada aos módulos da produção.

E também aqui se esquece Jean-Paul Sartre de que a visão pan-sexual do mundo é característica de todas as civilizações e que, de acordo com Jung, corresponde a um arquétipo. E o mesmo Jung chama a atenção para a identidade existente entre os dados da consciência civilizada e os da primitiva (utiliza-se aqui o vocabulário de Jung para melhor compreensão do problema):

> [O arquétipo] representa ou personifica determinados dados instintivos da alma primitiva, obscura, das raízes reais, mas invisíveis da consciência individual. A importância primordial da ligação a estas raízes é-nos mostrada pela preocupação do espírito primitivo com certos factores «mágicos» que, de facto, não são mais do que aquilo a que chamamos arquétipos.([16])

Observe-se, de passagem embora, que os arquétipos de Jung não resistem a uma análise sólida, pois a «magia» centra-se numa estrutura técnica da produção bem precisa, que se apoia na cooperação; e acrescentemos ainda que tais formas «mágicas» continuarão a persistir, enquanto não chegarmos a um estágio em que a natureza completamente se humanize. Mas quisemos mostrar que, mesmo fora do campo do materialismo dialéctico, se podia encontrar forma de identificar os elementos sexuais, embora por meio de uma linguagem menos racional.

([16]) C. G. Jung e Ch. Kerenyi, *Introduction à l'de la mythologie: l'enfant divin, la jeune fille divine* (Paris: Payot, 1953), p. 103.

No entanto, a preocupação da antiguidade grega, por exemplo, com as relações sexuais entre o céu e a terra era realmente muito profunda. Hesíodo assim nos fala do nascimento de Afrodite:

> O nascimento dos Titãs, oriundos da união do céu e da terra, do casamento de Uranos e de Gaia, fora inútil. Uranos impediu a saída dos seus filhos do seio da terra, até que Kronos (Saturno), o seu último filho, cometeu, com a ajuda de sua mãe, qualquer coisa de espantoso. Quando Uranos quis outra vez aproximar-se de sua mãe, Kronos cortou o membro viril de seu pai e atirou-o ao mar.([17])

Poderemos, depois de ter lido estas referências, dizer que «no mar e no céu, nas dunas, nas pedras, no vento, o Negro encontra o aveludado da pele humana, acariciando-se no ventre da areia, nas coxas do céu...?» Parece-nos pelo menos francamente exagerado a não ser que, de facto, queiramos reconhecer, caricaturando um pouco Cheick Anta Diop, que toda a mitologia greco-romana pertence a uma mesma raiz mediterrânica, que entronca com a sageza egípcia que, como ele no-lo demonstra, é negra. Mas teríamos, então, de pensar que estávamos apenas a inverter o alcance e a intenção dos mitos camíticos, sem nenhuma vantagem real para a compreensão dos problemas peculiares da África negra.

Um humanismo negro limitar-se-ia a dizer que os valores sexuais do homem negro africano estão na dependência directa das suas relações com o mundo exterior e que será, portanto, pelo menos exagerado querer dar à essência negra,

---

([17]) Hesíodo, *Theogonia,* 168–206. Podíamos, aliás, sugerir uma interpretação baseada nas formas de produção agrícolas, para esta lenda. Assim, o homem fecunda a terra com os seus grãos, mas a terra não os liberta enquanto o homem — seu último filho da linha de evolução ascendente dos animais — não lhos arranca pela força, com uma ferramenta de metal, o que corresponde ao corte de uma forma aparentada com os símbolos fálicos. Esse grão é, depois, moído, para ser transformado em farinha e cozido, sendo então lançado à água, a uma espécie reduzida de mar, pois essa água leva sal, como condimento.

como elementos particulares, caracteres sexuais que, pelo que conhecemos, são idênticos em todos os homens, quando enquadrados em determinada ecologia e vivendo de acordo com os modelos económicos, derivando dessas formas ecológicas.

V. A comunicação com a natureza

Já atrás verificámos que Sartre considera que os versos de Césaire são uma recusa da técnica por parte do homem negro e que tal recusa consubstancia uma vitória sobre os quadros técnicos a que o homem negro esteve (e está) alheio. Perigosa posição esta que, na sua simpleza, estreita o mundo das relações do homem com a natureza. Por isso, não nos pode admirar que Sartre afirme ainda: «do utensílio, o branco sabe tudo. Mas o utensílio arranha a superfície das coisas, ignora a duração, a vida. A negritude, pelo contrário, é uma compreensão por simpatia».

Para recorrer apenas ao trabalho bem conhecido de Jomo Kenyatta (*Facing Mount Kenya — The Tribal Life of the Gikuyu*), encontramos esta afirmação: «os Quicuios sabem extrair o ferro da areia há séculos; deste modo, o uso dos utensílios metálicos remonta neles a tempos imemoriais» ([18]). Ora a produção de tais utensílios obriga, naturalmente, a uma técnica de recolha de matéria-prima, a uma outra de elaboração dessa matéria-prima, até produzir o objecto-acabado e, finalmente, a uma técnica complementar, que será a da sua distribuição. Por consequência, a análise da produção do homem mostra-nos que a essência humana corresponde aos momentos desta produção. Assim, o termo «produção» envolve todas as etapas da racionalização dos sistemas de trabalho, de modo a «criar» a ideia e, logo, a forma e a função do objecto; a recolher as matérias-primas e, finalmente, à produção desse objecto. O que significa, ainda, que as relações do homem negro com a natureza se não processam de acordo com o idealismo que lhe empresta Sartre.

([18]) Jomo Kenyatta, *Facing Mount Kenya. The tribal life of the Gikuyu* (Londres: Secker & Warburg, 1938).

De resto, para considerarmos tal pureza perante a natureza, teríamos ainda de considerar que o negro africano não possui habitação, a qual, sendo um instrumento, com uma determinada eficácia no tempo e no espaço, propõe, como não pode deixar de ser, a utilização de materiais de acordo com as características ecológicas e assim por diante. Por consequência, a técnica é o conjunto dos gestos e das operações que têm em vista um resultado objectivo, que produz objectos de acordo com uma série determinada, a qual, por sua vez, se inscreve no conjunto geral das operações sociais.

Porque bem vemos nós que a uma determinada forma operacional, que consiste em arrancar à natureza, com instrumentos característicos, um determinado conjunto de substâncias, corresponde uma outra que depende de instrumentos diferentes, a qual consiste em preservar essas mesmas substâncias. O agricultor negro utiliza uma enxada para trabalhar a terra, para lhe extrair o milho ou a mandioca de que se sustenta, e vai arrancar a essa mesma terra os materiais com que faz o celeiro, ou as panelas de barro, onde guardará esse milho ou a farinha extraída dessa mandioca, para se alimentar durante um período mais ou menos longo. Encontramo-nos perante operações técnicas, perante instrumentos que constituem movimentos da actividade do homem, do grupo social ou tribal.

Podemos remontar ao momento em que o instrumento, a ferramenta, o utensílio, passou de mero acidente, exigido por uma forma de trabalho, para uma forma de trabalho sistematizado, dependendo de formas objectivadas de comportamento. Quando tal se verificou, o uso permanente da ferramenta deu azo ao aparecimento de um conjunto de hábitos colectivos, que correspondem directamente a técnicas adquiridas pelo grupo. Podemos, de resto, dividir estes hábitos em parcelas que se completam: de um lado, as que se referem ao seu fabrico (e podemos, como já vimos, referir este primeiro hábito à «ideia» que cria o objecto e que depende de exigências características do trabalho, aliadas às matérias-primas de que o grupo dispõe), e, do outro, as modalidades de utilização dessa mesma ferramenta. Deste modo, a um mesmo tipo de ferramenta correspondem utilizações similares, que produzem o efeito exigido pelo trabalho a efectuar, já que a ferramenta, à medida que se vai aperfeiçoando, se encontra mais estreitamente relacionada com a tarefa que tem de desempenhar no quadro da produção. Deste modo o grupo encontra-se objectivamente ligado pelos seus padrões técnicos a formas de produção que comprometem a totalidade das actividades humanas.

Estamos, assim, perante a existência concreta do objecto, que possibilita a definição do trabalho produtor, organizado de acordo com padrões técnicos precisos. Todavia, Sartre coloca-se numa posição idealista, posição característica do formulário burguês, que procura ardilosamente escamotear a dura realidade do trabalho produtor. Dura realidade que, na África negra, se torna ainda mais áspera, dadas as condições de exploração da mão-de-obra dita indígena. Ora, não há dúvida de que Sartre, pela maneira como pretende divorciar o negro da técnica, não consegue esconder as formas idealistas que empresta às formas do trabalho produtor. Por isso, as suas definições nos surgem absurdas, levando a *negritude* para planos artificiosos, que de todo escamoteiam o homem à natureza, impedindo-o, por isso mesmo, de tomar conhecimento da sua alienação.

No próprio momento em que se processa um regresso ao concreto, por intermédio do materialismo dialéctico, surpreendemos esta tentativa de escamotear às sociedades negras a soma das suas técnicas milenárias, numa tentativa, talvez não deliberada, de as impedir de identificar a familiaridade originária do homem com a natureza. E em Senghor, é o mesmo receio de encarar a dura realidade das formas que definem o trabalho produtor em África que o arrasta para as concepções profundamente idealistas, no fim de contas, características das burguesias europeias. A recusa do papel do engenheiro não passa, afinal, de uma tentativa de manter o trabalho tradicional das sociedades africanas no mesmo nível empírico, impedindo-o de mais latamente se estruturar, de acordo com um conhecimento científico e racionalizado da própria natureza.

Ora, a verdade é que tal forma de se apropriar da natureza é bem conhecida do mundo africano. Diz-nos Malinowski:

> Quando o indígena tem de fabricar uma arma, não se socorre da magia. É estritamente empírico, isto é, científico, na escolha do seu material, na maneira de martelar, cortar e polir a lâmina, confia inteiramente na sua habilidade, no seu raciocínio e na sua resistência física. Não é exagerado afirmar que em todos os domínios para os quais é suficiente o conhecimento o indígena confia nele exclusivamente. ([19])

O que, de resto, é confirmado pelos altos padrões técnicos de algumas das artes africanas; não podemos supor que os bronzes de Benim sejam apenas o resultado de uma forma emocional de dar vida... ao bronze, mas que se trata, antes, da resultante de um apuro técnico que continua a ser um elemento participante no alto padrão estético das artes da costa ocidental africana.

A diferença fundamental entre os valores brancos e os valores negros estará, por enquanto, na ausência de tempo mecanizado nas sociedades negras. Com efeito, o camponês europeu, depois de ter utilizado o relógio de Sol, e o trabalho ritmado por esse mesmo Sol (trabalho de sol-a-sol, que ainda persiste em alguns países que pretendem manter as suas estruturas arcaicas para garantir aos proprietários a utilização total da mais-valia da mão-de-obra), submetendo-se ao rodízio das estações, adoptou o relógio mecânico como elemento ritmador, e a esse relógio corresponde um novo horário: as oito horas de trabalho. No plano da exploração da terra, conseguiu descobrir, com as técnicas de forçagem, uma forma de se tornar, ainda que relativamente (e relativamente por enquanto, pois podemos prever que tais técnicas venham a progredir nestes anos mais próximos), independente do rodízio das estações.

([19]) B. Malinowski, *The Foundations of Faith and Morals: An Anthropological Analysis of Primitive Beliefs and Conduct with Special Reference to the Fundamental Problems of Religion and Ethics* (Oxford: Oxford University Press, 1936).

Em todo o caso, podemos admitir, sem grandes dificuldades, que as sociedades europeias, ou asiáticas, conheceram idênticas formas de trabalho, sendo estas sobretudo condicionadas pelas condições climatológicas. Toda a racionalização do trabalho se processa em função das plantas que é possível cultivar (na gama daquelas que são conhecidas), e a influência das estações. Quer isto dizer que, em determinado momento, embora graduando-se de forma diferente na história da humanidade, as técnicas se equivaleram. E neste momento, graças às enormes possibilidades oferecidas pelos transportes rápidos, pelas formas de comunicação audio-visuais, as diferenças entre as técnicas podem ser rapidamente vencidas. Mas não podemos aceitar que Sartre nos diga que «a negritude, para empregar a linguagem heideggeriana, é o ser no mundo do Negro».

Sartre, ao apoiar-se directamente em Heidegger, descobre os cordéis do seu julgamento dos valores do homem negro africano, pois que, como se sabe, o ser-no-mundo do Negro corresponde ao ser lançado na corrente do tempo, da qual o homem não pode emergir e à qual também não pode alterar a direcção. O homem é obrigado a aceitar as condições históricas da sua existência, as quais pode interpretar e compreender sem que, no entanto, lhe seja dada a possibilidade de as alterar. Este fatalismo filosófico era, decerto, o menos indicado para enformar os problemas humanos da África negra ou branca, pois que, aceitá-lo tal como era apresentado, significava a renúncia ao exame e à discussão dos problemas, exame e discussão que só podiam ter como objectivo a sua rápida mutação.

Mas iremos mais adiante, pois que se, na realidade, Sartre se serve de Césaire para firmar as suas afirmações, não nos será difícil verificar que o filósofo obriga o poeta a dizer o contrário do que este pretende. O poeta afirma: «a minha negritude não é uma pedra, a sua surdez opõe-se ao clamor do dia (...) derruba a prostração opaca da sua recta paciência». E, ao comentá-los, diz-nos Sartre: «a negritude é pintada nestes belos versos como um acto muito mais do que como uma disposição. Contudo, este acto é uma determinação interior: não se trata de tomar nas mãos e de transformar os bens deste mundo». Singular filosofia esta! Encontramo-nos perante um acto determinado do interior, mas tal acto não pretende transformar os bens deste mundo! Idealismo filosófico, que deseja esquecer-se de que as estruturas sociais fundamentadas na propriedade individual dos grandes meios de produção, como sucede em África, propugnam uma alienação sistemática não já apenas do proletariado, mas do conjunto da sociedade colonizada.

O humanismo negro não pode recusar-se a reconhecer a existência de uma comunicação com a natureza, mas não pode deixar de verificar que a propriedade privada é um obstáculo opondo-se à criação de uma humanidade nova. A manutenção das formas de colonialismo provoca, por parte do homem submetido a tais formas, o desejo de ser também proprietário, aumentando assim, e de forma sensível, a possibilidade de conflitos, que virão opor-se ao aparecimento de tal humanidade. Por isso, ao procurar eliminar a propriedade particular das formas de produção, tenta estabelecer uma regra fundamental: a da universalidade do trabalho social humano, sem o qual não poderá haver uma autêntica reconciliação universal entre as formas particulares que, de momento, assume o humanismo.

VI. O culto dos antepassados

Poder-se-á dizer, enfim, que o culto dos antepassados é um valor que apenas pode ser incluído no domínio da negritude? O certo é que, em todas as formas de civilização, e quando estas não ultrapassaram a oralidade, os antepassados (de que os anciãos são os representantes directos) fornecem à existência o seu verdadeiro sentido. O regime de propriedade da comunidade está justificado como o único possível, do mesmo modo que os antepassados pertencem a toda a colectividade. Encontra-se, por isso, garantida a repartição dos bens, tornando impossível uma forma de apropriação individual que, a existir, destroçaria a totalidade dos quadros sociais.

Sendo assim, os antepassados formam um panteão colectivo, do mesmo modo que as formas de produção são colectivas.

Por isso mesmo, o grupo social está em condição de se opor ao desejo de apropriação por parte de um indivíduo que, por qualquer circunstância, se tenha notabilizado no grupo social. Os antepassados servem de intermediários para que as forças, os *manás*, se incorporem nas ferramentas, nos utensílios, nas armas. A coesão do grupo é garantida pelos antepassados e o seu culto persiste enquanto as formas de produção se mantêm ao mesmo nível. Ou seja, logo que as forças de produção são obrigadas a orientar-se para outros regimes, por influência de forças externas, os antepassados perdem pouco a pouco a sua influência e acabam por desaparecer, abandonados por um grupo que já lhes não reconhece nenhuma autoridade nem influência.

George Balandier, em *África Ambígua*([20]), conta-nos que em algumas regiões da República do Congo lhe ofereceram a venda de alguns muquixes, que, poucos anos antes, ninguém se atreveria a vender. O que significa que, sob a pressão de novas formas de produção (economia de mercado, salariato), os antepassados deixaram de influir nos padrões morais.

Vale dizer, finalmente, que o culto dos antepassados caracteriza, portanto, uma determinada forma de produção e que, por isso, querer atribuí-lo como valor específico de negritude, releva de uma falta de ponderação dos autênticos valores dos grupos sociais. Releva, ainda, de um idealismo burguês que, voluntariamente, se deseja alhear da realidade das formas de produção.

Conclusão

A negritude sartriana, bem como a de Leopold Sédar Senghor, baseiam-se, no todo ou em parte, na filosofia heideggeriana, que se radica no *Geworfenheit* do homem (o ente lançado). Já Aimé Césaire procura um campo mais produtivo de entender os fenómenos do mundo negro, pois, como diz

---

([20]) Georges Balandier, *L'Afrique Ambigue* (Paris: Plon, 1957).

L. Sédar Senghor, «para Césaire, o "branco" simboliza o capital, tal como o negro, o trabalho... através dos homens de pele negra da sua raça, é a luta do proletariado mundial que ele canta». Como compreender, em tal caso, a recusa obstinada que opõe às forças técnicas, que permitem uma melhor racionalização das formas de produção? A recusa de Césaire não se dirige às próprias técnicas, mas sim às formas de desumanidade que elas possibilitam e, ao recusá-las, pretende também recusar para as sociedades negras qualquer parcela de responsabilidade no infame tráfico da escravatura, e nas formas de antropotecnia que foram as de alguns povos que dos escravos fizeram um dos seus principais negócios.

O que assim podemos entender, na condenação de Césaire, é que qualquer forma de posse, contém em si uma exclusão, enquanto tais bens possuídos não forem pertença única do proprietário. Esta impossibilidade de participação (ou, por outras palavras, esta larga forma de excluir o maior número da participação na posse das formas de produção), que já se verifica na sociedade europeia que tinha fabricado os instrumentos a que objetivamente se refere Césaire (e não só os instrumentos, mas também as técnicas para a sua utilização, circunstâncias que, aliás, como já vimos, andam indissoluvelmente ligadas), agrava-se ainda mais quando se transfere para os territórios coloniais, podendo dar origem a duas formas de proletariado: o dos brancos e o dos negros, os quais, contudo, não possuem os mesmos interesses, nem estão sujeitos a idênticas formas de alienação.

Porque, como convém ainda recordar,

> na contribuição social da sua experiência, os homens entram em relações determinadas, necessárias, independentes da sua vontade; estas relações de produção correspondem a um determinado grau de desenvolvimento das suas forças produtivas materiais. O conjunto destas relações de produção constitui a estrutura económica e política à qual correspondem formas de consciência social determinadas. O modo de produção da vida material condiciona o processo de vida social, política e intelectual em geral. Não é a consciência dos homens que determina a

realidade, é, pelo contrário, a realidade social que determina a sua consciência.([21])

Aliás, para compreendermos com maior amplitude o papel desempenhado pelas burguesias capitalistas e mercantilistas na destruição dos valores sociais da África negra, devemos verificar que, onde quer que conquistou o poder,

> a burguesia destruiu as relações feudais, patriarcais, idílicas. Todos os lados complexos e variados que unem o homem feudal aos seus superiores naturais foram por ela impiedosamente destroçados, para só deixar subsistir o frio interesse dos lados entre o homem e o homem.([22])

Não podem restar dúvidas, portanto, aos proletariados, tanto brancos como negros, que todas as formas idealistas ou espiritualistas tradicionais, são, perante a sua experiência prática, formas de alienação que, provocadas como são pelos meios de produção, encerram em si próprias a negação sistemática das essências do proletariado. Tais formas espiritualistas procuram reforçar-se, no sentido de resistir ao aparecimento de uma humanidade nova, e isto nas zonas que deram origem e forma ao capitalismo imperialista (isto é, a Europa e parte da América), como em todas as regiões do mundo onde permanece a alienação imposta pelas formas de trabalho. E isto, quer se trate do trabalho agrícola mais tradicional, efectuado por meio de técnicas ultrapassadas, quer daquele que se realiza no âmbito das grandes indústrias que se baseiam num conhecimento científico cada vez mais amplo.

Porque o progresso das forças produtivas só pode atingir o seu plano máximo por via do seu completo desenvolvimento, sem entraves artificiais determinados pela necessidade de criar, pela rarefação, por preços de venda que permitam garantir um grande juro aos capitais empenhados nas formas de

---

([21]) K. Marx, *Contribuição para a Crítica da Economia Política*, trad. Maria Helena Barreiro Alves (Lisboa: Estampa, 1971).

([22]) K. Marx, *Manifesto* Comunista ([Lisboa]: Ed. Avante, 1960).

industrialização e comercialização dos produtos. Mas logo que se atinja um estádio onde seja possível proceder a uma apropriação das formas de actividade produtora, sem nenhuma exclusão, há-de desaparecer toda e qualquer tentativa de impor a alienação através da produção da mais-valia. Só alcançado este plano, nos poderemos encontrar perante um homem novo, quer se trate do homem africano quer do europeu.

Para isso é necessário fazer progredir os vários mercados existentes no mundo, até se chegar à criação de um mercado mundial, única forma de alcançar a integração da totalidade dos produtores numa única forma de trabalho comum. Porque caminhamos hoje para formas de produção idênticas, graças a um tipo de máquinas iguais, fabricadas ou pela mesma empresa ou por empresas congéneres, e que, naturalmente, funcionam da mesma forma, estejam onde estiverem. Compreendemos ainda aqui que a recusa da técnica, ou do conhecimento da técnica, como faz Sartre, impediria o homem negro africano de dominar as próprias formas de produção.

Decerto, ainda não atingimos, neste momento, um plano em que se possa entrever uma absoluta identidade das técnicas e dos sistemas de produção, se bem que, por exemplo, a distribuição de máquinas e ferramentas fabricadas por um país para muitos outros, suponha, desde logo, uma identidade nas formas de fabrico e, por consequência, uma identidade das formas de trabalho. E não podemos dizer que tais identidades sejam esporádicas, pois a libertação do homem das tarefas mais grosseiras (tanto na agricultura como na indústria), e o cada vez mais amplo surto da automação, forçam a essa aproximação.

Neste momento, ainda se não chegou a um ponto de saturação que leve a sentir a necessidade inelutável de um mercado único. Pelo contrário, as burguesias capitalistas procuram reforçar o seu aparelho de produção que, embora vá fazendo algumas concessões ao proletariado (melhoria de salários, de assistência médica, social e outras), pretende defender as suas formas de produção, com o seu poder alienatório. O Mercado comum, longe de pretender chegar à criação de um mercado único, convida, antes, ao domínio de uns quantos países mais poderosamente equipados em detrimento de outros, com menores possibilidades, ou com inferior armadura técnica; o caso da Grécia, associada ao mercado comum em condições especiais, mostra que, realmente, este tipo de mercados pretende apenas salvaguardar as estruturas capitalistas de uma rápida socialização. Trata-se, acima de tudo, de ver como as relações de produção objectivam o movimento das forças produtivas e, consequentemente, qual a posição que podem ocupar no plano de distribuição, tanto no mercado interno como nos mercados externos. O choque entre Inglaterra e o mercado comum e, posteriormente, o reforço da CECL relevam exactamente desse problema.

Assim, enquanto Sartre acaba por negar a realidade da existência material do vivido (e, aliás, é essa mesma tentativa a dos existencialistas que alinham na corrente heideggeriana e, também, de alguns surrealistas que acabaram por esquecer a lição do materialismo dialéctico), a idealidade da consciência afirma, no vivido, a realidade da existência material (como, de resto, já tinha sido observado por Engels).

Examinados assim os problemas com que se defronta a África negra, não podemos deixar de reconhecer que, embora sob formas peculiares, se apresentam eles bastante idênticos aos do proletariado e campesinato europeus, como aos da Ásia, aos das Américas, aos de todo o mundo, enfim, porque estamos longe de poder chegar a uma forma de reconciliação universal. Esta forma de reconciliação pressupõe, como é óbvio, a desaparição absoluta de quaisquer formas de distinção entre os homens, incluindo as que se baseiam nas cores, isto é, propugna a chegada a um estádio onde o homem não possua cor, seja apenas um homem, ou mais amplamente o homem. E tal forma de reconciliação é a única que pode permitir a realização humana da humanidade, sem a qual não será possível, de resto, a existência de uma realidade integralmente humana.

Isto é o que deseja o humanismo negro, seguindo caminho idêntico aos humanismos branco ou amarelo, que mais não procuram, afinal, do que chegar a uma conjugação directa destes humanismos, para atingirmos um único humanismo.

1.2. A PROPÓSITO DE SENGHOR. ANTES E DEPOIS DA NEGRITUDE

Continua a registar-se um debate histórico e conceitual em torno da negritude, que alguns pretendem ter-se integrado no vocabulário cultural e político utilizado pelos africanos de língua portuguesa já por volta dos anos 40. Esta afirmação encontra a sua razão de ser não só no carácter expansionista do conceito, mas também numa afirmação peremptória de Mário Pinto de Andrade, que exaltou a presença da negritude no poema de Francisco José Tenreiro, *Ilha de Nome Santo*, publicado na colecção coimbrã «Novo Cancioneiro», em 1942.(23) Desta maneira, o conceito parisiense da negritude teria sido adoptado pelo menos por um autor africano pensando e escrevendo em português, quase no momento da sua aparição nos grupos de africanos concentrados em Paris.

Esta maneira de dizer as coisas assenta num princípio simples, embora algo mistificador: sendo homogéneos os problemas a que deviam fazer face os africanos ainda submetidos às regras violentas do colonialismo, também deviam ser homogéneas as soluções culturais e políticas adoptadas para o enfrentar. Verifica-se, contudo, que não havia semelhante homogeneidade, no sentido em que os aparelhos políticos colonialistas possuíam as suas próprias teorias que eram aplicadas

(23) Francisco Tenreiro, *Ilha de Nome Santo* (Coimbra: Portugália [distrib.], 1942).

sem generosidade alguma. Os africanos de língua portuguesa, dependendo de práticas colonialistas dos portugueses, iniciaram a sua modernização política em relação com a evolução do próprio processo colonialista português, embora sem cortar nunca os laços que os uniam ao espaço colonial em geral.

É por essa via que se pode compreender o eco suscitado pela revolução haitiana, que permitia que os afro-americanos recuperassem a iniciativa política, que lhes fora constantemente recusada pelos colonialistas europeus. Ora, a revolução do Haiti forneceu um modelo, quando até uma esperança, aos africanos transferidos para as Américas pelo tráfico negreiro, que só terminaria, no caso português, em 1850 graças à legislação brasileira proposta pelo senador Euzébio de Queiroz. O primeiro modelo independentista oferecido aos colonizados foi, certamente, formado pelos diferentes movimentos de contestação das autoridades portuguesas no Brasil, que se inicia em 1789 graças à Inconfidência mineira.

O movimento foi decapitado, mas esta eliminação que mobilizou as prisões e os presídios, que criou um mártir, o Tiradentes, e remeteu para o degredo africano, em Angola e em Moçambique, algumas das grandes figuras da pré-independência brasileira, não pôs termo à manifestação do irrepressível desejo de independência dos brasileiros. Estes inventaram então o nativismo, destinado a separar as águas: de um lado estariam aqueles que tinham nascido no Brasil — ou tinham adoptado a língua e os usos e costumes, assim como os nomes —, duramente separados dos que se mantinham fiéis à origem e às práticas lusas. A proclamação da independência brasileira, a 7 de Setembro de 1822, revelou a eficácia do conceito, que foi adoptado pelos colonizados africanos.

O nativismo forneceu, por isso, o primeiro suporte teórico — quer dizer, ideológico — aos africanos de língua portuguesa. Encontramos as suas manifestações mais particularmente em Angola, por razões que têm que ver com os laços íntimos criados entre este país e o Brasil, devido à massa considerável de «escravos» que asseguraram o povoamento e a própria organização económica, incluindo as actividades artesanais. O nativismo forneceu os primeiros alicerces das correntes que, nos anos subsequentes à independência brasileira, encararam a possibilidade de uma solução política de carácter federativo, constituindo Angola um dos estados federados, mantendo a língua portuguesa, mas dando origem a uma cultura que seria brasileira, adaptada às condições específicas de Angola.

Está ainda por fazer a história dos nativismos de língua portuguesa, mas convém, apesar disso, salientar a violência das polémicas que opuseram, sobretudo no período que sucedeu à proclamação da República — a 5 de Outubro de 1910, alguns defensores do colonialismo repressivo aos teóricos e aos militantes do nativismo, que encontrou alimento na própria propaganda republicana que defendia princípios igualitários.

Os nativistas são denunciados pela imprensa portuguesa como sendo racistas anti-brancos decididos a expulsar as autoridades e até os simples colonos portugueses. Se as primeiras refregas jornalísticas opõem a imprensa portuguesa e os intelectuais orgânicos cabo-verdianos, concentrados em determinado momento em torno da *Revista de Cabo Verde* — dirigida por Luis Loff —, esta situação polémica alarga-se depois a Angola.

Entrementes, fora importado dos Estados Unidos e da Jamaica o pan-africanismo anglófono, que fora reconhecido e integrado por uma parte da emigração cabo-verdiana, e que permitiu uma reivindicação política que levou os responsáveis culturais a encarar a independência como a única solução possível e desejável. Integrados no quadro dos valores veiculados pelo pan-africanismo, os cabo-verdianos rejeitam os heróis míticos da cultura portuguesa, substituídos pelas figuras que tinham criado a vera civilização africana, dos faraós do Egipto ao grande chefe cartaginês Amílcar Barca.

Para se furtar à violência de repressão exercida pelas autoridades portuguesas e pelos colonos, os africanos obrigados a instalar-se em Portugal tanto para frequentar o ensino secundário, como, sobretudo, o ensino superior, começaram a criar em Lisboa, como já tinham feito os cabo-verdianos, uma imprensa decididamente combativa, onde podemos encontrar uma forte presença de algumas teses de Karl Marx, sobretudo no que se refere à relação entre o trabalho e a propriedade da terra. A terra só pode pertencer àqueles que a trabalham, proclama-se por oposição aos colonos que, sem terra, pretendem que essa terra africana lhes seja oferecida com os trabalhadores sem salário.

Norton de Matos contra o nativismo

Registam-se duas situações que exprimem de maneira iniludível a impossibilidade de uma paz colonial absoluta. Por um lado, a maioria *nativista* procura reforçar a sua capacidade de mobilização, pelo outro, as autoridades coloniais não hesitam em recorrer aos meios mais violentos, incluindo o empastelamento dos jornais e a prisão dos redactores, como fez sobretudo Norton de Matos quando exerceu o cargo de Alto-Comissário da República, sem que tamanha violência tivesse provocado o menor protesto por parte dos dirigentes e dos militantes democratas.

O balanço da situação põe em evidência a lenta, mas constante passagem das formas tradicionais da organização política dos africanos para as formas modernas que não podem dispensar a formação dos partidos, tal como apostam, como queria Lenine, na criação das frentes unidas. A vitória eleitoral obtida em São Tomé e Príncipe nas eleições de 1921, para os cargos de senador e de deputado, provocou uma enorme perturbação nos meios «africanistas», postos de maneira tão republicana como inesperada perante a manifestação de um projecto africano que não coincidia com os interesses do colonialismo, que não podia deixar de ser branco.

Creio que não se põe suficientemente em evidência o facto de a «Revolução» de 28 de Maio de 1926 ter sido possivelmente financiada com capitais dos bolsos generosos dos capitalistas das colónias ou dos seus associados. Tudo se passa como se a «Revolução» tivesse revelado uma factura final de custo zero, o que é evidentemente impossível. Em todo o caso, esta hipótese ajudaria a compreender o facto de as primeiras medidas legislativas tomadas pelo ministro das Colónias, comandante João Belo, serem sobretudo do interesse dos colonos moçambicanos, embora a nova regulamentação do trabalho indígena, pusesse à disposição dos colonos a quase totalidade das populações africanas, com a notável excepção dos arquipélagos de Cabo Verde e de São Tomé e Príncipe.

É, todavia, em Cabo Verde que se regista a primeira tentativa teórica e prática de sair do círculo definitivo pelo nativismo associado ao pan-africanismo. Perante as condições dramáticas provocadas pelas secas, as estiagens, os escritores cabo-verdianos importam o medo neo-realista brasileiro, sendo que alguns desses escritores, como Luís Romano, identificaram o Nordeste brasileiro das secas e das fomes com as próprias ilhas de Cabo Verde. Não se tratava ainda do luso-tropicalismo, que só se banaliza no espaço afro-português a partir de 1954, mas, antes, de recusar o modelo literário português, em que não se encontravam situações ou personagens que pudessem ser identificadas com a experiência cabo-verdiana. Os migrantes brasileiros, acossados pela fome, podiam ser comparados aos ilhéus, condenados à mesma fome pela seca, a terrível lestada.

O arquipélago não só criou uma língua própria, o crioulo de Cabo Verde, como utiliza as duas línguas em função de objectivos perfeitamente definidos: a língua das canções, tal como a língua da afectividade é sempre o crioulo, ao passo que o português é a língua da burocracia e do poder. Mau grado a existência deste vigoroso bilinguismo, regista-se a afirmação de alguns criadores que nos permitem dispor de um instrumento de análise para dar conta do imaginário cabo-verdiano. Não podemos esquecer a ligação de G. Lukàcs e de L. Goldman, que mostraram de maneira eficaz as relações existentes entre a burguesia urbana ascendente e a criação romanesca. A passagem da expressão poética à estrutura romanesca serve, entre o mais, para pôr em evidência a maneira como a burguesia se autonomiza, criando o suporte estético que lhe permite afirmar a sua identidade. Discreta ou evidente, esta autonomia não pode recusar a função crítica em relação aos valores da potência colonizadora.

Enquanto os africanos de língua portuguesa procuravam organizar-se para enfrentar a recessão mundial, o governo fascista português aprovava o Acto Colonial, pensado e redigido por Quirino Avelino de Jesus, impondo uma severa centralização que, entre outras consequências, contribuiu para a desqualificação sócio-profissional das burguesias urbanas africanas. A relativa autonomia financeira que permitia que fracções dessa burguesia pudessem estar instaladas no espaço nobre da cidade foi severamente abalada. Alguns desses intelectuais orgânicos viram-se, em Luanda, na dura necessidade de abandonar o bairro da Ingombota, para se instalar no km 5, isto é, já em pleno musseque. Além disso, num plano complementar, Portugal conheceu um terrível bloqueio cultural durante o período de 1936 a 1945: a guerra civil espanhola durou de 1936 a 1939, tendo-lhe sucedido a Segunda Guerra Mundial, de 1939 a 1945. As relações dos portugueses com a Europa foram naturalmente reduzidas a pouca coisa, ao passo que a guerra dos submarinos levou à criação de uma navegação condicionada pelos *navy certs* (certificados de navegação), o que restringiu severamente a circulação comercial marítima, contribuindo para isolar as populações africanas. Os próprios contactos postais sofrem com a censura e com a redução dessa circulação marítima. Estas condições ajudam a compreender porque não tenha sido possível ter notícias na África de língua portuguesa das propostas teóricas elaboradas pelos jovens universitários de língua francesa, então instalados na Cidade Universitária. É lá que aparece, em 1935 o jornal *L'Etudiant Noir.* O recurso à imprensa está longe de ser anódino, pois trata de recorrer a uma lição hegeliana que faz da imprensa o instrumento que renova todos os dias a maneira de estar informado acerca do estado do mundo.

É graças ao trabalho destes estudantes, originários dos vários lugares da colonização francesa — sendo Léopold Sedar Senghor senegalês, Aimé Césaire martiniquense e Léon Damas guianês —, que aparece uma proposta que não possui ainda uma estrutura política, mas procura devolver aos africanos e aos seus descendentes americanos a dignidade e a beleza que lhes tinha sido recusada pelos europeus, que tinham feito da cabeça do Apolo do Belvedere, graças a Peter Camper, o paradigma da beleza masculina, seguido, nesse como em outros pontos, pelo Hegel da *Estética.*

Até certo ponto, a intervenção destes estudantes universitários integra-se num quadro mais vasto em que figuram, em primeiro lugar, os famosos *tiralleurs sénégalais*, designação geral sob a qual foram classificados todos os combatentes originários de todas as colónias francesas. Esta forte presença africana foi reforçada pelo corpo expedicionário americano que, como se tomou habitual, recrutava os afro-americanos como carne de canhão. Todavia, estes combatentes americanos trouxeram consigo o *jazz*, que modificou de maneira definitiva a maneira como a Europa entendia a música, mau grado Stravinsky ou Malher.

A estas novidades veio somar-se a revelação da dança e do corpo das mulheres negras, tendo Josephine Baker substituído no imaginário plástico do Ocidente as formas julgadas excessivas e caricaturais da famosa Vénus hotentote, agora em via de ser, enfim, devolvida ao seu país.

A negritude permite que os africanos rejeitem os juízes caricaturais e caracterizados pelo racismo, que se manifesta de maneira aparentemente discreta, mas eficaz. O sorriso cheio de dentes alvíssimos que caracterizava o *tirailleur* [atirador] que anunciava o famoso Banania [anúncio publicitário] confirmava o carácter «asselvajado» dos produtos quase humanos das plantações tropicais. Em contrapartida, a negritude não fornecia ainda as armas indispensáveis ao combate político, sem o qual esta operação cultural, que não podia dissimular a força da sua sub-jactância política, corria o risco de se limitar a uma reivindicação cultural sem resultados práticos.

A situação modifica-se não só com o fim da guerra, mas sobretudo em consequência da participação dos combatentes africanos na derrota do nazismo e do fascismo. Os africanos tornam-se elementos necessários da paisagem urbana, como lembra o Curzio Malaparte de *A Pele*.

Entre nós, o reduzido núcleo de universitários africanos procurava os valores africanos, o que permitiu, em 1942, a publicação dos poemas de *A Ilha de Nome Santo*, do são-tomense Francisco José Tenreiro, integrados numa colecção muito prestigiada, então e depois — o «Novo Cancioneiro». Deve, contudo, dizer-se que os poemas de Tenreiro não dependem ainda do quadro teórico da negritude, estando antes integrados nos valores do pan-africanismo anglófono, com algumas referências ao negrismo cubano, onde avulta já a forte presença de Nicolas Guillén.

O papel do PCP

A própria organização política dos africanos dependia inteiramente das estruturas portuguesas, mau grado a criação em Lisboa da Casa dos Estudantes do Império, que concentrou uma parte dos jovens estudantes africanos de língua portuguesa. O Partido Comunista Português recrutou um número bastante elevado desses jovens africanos, que também enxamearam outras organizações políticas, como o MUD (Movimento de Unidade Democrática) e o MUD Juvenil. Só nos anos cinquenta, os africanos, muito apoiados pelo Partido Comunista, criaram o Movimento Anti-Colonial, dissolvido em 1960, sob a pressão dos ainda incipientes movimentos de libertação.

Se a negritude chega a Portugal através dos livros, jornais e revistas, mal consegue ela alcançar as cidades africanas, onde, todavia, os jovens intelectuais procuram encontrar o vocabulário literário e político capaz de lhes permitir afirmar a sua autonomia. Chegara, entretanto, a Lisboa, entre 1948 e 1950 a *Anthologie de la Nouvelle Poésie Nègre et Malgache*, organizada por Léopold Sedar Senghol, com o prefácio de Jean-Paul Sartre, *Orphée Noir.* ([24]) A simples concentração num volume dos autores africanos e malgaches, a respeito dos quais havia apenas informações esparsas, permitia dar conta da capacidade criadora dos autores negros e colocar a criação africana em pé de igualdade com a literatura dos europeus e dos americanos. Pode por isso afirmar-se que esta antologia exerceu um efeito revolucionário, fornecendo o primeiro modelo das futuras antologias que a Casa dos Estudantes do Império publicou,

([24]) «Orphée Noir» in *Anthologie de la Nouvelle Poésie Nègre et Malgache*, organizada por Léopold Sédar Senghor (Paris: PUF, 1948), pp. IX–XLIV.

frente ao cepticismo da crítica e a reticência, se não pior, dos editores.

Se esta Antologia exerceu uma influência evidente na própria organização da produção literária do continente, devemos também considerar a importância do ensaio de Sartre, que teorizava enfim o racismo anti-racista, já utilizado pelos *nativistas* de língua portuguesa nos primeiros anos do século XX, fornecendo uma base cultural para a construção do vocabulário político que em França, como em Portugal, só podia ser fornecido pelos partidos de esquerda.

A base institucional que permite a importação e a utilização do conceito é fornecida pelo CEA, Centro de Estudos Africanos, uma estrutura apartidária, criada por Francisco José Tenreiro (que durante algum tempo, em companhia de seu cunhado, Carlos Alberto Lança, fora *compagnon de route* do Partido Comunista) e Mário Pinto de Andrade, que puderam contar com o apoio tão entusiástico como eficaz de Noémia de Sousa, mantendo ligações apertadas com a Casa dos Estudantes do Império.

O carácter apolítico desta instituição, que funcionava em casa lisboeta da família são-tomense Graça Espírito Santo, na rua Actor Vale, num prédio a pedir placa comemorativa, era a consequência das condições culturais e políticas portuguesas, caracterizadas pelo carácter geral e violento do racismo anti-negro, que considerava os africanos como praticantes apaixonados da antropofagia, como lembravam as anedotas publicadas por jornais sem o menor pudor e onde os desenhos mostravam com frequência um africano nu empenhado em cozer um pobre explorador branco, com botas e capacete nacional. Nestas condições, os africanos não podiam ser interlocutores políticos. O regime podia contar, por isso, com o apoio total da população nas matérias coloniais.

O trabalho de formação e de informação do CEA revelou-se extremamente profícuo, embora estivesse limitado pelo controlo exercido não só pelas forças policiais da repressão, mas também pelos colonos e seus associados. Para poder funcionar de maneira plena, a negritude exigia a organização das estruturas políticas capazes de, por um lado, permitir a elaboração dos projectos nacionais, enquanto, pelo outro, decidia quais os meios a adoptar para impor uma revisão do próprio processo colonial. A realização da Conferência de Bandung, em 1955, fornecendo um suporte político aos afro-asiáticos e, mais latamente, aos colonizados, reforçou a inevitabilidade do conflito, no caso de as potências coloniais recusarem rever as condições em que exerciam o poder.

É nestas condições nacionais e internacionais que se impõe a análise das propostas da negritude: se o seu suporte cultural mantém a sua legitimidade, verifica-se, contudo, que lhe falta eficácia política. Se França fora, no que se refere às colónias africanas, e mau grado os horríveis morticínios de Madagáscar, capaz de encontrar algumas formas menos violentas de permitir o acesso à independência, a verdade é que o colonialismo português estava atado ao racismo, assim como à própria mitologia nacional, igualmente partilhada pelas forças do regime e pelos grupos da oposição.

O bloco português e branco rejeita violentamente os negros africanos.

As operações do 4 de Fevereiro de 1961 devolveram a iniciativa política e armada aos angolanos, seguidos rapidamente pelos movimentos de libertação de Moçambique e da Guiné. Verifica-se, todavia, que, nestas novas tarefas, não era indispensável recorrer à negritude que, desta maneira, revelava o seu carácter profundamente urbano e europeizado. Se o conceito participa, contudo, na formulação teórica, não o podemos considerar como o suporte da reflexão, que determina não só o discurso nacionalista e independentista, mas, sobretudo, a mobilização para o combate, que mereceu tão rigorosas análises por parte de Amílcar Cabral, contemporâneo do CEA lisboeta, embora pouco comprometido com a sua acção pedagógica.

Redigi, nesses primeiros anos sessenta, o único ensaio consagrado à relação entre a negritude e o humanismo, numa linha que, dependendo embora de Jean-Paul Sartre, fora corrigida pelo recurso a Aimé Césaire, que reforçara o seu discurso anti-colonialista depois de ter regressado, forçado pela guerra em 1940, à «terra natal». Aí, onde o colonialismo agia de cara descoberta, contrariamente ao que se podia verificar nas *cités universitaires* europeias. Deve, contudo, dizer-se que a minha intervenção fora solicitada pelos jovens militantes anticolonialistas concentrados na Casa dos Estudantes do Império, que a repressão policial acabaria por encerrar em 1965.

O que quer dizer que se a negritude importada das propostas teóricas francófonas, não desempenhou um papel de primeiro plano na organização da reflexão e do combate dos africanos sob dominação colonial portuguesa, integrou o capital teórico que permitiu uma reflexão assentando no conhecimento, que, por sua vez, justificava a mobilização geral contra a potência colonizadora.

O inesperado foi consequência do arcaísmo do sistema político português, que levou os responsáveis pelas escolhas teóricas a aceitar como suporte suficiente um luso-tropicalismo que já fora denunciado como incapaz de compreender o vero mecanismo da potência colonialista. A leitura de António Cândido, Florestano Fernandes, Mário Pinto de Andrade e a minha própria continua a ser necessária para pôr a nu o esqueleto da intolerância colonialista.

Deve salientar-se, contudo, a importância deste conceito, mesmo se a sua eficácia não foi tão definitiva como tinham pensado os seus criadores. A verdade, porém, é que os projectos africanos, arrastando consigo a imensa «diáspora» de origem africana, mudaram de sentido, impondo a revisão decidida das formas de dominação.

1.3. NEGRITUDE E MÉTODO HISTÓRICO

Portugal é um país curioso: um sujeito, bem-intencionado, diz uma tolice. Diz-se e demonstra-se publicamente que cometeu uma tolice. Pois não o reconhece, dizendo que se está a travar uma polémica! Tem-me acontecido nestes últimos anos ter travado polémicas múltiplas, simplesmente porque ainda não consegui conformar-me com a imprecisão, a incerteza ou o erro. Serei obrigado a prosseguir, dado que as incertezas críticas são o pão nosso de cada escrita. Também a minha não escapa a esse flagelo, porque nunca se consegue alcançar o rigor que se pretende, mas nunca recusei reconhecê-lo quando tal aconteceu.

Seja agora exemplo o conceito, ou antes a expressão «negritude». De uns anos a esta parte, e mais precisamente até, a partir de 1953, pretende-se que a negritude se afirmou em Portugal pelo menos a partir de 1942. Porquê? Entusiasmado pela doutrina, conhecida por meio da *Anthologie de la Poésie Africaine et Malgache*, de Léopold Sedar Senghor([25]), Mário de Andrade, que então ainda assinava Mário Pinto de Andrade, afirmava peremptório que o primeiro texto da negritude portuguesa fora a colecção de poemas *Ilha de Nome Santo*, de Francisco José Tenreiro, publicado em 1942 e incluído na coleção neo-realista «Novo Cancioneiro»([26]).

([25]) Léopold Sedar Senghor, *Anthologie de la Poésie Africaine et Malgache* (Paris: PUF, 1948)

([26]) Francisco Tenreiro, *Ilha de Nome Santo* (Coimbra: Portugália [distrib.], 1942).

Simplesmente, esta afirmação não possuía suporte histórico, porque o conceito ainda não existia em língua portuguesa na época referida por Mário de Andrade. Tenreiro aderiu a esta maneira de dizer as coisas, e não se poderá hoje explicar a incerteza desta adesão, tanto mais que, cinco anos depois, em 1958, e na antologia *La Poésie Africaine d'Expression Portugaise*, Mário, ainda Pinto de Andrade, se elevava contra a negritude, deitando-a outra vez ao cesto das coisas inúteis. Aprendera, entretanto, certamente junto dos militantes que trabalhavam na *Présence Africaine*, que a negritude não permitia nenhuma forma de libertação real, pondo os afros — tanto em África como na América — na dependência dos dominadores brancos.

Afirma-se hoje, correntemente e sem recurso à história da lexicologia, que a negritude marcou a poesia dos países africanos de língua oficial portuguesa desde cedo. Ora, basta ler uma carta de Amílcar Cabral a Mário de Andrade, já nos anos 1949, para darmos conta da importância absoluta da antologia de Senghor, que ainda por cima pouca gente possuía em Portugal. Lembro-me de que emprestei o meu exemplar ao Daniel Filipe, que nunca a tinha visto, e que ele levou mais de doze anos a devolver-ma. Só o José Manuel Vilar, hoje em Angola, saberá onde se encontra esse exemplar, todavia histórico, porque foi aí que eu, como outros, aprendi não só a existência da negritude, mas o sentido que havia de dar a este conhecimento.

Será absurdo continuar a afirmar que houve negritude em Portugal antes da publicação e da importação da *Antologia* de Senghor, e será difícil afirmar que ela conseguiu um apoio seguro nas gerações dos autores africanos. A leitura de uma polémica provocada pela exclusão dos autores cabo-verdianos da primeira antologia organizada por Tenreiro e por De Andrade é, de resto, reveladora: nem Manuel Duarte, escrevendo na *Vértice*, nem Gabriel Mariano, escrevendo em *Cabo Verde, Boletim da Imprensa Nacional* do arquipélago, dispunham da menor informação a respeito. Embora, nesse momento, já se soubesse que existia a negritude, mas, repito, sem conhecer o campo teórico coberto por esta noção.

Esta situação seria singular e não mereceria outro comentário que não fosse o encolher de ombros, cansado ou desiludido, se não nos colocasse presentes a problemas de método que não podem ser ocultados. Não dispomos nem de um dicionário histórico, nem de uma gramática histórica da língua portuguesa. Sempre que um investigador tem de resolver os problemas ligados à datação de um conceito, de uma expressão, só há duas maneiras de agir: ou investiga, ou se apoia na sua convicção. Ainda no ano passado, numa sala da Faculdade de Letras de Lisboa, perante a minha incerteza quanto à origem do substantivo «cabaço», pude ouvir a voz — é certo que pouco autorizada — de um professor dessa doutíssima instituição afirmar de maneira tão vazia quanto peremptória: «Isso é palavra que já devia existir no século XVI.» Provas, nenhuma, sendo estas rapidamente substituídas pela «convicção» pessoal, que nunca foi instrumento ou categoria científica que se possa apresentar na cena do conhecimento.

É também verdade que muita gente vive no registo da improvisação, confundindo as suas opiniões, os seus palpites, porventura as suas certezas, com as provas que só o trabalho aturado pode fornecer. Mas é tão lento trabalhar com rigor! Neste caso, recorre-se a um velho sistema: o da meia bola e força. Ou não estivéssemos nós num país onde o futebol continua a ser a prática social mais importante. Não admira, por isso, que as suas técnicas tenham sido adoptadas por alguns investigadores nacionais. Todavia, as técnicas do futebol mudaram, já se não chuta para o ar, em estilo de fogueteiro, para apreciar a força dos pretendentes aos lugares de uma equipa, e particularmente na defesa — embora os investigadores que adoptaram as maneiras brutas do futebol ainda não tenham dado por isso.

No caso da negritude, o trabalho está ainda por fazer. O excelente estudo que Maria Carrilho consagrou a este «conceito» e à sua presença no plano da denúncia da colonização não inclui os problemas nacionais, a não ser em duas notas bibliográficas, uma das quais consagradas a Francisco José Tenreiro, em que se dizem as mesmas coisas imprecisas que são habitualmente aplicadas ao poeta são-tomense. O estudo de Eduardo dos Santos peca pelo defeito habitual neste investigador, mais interessado em provar o bem-fundado das suas teses nacionalistas e colonialistas do que em respeitar a verdade dos factos. É certo também que pouco se poderá meter sob o dente teórico, no sentido em que o espaço da negritude ocupa no máximo os anos de 1948–1949 a 1958–1961. Penso que a última incursão teórica é representada pelo meu ensaio «Negritude e Humanismo», destinado a eliminar um certo número de equívocos ligados ao conceito que alguns militantes então em Lisboa e na CEI não conseguiram eliminar. Mais tarde, mas em Paris, Fernando Santos Neves procurou também analisar o conceito, assim como a sua evolução, contudo, sem poder fixar as fronteiras da sua utilização em língua portuguesa.

Dizer que a «negritude» foi, no caso das opções dos africanos de língua oficial portuguesa, um elemento primordial é falar no vazio, no sentido em que não havia negritude em Angola, como a não havia em Moçambique, como a não havia em Cabo Verde. Este conceito não pertenceu nunca à linguagem corrente dos militantes, e não conseguiu passar da incerteza de alguns à utilização teórica quotidiana. A leitura dos textos é elucidativa, tal como o são as incertezas ou os lapsos dos raros autores africanos — exceptuando Francisco José Tenreiro e Mário Pinto de Andrade — que à «negritude» se referiram. Gabriel Mariano, no texto de 1958 que já citei, procura legitimar o recurso à negritude para substituir o de «africanidade», que fora até então corrente entre os africanos. Já se viu que não conseguiu impor esta substituição, embora tenha procurado, nesses anos 1958–1959, mas apoiado, sobretudo, em Aimé Césaire, explicitar melhor as suas opções. Todavia, o facto de ter definido o arquipélago de Cabo Verde como um caso de «mulatismo», impedia-o ao mesmo tempo de encontrar um apoio prático na sua própria experiência de cabo-verdiano.

Tais têm sido as poucas aventuras do conceito de «negritude» no espaço cultural português, tanto em África como na Europa. Não admira, por isso, que, sempre que se procura ler a organização da denúncia do colonialismo em função do conceito, nos encontremos diante de um obstáculo ausente. Daí que também seja quase cómico assistir às tentativas de injectar o conceito *a posteriori* na história das relações do mundo colonial português. Daí que também se imponha o simples e indispensável trabalho de lexicologia política de que já falei, e que nos poderia fornecer a constelação dos conceitos utilizados nos textos políticos africanos, assim como nos textos «literários» ou «culturais» que receberam o difícil encargo de assumir a responsabilidade do discurso político. Não esquecendo que não pode haver trabalho histórico sem um conhecimento rigoroso da evolução dos conceitos.

1.4. DO NATIVISMO AO «MUNDO QUE O MULATO CRIOU»

A história política e cultural cabo-verdiana a partir da abolição da escravatura e da introdução da tipografia continua sujeita a incertezas, no sentido em que as propostas portuguesas, marcadas pelos preconceitos colonialistas, ainda não foram inteiramente eliminadas. Todavia, podemos facilmente dar conta da importação, no século XIX, de algumas ideias novas tornadas possíveis ou inelutáveis, sob a pressão conjunta de três acontecimentos determinantes: a independência do Brasil (7 de Setembro de 1822), a propaganda republicana, que permite a instalação da Maçonaria no arquipélago, e o fluxo emigratório destinado às Américas, e mais particularmente aos Estados Unidos.

Se bem que timidamente, os jovens intelectuais cabo-verdianos dos finais do século XIX não hesitam em pronunciar-se pela necessidade da independência, como se verifica na *Revista de Cabo Verde*, replicando, desta maneira, aos projectos de venda das colónias que se manifestavam no espaço colonial português e que só se extinguiram com a ditadura militar de 1926. No plano estético, mas sobretudo no plano teórico, avultam as intervenções de Eugénio Tavares e de Pedro Monteiro Cardoso, possuindo o primeiro uma experiência, e cabendo ao segundo a utilização dos valores africanos exaltados pelos pan-africanistas, como Egipto e Cartago. Pode e deve dizer-se que estes pensadores adoptam um sistema que os separa não só do colonialismo, mas também dos portugueses e de Portugal.

Foi esta geração que alimentara o esforço de autonomização que permitiu a publicação do semanário *A Voz de Cabo Verde*, assumindo, na imprensa cabo-verdiana da época, a responsabilidade de pedir contas às autoridades coloniais, e defendendo ao mesmo tempo os interesses fundamentais do arquipélago. A veemência desta imprensa pode medir-se pela exaltação da greve, que Eugénio Tavares pudera encontrar nos Estados Unidos, tal como se consagra um poema a Karl Marx — e creio ser o único poema que, em português, exalta a figura do profeta do proletariado.

Saliente-se o facto de esta revisão teórica das relações com a África e o sistema colonial — que se apoia também no nativismo importado do Brasil — não passou despercebida aos especialistas portugueses dos factos coloniais. Uma parte da imprensa lisboeta, sobretudo, não se esqueceu de denunciar o racismo anti-branco que estaria a ser praticado no arquipélago. Semelhante polémica, que ainda não foi devidamente historiada, põe em evidência a violência das propostas dos intelectuais cabo-verdianos, que não podiam deixar de suscitar a resposta também violenta dos especialistas portugueses.

A Primeira Guerra Mundial teve efeitos catastróficos no arquipélago, não só devido à paragem da emigração, como em consequência das dificuldades para manter as ligações marítimas entre o arquipélago e os Estados Unidos, amputando a vertente americana das escolhas e práticas sociais cabo-verdianas. As exigências dos serviços de emigração norte-americanos também contribuíram para tornar mais difícil o acesso dos africanos aos Estados Unidos, onde os cabo-verdianos começavam a organizar-se como uma minoria, conhecida como a dos *portuguese brown*. Digamos que esta geração esgotara os seus argumentos principais pelos anos 1920, o que explica certamente a maneira pouco interessada como o arquipélago encarou as mudanças políticas portuguesas (Golpe de Estado de 28 de Maio de 1926), assim como as consequências da crise de Wall Street de 1929. A redução das relações internacionais não podia deixar de atingir a sempre frágil economia do arquipélago, que esperava receitas, tanto dos cabo-submarinos, como da circulação marítima no Atlântico Sul. Numa economia necessariamente agrícola, mau grado as condições climatéricas adversas, qualquer redução das receitas obrigava as populações à míngua.

Fora, de resto, por essa razão que se inventara a *emigração* para São Tomé e Príncipe, sob o regime de contrato, que na verdade correspondia a longos períodos de escravatura nas roças de café e sobretudo cacau de outro arquipélago. Contra esta emigração se levantou a voz justamente irada dos colaboradores de *A Voz de Cabo Verde,* que esbarrou com a determinação das autoridades coloniais e com as necessidades da força de trabalho que caracterizavam as actividades das ricas roças são-tomenses.

Todavia, estas violências não conseguiram anular a necessidade da definição do vero perfil antropológico e social dos cabo-verdianos. Como escreve memorialissimamente Baltasar Lopes, os jovens intelectuais detinham-se sobre as *nossas coisas,* quer dizer, as condições de organização social e política para definir a sua própria identidade. O paradoxo cabo-verdiano reside essencialmente na alienação imposta pelo colonialista, e que não encontra réplica entre os próprios intelectuais. Os jovens pensadores que se debruçam sobre as *nossas coisas* criam, em 1936, a revista *Claridade,* considerada como a mais clara manifestação do corte epistemológico registado no arquipélago.

Não sem dificuldades, pois a existência da censura, assim como o facto de o aparelho administrativo responsável ser de origem portuguesa, aconselharam estes intelectuais a renunciar à análise aberta, franca e decidida das condições políticas. Por essa razão, como, de resto, acontecia já então em Portugal, o processo literário foi encarregado de assumir, embora de maneira enviesada, os projectos políticos. Trata-se de uma autêntica operação de castração política, que o é também no plano existencial, e contra a qual não se conseguiu encontrar remédio.

É, de resto, no Brasil, uma vez mais, que se encontram modelos e soluções, tanto no plano estritamente literário, como no que se refere à linguística, à antropologia e à sociologia. Entre os autores mais utilizados, contavam-se Gilberto Freyre e Arthur Ramos. Forneceram eles os instrumentos indispensáveis à análise histórica e funcional das estruturas, no sentido em que se hesitava, então, entre três termos: africanidade, cabo-verdianidade ou europeização. Se a potência colonial pretendia reforçar a *portugalidade*, desacreditando o crioulo, língua materna dos cabo-verdianos, os próprios naturais podiam dar-se conta da importância dos seus valores específicos e originais.

Por outro lado, os cabo-verdianos sentiam-se feridos pelo descaso não só das autoridades políticas, mas dos intelectuais portugueses: os problemas culturais dos africanos não mobilizavam os pensadores portugueses, situação que muito incomoda os cabo-verdianos. Por outro lado, e paradoxalmente, os escritores do arquipélago repelem conscientemente os eventuais modelos portugueses, preferindo-lhes os brasileiros, já que, em não poucos casos, as experiências dos dois povos colonizados convergia.

Tal era o caso da escrita de Rachel Queiroz, cujo nordeste de secas e fomes não podia deixar de obrigar os cabo-verdianos a medir as suas próprias secas e as suas fomes, assim como o seu estatuto de *retirantes*, cuja marcha era sempre travada pelo mar. Esta situação era reforçada pela falta de assistência à população, sempre que se registava uma crise (tal era o termo utilizado para encobrir a existência das secas e das fomes, que o governo colonial português deixou sempre evoluir para a morte de milhares de pessoas à míngua).

Da inépcia de Manuel Ferreira à de Gilberto Freyre

Muito curiosamente, a primeira descrição do arquipélago, ou pelo menos de S. Vicente, aparece em 1948, nos contos de Manuel Ferreira, *Morna*([27]). Ainda hoje, podemos perguntar-nos quais foram as razões que permitiram um tão grande

([27]) Manuel Ferreira, *Morna* (Leiria: M. Ferreira, 1948).

silêncio em torno de uma obra que se caracteriza pelo recurso aos estereótipos mais racistas que se podem encontrar na língua portuguesa. Todavia, este texto possui a enorme vantagem de nos permitir compreender quais eram, nos anos que vão de 1926 a 1961, os valores e as orientações do racismo português.

Logo no primeiro conto desta colecção, *Puchinho*, descreve-se a condição física do porto de S. Vicente: «pelo cais, deitados numa pasmaceira tropical, homens e mulheres em exposição de carnes amulatadas, através dos fatos esfrangalhados, esperam o cair da noite, sem pressas nem esperanças» ([28]); tema reiterado: «desprendia-se da pachorra dos mestiços deitados a sonolentar» ([29]). Embora se encontrem fórmulas ainda mais radicais: «vinha casar-se com a lentidão dos homens que traziam no corpo sangue dos países quentes» ([30]), não esquecendo outro dos estereótipos mais repetidos denunciando o «cheiro nauseabundo do suor dos corpos» ([31]). É, de resto, na mesma página, que Manuel Ferreira caricatura as opções estéticas africanas: «com aqueles gritos guturais, primitivos, que os moços atiravam na febre da dança — restos milenários africanos, oriundos de seus avós da Guiné» ([32]).

Deixo para outro momento o inventário total destas maneiras de caricaturar tanto a estrutura física dos cabo-verdianos como as suas elaborações culturais. Pretende-se apenas definir as condições em que funcionava, então, o racismo normal português, presente na obra de um autor que sempre se apresentou como não racista, tendo até casado com uma cabo-verdiana, a escritora Orlanda Amarílis. Aqui se verifica que o peso normativo dos estereótipos negativos consegue impor-se à própria estrutura afectiva do autor. É contra estas maneiras de recusar a humanidade das populações do arquipélago que se elevam as vozes e as obras dos intelectuais cabo-verdianos.

([28]) *Ibidem*, p. 13.
([29]) *Ibidem*, p. 14
([30]) *Ibidem*, pp. 18–19.
([31]) *Ibidem*, p. 37.
([32]) *Ibidem*, p. 37.

Este processo conhece uma aceleração nos primeiros anos de 1950. No plano teórico, fora iniciado já em 1948, mas só avançou com a *Antologia da Nova Poesia Negra e Malgache*, organizada por Leopold Sédar Senghor, e, sobretudo, com o ensaio de Jean-Paul Sartre, *Orphée Noir.*(33) Nos anos subsequentes, aparecem dois ensaios fundamentais, *Peaux Noirs, Masques Blancs*, de Frantz Fanon(34) e o *Retrato do Colonizado Precedido do Retrato do Colonizador*, de Albert Memmi, ambos de 1952(35). É evidente que nenhuma destas obras conseguiu dar aos pensadores de língua portuguesa, como se verifica facilmente analisando os sistemas de ideias, os conceitos e as referências teóricas.

Não podemos deixar de pôr em evidência, contudo, a formidável convergência que se verifica no mundo das relações entre colonialistas e colonizados. Se 1952 fora o ano da emergência do Dr. Mossadeh e do seu projecto de nacionalizar o petróleo persa, está-se no quadro dos preparativos da eclosão da guerra de libertação da Argélia (1954), que, por sua vez, pouco antecede a Conferência de Bandungue, em 1955. Tudo se passa como se o vasto mundo dos colonizados quisesse aproveitar a dinâmica mobilizadora da Segunda Guerra Mundial, para impor soluções capazes de liquidar, enfim, as formas excessivas de dominação.

Pode assim dizer-se que a ficção de Manuel Ferreira pertence a um ciclo tradicional português em via de se tornar arcaico, e que, inesperadamente, parece encontrar um eco insólito na maneira como Gilberto Freyre, viajando por conta do governo colonialista português, vê e julga Cabo Verde e os cabo-verdianos. O mais chocante reside na rejeição do crioulo, língua que lhe repugna, no sentido em que a língua materna dos cabo-verdianos recusa de maneira deliberada o português. Gilberto Freyre exalta a unidade linguística brasileira,

(33) «Orphée Noir», in *Anthologie de la Nouvelle Poésie Nègre et Malgache*, organizada por Léopold Sédar Senghor (Paris: PUF, 1948), IX–XLIV.

(34) Frantz Fanon, *Peau noire, masques blancs* (Paris: Editions du Seuil, 1952).

(35) Albert Memmi, *Portrait du colonisé, précédé du Portrait du colonisateur* (Paris: Buchet, Chastel, Corrêa [impr. de Chantenay], 1957).

sem, contudo, pensar no Marquês de Pombal, e denuncia a maneira como os cabo-verdianos criaram e conservam o crioulo (*Aventura e Rotina*, Rio de Janeiro, José Olympio, 1953, reeditada no ano seguinte) ([36]).

Este choque linguístico, que expulsa o viajante estrangeiro, qualquer que seja a sua competência antropológica, parece insuportável ao antropólogo de Apipucos. A esta repugnância pela língua crioula, soma-se o juízo sobre Santiago, que lhe parece como excessivamente *negróide*: a população é «sociológica e até etnicamente aparentada com os portugueses ou os brasileiros, mas demasiadamente dominada pela presença da cultura e da raça africana para que o seu parentesco com os portugueses e brasileiros seja maior do que o exotismo da sua aparência e dos seus costumes» (p. 240). O mal-estar de Gilberto Freyre mais não fez do que confirmar o racismo discreto do sociólogo: os africanos podem ser aceitáveis se renunciarem não só aos seus corpos, como também às suas línguas e às suas culturas, substituídos por valores e práticas europeias (ou brasileiras).

O choque experimentado pelos cabo-verdianos é imenso. Se as fórmulas do racismo ordinário de Manuel Ferreira tinham sido ignoradas e assim continuadas, já não se podia adoptar semelhante comportamento diante do papa do luso-tropicalismo, com as teorias de que os intelectuais cabo-verdianos tinham levado a cabo a tarefa de inventariar e de descrever as suas escolhas civilizacionais. Era impossível não responder sem dissimular a mágoa provocada por este comportamento, que não só não era antropologicamente aceitável, como punha em evidência as maneiras pouco corteses de um falso sábio.

Embora as teorias que então se cruzavam no espaço português permitissem dar conta de maneiras mais radicais de encarar a originalidade dos criadores africanos, ainda que se exprimindo em português. Em Abril de 1953, apareceu em Lisboa o primeiro Caderno da poesia negra de expressão

---

([36]) Gilberto Freyre, *Aventura e Rotina: Sugestões de Uma Viagem à Procura das Constantes Portuguêsas de Caráter e Ação* (Rio de Janeiro: Livr. José Olympio, 1953; Lisboa: Livros do Brasil, 1954).

portuguesa, organizado pelo são-tomense (muito lisboeta, valha a verdade) Francisco José Tenreiro, autor de *Ilha de Nome Santo*, e pelo angolano (que não tardará a tornar-se parisiense) Mário Pinto de Andrade. Se Tenreiro publicara já em 1942, em Coimbra, na colecção hoje famosa do «Novo Cancioneiro» (volumes reeditados com um estudo de Alexandre Pinheiro Torres)(37), a própria criação era tornada difícil pelas condições específicas do colonialismo.

Ou seja, à publicação no Rio de Janeiro do texto antropologicamente preconceituoso de Gilberto Freyre, respondia a afirmação da autonomia cultural dos africanos. É claro que os dois textos não provinham da mesma fonte, nem anunciavam percursos convergentes. Muito pelo contrário: o caderno dos intelectuais africanos de língua portuguesa refutava já, embora de maneira velada, a falsa lição de luso-tropicalismo. Este, por sua vez, e pela pena do seu criador, revelava a sua carga de preconceitos, que o levavam a repelir, repugnado, não só as línguas, mas os corpos, demasiado negróides para seu gosto.

Baltasar Lopes contra Gilberto Freyre

As duas intervenções centrais de 1954 pertencem a Baltasar Lopes, *nhô* Balta, e a Manuel Duarte, então, jovem universitário de Direito em Coimbra. *Nhô* Balta, nas réplicas destinadas à rádio, denunciava a maneira como Gilberto Freyre quisera ver Cabo Verde, *à vol d'oiseau*, como se tais técnicas de viagem pudessem ajudá-lo a conhecer os diferentes matizes de um arquipélago, geográfica e culturalmente dividido em duas partes, barlavento e sotavento. Como é que andando de um lado para o outro, visitando apenas três das dez ilhas do arquipélago, podia Freyre perceber do sistema de trabalho rural, do binómio proprietário-rendeiro, da própria diluição da África?

O debate interno, teórico-ideológico, depende do grau de africanização do arquipélago. Não é sem surpresa que se

(37) *Novo cancioneiro*, pref., org., notas Alexandre Pinheiro Torres (Lisboa: Caminho, 1989).

verifica que Gilberto Freyre recorre a uma leitura de carácter quase estritamente somático, deduzindo a cultura da cor da pele. A maneira como deprecia a população de Santiago, estimada demasiado negróide, não pode deixar de surpreender os aprendizes de antropólogos do arquipélago, que apostam, antes, na análise dos sistemas culturais. No caso de Baltasar Lopes, esta escolha é reforçada pela sua competência de linguista que vê no crioulo um «dialecto mediterrânico no Atlântico». É evidente que esta classificação permite dúvidas, interrogações e até polémicas, mas serve ela para definir aquele que seria o laço preferencial do arquipélago com a Europa.

E se Gilberto Freyre afirma não haver em Cabo Verde uma arte decorativa popular, Baltasar Lopes replica com o inventário de formas de cultura populares: novelística, provérbios e adivinhas, jogos infantis, música e festas populares. À negatividade radical de Freyre, contrapõe Baltasar Lopes as práticas correntes em Cabo Verde que permitem a elaboração de uma consciência colectiva que, na verdade, não impressionou o sociólogo brasileiro. É, contudo, Freyre que cunha os princípios da diferença: Cabo Verde seria marcado pela «presença essencial da África», só se registando «salpicos da cultura europeia». Diga-se, embora de passagem, que Baltasar Lopes apreciou muito pouco esta teoria dos «salpicos»!

Está, no entanto, aberto o caminho para o debate, e logo em 1954 regista-se a intervenção do jovem estudante de Direito, em Coimbra, Manuel Duarte, que publica na *Vértice* — publicação sabidamente ligada ao Partido Comunista Português — um ensaio portador de um título paradigmático, *Cabo-verdianidade e Africanidade*, embora a função desta copulativa seja bastante ambígua.(38) Para Manuel Duarte, os cabo-verdianos só manifestam a sua cabo-verdianidade pela via afectiva, o que implica a rejeição de «qualquer princípio de pensamento agente». Não deixando de ser surpreendente encarar a afectividade como inteiramente despojada de «pensamento agente», podemos

(38) Manuel Duarte, *Caboverdianidade e Africanidade e Outros Textos* (Praia: Spleen Edições, 1999).

compreender tratar-se aqui de salientar a fragilidade da expressão teórica da prática do político.

Mas se Baltasar Lopes, elevando-se contra Freyre, salientara a importância dos valores europeus, Manuel Duarte (militante ou simples *compagnon de route* dos comunistas) salienta a existência no arquipélago de um «complexo da raça e da Cultura (...) que leva ao recalcamento social e individual do que nele existe de negro-africano». Se bem que, indirectamente, encontramo-nos num campo onde já avançara Gilberto Freyre ao salientar o parentesco de Cabo Verde com a Martinica e a Trinidad, que merecera uma séria palmatoada de *nhô* Balta.

É certamente lamentável que ainda se não tivesse dado pela importância da análise psiquiátrica levada a cabo por Frantz Fanon, que põe em evidência a importância da alienação — a social, levando à psiquiátrica — registada em algumas regiões fortemente mestiçadas do mundo afro-americano francófono. Tal análise podia ter fornecido algumas informações, decerto úteis, na análise de um território onde a mestiçagem começara cedo e permitira uma autêntica revolução social, analisada com circunspecção por Henrique Teixeira de Sousa — o que se coaduna bem com a sua actividade médica e com a sua aprendizagem do marxismo entre Francisco José Tenreiro e a cave do Café Portugal —, salientando a violência do choque, opondo os mulatos aos proprietários dos sobrados («Sobrados, lojas e funcos. Contribuição para o estudo da evolução social da ilha do Fogo», *Claridade*, n.º 8)([39]). Ou seja, o mulato, que sempre suscitara querelas no quadro da colonização portuguesa a partir do século XVI, crescendo demograficamente, acabara por forçar os antigos *senhores* ou a renunciar aos sobrados, ou a abrir as portas a estes rejeitados.

É, de resto, nesse mesmo ano de 1956 que Francisco José Tenreiro publica um curto ensaio que precede a sua tese de doutoramento consagrada à ilha de São Tomé e que envolve os dois arquipélagos: *Cabo Verde e São Tomé e Príncipe, Esquema*

([39]) Henrique Teixeira de Sousa, «Sobrados, Lojas e Funcos: Contribuição para o estudo da evolução social da Ilha do Fogo», *Claridade*, n.º 8 (Maio de 1958), pp. 2–8.

de uma Evolução Conjunta(40). Tenreiro pretende evidenciar a invenção de sociedades inéditas (o termo pertence à Isabel de Castro Henriques), formadas a partir das operações marítimas portuguesas, que se apoiam sobretudo na força de trabalho escrava africana. Os dois arquipélagos só se teriam separado, do ponto de vista das técnicas de formação, a partir do século XIX, quando, em 1822, São Tomé importara as duas plantas — café e cacau — que decidiram a criação dos latifúndios de carácter industrial.

Enquanto em São Tomé esta situação, devido aos lucros auferidos, atraiu uma população branca já dispondo de alguns capitais, o arquipélago de Cabo Verde não tinha nada a oferecer aos colonos brancos e europeus. Este vazio provocado pelas condições financeiras teria permitido manter uma sociedade dispondo de uma certa harmonia racial, como sustenta também Gabriel Mariano. Se bem que se regista um certo exagero na leitura de Tenreiro, podemos aceitar a existência de um desfasamento entre os dois arquipélagos: em São Tomé a natureza permite a exploração de culturas ricas e enriquecedoras, ao passo que em Cabo Verde o carácter adusto do clima provoca as secas cíclicas, que não podem deixar de lembrar a África: a lestada (ou o *harmattan* francês) acaba por ser, em Cabo Verde, uma terrível mensagem enviada pela África.

Gabriel Mariano e a fundamentação da mestiçagem

Retenham-se por isso três documentos provindos de Gabriel Mariano, que foi sempre um autor bilingue, utilizando o crioulo não só na sua prática quotidiana, não hesitando em escrever as mornas que ainda hoje fazem parte do fundo musical do arquipélago. Ou seja, o jovem aluno de Direito, como mais tarde o licenciado e magistrado profissional, não rompeu nunca com a língua materna que aprendera com tamanha

(40) Francisco Tenreiro, *Cabo Verde e São Tomé e Príncipe: esquema de uma evolução conjunta*, sep. *Boletim Propaganda e Informação Cabo Verde* (Praia: Imprensa Nacional, 1956).

intimidade em S. Nicolau. Determinado, Gabriel Mariano serviu-se do crioulo, como já fizera Baltasar Lopes, para definir a originalidade do arquipélago. O choque com Gilberto Freyre, que já mobilizara a ira e a erudição de Baltasar Lopes, recebe mais um desmentido. E se Gabriel Mariano pode mostrar que o português era a língua da autoridade e dos imperativos, como em seu tempo mostrou João Ribeiro, pode também, mais do que mostrar, provar que o crioulo era a língua da música e da afectividade.

Digamos as coisas de maneira mais simples: os cabo-verdianos são forçados pelo aparelho colonial a ocultar o crioulo, que é a sua língua materna, para se exprimirem na língua da administração colonial. O português aparece por isso, como já acontecera no Brasil, como a língua da repressão colonial. Poder-se-á dizer na esteira de Gabriel que o crioulo é uma língua mulata? Se os especialistas das gramáticas europeias criam os dialectos, para classificar as línguas inventadas pelas populações para recusar a língua do colonizador, cabe aos colonizados devolver a essas línguas o lugar preeminente que devem ocupar.

Gabriel Mariano intervém muito activamente nesse ano fundamental de 1958, quando a sociedade portuguesa estava mobilizada pelas eleições para a Presidência da República, nas quais a oposição dispunha enfim de um candidato credível e de uma situação histórica que permitia encarar a alternância democrática como enfim possível. Os debates tornaram-se mais abertos e os colonizados podiam esperar desta revisão de conceitos e das situações a possibilidade de modificar as condições da colonização. Mesmo se, pelo menos inicialmente, o estado-maior general se tivesse mostrado pouco atento à condição colonial.

Nesse ano de 1958, Gabriel Mariano publicou, em Cabo Verde, o ensaio «Negritude e Cabo-verdianidade» ([41]), que depende das condições culturais mais lisboetas do que das cabo-verdianas, em que a negritude francófona ou antilhana,

---

([41]) Gabriel Mariano, «Negritude e caboverdianidade», *Cabo Verde: Boletim de Propaganda e Informação,* ano IX, n.º 104 (1958), pp. 7–8.

não penetrara ainda. O arquipélago mantivera-se fiel ao pan-africanismo dos princípios do século — como, de resto, acontecia também em São Tomé —, não se dando conta da importância das propostas parisienses. É certo que a negritude era um movimento de exilados, mas a fortíssima participação de um antilhano, Aimé Césaire, no debate cultural parisiense, fornecia instrumentos teóricos insuperáveis.

Nesse mesmo ano, participa nos colóquios cabo-verdianos, realizados no quadro do Centro de Estudos Políticos e Sociais, da Junta de Investigação do Ultramar, presidido por Adriano Moreira e secretariado por José Júlio Gonçalves. A ideia fora de Nuno Miranda, que acabou por aceitar a *colagem* de Manuel Ferreira, que, então sargento-ajudante em Leiria, se sentia amputado dos vários cenáculos e tertúlias literárias de Lisboa. Na entrevista que Manuel Ferreira concedeu a Michel Laban, o já capitão mete os pés pelas mãos, para recusar a ideia original de Nuno Miranda (Michel Laban, *Cabo Verde, Encontro com Escritores*, 1992)([42]).

Deixemos de lado a querela, pois Gabriel Mariano, recorrendo muito sistematicamente ao Aimé Césaire do *Cahier de Retour au Pays Natal*, avança uma proposta que, nas condições sociais então existentes em Cabo Verde, era ainda revolucionária. Recorrendo também à fórmula clássica de Gilberto Freyre («o mundo que o português criou»), Gabriel Mariano descentra o eixo desta afirmação colonialista, para o instalar num lugar que não podia deixar de repugnar aos brancóides do arquipélago, a maior parte dos quais ainda continuava entrincheirada no antigamente da ilha do Fogo.([43])

Será, todavia, na entrevista dada alguns anos mais tarde a Michel Laban que Gabriel Mariano tornará mais explícitas algumas das suas propostas teóricas, também confirmadas pela sua criação poética, mais particularmente por dois poemas, o *Comissário ad hoc* e o *Capitão Ambrósio*. Gabriel Mariano procura,

([42]) Michel Laban, *Cabo Verde: encontro com escritores*, 2 vols. (Porto: Fundação Eng. António de Almeida, 1992).

([43]) *Colóquios Cabo-Verdianos* (Lisboa: Junta de Investigações do Ultramar, 1959) XV, 182 pp.

antes de mais, eliminar de maneira definitiva o núcleo central do racismo de Cabo Verde. Contrariamente ao que ainda se podia dizer, o arquipélago não era o lugar idílico da harmonia racial, atingindo os choques raciais uma gravidade maior na ilha do Fogo, onde se verificara o recurso a uma política eugenista para preservar o sangue puro dos brancóides, situação que já merecera um comentário tão irónico como violento de António Pedro no seu *Diário.*(44)

Para levar a cabo a sua tarefa, Gabriel Mariano salienta que «o funco, e não o sobrado, é o laboratório exacto onde se processa a síntese de culturas e a apropriação pelo negro e pelo mulato de elementos e de expressões civilizacionais portuguesas»(45). Gabriel requinta na escolha dos termos, de maneira a permitir que a autonomia cabo-verdiana não seja absorvida pela armadilha que pode ser a língua portuguesa: os mulatos são o agente de apropriação de expressões portuguesas que, necessariamente, perdem esse carácter para se transformarem em puros e autênticos valores cabo-verdianos. De maneira subtil, Mariano repele a falsa hegemonia da aculturação.

De resto, eliminando dúvidas e incertezas, afirma ainda Gabriel Mariano: «a evolução da sociedade cabo-verdiana de um agregado heterogéneo e plural para o tipo de sociedade homogénea que ela é hoje deve-se ao contínuo alargamento da área ou do campo de jurisdição do mulato»(46). Não faltarão apressados para denunciar um racismo anti-racista, pois o que mais tranquilamente salienta Gabriel Mariano é a modificação somática do arquipélago, que não podemos encarar como uma forma de racismo. Esta exaltação do mulato procura sobretudo congraçar os dois agentes da criação do próprio arquipélago, pelo menos desde o século XVI. É pena que Gabriel Mariano não tenha acrescentado uma frase, mesmo curta, para salientar o carácter original dos mulatos, cujo aparecimento tanto surpreendera os próprios portugueses.

---

(44) António Pedro, *Diário* (Praia: Imprensa Nacional de Cabo Verde, 1929).

(45) *Colóquios Cabo-Verdianos*, p. 39.

(46) *Colóquios Cabo-Verdianos*, pp. 36–37.

Os princípios teóricos e ideológicos aparecem, assim, de maneira transparente, pois Gabriel Mariano acredita que não há sociedade sem mestiçagem, embora as forças dominadoras, cuja genealogia é conhecida, procurem sempre transformar o estatuto somático em instrumento de dominação. Coroando estas demonstrações, Gabriel Mariano dirá alguns anos mais tarde que os cabo-verdianos se definem «por uma cultura mestiça. Foi o mestiço que se apropriou dos valores africanos e europeus e lhes vem dando uma dimensão universal. Somos uma unidade étnica e cultural em evolução. Podemos na verdade falar de aculturação» ([47]). Disse mais atrás que Gabriel Mariano recusava a falsa hegemonia da aculturação: e reforça esta expressão salientando a necessária conjunção das duas forças que caracterizam a própria invenção da sociedade do arquipélago.

Gabriel Mariano combate os preconceitos dos cabo-verdianos

Não sem que se dê conta das próprias condições da alienação, Gabriel Mariano denuncia aqueles que têm medo da cor da «nossa pele. Porquê medo do valor exacto das palavras? Preto, mestiço, mulato, branco, o que quiserem são dados concretos» ([48]). É na mesma página que, complementarmente à rejeição dos complexos dos cabo-verdianos em relação à cor da pele, Gabriel Mariano comenta os juízos correntes a respeito do cabelo: «o nosso cabelo. Os patrícios parecem sentir-se envergonhados do seu cabelo cuscuz, encarapinhado, ou cabelo runhe». Salienta-se o peso do juízo negativo que soa a europeu: «ruim, aí está o absurdo de um juízo de valor novamente europeu». E a oposição entre o liso, bom, e o encarapinhado, ruim, salienta quase de maneira pleonástica os termos da oposição somática entre o cabo-verdiano ainda colonizado e o português ainda colonizador.

([47]) Michel Laban, *op. cit.*, pp. 365–366.

([48]) Michel Laban, *op. cit.*, pp. 366.

Pode facilmente aferir-se da importância desta observação, recuperando num dos contos de Manuel Ferreira([49]) (*O Diário de Celeste Maria*), a maneira como uma cabo-verdiana, encarada do ponto de vista europeu, podia e devia sentir a maldição do cabelo: «porquê ando eu aqui alimentando ilusões, sonhando com mundos impossíveis, se Eugénio Parreira não pensa em mim, porque eu tenho uma pele amulatada, porque eu tenho um cabelo que denuncia minha origem da Guiné?» Pode assim salientar-se que a leitura negativa dos caracteres somáticos, a pele e os cabelos, depende da estrutura racista da sociedade portuguesa que, pelo menos nesta proposta de Manuel Ferreira, já decidira as condições da alienação dos cabo-verdianos, obrigados a proceder constantemente ao inventário dos caracteres que, ao separá-los dos portugueses, os fazem inferiores. No plano político, que parece, contudo, ausente nesta escrita, podemos e devemos recorrer à poesia. Escolhi dois poemas por serem capazes de definir as escolhas políticas de Gabriel Mariano. No *Comissário ad hoc*, condena-se a emigração para o arquipélago de São Tomé e Príncipe, que as autoridades portuguesas ofereciam como única possibilidade de fugir às consequências dramáticas das estiagens. O poema denuncia sem a menor ambiguidade os representantes da pequena burguesia que aceitam a tarefa de comboiar o gado humano que vai trabalhar durante anos nas plantações de São Tomé e Príncipe. A eficácia do poema depende da concentração poemática e da própria densidade do drama que se pretende denunciar.

Embora o grande poema político de Gabriel Mariano continue a ser a primeira parte do *Capitão Ambrósio*, à qual, numa segunda fase, que me parece menos feliz, o poeta-pensador tinha acrescentado um complemento. Gabriel Mariano pertencia a um país ao qual tinham sido recusados os seus heróis, substituídos pelos heróis portugueses, de Afonso Henriques ao marechal Carmona. Se os são-tomenses possuíam o rei Amador, se os angolanos podiam recorrer à rainha Jinga, os moçambicanos podiam denunciar o exílio dos restos mortais

([49]) Ferreira, «O Diário de Maria Celeste», in *Morna*, 143.

de Gungunhana, tanto os guineenses como os cabo-verdianos tinham sido despojados dos seus heróis fundadores.

Diante deste vazio do terreno simbólico, Gabriel Mariano recupera a figura e os actos de Ambrósio, que, naturalmente, não era capitão: esta promoção destina-se a dar ao homem e às suas acções a dignidade que o colonizador lhe quisera retirar. Por outro lado, trata-se de um herói da fome, que se empenha na acção destinada a dar de comer aos famélicos da terra. O efeito dramático do poema reside no peso da própria marcha que empurra o herói para o seu heroísmo, sendo nisso apoiado pela figura mágica do povo. Assim foi sentindo o poema, que pertence hoje não apenas à produção poética, mas também à simbologia política.

Deixem-me concluir com uma referência à minha relação com Gabriel Mariano e com este poema. Fui obrigado a sair de Portugal em 1964, quando estava em via de organizar uma antologia da poesia de Cabo Verde, destinada, como as anteriores, à CEI (Casa dos Estudantes do Império). Gabriel confiou-me o poema, informando-me de que não autorizaria a publicação: «tu compreendes os riscos que posso correr». Já anteriormente, outro poeta, o José Craveirinha, se tinha queixado da minha escrita que punha em perigo a liberdade dos autores sobre quem escrevia. Quando fui obrigado a renunciar à antologia, guardei o poema, trazendo-o comigo para Paris, onde o cedi a Mário Pinto de Andrade, que o incluiu na Antologia que publicou em Argel. Todos conhecem o lugar que o poema continua a ocupar no quadro cultural e político do arquipélago.

2.

Diferentes faces da autonomia

2.1. A PERSPECTIVA HISTÓRICO-CULTURAL DE PEDRO MONTEIRO CARDOSO

Abordar a obra de Pedro Monteiro Cardoso é, ainda hoje, difícil por muitas razões, das quais, umas dizem respeito à biografia do autor, enquanto outras se ligam à maneira como tem sido elaborada a história cultural cabo-verdiana. Efectivamente, um certo número de autores, tanto portugueses como cabo-verdianos, querem acreditar na ideia de que a autonomia cultural cabo-verdiana só pode afirmar-se a partir dos anos 1935–1936, graças à criação do grupo *Claridade*. A extrema juventude desta cultura serviria para provar a lentidão da integração das populações africanas nas formas culturais modernas. Trata-se, como é bem de ver, de uma visão ideológica que não corresponde de maneira nenhuma à complexidade da realidade cabo-verdiana. E a obra poética de Pedro Monteiro Cardoso, tal como a sua actividade de folclorista, exigem já uma revisão necessária, embora naturalmente sintética.

Pedro Monteiro Cardoso, como a maior parte, se não a totalidade, dos intelectuais que marcaram a vida cultural cabo-verdiana até à década de 1920–1930, foi aluno do seminário de S. Nicolau. As condições escolares do arquipélago não permitiam então outra forma de escolaridade, salvo no caso das poucas famílias de posses que podiam enviar os filhos — a cultura foi durante muito tempo um apanágio dos homens, dos filhos-machos — para Portugal. Semelhante facto serviu, todavia, para fortalecer as relações entre os criadores potenciais, e está, certamente, na base de grande homogeneidade da cultura escrita do arquipélago desde o fim do século XIX.

É verdade também que esta homogeneidade foi duramente paga noutro plano: o peso das regras teológicas e morais do catolicismo marcaram profundamente estas gerações, e dificultaram-lhes uma *relação com o mundo menos restritiva.* Não podemos duvidar de que esta escolaridade tornou também difícil uma abertura ao mundo do modernismo cultural, dificuldade reforçada pela rareza das relações com a Europa, ou com o mundo inteiro. Para julgar as condições em que se processou a evolução das formas culturais cabo-verdianas, temos de considerar constantemente a condição insular, que tolhia os movimentos dos intelectuais cabo-verdianos, assim como o peso da censura — directa ou indirectamente — exercida pelas autoridades portuguesas.

Quer dizer que a personalidade de Pedro Monteiro Cardoso está longe de ser simples, e a sua complexidade acompanha de perto as interrogações dos cabo-verdianos durante toda a sua vida intelectual, que começou muito cedo. Com efeito, Pedro Monteiro Cardoso nasceu na ilha do Fogo por volta de 1890 — não se dispõe de documento oficial provando a justeza da data —, tendo morrido na Praia (ilha de Santiago) a 11 de Outubro de 1942. Uma vida relativamente curta, porém, apaixonada. Já em 1906, quer dizer aos dezasseis anos, Pedro Monteiro Cardoso adoptara o pseudónimo de *Afro*, e escrevera o primeiro soneto consagrado ao Egipto. Estes dois elementos são profundamente reveladores e convém comentá-los.

Não podemos deixar de salientar a singularidade do pseudónimo adoptado por Pedro Monteiro Cardoso, no sentido em que ele rompe com a visão pró-europeia e pró-portuguesa da maior parte dos intelectuais cabo-verdianos de sua geração, como, de resto, acontecerá também nas gerações ulteriores.

Para mais, Pedro Monteiro Cardoso nascera na ilha do Fogo, onde as relações sociais se caracterizavam — e a independência não conseguiu ainda superar a situação já antiga — por considerações étnicas muito particulares. Com efeito, as relações humanas na ilha do Fogo dependiam, antes de mais, dos caracteres somáticos de cada um, assim como das histórias familiares. A divisão brancos/pretos marcava duramente as relações humanas, e implicava a organização de relações de dominação que se explicavam pela história de cada família. Se a multiplicação dos mestiços, ou dos mulatos, modificou assaz substancialmente a situação, nem por isso ela perdeu a sua dureza ou o seu carácter tão apaixonado como ideológico.

É em relação a esta situação que devemos ponderar a importância simbólica do pseudónimo de Pedro Monteiro Cardoso: perante uma ilha dominada pela preocupação do branqueamento, dominada pelas formas de alienação que forçam os grupos a ocultar ou a desprezar os eventuais elementos negróides do seu estoque genético, o poeta reage apresentando-se como um *Afro*. Dupla importância por consequência do pseudónimo: a indicação geográfica, visto que só se pode entender o *afro* na sua relação com a África, e a indicação somática, atendendo-se a que o *afro* é necessariamente o homem de cor, o preto, o negro desprezado e desautorizado pelos grupos brancóides dominantes da ilha do Fogo.

Este pseudónimo constitui, de facto, um desafio, mas devemos entendê-lo à luz das relações novas estabelecidas entre Cabo Verde e os Estados Unidos, graças ao incremento da emigração. Conhecemos muito pouco dos canais através dos quais eram estabelecidas as relações intelectuais entre Cabo Verde e os Estados Unidos: o que sabemos limita-se a indicações relativas ao número dos emigrantes, aos lugares onde estes se instalam nos Estados Unidos, às remessas de divisas e aos números dos cabo-verdianos regressados às ilhas. Mas desconhecemos, em contrapartida, o teor das relações intelectuais, todavia, patente na vida cultural cabo-verdiana.

Com efeito, Pedro Monteiro Cardoso, como também Eugénio Tavares, estão profundamente marcados pela ideologia do pan-africanismo anglófono, e particularmente estado-unidense.

Se Monteiro Cardoso canta o Egipto, e se adopta o pseudónimo de *Afro*, é porque, entretanto, nos Estados Unidos, os afro-americanos descobrem a carga mítica de África, e a reivindicam, ao mesmo tempo que reelaboram a própria história dos grupos africanos exilados nos Estados Unidos nas relações com o continente africano. Relação mais mítica do que física, é claro. Mas nem por isso menos fecunda, como é também o caso de Pedro Monteiro Cardoso, que introduz na poesia de língua portuguesa um tema singular:

AO EGIPTO ([50])

Egipto! berço da Isis lacrimosa,
Do sacro Nilo de caudais enchentes:
Pátria dos Faraós armipotentes
E da Hipatia e Cleopatra formosa!

Se hoje a Tebas de portas cem, famosa,
Involve o manto de areais candentes,
Ninguém inda os enigmas transcendentes
Desvendar poude à Esfinge portentosa!

Ergue-te, pois! e o jugo englo-otomano
Sacudindo, proclama soberano
A tua independência ante as nações!

Que no halo involto de uma gloria infinda,
Do alto dessas Pirâmides ainda
Lanças ao mundo rútilos clarões!

Estamos hoje perante uma deformação da história cultural africana e afro-americana que leva a maior parte das pessoas a aceitar a ideia de que a recuperação do Egipto pelos africanos se processou a partir da reflexão e da demonstração teóricas de Cheik Anta Diop. Trata-se de uma visão puramente francófona

([50]) Afro, «Ao Egipto», *O Correio de África*, ano I, n.º 41 (11 maio 1922), p. 3.

da situação, visto esta revisão da história cultural do mundo, nas suas relações com o homem africano, se elaborar graças aos afro-americanos E. W. Blyden, Casely Hayford e Caster Woodson. Pedro Monteiro Cardoso inscreve-se nesta linhagem e recupera o tema para a língua portuguesa, em termos que não deixam dúvidas quanto à sua inserção na dialética africana.

O soneto divide-se em duas partes, sendo a primeira representada pelas duas quadras, consagradas ao resumo da história do Egipto, todavia, impenetrável para os europeus, e uma segunda parte, representada pelos dois tercetos finais, que tratam dois temas convergentes, mas de articulação autónoma. No primeiro terceto, e parece-me tratar-se de um dos eixos do poema, Pedro Monteiro Cardoso convida os egípcios a levantarem-se para sacudir a dominação colonial, o *jugo anglo-otomano*. Não tardaremos a constatar que, durante este período, e pelo menos até 1924, Pedro Monteiro Cardoso é um poeta que se opõe constantemente a todo e qualquer tipo de dominação colonial. O Egipto não pode, não deve, em nome da sua própria história, suportar um *jugo* qualquer, e assim se explica o convite imperativo introduzido pelo *ergue-te*, e reforçado pelo *proclama: a tua independência ante as nações!* O terceto final fecha o círculo, visto retomar o tema da glória passada do Egipto, para salientar que ela se não terminou, e que nem sequer a dominação inaceitável a pode ocultar, porque a grande nação lança ainda *ao mundo rútilos clarões*!

Seria evidentemente fácil bordar considerações acerca da precocidade do jovem poeta. Julgamo-las dispensáveis, visto o mais importante residir na manifestação da autonomia cabo-verdiana relativamente ao mundo português. Se o soneto é já, e manter-se-á, uma das formas poéticas privilegiadas por Pedro Monteiro Cardoso, o tema não deve nada à poesia portuguesa, como também não deve coisa alguma aos temas brasileiros. A relação estabelece-se, neste caso, entre Cabo Verde e as formas culturais e poéticas afro-americanas; o que prova a importância dos Estados Unidos nas opções culturais, ao mesmo tempo que fornece uma chave para a compreensão das escolhas ideológicas dos autores cabo-verdianos.

Porque, como é evidente, não foi fácil criar e impor esta autonomia, por uma série de razões, todas ligadas ao facto colonial e à dominação portuguesa. Com efeito, durante talvez alguns séculos, os cabo-verdianos estiveram na impossibilidade de criar uma literatura original por falta de escolas, mas também por falta de tipografias. Nesta situação, a simples obtenção do papel necessário a toda e qualquer escrita constituía um obstáculo intransponível, dado que só o aparelho do Estado o podia livremente importar e dele dispunha, embora sem largueza. Esta situação tecnicamente difícil era tragicamente reforçada pelo tráfico negreiro e pela escravatura. Logo que uma parte da comunidade está assim dominada, não pode haver criação literária autónoma. Ou seja, a ausência dos utensílios e dos materiais, associada à repressão das pessoas, não permite a integração da sociedade cabo-verdiana no campo particular da razão gráfica. Neste campo, como em muitos outros, a colonização portuguesa soube fazer prova da coerência da sua violência.

A política colonial portuguesa variou muito no que diz respeito à tipografia. Com efeito, a primeira tipografia foi introduzida no Oriente, na Índia, em 1552, pelos jesuítas e os dois primeiros livros publicados em Goa datam de 1556. Na China, tal acontece em 1588, sendo a impressão em chinês, em latim e em português, em Macau, em 1590, e, no Japão, em Nagasáqui e em Amacuça, em 1593. Quer dizer que os portugueses consideram o Extremo Oriente como um continente privilegiado, o que já não acontece nem com a África, nem com o Brasil. Não pretendo abordar os problemas que ainda hoje apresenta a história da tipografia no Brasil, mas referir que a oficina tipográfica do Recife, introduzida nos primeiros anos do século XVIII, foi impedida de trabalhar por ordem régia de 8 de Julho de 1705; a segunda tentativa levada a cabo por Isidoro da Fonseca, em 1747, conheceu também uma vida curta, pois a carta régia de 6 de Agosto desse mesmo ano a impedia de prosseguir. As explicações avançadas são soberbamente hipócritas, porém, ideologicamente certas: a proibição baseia-se no facto de as despesas «serem maiores do que no reino, do qual podem vir impressos os livros e papéis ao mesmo tempo que dele devem ir as licenças de Inquisição e de um Conselho Ultramarino». A situação só se modificará de maneira radical a partir de 13 de Maio de 1808, com a mudança da corte portuguesa para o Rio, o que permitiu a fundação da Imprensa Régia, mais tarde nomeada de Imprensa Nacional. Já em 10 de Setembro de 1888, aparece a *Gazeta do Rio de Janeiro*, sinal da mudança que a África só bem mais tarde havia de conhecer.

Se por um lado somos colocados perante uma hierarquia dos continentes e dos grupos étnicos, somos, por outro, levados a compreender o atraso relativo de certas fases do processo cultural. De facto, os cabo-verdianos não tinham acesso à tipografia e não podiam, por isso, pensar em editar os seus livros. Mais grave ainda: sabemos que existe um laço muito estreito entre a possibilidade de publicar e a elaboração dos textos. Quando um grupo social ou, pior ainda, uma nação, não dispõe dos utensílios indispensáveis à população, é certo que os autores potenciais renunciam à escrita.

Ora, a tipografia só apareceu em Cabo Verde em 1842, na sequência do decreto de 7 de Setembro de 1836. Em 24 de Agosto desse mesmo ano de 1842, apareceu o primeiro número do *Boletim Oficial do Governo Geral de Cabo Verde*, que servirá também, até 1880, a Guiné. Esta medida é consecutiva à eliminação do Antigo Regime em Portugal, que permitiu a legislação liberal do Marquês de Sá da Bandeira, quase sempre mal acolhida nas colónias portuguesas pela burguesia aí instalada. A oposição nítida entre as duas burguesias portuguesas, a metropolitana e a colonial, afirma-se, de resto, nitidamente durante esse período agudo, e reduz ferozmente o alcance da maior parte das medidas libertadoras elaboradas e publicadas pelo aparelho do Estado lisboeta.

Diga-se já que os cabo-verdianos levarão ainda alguns anos a reagir a esta possibilidade nova, mas uma série de jornais se sucede a partir de 1877, todos na Praia: *Independência*, aparecido a 1 de Outubro de 1877; *O Correio de Cabo-Verde*, a 19 de Fevereiro de 1879; o *Echo de Cabo Verde*, em Abril de 1880; *A Imprensa*, aparecido a 1 de Outubro de 1880; *A Justiça*, cujo primeiro número apareceu a 17 de Abril de 1881; *O Protesto*, de 4 de Fevereiro de 1883; *O Povo Praiense*, de 13 de Julho de 1886.

Em 1889, aparecem dois jornais novos: *O Praiense* e *A Praia*. Porquê esta preferência dada aos Jornais? Pela razão simples de o jornal ser, como diria Hegel, «o referente do homem na sociedade civil». O quotidiano aí se traduz em forma escrita, quer dizer, em conceitos, mesmo quando estes são ainda demasiado flácidos. Não obstante, jornal permite já avançar no terreno do diálogo, e de superar as condições mais monologantes das formas poéticas, ou das elaborações orais.

Podemos assim constatar que a situação colonial não forneceu aos cabo-verdianos os instrumentos indispensáveis à elaboração das formas culturais escritas. Situação esta agravada pela ausência da rede escolar. Ora, é evidente que a assunção das formas escritas depende da rede escolar, no sentido em que não pode haver implícito cultural escrito sem a existência concomitante de uma rede escolar densa e capaz de intervir de maneira contínua na recriação das formas culturais nacionais. Se o implícito de oralidade pertence à nação inteira — e, por isso, ela pode afirmar-se autónoma e capaz de resistir a todas as formas de aculturação com projectos etnocidas —, durante muito tempo — possivelmente ainda hoje —, o implícito da escrita pertence a grupos reduzidos que se alargaram muito lentamente, com os prejuízos que podem resultar desse facto.

A história da escolarização do arquipélago é rala no que diz respeito às instituições, como lembram os números de um artigo de Reis Borges, já de 1911: «em quatro séculos e meio, apenas 17 escolas oficiais para mais de 30 000 almas, ou seja, em média 3529 almas». Trata-se da situação de Santiago, porém, pode ser alargada ao resto do arquipélago. O tom voluntariamente polémico de Reis Borges encontra a sua legitimação na terrível realidade dos números. E se fizermos uma incursão no passado, só podemos encontrar factos para reforçar a denúncia colérica. Se já em 1525 as autoridades portuguesas procuraram dar uma base mínima ao ensino no arquipélago, este é exclusivamente consagrado à formação do clero, tão necessário no arquipélago como no espaço colonial português. Só em 1740 se procura criar uma instituição destinada ao público: a 12 de Janeiro, foi nomeado um mestre de gramática para a ilha de

Santiago. E em 1773, as autoridades locais pediam a designação de um mestre de leitura, escrita e latim «para ensinar o povo».

As mudanças continuam a verificar-se, embora lentamente, no século XIX: a primeira escola primária oficial foi criada em 1817, na Praia, no entanto, como o professor morreu, esta ficou encerrada até 1821. Tendo retomado de novo a sua actividade, foi novamente fechada em 1840. Todavia, no orçamento de 1842–1843, foi inscrita a verba de 3 800$000 para instalar vinte e oito escolas primárias, das quais, cinco de terceira classe na Guiné, duas de primeira classe em Santiago e na Brava, 12 de segunda classe em cada uma das outras ilhas, 17 de terceira classe, assim como duas mestras de meninas, em Santiago e na Brava. Decidido, todavia, a prosseguir o esforço de reorganização — ou, antes, de organização — do ensino primário, o decreto de 14 de Agosto de 1845 organizou e regulamentou a instrução primária das colónias portuguesas, após a criação do Conselho inspector da instrução pública. Uma Escola Principal da Instrução Pública foi então criada na ilha da Brava.

Repare-se que os esforços principais foram desenvolvidos, como, de resto, seria de esperar, no período ulterior à dissolução do Antigo Regime. Trata-se de um dado geral e importante que mostra a importância, pelo menos no plano da teoria e da legislação, dos grupos de burgueses portugueses treinados no exterior e sensíveis aos problemas da dominação e do colonialismo. Não será, todavia, de espantar que se ponha em evidência a ineficácia prática destas medidas legislativas, tanto devido à magreza dos orçamentos, como à resistência dos grupos dominantes. Pode acrescentar-se que o fracasso desta legislação liquida, para sempre, as possibilidades de reconversão do processo colonial português, vítima da sua incapacidade de eliminar os modelos opressivos clássicos.

Compreende-se, por isso, facilmente que os intelectuais cabo-verdianos tenham aderido rapidamente à propaganda republicana: as razões que os põem em movimento são praticamente as mesmas dos demais grupos de humilhados e ofendidos portugueses. Decerto, os africanos possuem estruturas e formas culturais muito diferentes dos operários e dos camponeses portugueses. Mas uns e outros são, no sentido lato, colonizados. E não é difícil pôr a nu os mecanismos sociais e políticos que levam os africanos a integrar as hostes republicanas, convencidos de que a mudança do regime poria, enfim, termo às formas mais evidentes e menos aceitáveis da dominação. Nem será, de resto, este o conceito mais revelador: o facto colonial implica a humilhação do colonizado, seja ele o colonizado do interior, ou colonizado do exterior. Evidentemente, a situação do colonizado do exterior é mais difícil do que a do colonizado do interior, que pode sempre transformar-se em dominador, quando o acaso o força a instalar-se nas colónias.

É contra esta situação que se rebela não só Pedro Monteiro Cardoso, como a sua geração. Já salientei os laços apertados que os ligam a Eugénio Tavares. Creio que será útil reforçar a importância destes laços, no sentido em que os dois autores foram profundamente marcados pelo ideário republicano, assim como pelo pan-africanismo, sobretudo no caso de Pedro Monteiro Cardoso. Se não dispomos de grandes informações referentes aos protestos violentos dos cabo-verdianos, sabemos que os «tumultos de 1886 em Santo Antão» são parte integrante das várias formas de rebelião contra o poder português, o que quer também dizer rebelião contra as formas do Estado para-moderno. Sem querer entrar nos pormenores desta «rebelião», queria apenas mostrar a importância da presença republicana na ilha e, por extensão, no arquipélago.

Com efeito, as informações enviadas à administração central pelo administrador do concelho de Ribeira Grande, Dr. Bernardo José de Oliveira, evidenciam o facto de os instigadores do movimento fazerem «propaganda republicana a sabor do povo ignorante». As vantagens da República seriam imensas porque «com esta forma de Governo, não haveria impostos, governador, soldados, nem funcionários!». É evidente que a apresentação do administrador do concelho é portadora dos seus fantasmas políticos, mas nem por isso deixa de revelar a importância do impacto dos republicanos que são, também, identificados aos comunistas («restam apenas os adeptos da nova escola comunista ocultos nas trevas», escrevia o administrador). Se, por um lado, estes «tumultos» se ligam a outros verificados tanto em Santiago como em Santo Antão, por outro, eles aparecem não já como a prova da insatisfação das populações, mas simplesmente como o resultado da manipulação operada pelos responsáveis, ou, antes, pelos «instigadores» republicanos.

Eliminemos, como se deve, o excesso do fantasma político; nem por isso desaparece a importância política de propaganda republicana. De resto, a maior parte dos intelectuais cabo-verdianos são republicanos, e Eugénio Tavares irá a ponto de fazer uma viagem aos Estados Unidos, para aí assegurar a propaganda da República. No «fundo», no primeiro número da *Voz de Cabo Verde* exalta-se precisamente a proclamação da República:

> *Fiat Lux!*
> *Fez a luz!*
> *A República é uma síntese da realidade dos factos.*
> (...)
> *Assim era a Monarquia e a sua engrenagem governativa: sombria, estática, conservando os espíritos mal-dispostos e sempre receosos pelo dia de amanhã. Veio, porém, a luz, fender as trevas, trouxe a confiança aos homens, rasgou um passado tenebroso e abriu um horizonte luminoso de esperanças no futuro — foi a República que fez esse milagre!*
> (...)
> *A luz também jorra neste belo arquipélago e a* Voz de Cabo Verde *é já uma demonstração de vida, de independência e de liberdade do pensamento, que constitui um dos principais direitos dos povos livres.*

(... a monarquia sempre esmagava)

> *O grande ideal da liberdade, da igualdade e da fraternidade, que é o estandarte da República: liberdade pela qual lutamos sempre, igualdade perante a lei, fraternidade, pois que todos os homens são irmãos, filhos da mesma mãe — a Terra!*([51])

Nenhuma dúvida é possível quanto à exaltação republicana, e já a primeira publicação cabo-verdiana aparecida em Lisboa,

---

([51]) *A Voz de Cabo Verde*, n.º 1 (11 de Março de 1911).

a *Revista de Cabo Verde*, editada por Luiz Loff de Vasconcelos em 1890, era marcadamente republicana. Diga-se mais ainda: a edição em Lisboa de uma revista cabo-verdiana, que adopta os pontos de vista dos republicanos, não é nem um acidente, nem uma provocação. Antes, o reconhecimento da difícil situação de inteligência republicana cabo-verdiana perante o maquinismo da repressão oficial, que não hesita em intervir duramente na elaboração dos projectos cabo-verdianos. Ou dito ainda por outras palavras: sempre que a repressão portuguesa aumentava em África, os intelectuais africanos procuraram garantir o mínimo de liberdades, editando jornais ou revistas, ou até livros em Lisboa.

A proclamação da República altera a relação dos cabo-verdianos com o aparelho político, ao passo que a burocracia lisboeta nomeia para o cargo de governador-geral um republicano cheio de boa vontade, Marinha de Campos. Este fim do ano de 1910 — a República fora proclamada a 5 de Outubro, sendo o governador Artur Marinha de Campos nomeado por decreto desse mesmo mês — foi marcado pela greve dos trabalhadores das companhias carvoeiras, assim como pela revolta da guarnição da canhoeira Zambeze, verificando-se também a «alteração da ordem pública» em Santa Catarina, na ilha de Santiago.

Tratava-se de uma situação inédita na vida cabo-verdiana, embora respeitando as regras gerais do funcionamento político: os trabalhadores cabo-verdianos serviam-se da mudança política como de uma alavanca suficiente para alterar as relações com o patronato. O governo inglês reagiu com rapidez e brutalidade, enviando quatro cruzadores para defender as «vidas e propriedades» dos súbditos britânicos, enquanto o governo português lançava um apelo ao governo brasileiro, que enviou ao arquipélago o cruzador «Barroso», visto não poder contar com a tripulação da canhoeira «Zambeze» que se rebelara contra a cerimónia obrigatória das Avé-Marias, que o anti-clericalismo dominante queria, naturalmente, eliminar.

A verdade é que a greve constituiu uma derrota da frágil classe operária cabo-verdiana, devido à intransigência das companhias que endureceram as relações com os operários, «negando (por fim) o aumento de salários concedido no início da greve». Também neste mesmo ano se assistiu à rebelião dos rendeiros da região do Ribeirão Manuel, que recusaram pagar as rendas aos morgados, e passaram a colher a semente da purgueira, provocando a intervenção da polícia rural. Ou seja, este ano da proclamação da República foi extremamente agitado, situação provocada pela modificação das relações de forças no quadro político português, que os dominados procuraram utilizar para impor soluções mais aceitáveis, tanto na cidade como no campo.

Estas acções, que receberam o apoio do governador Marinha de Campos, levaram os cabo-verdianos a esperar que a República levasse a cabo um certo número de reformas fundamentais, tanto nas relações entre proprietários e trabalhadores, como na organização das estruturas do poder. Mas o governador foi rapidamente posto em causa pelos grupos dominantes no arquipélago, que encontraram um ouvido atento em Lisboa. A demissão de Marinha de Campos constitui, assim, o primeiro grande sinal negativo da acção do governo republicano, que alertou os intelectuais cabo-verdianos. Não só a República não satisfazia o seu programa, como, mais gravemente, não hesitava em tomar medidas contra os interesses vitais dos cabo-verdianos.

O combate travar-se-á, por consequência, dentro desse campo, *A Voz de Cabo Verde* confessa-se claramente republicana: *A Voz de Cabo Verde é republicana porque está filiada, no Directório do Partido Republicano Português; quanto, porém, a ser republicana democrática, tem-no sido somente porque sempre exerceu a política deste partido, ainda que nela nunca estivesse filiada.* Por outro lado, o jornal está na origem da constituição de *um núcleo de republicanos democratas, animados e orientados pela política do grupo hoje presidido pelo actual presidente do Ministério, Dr. Afonso Costa.* Não há nenhuma hipótese de regressar atrás, ou de admitir a presença dos monárquicos, responsáveis pelo descalabro da política colonial portuguesa e, por consequência, pelas condições difíceis do arquipélago.

E, de resto, ainda neste campo pode entender-se a grande importância assumida pela Maçonaria, cujos valores são exaltados pel'*A Voz de Cabo Verde*, sob o título de «Preceitos maçónicos»: *nada mais belo e humanitário do que esses preceitos que a grande alma de José Estevam, o maior entre os maiores tribunos portugueses do século passado, impôs a todo o maçon que deseja ser digno desse nome. Leia-os o povo, e compare-os com os que lhe pregam certos ministros da religião. Leia-os; compenetre-se do quanto eles podem educar-lhe o espírito.* Será difícil, na situação actual da documentação, indicar quem foi ou não iniciado, mas esta defesa apaixonada com valores éticos da Maçonaria não parece deixar dúvidas quanto às práticas da maior parte, ou até mesmo da totalidade dos redactores e colaboradores d'*A Voz de Cabo Verde*, entre os quais se contavam tanto Pedro Monteiro Cardoso como Eugénio Tavares.

Esta curta referência permite, por outro lado, compreender a veemência das posições de muitos intelectuais cabo-verdianos, assim como a resistência encarniçada da Igreja, que parece ter levado a melhor. Pelo menos, conseguiu que o termo *maçónico* perdesse a sua conotação inicial, para se transformar em figura assustadora, remetendo-o para as forças nocturnas e diabólicas. Ainda hoje, o maçónico é, em Cabo Verde, uma figura negativa, caracterizada por uma actividade não só nefasta, como clandestina, marcada pelo isolamento e pela noite. Mesmo a evolução do vocábulo revela a importância do afrontamento que caracterizou a vida do arquipélago neste período pré e pós-republicano. Pedro Monteiro Cardoso foi também maçónico, ou apenas um mação? Trata-se de mais um dos mistérios da sua biografia, que ele deve partilhar com a quase totalidade dos intelectuais cabo-verdianos da sua geração.

Não se trata aqui de resolver mistérios mais ou menos policiais, mas de procurar definir as formas por via das quais se foi sedimentando o processo cultural cabo-verdiano, no sentido em que os intelectuais do arquipélago procuram utilizar o quadro novo da República para encontrar uma solução ainda portuguesa para a gestão do arquipélago. Porque se o soneto que Pedro Monteiro Cardoso consagrou ao Egipto não hesita em impor a esta nação o recurso à violência para expulsar os dominadores, tal não será o seu vocabulário no caso de Cabo Verde. Como muitos outros intelectuais africanos, tanto de língua portuguesa como de outros idiomas, constata-se uma hesitação perante a ideia da independência. Encontramo-nos frente a uma insuficiência da análise e do vocabulário políticos, mesmo no caso de intelectuais perfeitamente conscientes da situação de dominação. A expressão intermediária, será a de *autonomia,* que se procura libertar os colonizados da exploração imediata, não permite as soluções nacionais e nacionalistas a longo prazo.

Todavia, a modéstia do projecto político dos cabo-verdianos desagrada sumamente aos portugueses, e na imprensa portuguesa da época, e especialmente na imprensa lisboeta, multiplicam-se os ataques contra os *nativistas* africanos de língua portuguesa. Não só contra os *nativistas* cabo-verdianos, mas contra os intelectuais africanos que se rebelam contra as formas perfeitamente inadmissíveis da gestão das colónias durante os primeiros anos da República. Havia ainda, parece-me, alguma ilusão na maneira como os africanos esperam que os gestores da República modifiquem as formas de dominação colonial. Na verdade, foi necessário algum tempo, e algumas humilhações suplementares, para que os africanos dessem conta da homogeneidade do programa colonialista português, que não podia ser nem modificado, nem travado pela gestão republicana. Muito pelo contrário: a República só podia reforçar a racionalização da dominação, como, de resto, fez, multiplicando as operações de «pacificação», tanto na Guiné, como em Angola e em Moçambique.

Já em 1912, os cabo-verdianos protestam contra as acusações que lhes são dirigidas no jornal *Progresso,* que denunciava a existência em Cabo Verde de um *nativismo rubro,* caracterizado pelo *ódio ao branco.* Em artigo não assinado, mas escrito por um dos polemistas do grupo, muito certamente Eugénio Tavares, responde-se sem ambiguidades: *Sim, existe o nativismo, o amor à nesga de terra onde se ergueu a choupana que abrigou os passos da infância: existe o orgulho de vermos um conterrâneo subindo às culminâncias de um lugar de destaque: existe também a mágoa de nos sentirmos desprezados, como filhos espúrios, a quem se aplicam leis de excepção, em plena República, mas acima de tudo isto, mas, muito acima, um acrisolado amor pela Pátria, um interesse, que os factos confirmam, por tudo quanto é português, predomina na alma dos cabo-verdianos* (...). Denúncia do vazio das acusações, que utilizam o espantalho do *nativismo* para procurar esmagar as reivindicações legítimas das populações dominadas e marginalizadas.

Pedro Monteiro Cardoso intervém com uma nota publicada na sua secção «A manduco»: *limito-me, pois: a afirmar que, sobre os lombos dos indígenas de qualquer possessão, pesa sempre a albarda imposta pelo possuidor; que o sentimento nativista existiu, existe e existirá sempre em Cabo Verde, como na Madeira e nos Açores, enquanto houver um cabo-verdiano digno desse nome, enquanto as desigualdades, injustiças e preconceitos, actualmente legalizados, se não derrogarem, desaparecendo por completo das relações sociais.* Exprimindo-se uma vez mais sob o pseudónimo de *Afro*, Pedro Monteiro Cardoso assume uma posição mais polémica, não hesitando em estabelecer uma relação directa entre nativismo e espoliação, condicionando a existência e a sobrevivência do nativismo às condições impostas pelo colonizador.

Pode também constatar-se uma demonstração subtil de Pedro Monteiro Cardoso, que salienta o facto de as colónias serem, no vocabulário geo-político português da época, *possessões*, o que implica inelutavelmente a existência de *possuidores*, mas também a de *possuídos*. A demonstração é brilhante, no sentido em que salienta o próprio vocabulário político português não poder ocultar, muito pelo contrário, a existência da pirâmide social que define a estrutura portuguesa. Ora a obrigação mínima dos *possuídos* é a de pôr termo às condições da dominação que lhes são impostas e que são inteiramente inaceitáveis. Procurar ler o *nativismo* fora deste processo, tão simples quão inaceitável, será sempre impossível. Ou, antes, pecará sempre por insuficiência.

Não pára, porém, aqui o campo do afrontamento, no sentido em que Pedro Monteiro Cardoso põe em evidência a existência de dois campos não apenas separados, mas opostos: não pode existir nenhuma convergência útil entre o possuidor e o possuído, e seria vão esperar que o segundo se mantivesse humildemente passivo perante a violência do primeiro. De resto, os cabo-verdianos recebem o apoio, aparentemente inesperado, do ex-governador geral Marinha de Campos, que, em artigo aparecido na *Tribuna d'África*, estabelece uma identidade entre os movimentos políticos portugueses e os movimentos correspondentes em África: *o socialismo e o sindicalismo na metrópole e o descentralismo e o nativismo nas colónias só agora, depois de proclamada a República, se organizam a valer, se ramificam e se agitam mais activamente e mais nervosamente.* A dialética do artigo de Marinha de Campos permite uma melhor interpretação dos movimentos africanos, e autoriza a sua conclusão: *hostilizar o movimento nativista é um erro crasso e grave.*

Erro que a administração portuguesa não hesitará em cometer, mau grado as múltiplas tentativas cabo-verdianas de explicação. Mistral será também mobilizado para legitimar as posições nativistas, o que traduz a contradição em que vivem os intelectuais cabo-verdianos e, possivelmente, *todos* os demais intelectuais africanos de língua portuguesa: *crime o nativismo? Crime amarmos mais o que é nosso do que o que é alheio? Será crime esse dulcíssimo sentimento de amor à terra em que nascemos? Será semelhante sentimento o sintoma de inferioridade do qual, tão sensata e cuidadosamente, se afasta o nosso prezado amigo Corsino (Lopes)?* A resposta de Corsino Lopes algumas semanas mais tarde é esclarecedora, porque nos revela a existência de um desfasamento entre os diferentes sectores dos intelectuais cabo-verdianos, que, parece, vão ao ponto de anunciar a necessidade de independência, pelo menos por via oral e nos circuitos internos da oralidade: *no segundo caso, há teorias nativistas — não as sigo —, porque pensar na independência de Cabo Verde por agora, para já, seria uma fraqueza do meu raciocínio que dava a conhecer que ignoro a evolução natural das coisas: e isto conjugado com as suas consequências naturais, entre as quais avulta o ódio de raças, seria incontestavelmente uma forma de inferioridade.*

Façamos para já um balanço da situação, visto ela nos colocar perante um dos momentos mais agudos da vida cultural cabo-verdiana, em que era necessário, era indispensável, definir as relações com a potência colonizadora. Podemos constatar, por um lado, que os intelectuais cabo-verdianos não renunciaram nunca, e menos ainda neste período, a denunciar as formas excessivas da dominação. Antes, interrogaram-se, mais objectivamente, sobre as relações inter-étnicas, prestando uma atenção evidente à legitimação da dominação por via da cor. O nativismo podia neste caso, e mais particularmente o famoso nativismo rubro, ser considerado não como uma simples forma de racismo, como queriam a imprensa e os administradores coloniais portugueses, mas como a forma acabada do racismo anti-racista, que mais tarde Jean-Paul Sartre havia de formalizar no prefácio à antologia *Orphée Noir* de Léopold Sédar Senghor. O que está em causa não é um racismo anti--branco, mas a denúncia do racismo dos brancos, denúncia que estes consideram inaceitável, tão certo é que esta prática racista faz parte da panóplia da dominação. O Europeu, o português, não se podem ver como racistas, porque o racismo faz parte tão integrante das suas relações com o Outro colonizado, que não lhes é possível a mínima forma de autocrítica. É neste campo que se instala Pedro Monteiro Cardoso: é assim que devemos entender este famoso nativismo rubro.

A situação deve ter sido extremamente grave em Cabo Verde, a ponto de, numa «Tribuna Livre», António Bento — que não conseguimos identificar — procura explicar-se:

> propalando-se nesta cidade (...) que o signatário é inimigo dos europeus, e que existe uma carta por ele firmada, da qual exibe esta animosidade — facto que sobremaneira o indignou, por quanto não se orgulha de ter ascendência europeia e amigos europeus, mas ainda a noção nítida do patriotismo que todo o colonial deve manter para com a Pátria Portuguesa (...).

Não quero condenar a tibieza apressada de António Bento, nem, de resto, vale muito a pena condenar os mortos; limitar--me-ei a pôr em evidência a densidade dos conflitos e das interrogações provocadas pelo «nativismo». Situação tanto mais grave quanto os cabo-verdianos são forçados a interrogar--se sobre a viabilidade económica de independência: *Cabo Verde independente, nem «para já» — nem «para nunca». Mas onde leu isto o Sr. Corsino? A quem o ouviu? Cabo Verde, pobres e abandonados rochedos vulcânicos erguidos sobre o mar, independente?* Repare-se que não existe obstáculo político à independência, apenas uma impossibilidade geo-económica, que soa como um dobre de finados, e indica os limites, como já tinha salientado atrás, dos projectos políticos.

A verdade, porém, é que Eugénio Tavares, e nisso perfeitamente geminado com Pedro Monteiro Cardoso, como acontecerá em muitos outros momentos da vida dos dois cabo-verdianos, não hesita em salientar a legitimidade do nativismo:

> regionalismo é um sentimento de dignidade. Logo, excessos regionalistas, dado aqui vicejassem, mais não podiam ser que excessos de dignidade. E excessos de dignidade, mesmo quando prejudicam, honram: até quando matam à fome, coroam de louro; pondo palavras frias de desdém na boca de Diógenes, que morre na sua cuba, cravam o assombro, como uma lança, no orgulho de Alexandre, que desce do seu trono de ouro para se curvar do trapo físico, invólucro da grande alma do filósofo de Sinope. Exagero de nativismo! Aqui ou em qualquer parte!

Nenhuma dúvida é permitida: os intelectuais de Cabo Verde, e mais particularmente os ligados a *A Voz de Cabo Verde*, não renunciam a nenhuma forma de crítica, como não hesitam em denunciar os excessos ou os erros dos portugueses.

O «nativismo» será ainda tema de análise em 1918, nos últimos números d'*A Voz de Cabo Verde*, na pluma de Luiz Loff de Vasconcelos, há muito silencioso. Este salienta que a origem do nativismo deve ir buscar-se ao Brasil, onde traduziu *uma forma política de reivindicação dos direitos dos naturais contra os estranhos*. O que lhe permite mostrar que *o chamado nativismo cabo-verdiano é uma impropriedade de termo, a que se tem dado um significado moral e político falso, baseando-o em ódio de raça e como manifestação de rebeldia*. Esta intervenção procura reduzir a importância real do nativismo, e Loff de Vasconcelos rema nitidamente contra a corrente dos nacionalistas, o que se explica: há no artigo o receio de que os cabo-verdianos se constituam numa das muitas castas que *pretendem dominar e absorver todos os hastos da nossa actividade colonial*. Mas é evidente que se este aviso à população possui, dada a evolução das migrações cabo-verdianas, um aspecto propriamente profético, a verdade é que ele põe termo a esta questão. Cabo Verde sai do campo perigoso do nativismo, que fica então solidamente ocupado pelos são-tomenses e pelos angolanos. Todavia, a chamada «revolta de Cazengo», em 1922, dará ao Alto-comissário da República em Angola, Norton de Matos, a possibilidade de passar a certidão de óbito aos projetos nativistas, prendendo os seus principais dirigentes e fechando os jornais que lhes serviam de apoio.

A solução intermédia residia, como salientei já, na autonomia, que permitiria um princípio de descentralização, tal como sempre pretenderam alguns nativistas menos rubros. É José Lopes quem celebra, num dos seus raros artigos políticos, a maneira como o governo republicano parecia fornecer as armas para resolver este problema candente:

> O Governo da República decreta agora a autonomia colonial administrativa. Da natureza do regime não podia esperar-se outra coisa. O facto representa em si mesmo, subjectivamente, um passo gigantesco da senda do Progresso, mas é preciso que essa excelente medida seja bem aplicada, de modo que, objectivamente, se traduza em resultados positivos de reais vantagens económicas. *Il faut savoir faire.*

Certamente, teria quase vontade de responder; mas limitar-me-ei a salientar a ingenuidade política destes intelectuais cabo-verdianos que, nitidamente por falta de treino político, são incapazes de considerar os limites de qualquer esforço de descentralização por parte de um aparelho político gerido pela burguesia metropolitana. Mas queria também mostrar a mobilização dos intelectuais cabo-verdianos durante este período crucial, visto que os mais aparentemente — e sobretudo ulteriormente — desengajados não hesitam em aparecer nas primeiras linhas de intervenção.

Este clima geral, o facto de praticamente toda a gente participar na polémica — não devemos esquecer que foram criados dois jornais para responder constantemente a *A Voz de Cabo Verde, A Voz da Praia*, que começou a publicar-se em 1912, reforçada em 1913, por *O Futuro de Cabo Verde* —, é completado por outros elementos sociopolíticos, entre os quais avultam as acções mais especificamente ligadas ao mundo do trabalho. Já nos referimos à primeira greve de que temos notícia no mundo apertado cabo-verdiano: outras se seguiram, reforçadas pela criação de algumas associações e sindicatos.

Uma vez mais, devemos constatá-lo, a lição política, teórica e prática não é portuguesa nem europeia, como também não pode ser africana, mas antes americana. As greves são um tema novo na vida prática cabo-verdiana, e encontram uma base teórica na reflexão de Eugénio Tavares, que, tendo passado seis meses nos Estados Unidos em 1912, pode reflectir amplamente sobre a questão. Esta reflexão não pode, todavia, eliminar um dos elementos mais importantes da situação: a prática dos trabalhadores precede a teoria dos intelectuais. Mesmo se pudermos acrescentar que a viagem de Eugénio Tavares, destinada a assegurar a propaganda da República nascente dos meios cabo-verdianos, permite a exaltação desta arma única, que os trabalhadores devem empregar constantemente contra toda e qualquer forma de dominação.

Desta experiência americana, Eugénio Tavares retém a terrível lição da greve: *A greve! Que coisa formidável, assombrosa, que não é essa força do operário levantando-se, quebrando os grilhões da disciplina, para exigir pão para os filhos, ouro para fazer florir a felicidade na fronte pálida da esposa adorada?* Trata-se, como é bem de ver, de uma visão ainda marcada pelo miserabilismo, natural na época, e justificada pelas condições impostas ao proletariado industrial americano, e mais gravemente aos *portuguese colored men.* E será ainda o tom miserabilista que marcará a reflexão de Eugénio Tavares:

> a greve, o único direito da miséria que estruma os campos de produção, com a sua carne e com seu sangue, a única válvula por onde respira a paixão dos supliciados, dos esmagados pelas engrenagens dessa máquina infernal, onde os ricos, moedeiros falsos do trabalho, iludindo as leis naturais, mas protegidos pelas leis dos homens, fundem em puro o sangue e as lágrimas da classe trabalhadora! A greve, que coisa terrificante, grandiosa, lancinante!

O que transparece nesta carga lírica é a relação que Eugénio Tavares pode estabelecer com os dominados cabo-verdianos, naturalmente vítimas do seu estatuto de pessoas de cor, reforçada pela de estrangeiros, que deviam dominar mal o inglês. A sua adesão profunda à greve revela-lhe a existência de uma arma que, tendo sido embora já utilizada no arquipélago, ainda não pudera revelar toda a sua eficácia. É verdade que estamos aqui perante mais um pequeno-grande mistério: a ocultação da importância das acções de 1910, que desaparecem da história do arquipélago. A tal ponto, que só as greves de 1913 — entre Agosto e Dezembro — retêm a atenção. Podemos dizer que se verifica uma relação de causa e efeito entre a escrita apaixonada de Eugénio Tavares e este novo surto grevista? A verdade é que a primeira greve não mereceu a aprovação d'*A Voz de Cabo Verde*. Trata-se da greve dos *trabalhadores braçais* da Companhia Wilson, declarada a 13 de Agosto, por volta das 16h, para protestar contra o tratamento dado por um engenheiro aos trabalhadores cabo-verdianos da empresa. O comentário do jornal é surpreendente pela secura e pelo despropósito: «se o motivo da greve foi apenas este, não se nos afigura que ele tenha sido fundado ou, pelo menos, oportuno», escreve-se então.

Compreende-se, à luz dos comentários anteriores, que *A Voz de Cabo Verde* se mostrasse reticente perante uma greve que não buscava a sua legitimação nas formas de dominação, ou no salário ou nas horas de trabalho. Mas nem por isso deixa de ser chocante esta incompreensão tão abertamente confessada, sobretudo por uma forma de greve desencadeada para salvaguardar a dignidade dos cabo-verdianos. É evidente, embora o jornal não o diga, que este engenheiro é estrangeiro, inglês, branco, protestante e possivelmente loiro, manifestando o desprezo racista que na época, como ainda hoje, uma parte substancial dos ingleses consagra às populações ainda ditas de cor. Ora o que deve pôr-se em evidência nesta greve é o agudo sentimento de dignidade que sempre marcou as populações cabo-verdianas e que explode aqui na sua inteireza: a dignidade está além das meras considerações financeiras ou económicas, e pode também sobrepor-se às questões, portanto tão importantes, das horas de trabalho. Lição complementar, porém, que nos ajuda a compreender a maneira como as formas de nativismo puderam encontrar um apoio tão profundo nos intelectuais cabo-verdianos, que são também os reveladores dos sentimentos gerais da população do arquipélago.

Uma segunda greve verificou-se em Fevereiro de 1915, contudo, desta vez, *A Voz de Cabo Verde* alinha ao lado dos trabalhadores, não hesitando em assumir uma posição franca: *em S. Vicente, onde o meio operário desenvolve as suas qualidades intelectuais, de dia para dia, a aspiração do operário, tem-se revestido de um carácter de justiça.* Repare-se que as reservas enunciadas em 1913 estão mortas e enterradas, e que se trata desta vez de legitimar a acção do operariado: *tem, pois, o operariado em S. Vicente o nosso apoio,* no que recebia a contradita do governador-geral, Fontoura da Costa, que convida o mesmo operariado de S. Vicente a não se deixar *arrastar à greve por estranhos.* Trata-se, como é bem de ver, de acções mobilizando poucos operários, e não assumindo, por isso, o carácter das grandes greves norte-americanas. Não obstante, nem por isso revelam elas menos uma tomada de consciência das possibilidades dos trabalhadores, apoiados pelos intelectuais.

Esta mobilização do operariado leva à constituição de várias associações, nas quais Pedro Monteiro Cardoso participa muito directamente. Um artigo inflamado, aparecido em Novembro de 1911, sob o pseudónimo de Godide, convida os proletários a unirem-se. O título, assim como o pseudónimo tão abertamente africano, levam-me a pensar que se trata da escrita teórica de Pedro Monteiro Cardoso, pois trata-se do primeiro texto onde se cita Karl Marx, e, naturalmente, o teórico do *Manifesto Comunista*: como acabar com os crimes desta civilização, pergunta o artigo: *Como? — Derruindo a actual organização social que tais crimes sanciona só porque o celerado possui milhões para doirar a virtude comprar a justiça, e implantando o verdadeiro regime de igualdade — o socialismo em que todo o trabalhador, todas as aptidões, terão o seu prémio* equivalente *e, portanto, justo.*

Localizando:

> *Os nativos das colónias estão nas mesmas condições em que se encontram actualmente os proletários de todo o mundo. São também proletários. Tanto aqueles como estes têm patrões que os exploram sem piedade* (...).
>
> *Os crimes desta civilização!*
>
> *Como resistir, agora ao capitalismo explorador e à tirania prepotente? Carlos Marx gritou outrora aos proletários:* «A vossa libertação está em vossas mãos. Uni-vos!»
>
> *Outro tanto direi agora aos meus irmãos, mais felizes do que eu por não terem sido expatriados à força, parafraseando Marx:*
>
> *Se quereis ver satisfeitas as vossas reclamações e partidos, de vez, os grilhões do despotismo, uni-vos!*

Podia, naturalmente, ironizar-se a respeito da informação marxista de Godide, como se poderá, um pouco mais adiante, ironizar a respeito da cultura marxista de Pedro Monteiro Cardoso, tão idênticas são as suas intervenções. Mas, no caso cabo-verdiano, a intromissão de Marx serve para pôr em evidência os esforços desenvolvidos pelos intelectuais para se manterem suficientemente informados. Na busca de meios para reforçar a actividade coerente dos trabalhadores vamos assistir à criação de organizações tanto do proletariado como do campesinato, que salientam o pragmatismo dos intelectuais. Trata-se, sempre, de fazer concordar as palavras e as ideias, e de não se deixar atar pela beleza inoperante do conceito.

Já em Dezembro de 1913, é inaugurada, no edifício da Comissão Municipal, a Associação de Operários da ilha de Santiago, sob a denominação Associação Operária 1.º de Dezembro, *com o fim de estabelecer uma caixa económica de socorros mútuos.* Repare-se na ambiguidade que persiste, visto o 1.º de Dezembro ser uma data essencialmente portuguesa, destinada a comemorar a recuperação da independência pela aristocracia portuguesa, após sessenta anos de péssima gestão espanhola. A fidelidade aos elementos portugueses mantém-se, por assim dizer, intacta, contudo, já pudemos constatar em vários momentos que se trata de uma forma de alienação particularmente difícil de vencer.

Pedro Monteiro Cardoso está diretamente ligado a esta Associação, visto que neste primeiro de Dezembro pronunciou uma conferência, de que não há rasto na Imprensa cabo-verdiana. Não conseguimos também encontrar nenhum documento capaz de nos permitir ao menos entrever o campo temático abordado. É verdade que o poeta não pertence aos corpos gerentes, que são assim constituídos: mesa provisória — presidente, João Batista Silva Araújo; secretários, Augusto Manuel Miranda e José Nicolau da Silva; tesoureiro, António Corsino Lopes da Silva; e mesário, Manuel Augusto de Castro. Por outro lado, esta Associação pertence ao tipo de organizações defensivas, destinadas a assegurar uma cobertura social mínima aos trabalhadores. Sendo embora o modelo conhecido, a sua importação nem por isso deixa de traduzir a atenção prestada pelos intelectuais cabo-verdianos às formas de organização.

No plano mais estritamente literário, Eugénio Tavares e Pedro Monteiro Cardoso cruzam as propostas socialistas. Eugénio Tavares, num soneto datado da Brava, 1900, e dedicado, ia dizer naturalmente dedicado, a Pedro Cardoso, anuncia a dicotomia em que vive a sociedade:

Revolução ou morte! Eis o nosso dever,
A paz é, já, um crime; e morte infame a vida!
E se havemos de, — Irmãos! — um dia apodrecer,
No ventre desta terra infausta, tão querida;
Se a Pátria santa ao mal temos que ver rendida;
Se a aurora do combate um dia há-de romper;
Se a lágrima, e o suor, e o sangue hão-de correr.
A vermelhando o mar e a terra envilecida;
E se hão-de; num futuro incerto, derramá-los
Filhos do nosso amor às mãos dos mercenários,
Pátria e filhos — irmãos — tentemos nós salvá-los!
Morte ou Revolução! Que, não há cobardia
Que iguale a de cegar os filhos os calvários
De nomes com brazões de lodo e vilania!

Nenhuma escapatória, apesar do excesso nitidamente romântico do soneto, mas retenhamos apenas a violência da opção: ou a morte ou a revolução, em termos que têm pouco que ver com a política, organizada e partidária, porém, sustentam algumas relações com os temas niilistas ou anarquistas. Sem que essa circunstância possa anular a importância do soneto no quadro do imaginário poético cabo-verdiano: publicado em 1913, o soneto serve para reforçar o clima de profunda exaltação política vivida em Cabo Verde durante este período, e que, de resto, se prolongará pelo menos até aos anos 20. O soneto de Eugénio Tavares possui, todavia, um soneto simétrico, de Pedro Monteiro Cardoso, consagrado à memória de Ferrer:

> Apóstolo do Bem e da Verdade,
> morreste porque ao povo que trabalha,
> ao bom povo a que chamam canalha,
> quiseste dar pão, luz e liberdade.
> Morreste, porque em férvida ansiedade,
> uma era melhor, livre da mortalha
> das trevas densas que a Reacção espalha,
> pretendeste legar à Humanidade.
> Morreste, sim: mas não morreste em vão!
> Que importa ruja o vendaval desfeito,
> Se não se extingue o facho da Razão.
> Como a mortiça luz de uma lanterna!!...
> Afogara-se o grito no teu peito,
> Mas tua Escola viverá eterna!...

Os dois sonetos cruzam-se e completam-se, no sentido em que se o soneto de Eugénio Tavares enuncia as opções em termo de vida ou de morte, o de Pedro Monteiro Cardoso organiza-se em termos inversos; a morte para que a vida possa melhorar de maneira significativa. Tanto num caso como noutro, constata-se que não pode haver forma revolucionária sem o afrontamento definitivo com os detentores do poder, a burguesia repleta e impiedosa. O que exige, em contrapartida, não apenas a decisão dos trabalhadores, mas também a sua implacabilidade. Podemos também verificar que os dois sonetos se integram perfeitamente neste clima densamente interrogativo, tanto como polémico, que se vive na comunidade cabo-verdiana da época, e que mostra de maneira extremamente clara as mudanças operadas na sociedade, que soube superar rapidamente as condições restritivas das sociedades demasiado marcadas pela escravatura.

Num plano complementar, Pedro Monteiro Cardoso fará aparecer, sempre n'*A Voz de Cabo Verde*, em 1914, um poema *consagrado aos operários mindelenses fundadores da Associação 1.º de Dezembro*, cujo título é esclarecedor dado o seu carácter programático: «Unidos, avante!». Neste poema, que não sendo embora uma revisão poética do artigo consagrado ao mesmo tema, recorre à mesma base teórica, Pedro Monteiro Cardoso não hesita em afirmar a sua fidelidade à lição de Karl Marx:

> Unidos, avante!
>
> Operários! — diz Marx o mestre venerando
> que a vossa redenção tem de ser conquistada
> por vós somente, não brandindo lança ou espada,
> mas unindo-vos sempre e vos associando!...
> Ora, escutai a voz austera do vidente
> e ponde-lhe em efeito o aviso sapiente.
>
> Certo ainda é distante a terra prometida
> onde à sombra de Astrêa em perfeita igualdade,
> o homem, enfim liberto e justo e sábio, há-de
> viver, segundo a lei da Natureza, a Vida.
> No entanto não deveis, porém, cruzar os braços
> deixando sem castigo os histriões devassos.
>
> Lutai! que alcançareis a palma da vitória,
> mas tendo por reduto a vossa Associação!
> Pois, quando o povo diz que a força fá-la a união
> alta verdade afirma à plena luz da História.
> Contai-vos se podeis... vós sois a Maioria!
> Então porque domina a infanda tirania?!

Pelo vosso descuido e indiferença ignava
é que ela pode erguer o tronco informe e indino,
regá-lo com o suor do povo honrado e dino
e cercá-lo de tropa, à disciplina escrava.
Unidos, basta um gesto, um gesto vosso só
para o fazer baquear e desfazer-se em pó.

Ó Vós que, mal aponta a matutina estrela,
labutais sem descanso até noite cerrada
na oficina ou no campo arfando sobre a enxada,
sem que jamais gozeis a mínima parcela
de quanto produzis, nem vós nem vossos filhos,
em que a fome crava os infernais comilhos;

enquanto a Ociosidade, enquanto a Burguesia
dos automóveis seus sob a roda esmaga
vossos pobres irmãos, sem que a Justiça, em paga
da inumana proeza, a lance na enxovia:
Erguei-vos, pois que importa a pretoria na escolta?
e enfim, Titans, soltai o brado da Revolta! (52)

O poema é atravessado por alguns ecos das teorias de Rousseau, assim como podemos confirmar que o conhecimento da teoria marxista é reduzido. A obra de referência continua a ser *O Manifesto Comunista*, embora não deixe de ser curiosa a eliminação de F. Engels. Mas parece-me que o essencial do poema reside tanto no tom mobilizador, ainda que enunciado em termos moralizadores, como também no carácter subjacentemente messiânico: o futuro está já escrito no presente, mas com a condição única e intransponível de proceder à união para que o combate seja possível com o máximo das possibilidades de vitória. O mundo pertence real e unicamente aos trabalhadores, embora estes sejam responsáveis pela situação de dominação em que se encontram. A burguesia, que não é mais do que uma minoria selvaticamente dominadora, sabe,

(52) Pedro Monteiro Cardos, «Unidos, Avante!», *A Voz de Cabo Verde* (1914).

todavia, organizar-se para impedir a união dos trabalhadores. Esta desunião é menos o resultado da opressão da burguesia do que consequência de uma certa incapacidade operária a pensar o mundo. Marx diz a regra, que, de resto, o povo conhecia já: trata-se de reconstituir a homogeneidade natural dos trabalhadores. É neste sentido que o messianismo do poema funciona, porém, ele depende tanto da lição normativa de Marx como da impaciência militante de Pedro Monteiro Cardoso.

Pode também verificar-se que, muito próximos um do outro, os dois autores principais deste período divergem assaz seriamente: não há traço de niilismo nas propostas de Pedro Monteiro Cardoso: não há alternativa possível entre a vida e a morte, nem a revolução deve ser elaborada para obedecer, ou para contornar esta pulsão da morte. Pedro Monteiro Cardoso, embora respeitando o quadro miserabilista já definido por Eugénio Tavares, não confia à morte a solução dos problemas sociais. Estes só podem ser resolvidos pela massa dos trabalhadores: não pela dissolução dos indivíduos, mas pela recuperação da autonomia individual no coletivo.

O impulso, mais teórico do que prático, dado às organizações associativas permite também a criação de sindicatos agrícolas durante o ano de 1917. Com efeito, em Abril, foi formado o sindicato agrícola de S. Nicolau, que não era, porém, o primeiro do arquipélago: *com a formação do* «Sindicato Agrícola de Sam Nicolau» *conta já esta colónia com duas dessas utilíssimas instituições destinadas, quando ao seu trabalho presida uma orientação criteriosa, a operar uma mudança radical na agricultura cabo-verdiana.* A criação destes sindicatos parece fazer-se com uma grande rapidez, porque, em Maio do mesmo ano, se dá já notícia de quatro sindicatos agrícolas. E se bem que o inventário das organizações associativas seja ainda magro, podemos constatar a existência de quatro sindicatos agrícolas, de uma associação comercial e agrícola, projetando-se também a criação de uma *associação de socorros mútuos dos enfermeiros do quadro de saúde.* Mesmo que nos faltem elementos para dizer o que aconteceu a estas organizações, podemos constatar que a impulsão dada por Eugénio Tavares e Pedro Monteiro Cardoso foi suficientemente importante para assegurar a difusão destas ideias novas.

Elas não podem ser separadas de outros problemas candentes, entre os quais avulta a emigração, à qual não podiam ficar alheios Pedro Monteiro Cardoso e Eugénio Tavares. É certo que Eugénio Tavares parece mais interessado por esta questão, possivelmente, porque a Brava desencadeou a banalização do processo migratório cabo-verdiano, enviando aos Estados Unidos centenas e centenas de emigrantes. De resto, o artigo de fundo d'*A Voz de Cabo Verde*, de 19 Abril de 1911, conta entre os mais importantes para definir as condições em que começou a elaborar-se a emigração cabo-verdiana:

> Há 30 anos a emigração era encarada com repugnância nesta colónia, com excepção da ilha Brava, de onde se dirigia mais ou menos gente para a América do Norte, país que começou a ser conhecido pelos marinheiros embarcados nos navios baleeiros — em geral americanos — que ali iam recrutar tripulantes (...) Das outras ilhas do arquipélago ninguém saía; a aversão pelo mar e por largar a sua terra natal era tradicional entre os habitantes de Cabo Verde. De 1899 em diante começou o êxodo para a América a tomar maior incremento. ([53])

Não é nosso projecto proceder a uma leitura sistemática dos valores ligados à emigração, mas mostrar mais simplesmente que os intelectuais cabo-verdianos deste período não podiam deixar de se interessar apaixonadamente por um problema que pouco a pouco se transformava em questão vital para a estruturação da vida social e económica, política até, do arquipélago.

De resto, as autoridades portuguesas não se enganaram na leitura da nova situação, o que explica a decisão tomada pelo governador Paula Cid que, pelo decreto de 29 de Janeiro de 1903, criou uma taxa de 4800 réis para a obtenção de passaportes para o estrangeiro. Um preço excessivo, não só para os operários e camponeses, como também para os pequeno-burgueses: com esta medida pretende-se, evidentemente, asfixiar a emigração, para poder forçar os cabo-verdianos a emigrar para as plantações de São Tomé e Príncipe, onde

([53]) Eugénio Tavares, *A Voz de Cabo Verde* (19 de Abril de 1911).

os roceiros estão convencidos de que os trabalhadores cabo-verdianos são os únicos capazes de resistir eficazmente à doença do sono, que marca a vida da ilha do Príncipe, onde só será extirpada em 1914. Os números mostram que os cálculos das autoridades coloniais portuguesas eram justos, visto que até ao fim desse ano de 1903 tinham partido 1141 serviçais para São Tomé e 758 para o Príncipe.

A dura polémica que opôs os intelectuais cabo-verdianos, e mais particularmente Eugénio Tavares, às teses oficiais portuguesas, que pretendiam orientar a emigração cabo-verdiana para as colónias portuguesas, fornece alguns números que esclarecem o peso dramático da emigração para o arquipélago de São Tomé e Príncipe:

Ano	N.º de emigrantes
1913	1117
1914	1295
1915	866
1916	775
1917	128 (nos primeiros cinco meses)

No sentido inverso, o arquipélago tinha assegurado o repatriamento de 3314 trabalhadores cabo-verdianos, cujo contrato tinha chegado a termo. Ou seja, nos dois sentidos, cruzam-se nada mais nada menos nada mais do que 7495 trabalhadores cabo-verdianos. Ora, dizem os redactores d'*A Voz de Cabo Verde*, esses trabalhadores não tiram dessa actividade nenhuma melhoria (*quanto a educação e civilização vemos perfeitamente as que da sua terra levaram. Talvez mais acabrunhados e descontentes...*); como não a tiram do ponto de vista económico (*após dois ou três anos de trabalho árduo (regressam) com o quantioso fundo de 36 escudos cada um*). O que permite a conclusão definitiva: *é clara e insofismável a desvantagem dessa emigração, de que a mais dolorosa necessidade obrigou o cabo-verdiano a lançar mão.*

Como se a situação não fosse já suficientemente acabrunhante, os cabo-verdianos vão ser ainda obrigados a afrontar uma situação ainda mais preocupante. A República procurou responder incidentalmente a algumas exigências tradicionais do arquipélago, como foi o caso do liceu, cuja criação foi anunciada em 2 de Julho de 1917 num título a quatro colunas na primeira página: *Está, finalmente, satisfeita uma das maiores e mais justas aspirações de Cabo Verde graças ao esforço inteligente e ao patriotismo dos seus representantes no Parlamento, Cabo Verde foi dotado com um liceu!* A satisfação desta velhíssima aspiração cabo-verdiana foi, de resto, completada pelo decreto n.º 3435, de 1917, que definia os diferentes graus do ensino em Cabo Verde, que, além da instrução primária elementar e complementar, incluía o ensino primário superior, o ensino profissional, o ensino normal primário e o ensino secundário. Lentamente, as autoridades republicanas portuguesas iam tomando consciência da multiplicidade dos problemas a resolver nas colónias, e se, por um lado, os iam adiando, sempre à espera de dias melhores, por outro, era indispensável dar às populações um certo número de garantias.

Ao mesmo tempo, a sociedade cabo-verdiana ia-se modificando. O primeiro automóvel, o *automóvel caminheiro* do Sr. Jules Bonnafaux, aparece tão cedo ou tão tarde como 1911. É também por estes anos que é introduzido o cinematógrafo, em S. Vicente. O cinematógrafo elétrico de Freitas & C.ª veio melhorar as máquinas existentes, embora a iniciativa não tivesse obtido um grande êxito inicial, *isto por muita gente supor que fosse de luz oxietérica, como alguns que têm estado na província.* Acrescente-se, para a história das técnicas em Cabo Verde, que o aparelho escolhido é um Pathé-frères, modelo de 1913, quer dizer o mais moderno que se podia encontrar no mercado europeu. Anuncia-se também que *a mesma empresa adquiriu, por troca, quatro espetáculos novos, e espera no próximo paquete da Guiné, mais nove espetáculos de novidades, com que vai deliciar o público desta cidade e das demais ilhas.* Não sabemos qual foi o acolhimento dispensado a esta nova forma de espetáculo, mas um anúncio de 1916 deixa entender que o público cabo-verdiano não mostra um interesse apaixonado pelo cinematógrafo, porque havendo embora *estreias de fitas novas e sensacionais*, os preços são os do costume, *apesar da subida enorme dos preços das películas.*

Não restam dúvidas de que o pequeno mundo urbano de Cabo Verde procura adaptar-se às formas da civilização moderna, sem que, todavia, a estrutura social conheça uma mutação paralela. Do ponto de vista económico, o arquipélago depende largamente, demasiado largamente, do exterior, ou seja, dos depósitos de carvão e outros combustíveis em S. Vicente, assim como das remessas de divisas enviadas pelos emigrantes. Situação extremamente difícil, que, de resto, merece alguns comentários aos intelectuais cabo-verdianos, como é o caso de José Lopes, que, referindo-se ao *êxodo cabo-verdiano*, procura mostrar que não será legítimo levantar obstáculos à emigração: *enquanto, pois, subsistirem as circunstâncias em que materialmente se encontra a província, não nos parece justo interceptar as correntes de emigração que em vários sentidos se manifestam agora mais do que nunca.* Mas este protesto não procura definir as alternativas tanto económicas como políticas, e constata-se que uma parte dos intelectuais cabo-verdianos se encontra na impossibilidade de analisar os problemas do arquipélago, limitando-se ao exame dos aspectos mais agressivamente populistas. Não admira por isso que, mais tarde, alguns destes polemistas se deixem completamente absorver pelo vocabulário do fascismo português, em que a tónica populista, herdada mais de Mussolini que de Hitler, foi sempre uma constante.

Não se pode dizer em que momento o espírito combativo de Pedro Monteiro Cardoso se atenua. Em 1924, publica ainda, no jornal africano da *Liga Africana*, dois poemas importantes, um dos quais se mantém fiel aos valores do pan-africanismo, tanto na exaltação dos lugares históricos da cultura negro-africana, como na mobilização para o combate. Se o Egipto fora, na sua primeira fase, o lugar de redescoberta da importância das culturas negro-africanas, neste poema, o combate é ainda mais valorizado, graças à mobilização de Aníbal, general cartaginês, por consequência, originário dessa imensa Líbia mítica da civilização greco-latina, como também dos heróis modernos, entre os quais o Negus da Etiópia, Menelik II, que fora capaz de derrotar o corpo expedicionário italiano, assim como o rifenho Abd El Kader, herói da resistência à dominação europeia do Magrebe. Reforço, se pudesse ser, da relação com o mundo africano que entra em choque com a adesão constante aos valores portugueses que Pedro Monteiro Cardoso também proclama. Não se trata, todavia, de hesitar entre duas cadeiras, mas mais simplesmente de procurar conciliar o que, a partir de outros exemplos de culturas crioulas, parece conciliável. E que poderia tê-lo sido se o projecto colonial português houvesse mostrado o menor desejo de entendimento e de conciliação. A política de assimilação forçada que a colonização portuguesa adoptara não podia permitir nem a síntese dos valores, nem sequer a simbiose entre duas formas culturais, às quais estão visceralmente ligados os intelectuais do arquipélago.

Porque Pedro Monteiro Cardoso se conta entre os intelectuais que procuram valorizar o crioulo, mesmo se o seu domínio da língua portuguesa, pelo menos escrita, é grande. Não que o seu português literário seja uma língua moderna: pode dizer-se que a construção literária portuguesa de Pedro Monteiro Cardoso revela um atraso considerável em relação às opções estéticas dos autores portugueses deste mesmo período. Nem isso é de surpreender, devido às formas da única escolaridade possível em Cabo Verde, que obriga os jovens intelectuais a frequentar o seminário. Também como resultado do isolamento do arquipélago em relação a Portugal, primeiro no plano das relações físicas, e, em segundo lugar, no que diz respeito à informação cultural. A evolução do português metropolitano adopta caminhos que os intelectuais cabo-verdianos não estão em condições de acompanhar, porque a experiência do quotidiano lisboeta — ou coimbrão, ou tripeiro — não pode ser repetida em Cabo Verde, mesmo na Praia. Não se tem dado a atenção necessária a esta situação da língua portuguesa em relação à norma linguística portuguesa: a experiência existencial dos autores cabo-verdianos organiza-se segundo linhas que não são as portuguesas.

Num outro plano, tão importante, se não mais, os autores cabo-verdianos que procuram auscultar e transmitir e analisar os problemas gerais do arquipélago só o podem fazer em crioulo. A política escolar dos portugueses agia contra a difusão da língua portuguesa e há-de sempre constituir um fenómeno difícil de explicar esta incapacidade da administração portuguesa em compreender que só a língua podia permitir o reforço das relações entre os portugueses e os africanos. A resposta dos intelectuais cabo-verdianos não podia ser outra: valorização do crioulo, língua não só materna, mas sobretudo língua onde se afirma a *diferença* entre os portugueses e os africanos, entre os portugueses e os cabo-verdianos. Diferença que os portugueses também compreendem, o que dá origem a movimentos perfeitamente opostos: os responsáveis portugueses denigrem a língua crioula, ao passo que uma parte importante dos intelectuais cabo-verdianos, embora nem sempre de maneira isenta de ambiguidade, procura valorizá-la.

Pedro Monteiro Cardoso, imediatamente após ter adoptado o pseudónimo de Afro, criou n'*A Voz de Cabo Verde*, uma secção: *a manduco*, que não deixa dúvidas quanto à relação com a língua, nem também quanto ao conteúdo directamente polémico. E se a poesia em crioulo de Pedro Monteiro Cardoso não possui nem a importância, nem o volume do que foi produzido por Eugénio Tavares, nem por isso ela é menos significativa. De resto, Pedro Monteiro Cardoso criará, em 1924, alguns anos depois do desaparecimento d'*A Voz de Cabo Verde*, um pequeno jornal, *Manduco*, que retomava o título da secção que animara durante alguns anos, dando-lhe uma maior autonomia. Ora, como é lembrado neste texto, o manduco é *arma ofensiva e defensiva, por excelência, do camponês da ilha do Fogo. De marmeleiro, raiz de tamarindo, etc., tira o nome da árvore da Guiné assim chamada.* Transcrevo os termos utilizados por Pedro Monteiro Cardoso, porque, na sua brevidade, eles reforçam esta relação populista com o mundo camponês do Fogo, sem por isso perder a relação com a África: se a arma é típica dos camponeses, ela é designada por um termo vindo da Guiné. Mas, e aqui reside uma das pequenas singularidades desta situação, pode também utilizar-se para fabricar o manduco, o marmeleiro, que é uma essência do Mediterrâneo, naturalmente importada pelos portugueses. Vale a pena, parece-me, destacar a riqueza sincrética deste processo cultural, em que todos os valores se cruzam, deixando aparecer o carácter tão singular da sociedade cabo-verdiana.

Este jornal pelo seu título, pela sua intenção *ofensiva/defensiva*, revela de maneira cortante tanto o carácter de Pedro Monteiro Cardoso — populista apaixonado, que procura reforçar esta adesão aos valores populares com uma curta injecção de marxismo, pan-africanista sem ambiguidades —, como as suas opções culturais. O crioulo está integrado no seu espaço cultural, e é uma língua que lhe merece tanta atenção quanto a portuguesa. No texto que agora se reedita, podemos encontrar algumas páginas consagradas às noções elementares de gramática, que mostram o interesse que lhe merecia o crioulo, assim como o profundo domínio da língua. Se é certo que Pedro Monteiro Cardoso não conhece todas as variantes do crioulo, como o mostra o recurso a um colaborador para apresentar o essencial do crioulo de Santiago, a verdade é que não encontramos na sua escrita o menor elemento reduzindo a importância da língua. O crioulo só pode sair dignificado desta incursão de Pedro Monteiro Cardoso.

Se dou tanta importância a este facto, é porque nem sempre os cabo-verdianos especialistas da linguística mostraram o mesmo respeito pela língua e pelos seus locutores. No curto prefácio que antecede o seu estudo da língua crioula, Dulce Almada não hesita em reduzir a importância tanto histórica como cultural do crioulo. Para apoiar as suas demonstrações histórico-teóricas, Dulce Almada salienta que *a estrutura morfológica do português deve ter parecido demasiado complexa ao povo dominado, quer ele fosse africano ou asiático, pois que ele a reduziu ao indispensável*, ou seja, em termos mais directos, os povos dominados seriam incapazes de assumir a complexidade normal do português([54]); e, por isso, teriam sido obrigados a *inventar* uma língua simplificada, menos complexa, uma língua de dominados, em suma. Digamos que esta referência não seria suficiente para manifestarmos grande espanto, porquanto dispõe de uma farta base técnica, para poder ser defendida sem males de maior, mau grado o seu abstracto ideológico.

([54]) Maria Dulce Almada, *Cabo Verde: contribuição para o estudo do dialeto falado no seu arquipélago* (Lisboa: Junta de Investigações do Ultramar, 1961).

Não se fica, todavia, por aqui, porque, analisando o caso particular da construção perifrástica, Dulce Almada reincide nestes juízos pelo menos apressados: *o uso das perífrases impôs-se muitas vezes para exprimir conceitos abstractos, e daí o uso frequente das comparações, imagens e expressões mais ou menos concretas para suprir a falta do termo abstracto.*([55]) **O mesmo acontece em todos os casos em que uma língua já bastante evoluída e rica começa a ser falada por indivíduos de mentalidade rudimentar.** (O sublinhado é meu e serve para pôr em evidência a passagem em que estala, de maneira seca e brutal, o juízo da época de Dulce Almada: se as línguas crioulas são o que são, e se são consideradas como dialectos ou sub-línguas, ou sabires, deve-se ao facto de *os indivíduos de mentalidade rudimentar* — ou seja, na linguagem mais brutal da colonização, os indígenas — se lançarem na embrionária da primeira citação, que desabrocha inteira nesta segunda citação. Não pode haver dúvida: a língua que não dispõe de um cabedal suficiente de termos abstractos não pode deixar de traduzir uma insuficiência tanto cultural como biológica dos indivíduos. Incapazes de superar as paredes apertadas da *mentalidade rudimentar,* os criadores dos crioulos só podem condenar as línguas superiores, ricas de termos abstractos, a uma degenerescência penosa.)

Há-de haver para isso uma razão, e esta há-de assentar na própria biologia das civilizações, na carga genética dos indivíduos. A hipótese de Dulce Almada parte de um modelo comparatista:

> a cultura dos povos dominados pelos Portugueses decerto que ainda não os levara à necessidade de criar determinado número de vocábulos, por não estarem ainda de posse dos conceitos que eles exprimiam. O seu conhecimento limitou-se a objectos concretos e assim, quando receberam esses conceitos abstractos do povo dominador, passaram a exprimi-los a partir do seu conhecimento. Se atentarmos na linguagem infantil, veremos que a criança só joga com palavras que exprimem objectos concretos ou estão, pelo menos, relacionados com eles.([56])

([55]) Almada, *Cabo Verde.*
([56]) Almada, *Cabo Verde.*

A criança representa, neste caso, a mentalidade dos povos dominados. Volto a sublinhar, dada a enormidade da afirmação, traduzida na linguagem mais directamente colonizadora e racista, quer dizer, aquela que afirma que *o preto é uma criança grande*, o que sempre legitimou a tutela imposta pelos colonizadores, que, naturalmente, eram os únicos que podiam superar a condição «concreta» da infância, para alcançar a região «abstracta» do adulto.

Singular maneira de considerar tanto os crioulos como os seus locutores! Digo crioulo no plural, porque se não trata apenas de um juízo sobre os cabo-verdianos, mas de enunciar uma teoria geral, capaz de cobrir a totalidade deste fenómeno sociolinguístico. Se é certo que a relação de Dulce Almada com o crioulo se modificou de maneira substancial, nem por isso podemos ignorar o seu texto, no sentido em que ele traduz o peso dos juízos convencionais dos colonialistas aplicados às línguas autóctones, sejam elas africanas, ameríndias ou asiáticas. E sobretudo, queria mostrar que Pedro Monteiro Cardoso, embora tivesse renunciado pouco a pouco à sua combatividade dos anos 1910–1926, nem por isso se deixa enredar nos laços da armadilha ideológica que o colonialista sempre pôs debaixo dos pés teóricos e práticos dos intelectuais dominados e, mais particularmente, dos intelectuais africanos.

Seria difícil furtar-me a uma interrogação, que dizendo embora respeito a Pedro Monteiro Cardoso, pode alargar-se a muitos outros intelectuais cabo-verdianos. Refere-se ela à aparente passividade da maior parte da pequena-burguesia africana relativamente à colonização portuguesa entre 1930 e 1945. O fenómeno não é especificamente cabo-verdiano, podemos alargá-lo a todas as colónias portuguesas. O leque cronológico é revelador, porque mostra que os africanos foram obrigados a afrontar a conjunção de dois acontecimentos de valor desigual, que marcaram profundamente não só a vida portuguesa, como também a de todas as colónias. Trata-se, em primeiro lugar, do golpe de estado de 28 de Maio de 1926, que impôs em Portugal uma ditadura militar, transformada em ditadura civil — sem que, todavia, se reduza o seu carácter repressivo, antes pelo contrário — a partir de 1933. Este facto nacional português conjugou-se com um elemento internacional, de bem maior alcance: a crise norte-americana de 1929, que se alargou a todas as economias, ainda que tenha levado mais tempo a atingir as economias do capitalismo periférico, entre as quais se contava — e continua a contar-se — o português.

Como foram vividos estes anos terríveis? Não dispomos de informações suficientes, tanto mais que os intelectuais africanos parecem ter levado algum tempo a dar-se conta do peso das transformações. Em todo o caso, podemos constatar que a ditadura militar e fascista não provocou movimentos de pânico imediatos, e, no caso de Pedro Monteiro Cardoso, podemos verificar ainda que em 1928 — isto é, dois anos após a proclamação da ditadura — era membro do Partido Socialista Português, tendo pagado, a tempo e horas, a sua cotização. Desde quando militava ele no Partido Socialista, para onde deve ter transitado após se ter separado do Partido Republicano Português? Impossível responder. Por outro lado: quantos militantes cabo-verdianos contaria o Partido Socialista Português? E quantos no conjunto das colónias portuguesas? Nem sequer dispomos de uma boa monografia consagrada ao período recente da história deste Partido.

No caso do arquipélago de Cabo Verde, o choque da crise foi brutal, mas devemos entendê-lo em dois planos: o português e o mundial. É certo, e os intelectuais cabo-verdianos não se fartaram de o repetir, que a burocracia portuguesa se mostrou particularmente incapaz de assegurar o desenvolvimento do arquipélago, sobretudo no que diz respeito às instalações portuárias de S. Vicente. Sabendo-se que uma parte substancial da vida económica dos cabo-verdianos se apoiava nos rendimentos da actividade do porto, pelo menos a partir de 1856, podia esperar-se que a burocracia portuguesa, no arquipélago e em Lisboa, se mostrasse capaz de assegurar a modernização das instalações de maneira a oferecer um serviço de boa qualidade aos navios que as frequentavam. Nada disto aconteceu, e S. Vicente viu-se confrontado com uma redução geral do trânsito, desviado tanto para as Canárias como para o Senegal. Tanto o governo espanhol como o governo francês se mostraram mais capazes de prever e de levar a cabo as modernizações indispensáveis. Ora, esta imprevidência portuguesa, foi reforçada pelas transformações das técnicas de navegação, que, assegurando uma maior autonomia aos navios, os libertava das prisões dos portos e das escalas.

Como se isto não bastasse, assistiu-se também a uma redução brutal da emigração cabo-verdiana, devido à crise, mas determinada em primeiríssimo lugar pelos obstáculos levantados pelos Estados Unidos, que inicialmente recusaram os analfabetos, para depois reduzir a cota dos homens e das mulheres de cor, o que não podia deixar de atingir os cabo-verdianos. Mas a crise também se fez sentir nos Estados Unidos, e os números fornecidos por Simão de Barros são reveladores da mudança da situação: em 1935, havia apenas 200 emigrantes do Fogo nos Estados Unidos, quando alguns anos antes esse número subira a 7000! No plano individual, esta situação nova revelou-se catastrófica, atingindo também frontalmente a economia cabo-verdiana, que deixou de poder contar com as divisas remetidas pelos emigrantes. O desequilíbrio da balança de pagamentos foi, de resto, agravado pelas medidas tomadas pela burocracia portuguesa, sobretudo graças aos dois pares Oliveira Salazar/Quirino Avelino de Jesus e Oliveira Salazar/ /Armindo Monteiro, que assumiram durante anos a gestão das colónias. O rigor financeiro, um dos princípios da gestão ditatorial de Salazar, foi imposto às colónias, num momento de redução das receitas, condenando-as ao marasmo económico. Este, sobretudo nas condições de insularidade do arquipélago, não podia deixar de provocar um marasmo intelectual, contra o qual procuraram rebelar-se tanto os homens das primeiras gerações, como também os jovens intelectuais que formaram o grupo *Claridade.*

Acrescentem-se a estas dificuldades as que foram criadas pela orientação adoptada pelo Banco Nacional Ultramarino, que *abria literalmente as suas portas, facilitando os descontos e outras formas de concessão de créditos, os comerciantes e proprietários passaram a viver do desconto, desenvolvendo uma actividade absolutamente condenável.* Esta acusação tão directa põe em evidência a táctica normal do Banco Nacional Ultramarino em todas as colónias onde se instalou, e que já mostrara a sua periculosidade no fim do século XIX em Angola, como a mostraria também nas relações estabelecidas com os fazendeiros africanos de São Tomé e Príncipe, que foram assim mais facilmente despojados das suas propriedades. Neste caso, a perturbação injectada pelo Banco Nacional Ultramarino contribuiu largamente para a desestruturação da sociedade cabo-verdiana, sem nenhuma espécie de compensação. Colocada entre as exigências do Banco, uma parte da burguesia cabo-verdiana, e mais particularmente a burguesia comercial, foi empurrada para a falência e sobretudo para o desânimo, tanto económico como social.

Por isso mesmo, convém evidenciar as reacções salutares dos intelectuais, tanto as das primeiras gerações, como os mais novos. Pedro Monteiro Cardoso publica o ensaio que agora se reedita em 1932, e, pela primeira vez, estamos perante uma edição comercial que parece não ter sido feita por sua conta. Trata-se da colecção de artigos que tinham aparecido, em primeira mão, num dos últimos jornais africanos de Lisboa, *A Mocidade Africana*. A importância do texto é capital para a compreensão das condições em que define a autonomia cabo-verdiana, e este texto precede a criação do grupo *Claridade*, cuja primeira obra editada — *Arquipélago*, de Jorge Barbosa — apareceu em 1935, precedendo em quase um ano o aparecimento do primeiro número da revista que tão famosa havia de tornar-se. Acrescente-se que se conhecem muito mal as relações acaso estabelecidas entre as duas ou três gerações que tiveram de viver contemporaneamente a crise. Também neste caso seria necessário, e indispensável, definir as relações que se tecem entre uns e outros, dado o silêncio que tanto *Claridade* como *Certeza* observam em relação aos seus antecessores.

É certo que a biografia de Pedro Monteiro Cardoso nos coloca perante um problema difícil de resolver: a totalidade da poesia que podemos classificar como pan-africanista ou como independentista, em todo o caso anti-colonial, não foi jamais integrada num dos muitos volumes que o poeta publicou. Como se o poeta dividisse a sua obra em duas partes que não coincidiam: uma primeira pertencendo ao domínio do político e da denúncia, enquanto a segunda responderia mais inteiramente às condições estéticas que definiam as fronteiras da visão poética, tal como ele as define na curta introdução ao volume *Sonetos e Redondilhas*, no qual repudiava todas as aquisições das formas modernas do seu tempo e esperava o regresso a uma Arte indefinida, porém, saída do modelo *clássico*, quer dizer, da segunda metade do século XIX: *o actual movimento, nuançado aqui e ali sob as mais variadas denominações, é, quanto ao que observo e entendo, alimentado pelos manadeiros das escolas que o precederam, engrossados, nestes últimos 20 anos, pelos enxurros captados ao primitivismo.* Não é sem mínima hesitação que me interrogo quanto ao campo coberto por este conceito «primitivismo», ainda assim, parece-me suficiente destacar esta vontade deliberada de romper com todas as formas do modernismo literário, o que talvez explique a ruptura que percebemos nas relações com a geração *Claridade.*

Não quer isto dizer que Pedro Monteiro Cardoso tenha renunciado inteiramente ao combate, embora a sua função de professor primário, lhe deva ter aconselhado uma certa prudência, dada a maneira como a repressão se fez sentir não só no plano estritamente político, mas sobretudo social: um militante perde a sua eficácia política quando excluído da comunidade dos trabalhadores. Solução que vemos continuar a ser adoptada por todos os totalitarismos, e que a ditadura portuguesa nunca hesitou em utilizar. Pedro Monteiro Cardoso, afastado embora de uma prática militante, dado que a ditadura dissolvera primeiro e proibira depois todas as formas de vida associativa, tanto as políticas — partidos e sindicatos —, como as culturais —associações desportivas, grupos recreativos e assim por diante — não perde, todavia, o contacto com a terrível realidade cabo-verdiana.

Numa obra póstuma, *Lírios e Cravos*, com um prefácio idílico de José Lopes, um soneto vem ainda relembrar a capacidade combativa do poeta:

Portugal, ninho de águias e condores!
Berço de heróis, poetas e mareantes!
Ó Pátria minha, exsurge como de antes,
Convoca dos Hermínios os pastores!

Sob o teu céu azul, vê que horrores
Semeando vão os sátrapas triunfantes:
Do povo escuta os brados lancinantes;
Das colónias os férvidos clamores!

A malta cúpida ódios mil atiça;
Em vão os pobres clamam por justiça:
É lei o arbítrio, a imperial vontade...

Eia, de novo, ante as Nações levanta
Essa Bandeira egrégia, sacrossanta
E desfralda-a ao sol da Liberdade!...([57])

Um soneto, ou seja, uma das formas poéticas preferidas pelo poeta, e que traduz a sua fidelidade às formas aprendidas na juventude. Ao mesmo tempo, uma denúncia e uma acusação que possuem apenas a eficácia relativa da poesia. O que não pode deixar dúvidas é que, embora o poeta tivesse de reduzir a sua actividade política, nem por isso o regime ditatorial português o convencia: como mostra o sentido geral da segunda quadra: «(...) vê que horrores // semeando vão os sátrapas triunfantes». Não se trata de uma denúncia universal, mas de versos que ficam no quadro limitado do mundo português. Estes sátrapas só podem ser os gestionários do poder político, os burocratas do fascismo contente.

Recorrendo à sua construção pessoal, que se serve constantemente dos imperativos para forçar a atenção do leitor, Pedro Monteiro Cardoso quer mobilizar a atenção portuguesa: «do povo escuta os brados lancinantes; // das colónias os férvidos clamores», que associa o povo português e a massa dos dominados das colónias. Dominados todos, como já o tinham sido em outros momentos da história comum, tão verdade é que os colonizados descobrem a fraternidade que os une sempre que a dominação ultrapassa os limites do aceitável, no caso de tais limites existirem. Fiel à sua visão do mundo, Pedro Monteiro

([57]) Pedro Monteiro Cardoso, *Lírios e Cravos* (Ermesinde: Editorial Crisos, 1951).

Cardoso recupera a homogeneidade terrível dos dominados, e portugueses e colonizados, quer dizer, os trabalhadores, brancos e de cor, europeus, africanos e asiáticos, não podem furtar-se ao peso da mesma dominação, que é sempre excessiva.

Mas a verdade é que, nas relações de força da época, os dominados não podem contar com grande coisa. Enfraquecidos pela crise, impedidos de toda e qualquer forma de união, dificilmente podem escapar às condições de dominação escolhidas para burguesia capitalista. E o primeiro terceto diz, da forma sintética que convém a este modelo poético, as condições em que os homens devem procurar não já viver, mas simplesmente sobreviver. Os dominadores formam uma *malta cúpida*, e o tom injurioso, agressivo, mostra que o utilizador do *manduco* não desapareceu e sobretudo não perdeu a veemência certeira que o golpe de vista facilita. Mas a verdade é que *em vão os pobres clamam por justiça*, no sentido em que a perversão dos costumes, a alteração das relações sociais facilita o arbitrário: *é lei o arbítrio; a imperial vontade*... Este verso é ferozmente anti-governamental, dado que denuncia não só o carácter arbitrário da lei, manipulada conforme os interesses da burguesia colonialista, como também as pretensões imperialistas portuguesas, de resto, bebidas no modelo mussoliniano: a imperial vontade evoca a transformação das colónias em *império colonial português*, assim como a real impossibilidade de formas de justiça minimamente equânimes. Tal se tornou impossível, porque a ditadura não reconhece nenhuma forma de relação outra que a dominação e, naturalmente, o reforço da humilhação, contra a qual tinham lutado os colonizados já no século XIX e durante estes trinta ou quarenta anos do século XX.

A reedição deste ensaio, há muito tempo esgotado, era necessária. Com efeito, Pedro Monteiro Cardoso, dispondo embora de uma fraquíssima informação etnográfica ou etnológica, deu-se conta da importância dos valores culturais cabo-verdianos. Por outro lado, o texto salienta, apesar de tal não ser já indispensável, a contradição que foi a de quase todos os intelectuais deste período, atingindo ainda de maneira importante a geração da *Claridade*: a originalidade das formas culturais cabo-verdianas servia menos para afirmar a autonomia do arquipélago do que a importância do modelo cultural português. A visão do mundo de uma parte importante, se não da totalidade, destes intelectuais procura resolver a quadratura do círculo da dominação colonial, sem o conseguir, como era, de resto, fatal. E o trabalho de Pedro Monteiro Cardoso traduz a situação de maneira claríssima.

Todavia, e como sempre acontece, a contradição estala, inteira, no próprio texto. O inventário dos valores culturais e das formas de organização do arquipélago, embora não dispondo de um quadro técnico suficiente, prova que os cabo-verdianos possuem formas culturais originais não podendo ser reduzidas a uma dependência portuguesa. De tal modo, Pedro Monteiro Cardoso mostra que os cabo-verdianos souberam encontrar as formas sincréticas que lhes permitem conservar os valores portugueses e mediterrânicos importados, ou introduzidos se quisermos pelos portugueses, sem, todavia, romper com os valores especificamente africanos. A síntese deste processo, que levou séculos a conseguir, faz do arquipélago uma unidade cultural única no mundo, e tão separada da Europa como da África; sem ter nunca perdido, e nisso reside um dos aspectos principais da sua complexidade, os laços que a unem tanto à Europa como à África.

A singularidade do propósito de Pedro Monteiro Cardoso não pode jamais ser escamoteada, mesmo se ela não é inteiramente percebida pelo autor, que não pode furtar-se ao peso da alienação. Mas podemos medir a importância do seu trabalho, quando consideramos a distância que separa a visão de um português, ainda por cima democrata, como é o caso de Augusto Casimiro, da visão do cabo-verdiano visceral que foi Pedro Monteiro Cardoso. Augusto Casimiro vê Cabo Verde como um *Portugal crioulo*, enquanto Pedro Monteiro Cardoso apresenta um *Folclore Cabo-verdiano.* No texto de Augusto Casimiro, Cabo Verde, perde a autonomia, para se transformar num apêndice português, definido por uma prática somática e linguística de cariz inferior, pois sabemos que a língua crioula é apenas um dialecto, uma língua franca, um saber, tanto para as autoridades como para os linguistas portugueses. Torna-se assim claro que Augusto Casimiro — exprimindo, contudo, o ponto de vista mais progressista do mundo colonial português, mau grado o seu passado de governador colonial — elimina a autonomia dos cabo-verdianos, transformando-os num apêndice amável, porém, secundário do mundo português. O esforço de re-colonização transparece sem a mínima ambiguidade, sem atenuação, no título como na escrita de Augusto Casimiro.

De resto, na carta particular que serve de *postfatio* ao volume *Morna e Saudade*, e que se refere precisamente a estas reflexões etnográficas, Augusto Casimiro insiste no que lhe parece evidente: os cabo-verdianos são apenas uma continuação inferior dos portugueses.

> Esta fala é toda nossa.
> Fala crioula? Afinal
> Para alma que bem a ouça
> É a fala de Portugal…
>
> Fala doce de alma escrava,
> Sabe a amor, sabe a tristeza,
> — Na voz da gente de Brava
> — Oiço a gente portuguesa…([58])

É certo que Augusto Casimiro se defende de ser um português roído pelo orgulho nacional («o meu filial mas não desorientado orgulho de português»), ainda que nem esta salvaguarda o defenda dos preconceitos, como salienta o seu juízo a respeito do crioulo, que seria *fala doce de alma escrava*, e que uma vez mais reduziria a língua a uma simples manifestação de inferioridade. Neste caso, o carácter particular da língua seria o resultado, assim como a manifestação, da condição escrava, como se esta pudesse determinar não só o percurso linguístico, mas a psicologia de um povo. Mesmo, e sobretudo, quando este não está já submetido ao jugo absurdo da escravatura e demonstrou suficientemente a sua capacidade de gerir de maneira autónoma os seus interesses, tanto políticos como culturais.

([58]) Augusto Casimiro, «Postfatio», in Pedro Monteiro Cardoso, *Morna e saudade: versos em crioulo e em português* (Praia: P.M. Cardoso, 1940).

Acrescente-se que certas reservas enunciadas a propósito do trabalho de Pedro Monteiro Cardoso são justas, no sentido em que o poeta do Fogo se limita a aflorar os problemas culturais cabo-verdianos. Não podemos deixar de reconhecer o facto, contudo, isso não nos obriga a limitar o alcance eficaz deste trabalho, apesar de alguns intelectuais cabo-verdianos teimem em eliminá-lo das bibliografias especializadas. A oposição estabelecida, mesmo se involuntária, entre Augusto Casimiro, o governador colonial cheio de boas intenções, e o intelectual cabo-verdiano aspirando a uma autonomia próxima da independência, como é o caso de Pedro Monteiro Cardoso, é enorme. Para Pedro Monteiro Cardoso, a presença portuguesa nas várias formas de organização cabo-verdiana não elimina a autonomia do arquipélago, Cabo Verde não pode desaparecer em favor de Portugal, mesmo se este se mascara de crioulo. O folclore só pode ser inteiramente cabo-verdiano, quer dizer, só pode ser entendido relativamente à autonomia total. Se escolhemos o trabalho de Augusto Casimiro como termo de comparação, é por se tratar de um dos portugueses que mais procurou compreender os valores específicos da cultura cabo-verdiana. Porém, a sua reflexão estava condenada antes mesmo da escrita, por estar dependente de uma concepção ideológica que transforma os aparentemente iguais em diferentes, o que no vocabulário cultural e político dos portugueses quer dizer inferiores.

Esta situação é implicitamente recusada pelo trabalho de Pedro Monteiro Cardoso, que autonomiza de maneira definitiva os valores do folclore cabo-verdiano, entendendo-se neste caso o folclore como o conjunto de práticas elaboradas por um grupo ou uma nação, e que lhes servem tanto de guia e de suporte, como de fronteira, nas relações consigo próprio, como nas relações com os outros. Neste caso, podemos também encontrar o modelo de Pedro Monteiro Cardoso nas práticas culturais europeias e americanas. Do que não há dúvida é que o trabalho teórico leva o poeta à necessidade de isolar, identificar, descrever e integrar na cultura mundial — passando embora pela cultura portuguesa — os valores cabo-verdianos. Este processo de autonomização confirma a autonomia geral do arquipélago e faz dos cabo-verdianos homens de uma cultura particular, que não se dilui no universal. Decerto, o modelo português é largamente referido, mas nunca oculta, nem diminui, a importância do processo cultural autónomo.

Terá de se ir ainda mais longe: sempre que Pedro Monteiro Cardoso identifica e isola um elemento cultural português, é para lhe opor a situação original cabo-verdiana, o que mostra que o arquipélago se gere, no plano latamente cultural, por regras *autónomas* que, mantendo embora a presença portuguesa, não mutilam a importância da originalidade cabo-verdiana. O imaginário cabo-verdiano não pode ser reduzido a uma simples excrescência do caso português. É neste sentido que devemos entender a relação Cabo Verde-Portugal, complementar das relações Cabo Verde-África: ela é fundamental, sem por isso amputar e menos ainda eliminar a capacidade inventiva dos cabo-verdianos. O folclore é assim constituído por regras de comportamento, no entanto, fornece, sobretudo, a prova da importância do imaginário colectivo. Contrariamente a muitas outras análises do arquipélago, científicas ou para-científicas, que se limitam a evidenciar a situação de dependência dos cabo-verdianos, Pedro Monteiro Cardoso quer, antes e sobretudo, mostrar que os cabo-verdianos se inventam e re-inventam constantemente. Ou seja, ainda: o dinamismo cultural do arquipélago mostra-se capaz de enfrentar todas as situações, mesmo as mais incongruentes.

Assim se deve compreender a publicação de um tão grande número de fotografias de cabo-verdianos vivendo nos Estados Unidos. Estas são destinadas a funcionar num duplo registo: o do arquipélago, mostrando aos cabo-verdianos as mutações sofridas por parentes, amigos, conterrâneos ou compatriotas; mas principalmente aos portugueses, que podem assim constatar que os cabo-verdianos não se deixam asfixiar pelas formas culturais mais modernas e mais dinâmicas. Com efeito, este texto procede ao inventário dos valores cabo-verdianos — destinado na sua primeira forma de folhetim d'*A Mocidade Africana* aos leitores africanos, na sua segunda forma, a do livro editado no Porto, é destinado também aos leitores portugueses. Trata-se de mostrar que os preconceitos que pesam sobre os africanos em geral, mas também sobre os cabo-verdianos, não têm pés nem cabeça, e dependem pura e inteiramente dos juízos racistas dos portugueses. Pedro Monteiro Cardoso dá-se os meios técnicos para destacar a irrelevância dos preconceitos: os cabo-verdianos são tão civilizados como qualquer americano, o que quer dizer que são tão civilizados como qualquer português. Ou como qualquer africano.

Passaram precisamente cinquenta anos sobre a primeira edição deste trabalho, assegurada pela editora dos saudosistas do Norte de Portugal, Marânus. Neste curto lapso de tempo, conheceram os países de língua portuguesa solavancos múltiplos, e Cabo Verde pode aceder à independência política, graças ao combate encarniçado de todos os africanos de língua portuguesa. Não quero proceder a nenhum inventário das guerras coloniais que vieram acrescentar uma mácula mais ao corpo já feio do fascismo português. Queria apenas mostrar que, neste longo período, não foram em grande número os trabalhos consagrados à etnologia ou à etnografia cabo-verdianas. É certo que Pedro Monteiro Cardoso encontrou alguns sucessores — como Baltasar Lopes da Silva, Henrique Teixeira de Sousa, Félix Monteiro, João Lopes —, contudo, a verdade é que nenhum deles conseguiu superar os dados fornecidos pelo professor primário do Fogo. Decerto, aqui e ali as informações são mais coerentes, mais sistematizadas, ainda que nunca considerem a globalidade do problema posto pelo folclore do arquipélago. O que serve também para mostrar que o trabalho de Pedro Monteiro Cardoso continua a ser útil, tão verdade é que só ele nos pode introduzir à totalidade das práticas culturais. A função deste *Folclore Cabo-verdiano* mantém-se intacta na multiplicidade da sua lição.

Paris, Junho–Julho 1981, Março–Abril, 1982

Bibliografia Utilizada

ALMADA, Maria Dulce de Oliveira. *Cabo Verde, Contribuição Para o Estudo do Dialecto Falado no Arquipélago*. Lisboa: Junta de Investigações do Ultramar, 1961.

CASIMIRO, Augusto. *Portugal Crioulo* Lisboa, Edições Cosmos, 1940.
CASIMIRO, Augusto. *O Manduco,* Ilha do Fogo (1923–1924).
CASIMIRO, Augusto. *A Mocidade Africana,* Lisboa (1930–1932).
CASIMIRO, Augusto. *A Nova Pátria,* Lisboa (1916–1918).
CASIMIRO, Augusto. *Revista de Cabo Verde,* Lisboa (1899).
CASIMIRO, Augusto. *Tribuna de África,* Lisboa (1913).
CASIMIRO, Augusto. *A Voz de África,* Lisboa (1912–1913).
CASIMIRO, Augusto. *A Voz de Cabo Verde,* Praia (1911–1919).
CARDOSO, Pedro Monteiro. *Caboverdeanas.* Lisboa: Tipografia Moralisadora, 1915.
CARDOSO, Pedro Monteiro. *Jardim das Hespérides.* Vila Nova de Famalicão (Cabo Verde): P.M. Cardoso, 1926.
CARDOSO, Pedro Monteiro. *Duas Canções.* Lisboa: Imprensa Nacional, 1927.
CARDOSO, Pedro Monteiro. *Primicias.* Lisboa: [s.n.], 1908.
CARDOSO, Pedro Monteiro. *Algas e Corais.* Vila Nova de Famalicão (Cabo Verde), P.M. Cardoso, 1928.
CARDOSO, Pedro Monteiro. *Hespérides — Fragmentos de um Poema Perdido em Triste e Miserando Naufrágio.* Vila Nova de Famalicão (Cabo Verde): P.M. Cardoso, 1930.
CARDOSO, Pedro Monteiro. *Folclore Cabo-Verdiano.* Porto: Marânus, 1933.
CARDOSO, Pedro Monteiro. *Camões Perante o Inundo Culto,* Conferência. Cabo Verde: Minerva de Cabo Verde, s.d. [ca 1934].
CARDOSO, Pedro Monteiro. *Conferência no «Teatro Vitorino»* (Praia), em 30 de Dezembro de 1933. Porto: Empresa Industrial Gráfica do Porto, Lda., 1934.
CARDOSO, Pedro Monteiro. *Cadernos Luso-africanos,* 3 volumes:
1) *E mi que é lha'r.* Fogo, 1941.
2) *Ritmos de morna.* Praia, 1942.
3) *Sem tom, nem som.* Praia, 1942.
CARDOSO, Pedro Monteiro. *Lírios e Cravos.* Prefácio de José Lopes. Ermesinde: Editorial Crisos, 1951.

2.2. DA EMIGRAÇÃO EM GERAL. DA EMIGRAÇÃO CABO-VERDIANA EM PARTICULAR

A Europa conhece há já alguns anos um debate centrado em torno de vários tipos de emigração, quer no que se refere à nacionalidade e aos caracteres somáticos e religiosos dessas populações em busca de melhores condições existenciais, quer no que se refere à sua integração na sociedade civil. Os emigrantes são assim divididos em legais — os que detêm os papéis provando a sua legalização — e os clandestinos — os sem papéis —, destinados à captura e à expulsão, muitas vezes em condições ferozmente desumanas. Se, por outro lado, se verifica que os países industrializados têm necessidade de uma mão-de-obra abundante e flexível, regista-se, pelo outro, a rejeição dos particularismos físicos, culturais e religiosos que caracterizam as várias sociedades que fornecem dia após dia os emigrantes, atraídos pelas melhores condições existenciais oferecidas pelos países europeus em geral. Podemos assim afirmar que os países capitalistas atraem os emigrantes, dado que os países de origem se revelam incapazes de assegurar a organização de uma sociedade capitalista, capaz não só de oferecer o necessário, mas também — quando não sobretudo — o supérfluo.

No caso português — mas podemos incluir neste quadro o arquipélago de Cabo Verde —, aceita-se a ideia de que Portugal — ou Cabo Verde — é um *país de emigrantes*. Esta afirmação é rotundamente falsa, sobretudo se nos dermos ao cuidado de nos interrogarmos a respeito da aparição da emigração como prática social tão coerente como constante.

Portugal, país de emigrantes?

A língua portuguesa só importou o substantivo da emigração na primeira metade do século XIX, como salienta um N. B. acrescentando ao verbete *emigração* no *Novo Dicionário Crítico e Etimológico da Língua Portuguesa* de Francisco Solano Constâncio.([59]) «*Emigrar* e seus derivados são termos necessários que faltavam na língua, e são de bom cunho latino. *Transmigrar* encerra a ideia do lugar para onde, que não é essencial em *emigrar*, sair deixar a pátria; *transmigração* não pode suprir *emigração. Desterrar* exprime ideia bem diversa, e quem emigra não se desterra, no sentido mais usual de desterrar. Não tem portanto razão Morais em reprovar a adopção destes vocábulos em português. *Expatriar-se*, que Morais não cita, é mais análogo a *emigrar*, mas nem sempre renuncia à pátria quem emigra»([60]).

Estava, então, a sociedade portuguesa perante uma sociedade inédita, marcada pela independência da antiga colónia do Brasil, que a 7 de Setembro de 1822 se tornara o Império independente do Brasil, o que obrigava os novos emigrantes a submeter-se às regras nacionais brasileiras destinadas a assegurar o controlo dos novos colonizadores, integrados no quadro dos emigrantes. Solano Constâncio assinala a oposição às escolhas de António de Morais e Silva, cujo *Dicionário* funcionava como um regularizador de normas da língua portuguesa. Solano Constâncio recupera na língua francesa o substantivo emigração, dando-lhe, contudo, um conteúdo diferente daquele que o vocábulo possuía em francês: «émigration (1752), *do lat. jur.* emigratio, *action d'émigrer* (...); *hist. Départ hors de France des adversaires de la Révolution; ensembles des émigrés*».

([59]) António Solano Constâncio, *Novo Dicionário Crítico e Etimológico da Língua Portuguesa*. 4.ª ed. (Paris: Ângelo Francisco Carneiro Filho, 1852).

([60]) Constâncio, *Novo Dicionário*, p. 446, 2.ª coluna.

Esta condição permite definir o/a emigrado/a: pessoa que se refugiou fora de França sob a Revolução; e, por analogia, pessoa que se expatriou por razões políticas. *Emigrar* só aparece em 1780, significando: *quitter son pays pour aller s'établir dans un autre, momentanément ou définitivement*; em 1827, regista-se um novo significado: *quitter périodiquement et par troupes une contrée pour séjourner ailleurs.* O termo aplica-se aos animais e o exemplo escolhido é o dos bisões, que podem ser tão numerosos, informa Chateaubriand *que, quand ils émigrent, leur troupe met quelquefois plusieurs jours à defiler*([61]).

As duas fontes a que recorremos coincidem no ponto nevrálgico: a emigração só aparece no século XIX, embora a etimologia francesa ponha em evidência o laço que liga esta terminologia ao século XVIII revolucionário, que não corresponde à experiência portuguesa. Tal como não pode encontrar eco nas práticas sociais cabo-verdianas. O século XIX conhece em Portugal um grande número de análises que mobilizaram alguns dos pensadores — e homens políticos — mais activos entre 1822 e 1926: Herculano e Oliveira Martins, tal como mais tarde Marnoco e Sousa e Afonso Costa, empenharam-se não só em analisar a demografia, como também em calcular o preço de custo dos emigrantes adultos — homens ou mulheres —, assim como de crianças e adolescentes. Simultaneamente, procurava-se calcular o valor das remessas — visíveis ou invisíveis — enviadas pelos emigrantes para as suas famílias, verificando-se que o equilíbrio sempre instável da balança de pagamentos dependia largamente da constância, em valor, de tais remessas. Ou seja, o país não podia assegurar o equilíbrio das suas contas sem a constante e regularidade destas remessas. Ao que se podia acrescentar a influência dos emigrantes enriquecidos, seja na arquitetura, seja também na construção de asilos e de edifícios escolares, ou até, sobretudo após 1900, de postos da Guarda Nacional Republicana.

Mau grado estes documentos e estas análises, registava-se nos anos 70 do século XX, uma certa confusão na análise das

---

([61]) *Petit Robert: Dictionnaire alphabétique et analogique de la langue française* (Paris: Le Robert, 1970).

formas portuguesas de emigração. Tomarei como exemplo os *Testemunhos sobre a Emigração Portuguesa*, organizados pelo malogrado Joel Serrão, que, contrariamente a seus hábitos aprendidos na École des Annales, se esqueceu de consultar dicionários para dispor de argumentos capazes de permitir acompanhar o aparecimento dos substantivos, assim como a sua evolução. Estes textos tinham sido recolhidos pelos alunos da Faculdade de Letras de Lisboa, assinalando Joel Serrão o facto de o grupo de alunos ter considerado que «a emigração portuguesa tem sido e é fenómeno de natureza estrutural, presente em toda a nossa história a partir do século XV» ([62]). O texto está dividido em três partes que nos parecem extremamente reveladoras da dificuldade de integrar o fenómeno da emigração no quadro das práticas portuguesas, sobretudo no que se refere ao que podemos considerar o *Ultramar.* A primeira parte concentra os autores e os textos consagrados a *A partida para longes terras — séculos XV e XVI*, ou seja, quando ainda não havia emigração, pois os homens e as (pouquíssimas) mulheres que partiam tinham como objectivo primordial a colonização. A segunda parte consagra-se a *A sombra da grande árvore brasileira — séculos XVII e XVIII*, quando o que estava programado era sobretudo o tráfico negreiro, sem o qual não haveria nem pau-brasil, nem, sobretudo, açúcar. É certo que Joel Serrão se deu conta de que alguma coisa corria mal nesta divisão tripartida, pois era possível registar algo de menos apropriado: as incertezas provinham essencialmente «de que, nos testemunhos colhidos acerca dos primeiros séculos da expansão portuguesa pelo mundo, a perspectiva propriamente emigratória quase não existe, embora neles esteja subsumida» ([63]). Esta conclusão era inevitável, pois se quis contabilizar homens como Camões, D. Francisco Manuel de Melo ou o Pe. António Vieira entre

([62]) Joel Serrão *et al.*, *Testemunhos sobre* a *Emigração Portuguesa* (Lisboa: Livros Horizonte, 1976), a que podemos acrescentar, A. M. Pires Cabral, *Uma Colectânea de Textos* (Lisboa: Secretaria de Estado da Emigração, 1985).

([63]) Recomenda-se a leitura do comentário de Manuel G. Simões, «Literatura Portuguesa da Emigração e Literatura da Expansão», in *Textos da Diáspora*, Manuel G. Simões *et al.* (Berlim: Avinus, 2002) 108–114.

os *emigrantes*! Está-se perante uma deformação, resultante da ideologia do século XIX, que Joel Serrão não quis submeter à luz crítica dos termos utilizados e das datas de aparição e, acima de tudo, de utilização da emigração.

Duas formas diferentes de emigrar dos cabo-verdianos

Mutatis mutandis, o mesmo se poderá dizer da história cabo-verdiana. António Carreira pôs em evidência a existência de duas formas de emigração no arquipélago: a espontânea ou voluntária e a forçada! Ora, é evidente que sendo a emigração um acto individual, no qual se compromete o indivíduo — homem ou mulher —, só a podemos entender como sendo a consequência de uma decisão pessoal, embora integrada nas escolhas da colectividade. António Carreira avança uma data: a primeira emigração ter-se-ia verificado «à volta de 1685, isto é, em pleno século XVII. Estar-se-ia já, então, perante corrente emigratória destinada aos Estados Unidos, constituída essencialmente por bravenses e foguenses, que teriam aproveitado as operações de matalotagem dos baleeiros norte-americanos para se furtar à vida dura do arquipélago.(64) É lamentável, mas o tão cuidadoso António Carreira esqueceu-se da situação registada em Cabo Verde, ainda dependente da escravatura que não dava liberdade aos indivíduos para escolher o caminho a seguir. Podemos, por isso, rejeitar esta afirmação e colocar o início da emigração na primeira metade do século XIX. E podemos também corrigir as categorias utilizadas por Carreira: forçada ou voluntária. A primeira só pode ser uma forma de exclusão, pois não será possível aceitar a existência de uma emigração *forçada*, mesmo que em alguns textos cabo-verdianos a expressão possa ser utilizada. Elisa Andrade segue a linha traçada por A. Carreira e substitui *voluntária* por *espontânea*. Devendo ainda reter-se o facto de estes autores, sempre empenhados em evidenciar as raízes económicas

(64) António Carreira, *Migrações das Ilhas de Cabo-Verde* (Praia: Instituto Caboverdeano do Livro, 1983).

da emigração, esquecerem quase sempre as evidentes razões políticas, todavia, postas em evidência pelos intelectuais do arquipélago que tinham acesso à escrita.

O arquipélago de Cabo Verde foi reconhecido por navegadores italianos e portugueses, que iniciaram o povoamento, começando em duas ilhas, Fogo e Santiago. Os colonizadores, assim como os africanos, transferidos da costa, foram obrigados a enfrentar as condições geofísicas, caracterizadas por uma grande escassez de água, reforçada pelo ritmo das chuvas, assim como pela violência das lestadas — o *barmattan* saélico dos franceses —, que provocou inúmeras situações de infra-produção dos alimentos que, entretanto e ao longo da história, se foram americanizando, sobretudo devido à introdução do milho e da mandioca, assim como das batatas — a doce e a inglesa ou herege. Essencialmente, os portugueses também importaram da costa os artesãos, particularmente os tecelões, tendo dado origem, no mesmo movimento, aos lançados, ou tangomãos, isto é, comerciantes cabo-verdianos que mantiveram durante séculos uma actividade económica considerável, cujos lucros foram essencialmente recuperados pelo grupo dominante, que logo nos primeiros contou com a dupla presença dos aristocratas ligados à Corte, e com os missionários, encarregados de anular a estrutura religiosa dos africanos. A violência do clima reforça a dominação dos colonizadores, impedindo todo e qualquer recurso à emigração, termo e função que só seriam criados, como vimos, primeiro em francês, no século XIX. Daí que as propostas dos historiadores cabo-verdianos pequem por excesso, devendo nós repor a norma social imposta pelos africanos: tentativa de erradicar as línguas africanas — que os africanos substituirão por um português errado que dá origem ao crioulo —, assim como as formas religiosas que nas sociedades africanas são sempre acompanhadas pela música e pela dança. Não faltam na legislação colonial portuguesa decisões destinadas a eliminar o recurso aos tambores, situação que explica a ausência — ou a quase ausência — de tambores africanos, como ainda hoje é visível na tabanca santiaguense.

Os africanos procuraram sempre, mesmo em Lisboa, como se pode verificar analisando a crise do *mocambo* na

Madragoa[65], dispor de um espaço onde pudessem afirmar a sua autonomia. Se em Cabo Verde não parece haver notícia de quilombos, como em São Tomé e, sobretudo, no Brasil, a verdade é que os africanos procuraram encontrar maneira de afirmar essa autonomia, indispensável à organização social, que dependia das formas de parentesco, ainda não suficientemente historiadas.

A emigração forçada e a catástrofe climática

O mesmo não acontece com as *crises*, um termo criado para designar as quase sempre terríveis consequências dos períodos de seca, que provocaram inevitavelmente morticínios muito elevados. Se analisarmos esta situação, verificamos que a população do arquipélago, ao desaparecer, liquida a própria memória do grupo, obrigando a reformular os seus valores sempre ameaçados pelas catástrofes climáticas. Durante séculos, o colonizador mostrou-se incapaz de organizar as ajudas indispensáveis para assegurar a sobrevivência de uma larga parte da população. Os escritores do século XX integraram na sua temática estas *crises*, como se pode verificar em *Os Flagelados do Vento Leste*, de Manuel Lopes, que transpõe para a ficção a grande seca — ou a grande fome — de 1942.[66] Para escapar a esta situação, os cabo-verdianos só dispunham de um recurso: a emigração. Devemos, contudo, entender-nos, pois esta operação, sendo embora provocada pelas secas, não

(65) Falta ainda organizar a história deste *mocambo*, instalado na Madragoa lisboeta e raras vezes referido pelos especialistas da cidade. Isabel C. Henriques consagra a este *mocambo* o interesse que merece: Isabel Castro Henriques, *A Herança Africana em Portugal* ([Lisboa]: Clube do Coleccionador dos Correios, 2009).

(66) O título escolhido por Manuel Lopes fora *A Lestada*, que correspondia melhor à situação cabo-verdiana, mas os conselheiros do editor, a Ulisseia, forçaram, embora amavelmente, o autor a escolher um título mais barroco, que eles (Cardoso Pires e Castro Soromenho) entendiam mais adequado, quiçá devido à sua carga afro-barroca. Manuel Lopes, *Os flagelados do vento Leste* (Lisboa: Ulisseia, 1960).

pode ser entendida sem a componente política. Tem-se dado pouca atenção a este aspecto fundamental da emigração, pois a maior parte dos analistas quer pôr em evidência a componente económica: só os miseráveis adeririam à emigração. Trata-se de uma péssima explicação, na medida em que a maior parte das emigrações, e sobretudo aquelas que utilizam a navegação marítima, exigem alguns fundos para pagar a passagem. É certo que algumas vezes a emigração é clandestina, e supõe--se que gratuita, mas nem sempre é esse o caso, muito pelo contrário. O mecanismo fundamental é fornecido pela base política da operação: aquele que emigra furta-se à dominação do colonizador. Este, por sua vez, procura impor as suas regras, empenhando-se em explorar ao máximo as capacidades de produção dos candidatos à emigração.

Em tempos, Francisco (José) Tenreiro procurou mostrar a existência de um percurso paralelo entre Cabo Verde e São Tomé e Príncipe.([67]) Esta proposta mostrou-se pouco credível, no sentido em que os cabo-verdianos foram capazes de encontrar na emigração uma resposta política às condições de exploração, circunstância que nunca se verificou no caso das populações do arquipélago de São Tomé e Príncipe embora as populações tivessem a mesma origem da costa ocidental africana. Estamos perante uma circunstância única, pois coube — e continua a caber — aos cabo-verdianos a adopção da emigração como resposta política às condições excessivas da dominação colonial. É, por isso, tão conveniente como necessário expor esta capacidade de invenção, que tanto utilizou a costa ocidental africana — emigração para a Guiné-Bissau — como o Senegal e, mais para sul, a Angola. O paradoxo reside no facto de existirem também operações organizadas pelas autoridades coloniais para canalizar os famintos de Cabo Verde, orientando-os para as roças de São Tomé e Príncipe, frequentemente sedentas de força-de-trabalho. Estas operações foram sempre organizadas pelas autoridades coloniais, que assim podiam liquidar os esfomeados, fornecendo ao mesmo

([67]) Francisco (José) Tenreiro, *A Ilha de São Tomé* (Lisboa: Junta de Investigações do Ultramar, 1961). Tese de doutoramento.

tempo à economia colonial a força-de-trabalho cada vez mais necessária. É esta *falsa emigração* que os historiadores cabo-verdianos classificam como sendo uma *emigração forçada*. Ora, não se trata realmente de emigração, mas, mais rigorosamente, de deportação. A autêntica emigração optava por outros destinos, sendo o norte-americano preferido a todos os outros. Enquanto a falsa emigração para São Tomé e Príncipe não permitia a poupança, que serviria para melhorar o estatuto financeiro do trabalhador e da família, já os cabo-verdianos emigrados nos Estados Unidos podiam enviar dinheiro para a família — quem não conhece os bilhetes de amor, os envelopes nos quais os emigrantes analfabetos metiam uma ou mais notas que deviam permitir assegurar a vida da família —, de maneira a interromper o ciclo da fome? É Pedro Monteiro Cardoso que no seu *Folclore Cabo-verdiano*(68) publica algumas fotografias destinadas a provar que os cabo-verdianos podiam vestir-se como qualquer outro grupo humano, logo que as condições sociais se modificavam: enquanto São Tomé reforçava o estatuto da humilhação, já nos Estados Unidos tornavam possível a recuperação da dignidade dos trabalhadores. Foi nos Estados Unidos que os cabo-verdianos aprenderam a modernidade urbana, tal como aprendiam as novas regras sociais. Eugénio Tavares, que fizera uma viagem aos Estados Unidos, aparentemente para cumprir uma tarefa política ligada à propaganda da República, descobre a greve, essa arma formidável dos trabalhadores! Ou seja, os cabo-verdianos encontraram na emigração uma dupla resposta: à insuficiência económica, derivada da rispidez financeira imposta pelo colonialismo, assim como à menoridade política, imposta pelo mesmo colonizador, que punha à margem do processo económico-administrativo os próprios cabo-verdianos, substituídos por agentes portugueses ou outros (os ingleses e os italianos na gestão dos depósitos de carvão e dos telégrafos submarinos). Ou seja, a sociedade cabo-verdiana procura superar as condições geofísicas, embora não possa contar com a potência colonizadora. Por esta razão

---

(68) Pedro Monteiro Cardoso, *Folclore Caboverdiano*, 2.ª ed. (Paris: Solidariedade Caboverdiana, 1983).

só lhe resta uma solução politicamente eficaz: emigrar, já que essa operação lhe permite evitar a deportação, pois que outro nome não podemos dar à falsa emigração para São Tomé e Príncipe.

A emigração para os países ocidentais, factor de superação

A maior parte dos intelectuais do arquipélago compreendeu cedo o verdadeiro alcance destas operações, valorizando a emigração para o continente africano, porém, sobretudo, para os Estados Unidos, que se revelava ser uma operação cara, pois as autoridades portuguesas tinham aumentado o preço dos passaportes, tendo também de contar com as regras impostas à emigração pelos Estados Unidos. Para os intelectuais cabo-verdianos, a chamada emigração para São Tomé e Príncipe deve ser considerada como uma vera humilhação para os cabo-verdianos, já que as condições de trabalho eram penosas, não sendo compensadas por um salário capaz de reduzir o estatuto da miséria de homens, mulheres e crianças vítimas das condições climatéricas e sociais do arquipélago. Podemos assim dizer que a evolução dependia não das condições internas, mas, antes, da possibilidade de encontrar maneira de se integrar nas correntes mais rentáveis da emigração. Por outro lado, os intelectuais cabo-verdianos multiplicaram as intervenções que denunciavam a falta de uma política colonial capaz de encontrar maneira de assegurar uma vida mais regular aos cabo-verdianos. A leitura de *A Voz de Cabo Verde*, o semanário cabo-verdiano, é amplamente esclarecedora, pois se multiplicavam as análises, as denúncias das condições físicas, culturais e políticas que marcavam a vida do arquipélago. As correntes nativistas ou pan-africanistas, ao exaltar os valores africanos (como o Egipto, a Abissínia ou Cartago), procuravam reforçar a consciência política, denunciando as insuficiências do colonialismo, incapaz de encontrar soluções adequadas para as dez ilhas. A intervenção da emigração permitia pôr em evidência a mesquinhez do processo colonial, continuando os cabo-verdianos a ser vítimas das *crises*.

O arquipélago, no seu todo, e os intelectuais tinham esperado que a proclamação da República, em 1910, permitisse superar as condições de miséria, tendo até Eugénio Tavares feito uma viagem aos Estados Unidos para assegurar a propaganda do programa republicano, certamente de acordo com a Maçonaria, que se fora banalizando no arquipélago. A ruptura política registada em Portugal, como consequência da proclamação da República, teve efeitos consideráveis em Cabo Verde, onde os intelectuais tinham aderido à República, tendo-se muitos deles inscrito na Maçonaria diabolizada pelo clero católico, a ponto de o *mação* ser considerado como uma manifestação diabólica. Se o governo do comandante Marinha de Campos pareceu dar aos cabo-verdianos novas formas de governação, a verdade é que os governos republicanos cedo desmentiram as melhores esperanças dos intelectuais. Entretanto, já se tinham manifestado modificações fundamentais, entre as quais se contam, por um lado, a abolição da escravatura, enquanto, pelo outro, a ascensão dos mulatos, que, por sua vez, forneciam à crioulização um suporte eficaz.([69]) A utilização da emigração reforçou-se pelo menos até ao eclodir da Primeira Guerra Mundial, o que reduziu de maneira sensível a circulação marítima no Atlântico, impedindo a emigração para o continente americano (Estados Unidos, Brasil e Argentina, havendo ainda a estudar outro destino, o das Caraíbas francófonas). Regista-se um duplo endurecimento no que se refere à emigração: as autoridades coloniais portuguesas aumentam de maneira brutal o preço dos passaportes, enquanto os Estados Unidos criam uma legislação destinada a impedir o acesso do território aos africanos, sobretudo se analfabetos. Deve, todavia, salientar-se que a comunidade cabo-verdiana soube responder a estas restrições, compensando a parca cobertura escolar do arquipélago com a criação de escolas particulares, destinadas a alfabetizar os candidatos à emigração, que também aprendiam algum inglês, o indispensável para responder aos inspectores americanos da emigração. A resposta às novas

([69]) Gabriel Mariano, «Do funco ao sobrado ou o mundo que o mulato criou», *Estudos de ciências políticas e sociais*, n.° 22 (1959), pp. 23–49.

condições impostas pelas autoridades norte-americanas revela a existência de um contencioso opondo as autoridades coloniais portuguesas à sociedade crioula do arquipélago. A leitura dos pequenos anúncios aparecidos nesses anos — entre 1910 e 1914 — põe em evidência o cuidado com que os cabo-verdianos acompanharam a evolução dos regulamentos destinados a controlar a emigração, assim como a organização da resposta. Os anos posteriores à Primeira Guerra Mundial (1914–1918), que levam o mundo capitalista à crise de 1929, não se podem contar entre os mais faustos para a emigração cabo-verdiana, embora as condições políticas dessem cada vez mais importância a essa solução. Convém não perder de vista o carácter necessariamente político de toda e qualquer emigração, ainda que as autoridades burguesas manifestem a mesma tendência para impedir a organização e a manutenção desses fluxos. Reduzidas as possibilidades de encontrar trabalho nos países americanos que tradicionalmente acolhiam os emigrantes cabo-verdianos, registou-se uma acalmia em detrimento dos interesses objectivos das populações do arquipélago, situação reforçada pela proclamação da ditadura militar, depois civil, em Portugal, em Maio de 1926. Se uma fracção significativa dos intelectuais cabo-verdianos participara no debate político português — como Júlio Monteiro, Baltasar Lopes da Silva, António Aurélio Gonçalves e outros que viviam então em Portugal —, a verdade é que a comunidade cabo-verdiana perdeu a imprensa do arquipélago, assim como se registou uma presença menor na imprensa africana publicada em Lisboa, e que foi asfixiada pela conjunção de dois pólos negativos: as dificuldades de financiamento, reforçadas pela intervenção da censura.

Diáspora e sentimento de autonomia desenvolvido pelo movimento Claridoso

Uma vez mais, os intelectuais cabo-verdianos mostraram-se capazes de fazer frente a esta situação, respondendo por via da literatura, tendo cabido a Jorge Barbosa a publicação do *Arquipélago* (1935), cujo título constitui um programa: não há ilhas isoladas, tal como se não deve dar à divisão entre barlavento e sotavento uma função destinada a tornar incompatíveis entre si as duas partes geográficas do arquipélago. O aparecimento da revista *Claridade* (1936), como expressão de um grupo de *claridosos*, deu a este grupo o carácter de *movimento*, tendo em vista o inventário tão sistemático quanto possível dos problemas ingentes que dominavam a vida do arquipélago, cuja insularidade era reforçada pelas condições da guerra e, sobretudo, pela guerra submarina desencadeada pelos alemães. Ao mesmo tempo, o governo português humilhava o arquipélago ao aí instalar o campo de concentração do Tarrafal, destinado a abrigar — para aí morrerem — os militantes presos com as armas na mão, ou responsáveis pela manutenção do clima conspirativo, em que se realçava a presença do Partido Comunista Português e dos seus militantes, muitos dos quais morreram, vítimas, sobretudo, do paludismo e do desleixo do médico aí instalado pelas autoridades portuguesas. Nos últimos anos, tem-se discutido muito a origem desta *Claridade*, que muitos querem encontrar na imprensa francesa, quando, na verdade, se trata de um movimento marcado pelos paradigmas positivos do iluminismo europeu. Como não podia deixar de ser, a revista denuncia também os efeitos negativos da gestão colonial portuguesa e responde ao debate que fora iniciado na segunda metade do século XIX e dizia respeito à emigração, pondo também em evidência a violência da deportação — a referida *emigração forçada* — para o arquipélago de São Tomé e Príncipe. A denúncia do contrato tornou um tema mobilizador no arquipélago, tendo alimentado uma boa parte das denúncias políticas levadas a cabo pelos militantes que se foram concentrando no PAIGC, que depois viria a ser o PAICV.

Creio que ainda se não deu ao movimento dos *claridosos* a importância que teve e ainda continua a ter, pois não só suscitou uma revisão das condições da escrita dos autores cabo-verdianos, como salientou a necessidade de um combate aberto, tanto teórico como prático, exigindo este o recurso das armas[70]. O vocabulário referente às emigrações conquistara um novo conceito, a *diáspora*, que, provindo do grego, servira para classificar a dispersão das comunidades judias, tendo sido integrado no sistema classificatório das emigrações. Coube a esta *diáspora* assumir duas tarefas exemplares: organizar-se para apoiar as emigrações, ao mesmo tempo que fornecia os intelectuais capazes de mobilizar os combatentes e de teorizar as formas de combate. Dispenso-me de citar nomes, tão conhecidos eles se tornaram no plano diplomático internacional, acrescentando uma nova forma de um povo dominado alcançar a independência. A evolução posterior à guerra de guerrilha levou Cabo Verde a afirmar a sua autonomia, confirmada pela autonomia do PAICV, marcando, dessa forma, a separação da Guiné-Bissau. É, sobretudo, de assinalar o que pode parecer um paradoxo: a guerra de libertação permitiu que os cabo-verdianos encontrassem outros lugares de instalação, aumentando significativamente a sua presença em Portugal, onde ocuparam os lugares deixados vagos pela própria emigração portuguesa. Foi também com os portugueses que os cabo-verdianos aprenderam os caminhos da Europa, havendo hoje blocos da diáspora em Portugal, como não podia deixar de ser, assim como na Holanda, na Bélgica, em França e em Itália, onde predomina a emigração feminina, que não constitui uma novidade, pois já se registara o mesmo fenómeno a partir dos começos do século XX com a emigração feminina para o Senegal, naturalmente concentrada em Dakar. Esta diáspora caracteriza-se ainda por uma modificação sensível nas

---

([70]) De uma maneira geral, esquece-se, talvez sob pressão das intervenções *pro-domo* de José Osório de Oliveira, que a primeira aparição em conjunto e em Portugal dos futuros *claridosos* se fez no «Suplemento Literário» do *Diário de Lisboa*, de sexta-feira, 16 de Agosto de 1935. O suplemento foi organizado pelo capitão Augusto Casimiro e conta com a colaboração de Baltasar Lopes, Jorge Barbosa e Manuel Lopes. Baltasar Lopes publica um amplo fragmento de um romance inédito, *Expansão*, que mais tarde, reescrito, será o *Chiquinho*. A falta de referência a este suplemento distorce as condições de organização da própria *Claridade*, pois é de supor que ela tenha contado com a contribuição de Augusto Casimiro.

opções dos cabo-verdianos. Se a culinária do arquipélago ainda não encontrou a recepção que se podia esperar, em contrapartida, a música e os cantores cabo-verdianos conhecem uma audiência deveras significativa, conseguindo Cesária Évora a figura paradigmática que há muitos anos os cabo-verdianos esperavam. A originalidade das soluções musicais cabo-verdianas criou um mercado inédito, que muito contribuiu para a visibilidade do arquipélago, com um turismo em franco crescimento, melhorando as condições financeiras de um país fragmentado, que não recebeu o apoio que lhe devia ter sido fornecido pela potência colonizadora. As escolhas políticas cabo-verdianas foram muito marcadas pela violência repressiva do colonialismo, embora haja a salientar alguns erros crassos dos homens e mulheres políticos nos primeiros anos da independência, que têm sido corrigidos, levando o país para uma democracia efectiva, mau grado a pobreza herdada da antiga potência colonizadora. Esta pobreza tem também sido combatida pelos emigrantes. Homens e mulheres que aprenderam com os colonos portugueses as virtudes indiscutíveis da poupança. Dependendo embora dos auxílios das organizações internacionais, a gestão do arquipélago pôs em evidência a capacidade gestionária dos cabo-verdianos, que têm multiplicado o número dos alunos universitários, reforçando tanto a cultura letrada, como o conhecimento mais capaz de servir os interesses objetivos do arquipélago. Saliente-se também o facto de um número crescente dos *emigrantes* ter aproveitado as condições da emigração para reforçar o conhecimento, aumentando as possibilidades de autogestão do arquipélago pelos seus intelectuais orgânicos.

O facto de um número muito significativo dos intelectuais cabo-verdianos ter completado a sua formação no âmbito da diáspora serve para demonstrar a ginástica intelectual dos cabo-verdianos, que utilizam a própria violência da diáspora para reforçar o conhecimento, de maneira a estar em condições de intervir objectivamente na organização da estrutura política, cultural e económica do arquipélago. Uma simples visita ao arquipélago permite dar conta da maneira como os responsáveis políticos — mau grado algumas derrapagens

— conseguem resolver os problemas mais cadentes. Bastará dizer que, apesar do regime das secas ser aquele que já marcara o longo período de dominação colonial, ainda se não registou nenhuma situação de fome generalizada, com a sua legião de mortos, que fora a marca mais lastimosa das condições geofísicas do arquipélago. Assim, também se regista uma vida cultural mais activa, que corresponde evidentemente à recuperação da hegemonia política. Deve ainda salientar-se que os cabo-verdianos souberam tirar proveito político da emigração: onde aprenderam eles a democracia senão nos Estados Unidos e nos países europeus onde os acasos da emigração os instalaram? A rejeição do sistema colonial, assim como a capacidade de organizar teoricamente a oposição ao colonizador, deve muito a estas aprendizagens: quando Portugal estava mergulhado na negrura espessa da ditadura, os cabo-verdianos estavam ou nos Estados Unidos ou na Europa, em países caracterizados pelos regimes democráticos, ainda que nem sempre a emigração vinda do Sul tenha sido tratada como merecia. Convirá, por isso, assinalar os efeitos políticos provocados pela emigração nos países de acolhimento, pois se os efeitos são conhecidos no plano económico, no sentido em que uma parte da produção é assegurada pelos emigrantes, deve também considerar-se o peso da emigração no plano político, com as suas variáveis policiais e repressivas. Tudo se passa como se a emigração suscitasse sempre uma repressão, que acaba por impor soluções de carácter abertamente colonialista.

2.3. ALGUMAS FORMAS DA HEGEMONIA AFRICANA NAS RELAÇÕES COM OS EUROPEUS

De uma maneira geral, a história da África, quer escrita pelos historiadores europeus ou americanos, quer elaborada pelos próprios historiadores africanos, sofre de uma distorção corrente, que reduz de maneira tão singular como inaceitável a importância dos valores africanos. Com efeito, a história organiza-se tendo em vista as consequências da colonização ulterior à Conferência de Berlim, considerando, assim, que os Africanos nunca dispuseram de uma hegemonia qualquer perante os projectos e as práticas dos Europeus.

Verifica-se nestas condições, e ainda mais particularmente no caso português, que os Africanos aparecem como destinados a uma submissão, por assim dizer, natural, em que não falta um resquício da «escravatura natural» cara a Aristóteles, em detrimento da autonomia e da hegemonia das estruturas africanas perante a aparição dos Europeus, primeiro na costa ocidental e, alguns anos depois, na costa oriental.

Parece-me indispensável proceder não a uma revisão desta leitura da história e das relações entre os Europeus e os Africanos, mas a uma curta tentativa de definir os parâmetros e o funcionamento da hegemonia africana, sabendo-se, todavia, que esta começa a esboroar-se muito antes da Conferência de Berlim. Pode, por isso, aceitar-se que a hegemonia africana durou do século XV aos finais do século XVII, só tendo desaparecido de facto durante o século XIX. Sendo, no entanto, evidente que, em algumas regiões africanas, semelhante hegemonia pôde ser assegurada até aos fins dos anos 30([71]).

A história mostra, de resto, de maneira evidente, a dificuldade experimentada pelos Europeus em se instalar no continente, tendo os Portugueses procurado servir-se das ilhas que, em relação ao continente, estavam fora do espaço que os africanos queriam ou podiam controlar. No continente, a «resposta ao colonizador» foi sempre imediata, de maneira a reduzir, quando não a eliminar, a importância das propostas europeias. Daí que as instalações europeias no continente tenham sido parcas, e, muitas vezes, impossíveis, dada a violenta oposição dos homens e das instituições africanas.

No caso da costa ocidental, ao norte do reino do Congo, podemos verificar que os Portugueses tiveram de se servir dos «lançados», isto é, de homens recrutados, primeiro, entre os Africanos ou os Indianos, e, mais tarde, entre os Europeus detidos nas prisões e condenados a penas graves ou infamantes, abandonados nas costas africanas. Se alguns deles puderam sobreviver e assegurar a instalação de pequenos núcleos europeus na costa, casos houve em que a cólera das populações os reduziu em pedaços, perante a pávida impotência dos Europeus instalados a bordo dos seus navios.([72])

([71]) Com efeito, a crise económica de 1929, que tardou em chegar a África, liquidou algumas veleidades hegemónicas africanas. No caso português, os exemplos de São Tomé e Príncipe e de Angola são particularmente reveladores, pela liquidação de certas formas de nacionalismo autonomista defendido pelas pequenas-burguesias.

([72]) Alvise de Cadamosto, *Navegações* (Lisboa: Instituto para a Alta Cultura, 1944) 62-63. Sirvo-me do texto italiano e da má tradução portuguesa do Dr. Giuseppe Carlo Rossi. Aí se refere o desembarque, quer dizer, o lançamento de um escravo africano para estabelecer contacto com as populações: «saindo, pois em terra e afastada a embarcação um pouco para o largo, logo vieram ao seu encontro muitos negros do país, que ao verem os barcos aproximar-se da praia, se emboscaram com arcos, setas e armas para atingir algum de nós que fosse a terra; e vindo assim a ele, falaram-lhe durante algum tempo, e o que lhe disseram o não sabemos, e só vimos que começaram a feri-lo com grande fúria com algumas «gamie», que são espadas mouriscas curtas, com as quais em tão breve espaço de tempo o mataram que não puderam os da lancha acudir-lhe».

A dureza da resistência africana está assim posta em evidência, e o mesmo se verificou também em Angola, onde a instalação dos primeiros núcleos portugueses na corte do rei do Congo não permitiu, contudo, uma penetração profunda, já que os Africanos procuraram sempre travar o avanço europeu, multiplicando obstáculos e controles. Só em 1575, conseguiram os Portugueses passar da pequena ilha de Luanda à terra firme, para criar a cidade de São Paulo da Assunção de Luanda, sem que semelhante facto — cuja importância não é possível ocultar — tivesse posto termo às diferentes formas da hegemonia africana.

Para nos limitar ao quadro cronológico que nos foi proposto, podemos verificar que só muito tarde conseguiram os Portugueses ocupar a ilha de Luanda, sem, todavia, pôr termo à «pesca» dos zimbos, que constituíram, até data avançada e imprecisa, a moeda preferencial congolesa([73]), e que só muito

([73]) Domingos de Abreu e Brito, *Um inquérito à vida administrativa e económica de Angola e o Brasil* (Coimbra: Imprensa da Universidade, 1931). «O que fez sempre este Rey pello entereçe da Ilha de Loanda que tinha tornado, & usurpado ao Rey Danguolla por ser mais poderoso, a qual Ilha he o mayor thesouro da Tiopia por se pescar nella o simbo que he arriqueza deste Rey de Tiopia da qual se fez senor sô por industria por quanto a Ilha & a villa de Loanda he toda hua cousa...» p. 45. Abreu e Brito escreve esta referência em fins do século XVI, verificando-se que os Portugueses ainda não tinham conseguido pôr termo à dominação exercida pelo Rei do Congo sobre a produção de zimbos, que, como anteriormente, continuavam a ser remetidos para a capital do reino. Está ainda por definir o sistema utilizado pela corte do Congo para assegurar o controle dos produtores e da produção, tal como continuamos a não saber em que condições se processava o transporte para a corte congolesa, uma vez que este transporte por terra supõe a existência de um sistema de funcionários encarregados tanto do transporte como do controle. Acrescente-se que, alguns anos mais tarde, o zimbo continuava a ocupar um lugar central no sistema das moedas angolanas, como sublinha Elias Alexandre da Silva Corrêa, *História de Angola*, vol. I (Lisboa: Ática, «Colecção dos Clássicos da Expansão Portuguesa no Mundo», 1937), p. 135. Neste momento, pode pensar-se que os Portugueses recuperaram o controlo da produção: o zimbo é definido como «dinheiro do sertão. A pesca deste marisco é tão necessária, quanto importante ao comércio da Conquista». Elias Corrêa sublinha que, sem este «dinheiro provincial»,

mais tarde conseguiram eles aproximar-se nocturnamente das margens do rio Kwango, sem, porém, disporem dos meios ou da força para poderem passar para os territórios de leste, de onde se supunha, então, que proviria a maior parte dos escravos embarcados em Luanda([74]).

De resto, o próprio sargento-mor Manuel Correia Leitão que, cumprindo as instruções do governador, procurou reconhecer o território do reino de Cassange, mas, sobretudo, os vizinhos orientais deste reino, teve de fazer frente às técnicas dilatórias utilizadas pelas autoridades africanas, que não hesitaram em proibir o acesso à água, ou a sua venda aos Europeus. Tão certo é que os Europeus deviam ser retidos na costa, de maneira a evitar uma penetração que não podia senão pôr em causa a estabilidade das instituições. O sentido da hegemonia estava assim presente em todas as regiões angolanas, e podemos dizer que só muito tarde, já avançado este século XX, conseguiram os Europeus, ou os Portugueses se assim se preferir, corroer esta hegemonia.

Sem que, todavia, a perda da hegemonia tivesse levado os Africanos a aceitar as regras europeias: estamos aqui perante uma grave inversão da tendência, passando a hegemonia das mãos dos Africanos às dos Europeus. Mesmo se, durante este período, os Portugueses se viram obrigados a pactuar com as formas africanas, como se verifica no plano da circulação da moeda, pois que em muitas regiões nem sequer o trabalho

---

«não se faz negócio com os negros; mas ele não se limita somente a esta classe de marisco», uma vez que existem mais três qualidades: o zimbo cascalho, o cascalho escolhido e os búzios. Corrêa, *op. cit.*, p. 136.

([74]) Manuel Correia Leitão, «Uma viagem a Cassanje uns meados do século XVIII», *Boletim da Sociedade de Geografia de Lisboa*, n.º 1–2 (janeiro-fevereiro de 1938). O sargento-mor conseguiu convencer um habitante da região que o levou, durante a noite, até à margem do Kwango, sem, todavia, poder atravessar o rio, nem avistar-se com as populações orientais, que preocupavam deveras as autoridades portuguesas. Mas é também verdade que Correia Leitão dá pela primeira vez notícia dos «moluas», a leste, que mais tarde serão reconhecidos como sendo os Lundas que Pinheiro Furtado inserirá pela primeira vez num mapa.

assalariado conseguiu pôr termo às práticas da troca, que sempre caracterizaram as economias angolanas.([75])

Para definir, ainda que de maneira sucinta, as condições em que pode funcionar a hegemonia africana, mesmo durante os períodos em que parecia que o poder português exercia já uma dominação absoluta, isolei quatro aspectos das relações entre os Europeus e os Africanos, para pôr em evidência a contradição existente entre o poder nominal português e a hegemonia real africana: considerei, em primeiro lugar, os termos da circulação das mulheres, capítulo fundamental num grupo que não dispunha de mulheres, ou que não as possuía em quantidade suficiente; consagrei o segundo capítulo à introdução das moedas metálicas europeias; sendo o terceiro reservado às formas de controle económico, seja por meio do controle das estradas, caminhos e rios que permitiam a circulação dos comerciantes europeus, seja recorrendo ao controlo dos termos de troca; e considerarei, enfim, o receio europeu perante os riscos de asselvajamento que corriam os Europeus e mais particularmente os Portugueses nas relações com os Africanos.

O meu projecto é, parece-me, suficientemente estruturado para permitir demonstrar as dificuldades dos Europeus perante as técnicas da circulação das mulheres, que não estão longe das resistências dos Africanos à aceitação das moedas europeias, antes de me consagrar à demonstração da flexibilidade das técnicas comerciais africanas, que não se limitam a aceitar as solicitações ou, pior ainda, as imposições dos Europeus, dando-se eles, pelo contrário, as armas para se opôr às tentativas de inversão do sistema da hegemonia exercida pelos Africanos por parte dos Europeus; o último capítulo sublinha o receio dos

---

([75]) Convém separar as diferentes práticas do trabalho assalariado, já que os trabalhadores «forçados», incluindo nesta categoria a maior parte dos «contratados», não se decidem a aceitar voluntariamente o trabalho assalariado. De regresso às suas comunidades de origem, esquecem a sua experiência e não se pode dizer por isso que tenham sido integrados na «ordem» do capitalismo, embora tenham podido dar lucros aos capitalistas. Chayanov demonstrou que não pode haver capitalismo sem salariado, mas esta afirmação teórica não quer dizer que todos os trabalhadores que recebem um salário estejam integrados no capitalismo e o compreendam.

Europeus de serem subvertidos pela «selvajaria» dos Africanos, uma vez que vários são os homens que não hesitam em renunciar aos valores europeus para se integrarem, sem receio e aparentemente sem pudor, nos sistemas africanos.

O ritual da cola em Luanda

A cola constituiu, não podemos duvidá-lo, uma das grandes revelações africanas. A planta não era conhecida na Europa, e, naturalmente, não havia informações respeitantes à sua cultura, ao seu comércio e às suas utilizações sociais. Já no século XV, os documentos provindos dos Europeus — Portugueses ou outros — multiplicam as referências a esta planta, tanto mais que esta constituía um dos produtos mais frequentemente comercializados na Senegâmbia. São inúmeras as informações, mas não parece haver coincidência entre os juízos: decerto os Europeus consideram a importância comercial do produto, não hesitam em prová-lo, contudo, nem por isso se mostram entusiastas.

Não podemos deixar de observar que, contrariamente a outras plantas, a cola nunca conheceu alguma aceitação europeia, e se hoje a podemos encontrar em diversos mercados europeus, é quase exclusivamente destinada aos trabalhadores emigrantes, que não podem renunciar à sua utilização. Os Europeus mantêm-se refractários ao consumo da planta que, de um modo geral, continua a ser inteiramente desconhecida. Como se os particularismos civilizacionais associados ao seu consumo a tivessem rejeitado dos circuitos europeus, que aceitaram, todavia, um grande número das plantas exóticas normalmente utilizadas pelas populações halogéneas.

Verificamos, contudo, que a função do «rito da cola» é fundamental em Angola nos finais do século XVIII, já que, como afirma Elias Alexandre da Silva Corrêa, «não há Europeu, Americano ou Asiático que deixe de se costumar a comer cola, senão [sic] desiste das pretensões de ser amante» ([76]). A fórmula

---

([76]) Corrêa, *História de Angola*, vol. I, p. 140–141.

do historiador brasileiro não deixa dúvidas quanto à necessidade imposta aos Europeus de se «africanizar», sob pena de se verem excluídos do espaço da circulação das mulheres. Não se trata de uma simples submissão às plantas, mas de aceitar as regras africanas, que se servem de uma planta para assegurar, na prática social, a dominação africana.

Ou seja, se quisermos aprofundar, como se deve, as condições do funcionamento da sociedade luandense, verifica-se que o poder europeu, assegurado pela cúpula administrativa, tendo à cabeça um governador-geral, e pela existência de forças militares, comandadas por oficiais europeus ou brasileiros, está corroído por dentro, no sentido em que os Europeus não dispõem da liberdade de se deslocar nos espaços africanos. Só existe a aparência da dominação, dispondo os Africanos da possibilidade de impor as suas regras. Como poderiam os Europeus recusar estas formas hegemónicas, a que técnicas poderiam eles recorrer para se libertar desta forma de controlo, de resto, tão eficaz em outras regiões africanas?([77])

O funcionamento do ritual da cola é assaz bem descrito por Elias Corrêa, que não é apenas o historiador das guerras, por mais importantes que elas sejam, mas a testemunha ocular que procura definir o sentido das diferentes práticas sociais de Luanda, no período final do século XVIII. Começa ele por sublinhar o carácter generalizado da cola: trata-se de uma dádiva tão corrente como o tabaco (embora esta planta não possua a mesma possibilidade de controlo social): «pois em toda a ocasião se oferta, e come: faz as vezes do chá, repartindo-se por todas as pessoas concorrentes em qualquer assembleia; ou partida de jogo»([78]). Contrariamente ao que parece afirmar Elias Corrêa, não se trata de uma planta destinada a substituir o chá, limitando-se o historiador a sublinhar a identidade entre os dois produtos, sendo o chá naturalmente consumido pelos

---

([77]) Veremos mais adiante que os Europeus não podem deslocar-se livremente nos territórios africanos, estando por isso submetidos ao controlo tão eficaz como rígido das autoridades africanas.

([78]) Corrêa, *História de Angola*, vol. I, pp. 140–141.

Europeus e europeizados, ao passo que a cola pertence ao registo africano.

Sobretudo, verificamos que a cola é consumida por toda a gente e em todos os momentos, envolvendo todas as classes sociais: «a beneficiência [*sic*] geral obriga a comprá-la para a ofertar; e este uso é praticado desde a classe mais ínfima até à mais qualificada»([79]). Se a planta não homogeneíza as classes, distingue os Africanos e os africanizados dos demais grupos, no caso de haver Europeus capazes de se manter à margem das práticas sociais africanas. Serve, mesmo se indiretamente, para obrigar os Europeus a africanizar-se, em virtude de se não tratar apenas de assegurar as relações amorosas, mas de poder dispor de um sistema de signos capazes de impor a integração dos Europeus na sociedade africana, evidentemente hegemónica no plano das práticas sociais.

Elias Corrêa procede ao inventário sistemático das práticas onde é indispensável o recurso à cola: «dada de mão a mão por um encontro, ou premeditado ou casual, não significa mais do que complacência de amizade, ou atenção sociável. Conforme a quantidade assim se oferta, sem reparo à pequenez»([80]). Retenha-se, por consequência, a obrigatoriedade da oferta, a que corresponde a necessidade de comprar e de carregar consigo a planta africana. Ou dito por outras palavras: dada a universalidade desta prática, não há Europeu que se possa furtar à obrigatoriedade de a trazer consigo em quantidade suficiente para a poder oferecer a todos os amigos africanos.

É evidente que deixo de fora um dos parâmetros da questão: seria o seu uso também obrigatório entre os Europeus? Pode acreditar-se que assim devia ter sido, se prestarmos atenção à maneira como, em certas sociedades africanas, os Europeus instalados durante alguns anos, se tornam consumidores habituais da cola.([81]) Mas mesmo que tal não tivesse

---

([79]) *Ibidem*, pp. 140–141.

([80]) *Ibidem*, pp. 140–141.

([81]) A diferença entre os velhos e os novos colonos mediu-se, quase sempre, pela habituação aos produtos africanos. Em São Tomé, a medida era fornecida pelo safu, pois que os Europeus apreciavam ou rejeitavam o

sucedido, nem por isso deixa de aparecer de maneira transparente a importância desta hegemonia. É certo que esta não pode ser contabilizada, porém, nem por isso deixa de mostrar a importância da autoridade africana, que os Europeus não podem nem contestar, nem esquivar.

O texto mostra, contudo, que é nas relações amorosas que a cola exerce a sua função principal: «desta fruta tira o Amor grandes vantagens: parece quis dar nela uma demonstração do severo amargo com que pune os que se entranham nas suas doçuras. A correspondência amorosa não sendo em Angola tão fácil pela escritura; como o é em outros países em que o sexo feminino é socorrido de instrução, tem feito da cola um Alfabeto para exprimir paixões de amor»([82]). Não convém perder de vista o excelso otimismo do brasileiro, como se em Portugal, ou no Brasil, todas as mulheres casadoiras soubessem ler e escrever, e como se a correspondência amorosa fosse o pão-nosso-de-cada-dia nas práticas sociais europeias, ou americanas!

Deixemos de lado, contudo, este elemento, para reter a criação de uma estratégia que conhece muitos paralelos na Europa e em Portugal([83]), para permitir o estabelecimento de relações

---

safu, e todos aqueles que o apreciavam estavam destinados a manter-se no arquipélago, ao passo que os que rejeitavam o gosto tão particular deste fruto, comido escaldado e com sal, deviam um dia ou outro abandonar o arquipélago. Um certo número de produtos vegetais, como a cola, servem assim para definir o tipo de relação tecido entre o colono e o território africano onde está instalado.

Por outro lado, um poema de Viriato da Cruz, «Makeluzu» lembra as condições da transformação dos parâmetros civilizacionais angolanos, mostrando que o gosto novo pelo pão com chouriço, substitui o recurso à cola, velha planta africana. O conflito entre a tradição e a modernidade, tal como aparece na teoria de Georges Balandier, é assim dado a ver por via do consumo ou da rejeição da cola.

([82]) Corrêa, *História de Angola*, vol. I, pp. 140–141.

([83]) O campesinato português conhece também, pelo menos nas regiões do Norte, estratégias assaz semelhantes, embora estas recorram à escrita. Lembro-me de ter visto, em feiras e romarias, os cartões de cartolina destinados a facilitar as relações entre os adolescentes, que diziam «se dobrar este canto será sim», «se dobrar este canto será não». É certo que

amorosas correntes e controláveis. Não sem uma condenação da ingenuidade dos pais africanos, que pensam impedir o estabelecimento de relações amorosas com os homens europeus ao impedir a instrução das filhas: «que funesto exemplo para os ignorantes Pais, que desviando das Filhas o conhecimento do A, B, C, pensam resguardar-lhes a honestidade com o broquel da ignorância!»([84]). O que nos permite saber que os Africanos esbarram contra a dificuldade de assegurar o controlo das suas descendentes, tal como nos dá a saber que os «Pais africanos» não hesitam em impedir as filhas de aprender a ler e escrever.

O capítulo respeitante às «significações da cola» procura sistematizar os conhecimentos, mostrando que ou Elias Corrêa foi um dos utilizadores da cola e dos seus significados, ou que se revela um historiador deveras atento aos particularismos da sociedade luandense. Seja como for, são múltiplas estas significações([85]), mas convém reter o essencial, a saber, que

---

esta escrita era mais indicativa do que real, já que o sim estava à direita, ao passo que o não só podia encontrar-se à esquerda, na sinistra, recuperando, assim, as velhas divisões do corpo, que consideram a parte direita como pertencendo à sorte, ao passo que a esquerda, a parte diabólica, por consequência, feminina, traduz a falta de sorte.

([84]) Corrêa, *História de Angola*, vol. I, pp. 140–141. Lembre-se de que os camponeses europeus consideraram durante quase um século a escrita e a leitura com muita desconfiança, na medida em que, instrumentos urbanos, corrompiam os valores rurais. O conde de Gobineau salienta que os camponeses que tinham cumprido em França o serviço militar, que nesse período durava nada menos do que sete anos, procuravam, logo que regressavam à aldeia natal, esquecer a língua francesa e a escrita e as quatro operações. Verifica-se que, neste momento, os Africanos desconfiavam da escrita, sobretudo quando ela devia ser ensinada às mulheres, o que podia comprometer o exercício da autoridade, quer por via do tio materno, quer por via dos irmãos. Mas Jack Goody mostrou, em *The Domestication of the Savage Mind* (Cambridge: Cambridge University Press, 1977), a importância das alterações introduzidas nas formas classificatórias do mundo, por via da escrita.

([85]) Elias Corrêa, passagem citada, enumera as «significações da cola»: «a que leva de menos um bocadinho em o superior da fruta, demonstra amor novo, que espera correspondência para se declarar. A que é mandada com o bocadinho menos, tirado com os dentes, e remetido junto com a fruta, nota princípio de amor ilícito. Quando o amor

a cola deve ser transportada nas «dobras triangulares de um Lenço», o qual, «fazendo as vezes de bandeja», é conduzido pelas «escravas a quem vai dirigido, sem o esconder aos olhos populares»([86]).

Estão descritos os elementos essenciais, que mostram os grupos africanos, que podem oferecer as mulheres desejadas, impondo uma espécie de declaração pública, uma vez que a cola não deve ser escondida. Assim se dá a conhecer publicamente a pretensão do Europeu, e toda a gente fica a saber que o europeu A pretende a mão e o corpo da africana B. Como poderíamos ignorar a importância desta estratégia, que força os Europeus a reconhecer a hegemonia dos Africanos, os quais controlam a circulação das mulheres, autorizando ou não o acesso às filhas? O que também quer dizer, elemento que não é despiciendo, que a produção dos mestiços não constitui uma característica exclusiva do «poder» genésico dos Europeus, como pretendeu há pouco Gilberto Freyre([87]), resultando,

---

se acha radicado, não se usa da fruta inteira para o alimentar: qualquer perna dela admite as expressões da correspondência, e é favor para os Amantes desprezar as atenções. Se uma perna de cola remetida inteira é recambiada com o bocadinho menos, é sinal para se avistarem. Se vai mordida, sem haver separação, significa o desejo mais intrínseco de um amor firme e radicado. Se a cola vai acompanhada de muitos bocadinhos tirados da mesma fruta, exprime sensível saudade. Finalmente, se a oferta é um amante, não é correspondida pelo outro, é desprezo; mas se é recambiada sem ser vista, é desengano; e desta sorte sem sofrer o martírio de decorar o alfabeto literário; juntar sílabas, soletrar nomes; nem pintar os caracteres em papel: conservar os aprestos de escrever, e gastar tempo, explicam elegantemente os seus amores, e talvez sem mais decisiva linguagem». Corrêa, *História de Angola*, vol. I, pp. 140–141.

([86]) *Ibidem*, pp. 140–141.

([87]) Trata-se, como é geralmente sabido, de um dos pontos essenciais da tese do luso-tropicalismo: os portugueses ter-se-iam mostrado os melhores colonizadores, porque, tendo renunciado à espada e à cruz como armas da dominação, as teriam substituído pelo sexo. Ver em geral a obra de Gilberto Freyre e mais particularmente *Casa Grande e Senzala* (Rio de Janeiro: José Olympio, 1933) e *O Mundo Que o Português Criou* (Lisboa: Livros do Brasil, 1954).

antes, de uma combinatória euro-africana, como, de resto, aconteceu em outras regiões africanas.([88])

A super-estrutura administrativa e militar portuguesa não dispõe da força necessária para recusar as regras africanas no que se refere ao acesso e à circulação das mulheres. Esta situação mostra a que ponto a leitura privilegiada das instituições e das estruturas político-militares se revela pouco adaptada à descrição das veras relações entre os Europeus e os Africanos. Tal como não colhe, diante da lição do historiador brasileiro, a disponibilidade das mulheres africanas, as quais devem ser cortejadas de maneira aberta e pública, antes de serem autorizadas pela família a aceitar a corte do europeu e a vida em comum. Ou seja, a circulação das mulheres não pode ser curto-circuitada pelas instituições europeias, e verificamos assim que os Europeus não podem deixar de se africanizar constantemente.

Porque, e convém também sublinhá-lo, a corte feita a uma jovem africana implica necessariamente o reconhecimento da autoridade da família africana, que vai exercer sobre o marido ou companheiro da filha o controle habitual que acompanha estas situações. Tal marido ou companheiro não poderá furtar-se à autoridade dos pais da mulher, tal como se não poderá esquivar aos laços complexos do parentesco africano, com as suas mil e uma obrigações. O europeu que passa pelo ritual da cola aceita explicitamente a sua integração no sistema de parentesco africano, embora Elias Corrêa, todavia tão meticuloso na descrição dos sistemas, nos não forneça indicações úteis a este respeito.

De resto, a cola é objecto de um comércio generalizado, como também assinala o autor brasileiro: «a grande extracção

---

([88]) Os mestiços aparecidos em São Tomé e Príncipe são, muitas vezes, o resultado de relações livremente consentidas entre Africanas *livres* e Europeus. O que quer dizer que estes mestiços são previstos pelos Africanos, e participam na estratégia africana. V. Ramusio, *Relato do piloto anónimo português*, que, nos finais do século XVI, descreve este sistema com grande exatidão. Mas encontra-se a mesma situação na Senegâmbia. V. Jean Boulègue, *Les Luso Africains de Sénégambie* (Lisboa: Junta de Investigações do Ultramar, 1989).

que tem convida as Quitandeiras a munirem-se destas agrestes frutas, como da mais superior quitanda» ([89]). É evidente que Elias Corrêa não é um apreciador nato da cola, e se bem que se mostre um bom conhecedor da planta e da sua importância relacional e, por conseguinte, comercial, não a faz entrar no quadro das frutas agradáveis, como se, sobrecarregada de africanismo, devesse ela ficar à margem do sistema europeu, como, de resto, aconteceu.

Sem que, contudo, possamos duvidar um instante da sua importância social e económica: a sua presença em todas as quitandas de Luanda sublinha a banalização do consumo, assim como a necessidade de a ela recorrer, como pode hoje fazer na publicidade televisiva o jovem adulto que, arrastado pela espessura erótica de um perfume, corre à «quitanda» da florista para oferecer um ramo de flores. Fiéis ao seu vocabulário, que uma vez mais reforça a importância da natureza nas relações inter-individuais, devem os Africanos de Luanda sobrevalorizar a planta africana, em detrimento dos valores europeus. Nem de outro modo se podia compreender o funcionamento da sociedade luandense.

Talvez convenha acrescentar que os Africanos não se fecham à circulação das mulheres em condições deveras particulares, dado que às mulheres concedidas aos Europeus não corresponde afluxo algum, por mínimo que seja, de mulheres europeias. Como se os homens europeus fossem encarados como despojados de toda e qualquer família, indivíduos desintegrados no espaço, não dispondo, por isso, de nenhum laço familiar. A circulação das mulheres conhece, neste caso, uma situação particular, mas ela pode explicar-se se aceitarmos o princípio de que os homens que as pretendem, e que são aceites pelo núcleo familiar, passam a integrar inteiramente os espaços africanos, devendo, por isso, ser considerados como um pouco asselvajados pelos Europeus que dispunham de mulheres europeias.

O último elemento deste sistema reside na produção dos mestiços, ou dos mulatos, para nos mantermos fiéis ao

---

([89]) Corrêa, *História de Angola*, vol. I.

vocabulário zoomorfizante desta época(90), que pertencem mais ao mundo africano do que ao mundo europeu, como sublinham não só as regras e os regulamentos, mas, sobretudo, as práticas sociais.(91) Se os Europeus recebiam uma mulher, os Africanos esperavam desta aliança a produção de mulatos que deviam servir de intermediários entre os Africanos e os Europeus. Circunstância que, convém também salientá-lo, mostra que a produção dos mulatos não é um desiderato exclusivamente europeu, devendo, em muitos casos, ser considerado como o resultado de uma operação organizada pelos africanos. O vocabulário da cola serve, entre o mais, para o pôr em evidência, reforçando, se tal fosse ainda necessário ou indispensável, a importância da hegemonia africana no registo da circulação das mulheres.

A circulação da moeda

Se os Portugueses tiveram de afrontar muitas dificuldades no que diz respeito à circulação das mulheres, foram eles obrigados a enfrentar outras no plano, igualmente importante, da circulação da moeda. Ou seja, os Africanos foram capazes de assegurar a sua hegemonia neste duplo registo, todavia essencial para assentar uma qualquer autoridade. Desde sempre os Europeus tiveram de enfrentar não só a ausência de moeda, mas, sobretudo, a presença de moedas africanas, correspondendo a circulações restritas, locais, essencialmente.

---

(90) A necessidade das classificações forçou os Europeus a criar fórmulas para dizer o Outro, excluindo-o da norma no acto de o nomear. O mulato possui a etimologia conhecida, provinda de mula, tendo os Europeus acreditado que estes mestiços seriam tão estéreis como as mulas. Mau grado o desmentido introduzido pela própria reprodução, o sistema manteve-se, visto que permitia zoomorfizar esse grupo humano.

(91) Com efeito, os Africanos retiveram o sistema proposto pelos Europeus, e é bem sabido que os afrontamentos entre os mestiços e os seus compatriotas ainda não estão liquidados, constituindo uma forma particularmente viciosa da herança do colonialismo.

Os documentos de que podemos hoje dispor evocam muitas formas de comércio, desde o comércio mudo, caracterizado pela troca de sal-gema contra ouro praticado na costa ocidental(92), até às formas de troca que nem por isso deixam de considerar o valor de troca, mesmo quando o que prevalece é o valor de uso.(93) O capitalismo português nascente viu-se constantemente forçado a proceder a operações de troca, renunciando à moeda, para se servir das mercadorias preferenciais. É evidente que semelhantes operações, que se furtavam às regras da lógica comercial europeia, nem sempre facilitavam as trocas, tal como não simplificavam a organização das contabilidades.

São inúmeros os documentos que nos revelam a impotência dos Portugueses perante os sistemas monetários angolanos, e já se fez referência à importância assumida pelos zimbos nas práticas comerciais do Congo e adjacências. Não é, por isso, de surpreender que os burocratas metropolitanos tenham procurado impor a liquidação, ou, em todo o caso, a redução das diferentes moedas africanas, em proveito da moeda cunhada em Portugal, e que permitiria um controlo mais correcto e constante das trocas entre Europeus e Africanos.

Uma parte substancial dos documentos dos séculos XV e XVI procura proceder ao inventário das mercadorias produzidas e das formas e dos lugares de troca, de maneira a poder organizar o sistema dos produtos europeus, que poderiam e deveriam ser oferecidos aos Africanos. Compreende-se perfeitamente que, neste período inicial, os Europeus tenham procedido a experiências de mercadorias para sistematizar,

(92) Alvise de Cadamosto, *Navegações* (Lisboa: Instituto para a Alta Cultura, 1944), p. 26.

(93) Não há homogeneidade nas trocas, como salienta Cadamosto: «nesta terra dos pardos não se bate moeda alguma, e nunca a empregam, bem como em nenhum dos outros lugares adiante ela se encontra; mas todo o comércio deles é trocar coisa por coisa, e duas por uma, e desta maneira vivem». Cadamosto, *Navegações*, p. 29, capítulo XIV. Compreende-se que a ausência de moeda não elimina o valor de troca, como algumas vezes se pensa, anulando a reflexão económica destas sociedades.

enfim, o leque daquelas que os Africanos preferiam. Em contrapartida, a Europa procurou forçar os Africanos a produzir as mercadorias que mais interessavam os mercados europeus, tendo podido contar com a disponibilidade dos produtores, mesmo em lugares onde não existam nem práticas comerciais correntes, nem organizações corporativas eficazes.

Também neste caso se verifica a existência de uma fortíssima hegemonia africana, que se opôs ao abandono das formas especificamente africanas de troca, tal como repeliu vigorosamente, e com êxito indubitável, as diferentes moedas europeias. Não se trata apenas de denunciar a ausência de um «espírito» capitalista, mas de salientar a importância e a veemência do afrontamento, dado que a transição das moedas africanas para as moedas europeias ou similares não representava apenas uma alteração técnica, devendo, antes, ser compreendida como uma renúncia às formas de organização africana. Também aqui nos encontramos diante das legitimações ideológicas do grupo que dispõe actualmente da hegemonia e que, em consequência deste facto, considera arcaico ou retrógrado o que pertencia então e simplesmente ao registo da autonomia.

Por esta razão, os grupos africanos, quando levados a aceitar estas moedas, ou mesmo quando as procuravam, não era para delas se servir, mas para as utilizar como formas simbólicas, destinadas a evidenciar a autoridade ou, porventura, a riqueza de um indivíduo, de uma autoridade, de uma família, ou de um grupo étnico.(94) Talvez não fosse errado sublinhar estarmos, neste caso, perante uma operação, relevando das economias ostentatórias, analisadas por Claude Meillassoux.(95) Semelhante facto mostra que os Africanos, tendo embora tomado conhecimento da importância dessas formas de troca e de pagamento, decidem esterilizá-las, para não pôr em perigo

(94) Não é sem hesitação que recorro ao substantivo etnia e ao adjectivo étnico, na medida em que estas duas noções, já vazias de sentido no momento em que Vacher de Lapouge as criou, em 1896, não me parecem ter adquirido um sentido rigoroso. Mas aceito a pressão da moda.

(95) Claude Meillaussoux, «Ostentation, destruction, reproduction», *Cahiers de l'I.S.E.A*, t.º II, n.º 4 (abril 1968): 759–772.

a sua própria organização. Acto de vontade, de racionalização das relações entre os dois sistemas, pois, de maneira a levantar uma barreira frente a uma ameaça cujos efeitos não são inteiramente previsíveis.

Convém sublinhar a importância desta situação, pois ela permite compreender a impotência dos Europeus perante a multiplicidade dos sistemas monetários africanos. No caso angolense, dispomos de um documento no qual encontramos o inventário destas moedas nos fins deste mesmo século XVII:

> a moeda que corre nesta cidade de Loanda é de diferentes qualidades, e preços porque a melhor é peças de Índias que são escravos que se embarcam para Índias pelo valor de vinte, e dois mil réis; há outra que chamam de peças que é moleques, molecas[96], negros com barba e negros somenos que servem para o Estado do Brasil; há panos limpos[97], meios cundes, e cundes[98] que se dão os meios cundes a Sua Majestade para pagamento da conquista a preço de seis vintens cada um, e os cundes a sete vintens, e tem dos meios cundes cada motete[99] duzentos e cinquenta panos que o feitor desconta por eles nos pagamentos que faz para a conquista por conta d'El Rei trinta mil reis de bom dinheiro, e pelos cundes que tem cada motete duzentos e quarenta panos desconta outrosim trinta e cinco mil reis na mesma conformidade dos quais, e dos outros se paga o

---

[96] Moleque e moleca: escravos jovens, moços ou moças, de 13 a 14 anos (do kimbundu *muleke*). Deve dizer-se, contudo, que, frequentemente, os moleques e as molecas podiam ser muito mais novos, a partir dos 8/9 anos de idade, como, de resto, se verificava ainda no período colonial recente.

[97] Nome colectivo para uma certa qualidade de panos de fibra de rafia que circulavam nas regiões angolanas do Norte, seja como dinheiro, seja como mercadoria, até onde se podem distinguir estas duas qualidades.

[98] Cundes e panos cundes: determinado tipo de panos de fibra de palmeira, que serviam de moeda nas regiões do norte de Angola: importados do Congo, o seu nome derivaria da região de onde são originários, a feira de Mwene Kundo.

[99] Trata-se de um cesto alongado, entrançado de ramos de palmeira, e tendo usos variados.

feitor nos direitos de Índias que manda por sua conta, e compra-os com cousas que manda vir do Reino, de pouca consideração; há infulas([100]) que tem quatro libongos, e cada um deles vale pela moeda corrente meio tostão; há panos sujos marcados que andam na praça que valem da mesma maneira duzentos reis; há outros panos do Congo que correm nesta cidade, e conquista de diferente sorte, e valor que chamam bungos([101]), songos([102]), pintados([103]), zambas([104]), maricas([105]), e tangas([106]), e para bom governo não houvera de haver tanta diferença de moeda, e tão diferente em preços, porque estes de Congo correm por fazendas, e os comuns são panos sujos marcados, e infulas convem que tenham preço certo, porque segundo a necessidade deles cada um lhe põe o preço que quer.([107])

A transcrição é longa, mas indispensável, porque nos coloca perante o labirinto das moedas e das cotações correntes na cidade de Luanda, o que, como claramente diz o documento,

---

([100]) Infulas, panos enfulas (do kikongo mfula), panos de fibra de palmeira, que se assemelham ao damasco. Importados frequentemente do Loango para servir de moeda.

([101]) Bungo, pano bungo (kikongo, lubongo, plural mbongo): trata-se também de panos de fibra de palmeira, provenientes do Kongo.

([102]) Songos ou songas: pano de fibras de palmeira, importados em grande quantidade do Congo, especialmente de Mbata e Ocanga, circulando em Angola como dinheiro.

([103]) Panos de rafia tingidos provenientes do Congo. Também utilizados, como quase todos estes produtos, como moeda.

([104]) Do kikongo zama: tecido com franja, que se fabrica também com fibra de palmeira e era utilizado como moeda.

([105]) Tecidos de fibra de palmeira, acetinado.

([106]) Um outro tecido de fibra de palmeira, parecido com o tafetá. Utilizo os «Esclarecimentos sobre vocabulários africanos» incluídos na obra de Beatrix Heintz. Acrescentarei que o inventário destas mercadorias ou moedas tecidas supõe um sistema deveras complexo tanto no que diz respeito à produção — ou à emissão — das moedas, como no que se refere ao controlo e ao estabelecimento das cotações de umas moedas em relação às demais.

([107]) Beatrix Heintze, «O extenso relatório do governador a seus filhos», in *Fontes para a história de Angola do século XVII* (Stuttgart: Franz Steiner Verlag Wiesbanden, 1985), pp. 217–362, 310.

impede não só os cálculos, como, sobretudo, toda e qualquer política económica coerente. Na verdade, a economia portuguesa depende das alterações dos sistemas africanos, uma vez que não existe nenhuma possibilidade de intervir e de impor algumas regras simples. O documento português sublinha o nó central desta situação: «segundo a necessidade deles cada um lhe põe o preço que quer», o que serve para denunciar a instabilidade da moeda, assim como o carácter irracional das suas flutuações, que não dependem do sistema económico, mas da vontade — quer dizer, também da autoridade — daqueles que decidem impor os valores das moedas.

Não dispomos de informações suficientes para apreciar a coerência ou a incoerência dos sistemas africanos, uma vez que os documentos existentes se limitam a descrever o juízo europeu. Podemos, todavia, aceitar a ideia de intervenções africanas que, destabilizando o sistema, sejam úteis às autoridades africanas, em constante detrimento dos interesses europeus. Se assim fosse — o que é deveras possível —, estaríamos perante uma manifestação complementar da hegemonia africana, desta vez, no plano mais sensível das relações económicas, já que as variações introduzidas na circulação e na cotação das moedas se fariam em constante detrimento dos Europeus. Seja como for, basta já a constante necessidade de comparar a cotação das moedas dia a dia, e a impossibilidade de as converter, para nos podermos dar conta da situação complexa dos Europeus. Mais do que isso, a situação imposta pelos Africanos se traduzia a fragilidade da autoridade económica portuguesa, impedia a criação de um vero capitalismo. Esta dificuldade é ainda mais significativa se verificarmos que torna praticamente impossível a criação das burguesias comerciais, todavia, fundamentais na articulação dos interesses africanos na relação com a economia europeia, que dominava já então os oceanos.

Tal é o aparente paradoxo, que nos ajuda a compreender a razão pela qual esta hegemonia africana está condenada a perder uma parte fundamental do seu dinamismo: se esta se opõe com bastante eficácia à dominação europeia, não pode ela permitir que as estruturas africanas possam adaptar-se à nova conjuntura internacional. Serei obrigado a deixar de lado as razões que o podem explicar, embora não possa deixar de observar que os Africanos não conheciam as técnicas da navegação inter-continental, como observou, já no século XV, Alvise de Cadamosto.([108]) Foi talvez esta disjunção entre os dois sistemas que, permitindo, por um lado, a conservação da hegemonia africana, comprometeu ulteriormente a dinâmica do processo, tornando possível a inversão da tendência e autorizando a subversão dos sistemas económicos africanos pelos Europeus.

O desejo expresso de pôr termo a estas diferenças, condição indispensável ao bom governo da cidade e do país («e para bom governo não houvera de haver tanta diferença de moeda, e tão diferente em preços»), não pode ser exaltado, o que traduz a fragilidade económica dos Europeus. O diagnóstico acertado não se traduziu em intervenção cirúrgica oportuna e eficaz, pelo que voltaremos a encontrar o mesmo problema nos fins do século. Talvez se possa até dizer que o mal se tinha, entretanto, agravado, no sentido em que os Portugueses, em Angola, tinham de renunciar às suas moedas, aceitando inevitavelmente as africanas, e devendo proceder a conversões por vezes atrabiliárias, dada a oscilação dos valores. No governo de Henrique Jacques de Magalhães, 1694–1697, o governo metropolitano português decidiu dar um passo em frente, enviando moeda de cobre para Luanda. O governador devia proceder a um certo número de pagamentos utilizando esta moeda, no evidente propósito de começar por reduzir o espaço das moedas africanas, e tendo em vista a sua expulsão do sistema comercial.

Começou o governador por tentar pagar o contingente militar então existente em Luanda com esta primeira moeda de cobre: «Levou Henrique Jacques a primeira moeda de

---

([108]) A reacção dos Azenegues, quer dizer, dos Berberes, é elucidativa: «E certifico-vos que quando estes viram pela primeira vez velas, ou seja navios, no mar, os quais nunca anteriormente tinham visto, nem os seus antepassados, e julgaram que fossem aves grandes com asas brancas, que voassem e tivessem vindo dum lugar estranho; e quando abatiam as velas para surgir, alguns deles julgavam que tais navios fossem peixes, vendo-os de tão longe». Cadamosto, *Navegações*, 23.

cobre, que houve em Angola, não correndo até então naquele Reino, desde a descoberta, outra mais, que certos paninhos de palha, tecidos pelos Negros, à feição de guardanapos (chamados no país Libongos), tendo cada um o valor de 50 reis»([109]). Já sabemos que esta informação está longe de descrever a gama mais complexa das moedas então correntes em Luanda, mas podemos aceitar a ideia de uma modificação das moedas mais frequentes em Luanda. No documento de 1625, afirma-se que as moedas mais utilizadas eram «panos sujos marcados» e «infulas», ao passo que o documento respeitante ao governo de Henrique Jacques nos diz serem já os «libongos» a moeda preferencial. Se não podemos descrever as condições em que se processou esta transição, convém, todavia, assinalá-la, na medida em que parece subentender uma alteração das relações inter-africanas, em primeiro lugar, e entre Portugueses e Africanos, em segundo.

As moedas europeias não suscitaram o entusiasmo dos soldados do contingente, muito longe disso:

> Com esta moeda (os libongos) se fazia o pagamento às tropas, recebendo cada soldado, 700 réis em Libongos e um saco de farinha([110]) por mês; e como El Rei determinava, que desta nova moeda se desse só 200 réis, além da farinha, foi esta diminuição mal aceite da Infantaria, que não querendo receber o soldo, amotinado passou ao sítio de Nazareth, onde elegeu Cabos e Oficiais, conservando-se 3 dias sediciosa; dali lançou um Bando, para que toda a pessoa com praça militar, fosse unir-se a ele, com

([109]) J. C. Feo Cardozo de Castellobranco e Torres, *Memórias Contendo a Biographia do Vice Almirante Luiz da Motta Feo e Torres: A História dos Governadores e Capitaens Generaes de Angola, Desde 1575 Até 1825. E a Descripção Geographica e Política dos Reinos de Angola e de Benguella* (Paris: Fantin, Livreiro, 1825), pp. 221–223. Elias Corrêa consagra também uma grande atenção a este conflito-chave verificado durante o Governo de Henrique Jacques de Magalhães: Corrêa, *História de Angola*, vol. I, pp. 320–323. A preferência dada ao relato de 1825 deve-se à maior concisão do texto, embora não seja de excluir o recurso ao manuscrito de Elias Corrêa.

([110]) Corrêa, *História de Angola*, vol. I, 222.

> a pena de ser morto se assim o não executasse; e com o susto que cumprissem o prometido, se lhe ajuntou o resto: era o Ouvidor Francisco Lopes da Silva, o executor do novo pagamento e por esta razão, foi invadido a sua caza pejos amotinados, com ânimo de o matar, porém tendo o Ministro meios de lhes escapar, depois de cometerem vários dezatinos nos seus trastes e móveis, mandaram intimar ao Governador, que fizesse logo embarcar o referido Ouvidor, quando não punham fogo a tudo. Foi preciso obedecer à insolente ordem, tanto para salvar a vida ao mesmo Ministro, como para ver, se com o seu retiro cessaria o motim; com efeito socegou, fazendo-se-lhes o pagamento no sobredito sitio, por ordem do Governo, à razão de 700 reis.

O documento, tardio, embora, salienta as dificuldades da administração portuguesa para assegurar a gestão das colónias longínquas, na medida em que os interesses das burguesias locais não coincidiam com os da burocracia e das burguesias portuguesas. Trata-se de um desfasamento constante, que domina inteiramente a história colonial portuguesa, como, de resto, sublinha a independência do Brasil, levada a cabo pela burguesia iluminada e nacionalista, descendente dos Europeus e, mais particularmente, dos Portugueses. No caso angolano, a disjunção entre os dois sistemas burgueses foi constante, e só pôde ser liquidada pela independência em 1975, como mostrou, na sua tese de doutoramento, Adelino Torres.([111])

Tal foi então o caso, uma vez que a decisão de impor o pagamento em moeda de cobre foi tomada em Lisboa, tendo a mesma burocracia lisboeta decidido reduzir o valor dos soldos pagos aos militares do contingente de Infantaria. Se é, contudo, certo que o documento insiste na transição da moeda africana para a moeda europeia, convém, todavia, reduzir a importância desta afirmação, dado que nem então, nem

([111]) Esta tese sublinha a «longa duração» dos dois tipos de moedas, não tendo a moeda metálica, ou a nota de papel, podido expulsar nem as moedas outras, nem sobretudo as técnicas de troca, que perduraram até este século e que parecem ter-se agravado no período após a independência.

depois, conseguiram os Europeus pôr termo à hegemonia das moedas africanas.

O preço social a pagar por esta operação foi extremamente elevado e serve para pôr em evidência a importância do traumatismo, uma vez que não foram suficientes as promessas de aumento para apaziguar o motim, o que mostra que se não tratava apenas de uma questão de valor, mas também da própria moeda, considerando que a sua «desafricanização» obrigava a negociações e violências para conseguir impor esta fraca quantidade de moeda aos Africanos. Em todo o caso, o documento que se refere a este grave conflito fornece mais pormenores que permitem medir a dimensão do afrontamento:

> passados cinco dias de quietação, intentaram novo tumulto, para expulsarem também o Governador; mas este mais desassombrado, mandou prontamente tocar a rebate, ajuntado deste modo ao mesmo tempo na praça, a infantaria, as ordenanças armadas, e muitos escravos seus; e fazendo guarnecer a sua Casa com ordenanças; ordenou que fossem à sua presença, os Cabeças de motim levados um a um, e sendo conduzidos assim sem serem vistos por outra porta à Cadeia; no dia seguinte sem mais processo, os mandou arcabuzear, da mesma forma um a um, à vista do resto das tropas que estavam formadas.
>
> Morreram assim cinco homens, mas bastou este severo e necessário castigo, a conter os mais, que horrorizados do espetáculo e perdendo o ardor, se sujeitaram a receber o soldo, como Sua Majestade ordenava: eram os autores deste tumulto filhos do Brasil; e insensivelmente foi o Governador, passando para os Presidias, quantos deles haviam [*sic*] na tropa; de sorte que antes de um ano, não existia um só nele.([112])

Aparentemente, os soldados provindos do Brasil não respeitam as autoridades portuguesas tal como podem fazê-lo os naturais de Portugal, indicação importante que podia pôr a claro a existência de um espírito brasileiro contestatário dos Portugueses, que precisa, contudo, de mais documentos para

([112]) Castellobranco e Torres, *Memórias*, p. 223.

poder passar da hipótese à prova. O que nos não impede de dar conta desta circunstância, alvo de interesse das autoridades portuguesas, que se desembaraçam destes homens polvilhando-os através do território, para liquidar toda e qualquer possibilidade de acção conjunta: Luanda é assim devolvida, no plano militar, aos Portugueses, possivelmente auxiliados pelos Angolanos.

O segundo elemento reside na resistência às modificações introduzidas na moeda, e que reforçam a importância da africanização dos soldados, quer Portugueses, quer Americanos, quer Brasileiros. A passagem de um sistema a outro, ou, antes, a substituição das moedas africanas pelas portuguesas não é aceite de boa mente, e não podemos deixar de pensar que se não trata apenas de uma questão de redução dos soldos, mas de um problema ainda mais importante, que é o de caber a estes soldados pôr termo a uma situação já secular. Para o conseguir, não pode o governo português esquivar-se a uma importante correcção dos salários.

Com efeito, se o Rei agradeceu ao governador a rapidez da sua intervenção, a verdade é que não pôde ele furtar-se a uma medida de compensação, para manter os soldados no quadro da legalidade:

«É que havendo respeito a estarem naquele Reino (quer dizer Angola), os preços dos géneros muito mais subidos do que eram antigamente, ordenava que se desse a cada Soldado, 6.000 réis de cobre por ano.»([113]) Há, evidentemente, uma diferença sensível entre os 200 réis propostos no primeiro pagamento a que pretendera proceder o governador (200 × 12 = 2400), mas estamos ainda longe do valor que era pago anteriormente em libongos: 700 × 12 = 8400. O governo de Lisboa podia assim fazer uma economia de 2400 réis, ou talvez até mais, no caso de a circulação da moeda de cobre ser difícil, impondo o pagamento de ágios aos portadores de moedas africanas.

Não sabemos quase nada a este respeito, e a minha intenção é apenas a de nos colocar perante a importância destas

([113]) Castellobranco e Torres, *Memórias*, p. 223.

transformações económicas, que procuram reduzir a hegemonia das moedas africanas, única maneira de impor uma certa ordem no sistema, de tal modo que pudesse calcular-se com algum rigor o volume de moeda necessário para permitir o funcionamento regular e harmonioso da economia angolana. Podemos, por isso, afirmar que a primeira grande tentativa de reduzir a importância hegemónica das moedas africanas só pôde realizar-se no fim do século XVII, não sem resistência dos Africanos, uma vez que as moedas africanas continuarão a circular, ainda que de maneira menos aberta, no espaço luandense e angolano.

Não podemos furtar-nos, todavia, a sublinhar a lógica da hegemonia africana, uma vez que a aparência da hegemonia europeia não pode furtar-se ao peso das regras africanas em duas esferas fundamentais da circulação: a das mulheres e a da moeda. Se no primeiro caso está em causa a harmonia sexual, assim como o mecanismo das alianças e da reprodução, no segundo, estão implicados os valores económicos, assim como a possibilidade de constituir em Angola uma estrutura capitalista de cariz europeu, única maneira de pôr termo à hegemonia africana. Não parece, por isso, disparatado afirmar que estamos perante uma resistência africana que se dá perfeitamente conta do risco mortal em que está colocada pelo aumento das trocas com os Europeus, e que procura assegurar a sua sobrevivência. Em face afirmam-se os valores europeus, que não podem senão apoiar-se na alteração das formas hegemónicas, sejam elas as sexuais ou afectivas, sejam sobretudo as económicas.

É, de resto, esta ordem de prioridades que explica a necessidade de uma intervenção tão autoritária como cruel no plano da moeda, que não encontra paralelo na esfera das relações afectivas. Mas sabem também os Portugueses que, deslocado este bastião fundamental da hegemonia africana, os outros não poderão manter-se ao abrigo das modificações que só podem favorecer a transição que estava contida na ausência de simetria entre os sistemas assim postos face a face. Nesse sentido, o documento que nos relata com este luxo de pormenores a resistência oposta à moeda metálica europeia está entre os mais esclarecedores, já que não permite a mínima dúvida no que diz respeito à importância da modificação decidida pela corte de Lisboa, e imposta pela brutalidade da resposta do Governador Geral.

O comércio aceite e contestado: armadilhas e estratégias

Não podiam as relações comerciais escapar à hegemonia africana, sobretudo nos territórios longe da costa, uma vez que, durante séculos, o mar foi a vera pátria dos Europeus, e mais particularmente dos Portugueses. Não me pareceu indispensável proceder ao inventário de *todas* as situações em que se manifesta a importância intransponível desta hegemonia, procurando reter algumas que sublinham, entre o mais, o desajustamento das concepções ligadas à forma de comércio, e à importância dos valores estruturais africanos. Um dos elementos que mais chocam os Europeus reside na contabilidade do tempo, uma vez que os Africanos parecem viver sem tempo, como sublinham muitos documentos: «para esta gente o tempo não tem valor», diz o comerciante Custódio J. de Sousa Machado. ([114]) Com efeito, não parece que os Africanos tenham sido os inventores da fórmula famosa de Benjamim Franklin que reina hoje sobre todas as sociedades que comerciam: *time is money*.

Mas há também que considerar as condições particulares da gestão do poder, começando pelas rupturas provocadas pelas crises internas, como, por exemplo, a da sucessão. Num extenso documento remetido para Lisboa em 1839, para avaliar das culpas do tenente de cavalaria Miguel Xavier de Morais Resende, chefe do distrito de Golungo Alto, acusado de agir de forma criminosa pelo capitão da feira de Cassange, salienta-se a decisão tomada pelos macotas do Jaga, de suspender o comércio com os feirantes brancos, em virtude de ter falecido o Jaga anterior. Esta morte exigia que se deixassem passar nada menos do que dois anos, para enviarem o que era devido e

---

([114]) Henrique Augusto Dias de Carvalho, *Descripção da Viagem à Mussumba do Muatiânvua*, vol. 1. (Lisboa: Imprensa Nacional, 1890), p. 82: carta datada de 19 de Maio de 1884.

tinha sido prometido aos comerciantes de Luanda. Se bem que o documento nos não informe dos produtos que deviam ser assim remetidos, podemos pensar tratar-se de escravos, embora tal não seja indispensável. O elemento central reside no facto de os Africanos terem decidido suspender toda e qualquer actividade comercial durante um período tão considerável, para poder satisfazer os «seus pátrios ritos», rompendo assim as relações já estabelecidas e comprometendo a estabilidade financeira dos comerciantes que tinham decidido instalar-se nesta região.([115]) Não estamos, porém, perante uma forma extrema de afirmação da hegemonia africana?

Noutras zonas denunciam os comerciantes as tácticas dos Africanos, destinadas a extorquir-lhes os maiores ágios possíveis, despojando-os inteiramente, se tal puderem fazer. Joaquim Rodrigues Graça salienta o risco corrido pelos comerciantes:

> o régulo possui o número de quinhentas a seiscentas pretas dentro da sua residência, além das que tem em diferentes pontos da sua lavoura, aonde costuma passar de tempos a tempos seus dias, e para que fim? É para, em sua ausência, as suas mulheres se introduzirem nos cubículos dos flâmulos e carregadores do feirante, e terem com ele alguma comunicação, e, por este meio, exigir do negociante, que lhe pague o crime chamado «poanda», valor de 2 banzos, importância de 80.000 reis, motivo esse por que têm perdido imensas fazendas nesta e mais partes do continente.([116])

Se já sabíamos que as mulheres sempre constituíram, na estratégia das relações dos Africanos com os Europeus, um elemento essencial para afirmar a sua hegemonia, verificamos que a situação se pode agravar, envolvendo nas suas malhas todos os dependentes dos Europeus.

([115]) Arquivo Histórico Ultramarino, Lisboa, 1840, Correspondência dos Governadores de Angola, Cx. 590. Este documento foi-me confiado por Isabel Castro Henriques, a quem agradeço.

([116]) Rodrigues Graça, «Expedição ao Muatayanvua», *Boletim da Sociedade de Geografia de Lisboa*, 9.ª Série, vol. IX, n.º 8 e 9 (1890), p. 461.

Esta imensa concentração de centenas de mulheres não serve para caracterizar uma situação real ou simbolicamente poligâmica, no sentido em que participa na estratégia da guerra comercial contra os Europeus. Não se pode concluir que o comércio europeu, ou simplesmente o comércio a longa distância é mal visto pelos Africanos, que, ainda que desejando as mercadorias, lhe receiam as consequências desestabilizadoras? Em todo o caso, tudo se passa como se as instituições políticas africanas tivessem em mira a eliminação dos comerciantes e das trocas, e não podemos recusar o carácter inventivo desta «armadilha sexual», que permite a recuperação de muitas e muitas mercadorias, como salienta, não sem irritação, o comerciante português.

De resto, esta estratégia é acompanhada por outras, entre as quais avulta a da multiplicação dos «portos» de passagem, controlados muito apertadamente pelas autoridades africanas. O mesmo comerciante angolano de origem brasileira põe em evidência a lógica das reacções africanas, que naturalmente invertem a lógica e o sentido da necessidade, tal como continuamos a encontrá-los na literatura corrente: «que é que me quer o Muene Puto de Luanda? Procura-me para tratar negócios; ele precisa de mim... eu não preciso dele, pois que de minhas terras é que lhe vai a cera» ([117]). É certo que Rodrigues Graça pode replicar que não é ele o único chefe a fornecer cera aos Portugueses, mas nem por isso deixa de ser posta em evidência a inversão do sistema de dependência: ao comerciante luandense que só pode exigir a dependência do africano, replica este por meio de uma inversão da leitura das relações, que lhe permite não só recuperar autonomia e hegemonia, mas demonstrar que só os Portugueses se encontram na dependência.

Não é, de resto, sem alguma amargura que Rodrigues Graça procede ao inventário das «exações» dos Africanos, calculando os valores retirados dos direitos cobrados nos portos:

> que ricos estabelecimentos se... poderia fazer... Que réditos não recebe este potentado! Só o artigo frete de seus portos dos

---

([117]) *Ibidem*, pp. 409–413.

> viajantes que transitam para o interior como «Quioco», «Bunda», «Luena», «Lovar», «Ambuellas», etc. suas cargas regulando cada uma a um pano, equivalente a 400 réis, a quanto não orça? O que não perde a nação europeia em não possuir estes territórios! Já as passagens dos portos, já os dízimos que seriam pagos em cera e marfim, recompensaria a perda de outros domínios([118]).

Não se compreende, na estruturação destas frases, o ressentimento, ou, mais precisamente, a amargura de um especialista do comércio que vê fugir os réditos das próprias actividades comerciais organizadas pelos Portugueses?

Podemos, todavia, deixar de lado as considerações respeitantes aos sentimentos, tão patrióticos como anti-africanos, de Joaquim Rodrigues Graça, para reter as situações em que os Africanos ou multiplicam os obstáculos para impedir que a autorização dada de passar um porto possa ser compreendida como garantia de passar um segundo, ou então decidem pura e simplesmente proibir a entrada num determinado território.

No primeiro caso, diz-nos Henrique de Carvalho não haver homogeneidade, nem talvez coerência — pelo menos aparente — no comportamento dos africanos, que autorizam uns a passar, proibindo outros: «os Drs. Pogge e Lux, por influência dos irmãos Machado passaram sem dificuldade no primeiro porto porém o explorador alemão Otto Schutt que quis passar ao norte, depois de ter pago uma verba importante, contrariado por novos entraves» ([119]), teria renunciado a prosseguir viagem, se não fora a intervenção salvadora de Saturnino Machado, que com seu irmão Custódio exercia uma forte influência nesta região, que abria as «portas», quer dizer, os «portos», conduzindo aos territórios dos Lundas e dos «lundanizados», entre os quais os Quiocos.

Não pretendo sair deste espaço cronológico entre a viagem de Rodrigues Graça, 1844, e a de Henrique de Carvalho, 1884–1888, por me permitir mostrar que a coerência do sistema africano, tal como tínhamos podido observá-la, se

---

([118]) *Ibidem.*

([119]) *Descripção da Viagem...*, p. 273.

conserva durante o século XIX, embora a hegemonia africana comece a estar seriamente ameaçada, seja pelos tratados e acordos internacionais, seja pela violência da própria estruturação, provocada pela adopção gradual mas contínua de um número cada vez mais importante de valores e de maneiras de fazer dos Europeus. No entanto, nem por isso cessam as dificuldades, embora estas sejam conhecidas e possam ser não só previstas, como anuladas, à custa do próprio africano, de resto: «é preciso ir-se preparado de modo a perder metade do que um comerciante leva, para pagar imaginários crimes, que eles fantasiam, só na mira de roubar o viandante» ([120]).

Estamos perante as operações que inúmeros comentadores classificam como «ciladas», quando na verdade não há nada que não seja ou conhecido, ou previsível, como demonstra esta passagem de Custódio Machado. Verifica-se, é certo, uma completa ausência de simetria nas relações comerciais. Alguém tem de compensar este desequilíbrio, cabendo esta operação ao grupo não-hegemónico, quer dizer, o dos Europeus. De resto, convém entender a frase de Custódio Machado de maneira ampla: se para vender a mercadoria A devo levar comigo o dobro da metragem, ou da quantidade, terei não de pedir o preço B, mas utilizar uma fórmula mais complexa, onde o preço da mercadoria A será somado ao excesso A', o que dará não o preço corrente nos mercados da costa, mas deve impor um preço final do interior, quer dizer, o preço C, que deve integrar todos os «prejuízos» reais ou potenciais. Compreende-se que, neste caso, se verifica uma estratégia contra-hegemónica, como, de resto, devia acontecer neste período final da hegemonia africana.

Nem por isso deixa ela de ser visível, e Henrique de Carvalho confirmará as observações de Joaquim Rodrigues Graça: «... nas terras dos Songos e Minungos, estes povos, sob qualquer pretexto, fazem exigência às comitivas de *quituxi* (crime) o que origina uma demanda que leva tempo a decidir,

---

([120]) Carta citada de Custódio J. de Sousa Machado, in Dias de Carvalho, *Descripção da Viagem...*, p. 82.

além das despesas a fazer, que são não só as do crime, são ainda as da alimentação do pessoal» ([121]). Deve entender-se a informação do então major português da maneira mais lata, pois nos mostra ele que o aparelho judiciário está também mobilizado para participar na travagem das operações comerciais europeias. Ou seja, e contrariando algumas afirmações clássicas no quadro dos estudos africanos: se os Africanos procuram assegurar e desenvolver o comércio a longa distância africano, não parecem desejar nem incentivar este mesmo comércio levado a cabo pelos Europeus, e dependendo essencialmente das mercadorias europeias.

Encontramos, contudo, na *Descrição da Viagem*, de Henrique de Carvalho, seis páginas consagradas à descrição das estratégias comerciais opondo, em Malanje, os Africanos aos Europeus. Os produtos essenciais eram então a borracha e o marfim, havendo um ritual que devia ser respeitado, sobretudo por parte dos comerciantes portugueses, uma vez que as operações comerciais só começavam três dias após a chegada da comitiva africana, que, entretanto, passara a vida a comer e a beber «por conta da casa», dançando e folgando até «altas horas da noite». Ora, o comerciante europeu devia contabilizar estas despesas, de modo a poder obter lucro quando estas mercadorias compradas fossem confiadas ao exportador, que, ele próprio, não podia esquivar-se às cotações praticadas nas praças europeias.

Contudo o chefe da comitiva ou um ajudante seu procedera a um exame das condições em que se processavam as operações comerciais, observando o que se passava com outros vendedores, após o que podiam ser iniciadas as negociações, não sem uma multiplicação de mata-bichos com aguardente «várias vezes repetidos». As operações finais deviam ser submetidas a controle pelos Africanos, que não poucas vezes reclamavam, pedindo ou exigindo «novas pesagens».

Já procurei descrever o tipo destes afrontamentos, mas encontramos aqui o sistema das oposições na sua pureza total: o gentio «procura ludibriar o comprador e conseguir aumentar

([121]) Dias de Carvalho, *Descripção da Viagem...*, p. 274.

as pesagens», ao que replica o comprador que já tinha «feito os devidos descontos nas balanças e medidas de fazendas».

Henrique de Carvalho parece pensar, no primeiro momento, que a situação foi provocada pela intervenção dos comerciantes portugueses: «há alguns anos parecia haver mais franqueza da parte dos nossos estabelecimentos, porque as peças de fazenda já vinham preparadas das fábricas para negociar com o gentio», mas a situação alterou-se procurando os comerciantes impor uma confusão entre as dobras do tecido e as jardas, o que não conseguiu iludir os Africanos.

Todavia, a conclusão final parece transferir para os Africanos a responsabilidade de semelhante estado de coisas: «se o nosso comércio tem de recorrer a artifícios é para poder competir com o gentio, que nisso lhe não é inferior» ([122]). Certamente, mas tal não faz mais do que confirmar a capacidade de réplica dos Africanos, mesmo quando, como acontecia já neste período, estavam eles em vias de assistir ao lento esboroar da sua hegemonia.

O que nos não impede de dar conta da afirmação desta hegemonia africana, que se manifesta nas múltiplas tentativas de controlar e, sobretudo, de travar o desenvolvimento do comércio a longa distância. Não se pode concluir daí que os Africanos se desinteressem ou se oponham ao comércio a longa distância, mas, mostrando-se embora desejosos de adquirir as mercadorias europeias, asiáticas ou americanas, pretendem eles ao mesmo tempo assegurar-se do controle das estradas comerciais, dos preços e dos comerciantes. O que, como não podia deixar de ser, esbarra com os interesses dos importadores e dos seus agentes, europeus ou africanos.

Embora se possa também reconhecer que só a evolução quase fulminante da revolução industrial permitiu pôr termo à hegemonia africana.

([122]) Dias de Carvalho, *Descripção da Viagem...*, pp. 278–282.

O receio do asselvajamento

Num texto relativamente pouco conhecido de um dos teóricos da colonização portuguesa, denuncia-se e lastima-se a existência do processo de cafrealização:

> De resto, se numa única geração o branco internado no sertão, longe do convívio da sua sociedade, perde em pouco tempo a sua decantada superioridade, caindo numa espécie de marasmo moral e intelectual, que absolutamente o nivela aos indígenas vizinhos, porque razão não admitir que a inversa também é verdadeira e que os pretos são susceptíveis de cultura idêntica ao nosso?
>
> A cafrealização do branco é um fenómeno muito mais vulgar do que geralmente se acredita; vários exemplos nos foi dado observar no interior da nossa província de Moçambique, mormente no distrito da Zambézia, onde surpreendemos alguns casos tipicamente flagrantes pela rapidez da efectivação, nas pessoas de alguns empregados da companhia, ou de sargentos comandantes de insignificantes postos militares perdidos no interior.

Situação que recebe uma prova complementar no facto de não poucos negros se reintegrarem «no seu meio inicial», se bem que tendo recebido uma «educação brilhante». Todavia, e contrariamente ao que se passa no caso dos Europeus, esta reintegração «apenas constitui mais uma ineludível prova de influência mesológica» ([123]).

Como duvidar de semelhante demonstração? Mas não traduz ela o receio do processo de asselvajamento dos Europeus, que os desloca da sua própria civilização para os valores civilizacionais inferiores, próprios dos homens de cor? Tal é, de resto, uma das constantes da nossa relação com os Africanos, mas também com os Asiáticos e já a *História Trágico Marítima* nos diz a surpresa dos Portugueses ao encontrar, entre os Africanos da

---

([123]) Lopo Vaz de Sampaio e Mello, *Política Indígena* (Porto: Magalhães e Moniz, 1910), p. 28.

costa oriental, um homem nu, carregando as armas africanas, que só deles se distinguia pelo cabelo e pela língua: tratava-se de um náufrago, que não pudera sobreviver senão graças à sua capacidade de se tornar Outro, renunciando às práticas normais do seu grupo original.

A relação do naufrágio não multiplica a condenação deste antigo náufrago, e pode dizer-se que o asselvajamento deste homem não provoca uma grande surpresa. O mesmo não acontece com os Europeus que, na costa ocidental e, sobretudo, na região da Senegâmbia, não hesitam em abandonar os trajos europeus, para se infligirem violentamente as escarificações que lhes permitem integrar-se nas estruturas africanas, aceitando a autoridade dos chefes africanos, renunciando tanto às práticas como à nacionalidade portuguesa. Trata-se de operações severamente condenadas tanto pelos missionários como pelas autoridades portuguesas, na medida em que este processo de asselvajamento põe nitidamente em causa a estrutura intrínseca dos valores portugueses, quer dizer, europeus.

Não se conhecia, contudo, ainda o conceito de cafrealização, o que permite compreender a aparição, em Luanda, do conceito e da prática do «gentilismo», que nos é descrita por Elias Corrêa. Trata-se, uma vez mais, de definir e de exorcismar os comportamentos transviados que comprometem a estrutura dos europeus: «alguns libertinos, desertados pela nossa Comunhão, e inclinados ao Gentilismo, tem estabelecido entre eles a sua residência, ensopados em uma dissolução abominável. Para declararem guerra à nossa Santa Religião começam por fazer uma famosa recruta de negras concubinas em que consiste a sua glória» ([124]).

Seja qual for a maneira como analisarmos o comportamento dos Portugueses em África, não podemos esquivar a importância das mulheres africanas, que determinam as situações de «gentilismo», caracterizadas pela ruptura entre dois espaços: o «gentil» é o europeu que se não limita a procurar, a cortejar e a «consumir» as mulheres africanas, mantendo-se dentro das regras prescritas pelo «rito da cola». Vai mais longe,

---

([124]) Corrêa, *História de Angola*, vol. I, p. 95.

abandonando o espaço europeu e português, para se integrar nos quadros africanos, possivelmente sujeito à autoridade das instituições políticas e religiosas africanas. Acresce que, neste caso, se denuncia uma oposição frontal à «nossa Santa Religião», que parece confirmar a aceitação de outras formas e práticas religiosas, como também se verificara na Guiné, e como se há-de ainda verificar mais tarde em Angola.

É certo que o autor brasileiro atribui esta quebra das regras à ausência de qualidade do território, como se houvesse uma relação directa e inequívoca entre o comportamento dos homens e os seus territórios: «em qualquer destes detestáveis matos, cometem os Feirantes iguais crueldades, nutridos do leite bárbaro daquelas feras irracionais, resolvendo a morte por qualquer pretexto, e ainda que este seja protegido da inocência» ([125]).

Trata-se de uma maneira de analisar e definir as situações que se não limitara ao século XVIII, pois que voltamos a encontrá-la no século XIX, sublinhando a permanência de certos juízos europeus. Hermenegildo Capelo e Roberto Ivens multiplicam as fórmulas condenatórias do próprio território e da paisagem africanas, que não podem provocar outra coisa que não seja pensamentos deletérios, ou então formas de «deseuropeização» cuja gravidade é evidente:

«Depois o isolamento, a separação dos seres civilizados, é como um açoite que traz a campo tétricos pensamentos»; «na monótona África, nem os mesmos olhos podem muitas vezes aliviar o espírito do triste considerar, tão invariável é o que nos cerca; e no aborrecimento profundo que envolve a mente como um véu»; «nesta terra de tédio»; «a monotonia suicida» ([126]).

Trata-se de fórmulas que ajudam a explicar as constantes negativas da África, ao mesmo tempo que permitem denunciar o caracter patológico seja do «gentilismo» do século XVIII, seja da «cafrealização» dos séculos XIX e XX. Se não existe inteira coincidência entre os dois termos, tal como não são homólogas

---

([125]) *Ibidem.*

([126]) Hermenegildo Capelo e Roberto Ivens, *De Angola à Contracosta*, vol. I (Lisboa: Europa-América, s.d. [1.ª edição, 1886]), pp. 252-253.

as duas práticas, nem por isso deixam de nos mostrar a ameaça implícita na própria estrutura africana, que as mulheres tornam mais grave ou mais inaceitável.

Voltamos, de resto, a encontrar uma forte convergência entre as acusações feitas ao clima, à terra africana no século XVIII, e aquelas que podemos rastrear nos autores do século XIX. Elias Corrêa denuncia o comportamento sanguinário de um «oficial militar, nascido na Europa, costumado na Capital de Angola, ao dócil trato da corporação mais civilizada; a pisar as salas de diversos Generais; casado e de uma idade sexagenária; de quem vou falar; para comprovar o funesto contágio, que tem aniquilado a Religião Santa». Este oficial, avisado de que uma das escravas que transportava, amarrada ao libambo, se encontrava gravemente doente e devia ser assistida. Para não atrasar as operações de transporte, ordena a um dos seus empregados que a mate e lhe corte o braço «para não perder a molunga», isto é a «argola de ferro que prende as mãos a uma comprida corrente» ([127]).

O próprio excesso do crime leva o historiador brasileiro a excluí-lo da esfera dos Portugueses, pelo que não pode senão atribuí-lo ao peso da própria terra angolana, reforçado pelo exemplo fornecido pelos Angolanos. Não há dúvida, na demonstração de Elias Corrêa, estar-se perante um caso extremo de «gentilismo», mas podemos dar-nos conta da multiplicidade de funções atribuídas a este comportamento, que tanto se define pelo consumo excessivo de mulheres africanas, reforçado pela renúncia às práticas da religião católica, como se organiza em função da violência criminosa de homens que não consideram os Africanos como pessoas, não hesitando em tratá-los com a mais bestial crueldade.

Dir-se-á estarmos aqui completamente fora do campo da hegemonia, ou então teríamos de aceitar que esta hegemonia continha uma série de manifestações patológicas, que não podiam senão comprometer os valores civilizacionais africanos. Já verificamos, graças a Henrique de Carvalho, que os Portugueses procuram desculpar-se das violências cometidas

([127]) Corrêa, *História de Angola*, vol. I, pp. 96–97.

dizendo que elas não passam de réplicas de comportamentos africanos perfeitamente idênticos. O que quer dizer que, chegando à África, os Portugueses, e os Europeus, mais não podem fazer do que aceitar as regras africanas, mesmo as mais repulsivas. Estamos aqui perante uma curiosa manifestação de «hegemonia» infraccional, que não deixa por isso de o ser. O Africano seria apenas uma figura diabólica, no entanto, este facto não o afasta das preocupações dos Europeus, de tal maneira que tudo o que os Europeus fazem é consequência da lição ou do modelo africano.

É verdade que, mais tarde, voltamos a encontrar o mesmo registo: «parecia que a lama, o capim, as contrariedades dos nossos e a perfídia gentílica se haviam coligado traiçoeiramente para nos derrotar o ânimo e impedir a passagem» ([128]). Pois que dúvida? A quem, senão aos Africanos e à terra africana, atribuir os desastres e os desaires, mesmo se os autores correm o risco de provar que, realmente, nesta África portuguesa, nada há que respeite o nome e as instituições políticas portuguesas. Não se trata, contudo, de uma simples exclamação irritada, mas de uma constante da escrita portuguesa.

A natureza africana possui essas qualidades negativas e «custa a atentar no poder nivelador que impera nestas terras, pois tudo desapareceu sem haver relíquias à vista das quais se preste homenagem aos que mais se distinguiram», epitáfio escrito que procura compensar a ausência de ruínas lembrando a presença dos colonos que tinham ousado enfrentar as condições tão horrivelmente negativas das terras angolanas. Deixo, todavia, a conclusão a Henrique de Carvalho, que denuncia a maneira como são providos os lugares de magistrados, de maneira tão atrabiliária, que eram nomeados, por vezes, «homens inconscientes, ainda mais fanáticos pelo feiticismo do que os próprios gentios» ([129]).

([128]) Capelo e Ivens, *De Angola à Contracosta*, p. 274.

([129]) Dias de Carvalho, *Descripção da Viagem...*, p. 171, *maxime* p. 246. A longa linhagem destas práticas de asselvajamento aparece no texto de Padre Fernão Guerreiro, que denuncia a africanização dos lançados na costa da Senegâmbia: estes «são uma sorte de gente, que ainda que na

Como pôr em dúvida a horrível ameaça da «cafrealização»? E que pode ser ela senão a clara manifestação da hegemonia africana no plano das relações humanas?

---

nação são portugueses e na religião de batismo cristãos, de tal maneira porém vivem, como se nem uma cousa nem outra foram; porque muitos deles andam nus e para mais se acomodaram com os gentios da terra onde tratam, riscam o corpo todo com um ferro, ferindo-o até atirarem sangue e fazendo nele muitos lavores, os quais depois untando com um suco de certas ervas lhe ficam parecendo em várias figuras, com as lagostas (deve haver lapso do copista, pois certamente se quer ele referir aos diferentes lagartos que fazem parte da ornamentação estético-simbólica desta região até aos nossos dias), serpentes ou outras que mais querem». Fernão Guerreiro, «Relação Anual...», in *Monumenta Missionaria Africana. África Ocidental (1600–1610)*, ed. António Brásio, vol. V (Lisboa: Agência Geral do Ultramar, 1955). No verbete consagrado aos «lançados», no *Dicionário de História*, organizado por Joel Serrão, Avelino Teixeira da Mota refere-se a esta situação cometendo um anacronismo, pois que classifica estes comportamentos como uma forma de *cafrealização*, pondo também em evidência os riscos incorridos pelos portugueses, que, instalados na costa da Senegâmbia: «vivendo poligâmicamente, geravam numerosa prole parda, em grande parte condenada a absorção nas sociedades nativas». Joel Serrão, *Dicionário de História de Portugal* (Porto: Figueirinhas, 1985), pp. 430–431. Podemos dar-nos conta da repulsa sentida pelo historiador da Guiné, que considera esta absorção como uma forma particular de degradação. Mas não encontramos nesta passagem a melhor ilustração da condenação das relações íntimas com os africanos, uma vez que estas só podem produzir formas particulares e, de certa maneira, monstruosas de «cafrealização»?

2.4. A ÁFRICA ORIENTAL, CENTRAL E AUSTRAL: MUTAÇÕES INTERNAS OU PRESSÃO EXTERNA?

Ao iniciar-se o estudo da história das regiões orientais, austrais e centrais da África, aparece uma primeira dificuldade técnica, que em breve se transforma numa questão epistemológica: o *corpus* formado pelas fontes escritas, embora indispensável, ameaça transformar o texto numa concepção europeia da história da África. Nem recorrendo à tradição oral e à arqueologia se afasta esse risco, dado que o papel principal continua a corresponder às fontes escritas, que, quer sejam persas, árabes, chinesas, quer sejam europeias, estão marcadas pela sua condição de estrangeiras. No entanto, seria inútil pretender que fosse de outro modo.

Frequentemente, a tradição oral não existe, ou por não ter sido recolhida, ou porque determinados grupos foram dizimados pelo colonialismo; desapareceram sequências inteiras da história com as gentes que as tinham cimentado e que as conservavam vivas na sua diversidade. No entanto, não há dúvida de que a relação entre documentos escritos e orais levanta um grave problema: se se der preferência aos primeiros, corre-se o risco de se escrever uma história africana adaptada às mentalidades estrangeiras; mas torna-se impossível escrever uma história, baseando-se unicamente na tradição oral, mesmo que seja só por apresentar diversas lacunas.

Esta situação explica que ainda haja enigmas por resolver: por exemplo, as mudanças que se produziram nos séculos XV e XVI num número considerável de estruturas políticas africanas foram o resultado de revisões internas, portanto, exclusivamente africanas, ou derivaram da pressão exercida sobre as suas costas pelas potências estrangeiras? Torna-se impossível esclarecê-lo utilizando apenas os documentos escritos, e, no entanto, trata-se de uma questão fundamental para definir o significado das mudanças, frequentemente brutais, ocorridas nas regiões a que nos referimos. O mesmo sucede com tudo o que diz respeito às mudanças provocadas pela introdução das plantas americanas, que modificaram os comportamentos culturais, os sistemas de trabalho, os hábitos culinários e as técnicas de combate. E como não falar das questões religiosas, que são especialmente questões de poder, visto que o mundo dos deuses e dos espíritos mantém uma relação muito directa com o estatuto dos chefes e dos notáveis, quer se trate de reis sagrados, quer de simples chefes de linhagem?

Assim, levanta-se o problema de como terão visto a África e os Africanos os primeiros europeus. Embora disponhamos de informações bastante pormenorizadas sobre as regiões ocidentais, especialmente do reino do Congo, isso não acontece para as orientais, o que se deve em parte ao critério dos Árabes acerca dos Africanos, mas também ao facto de os Portugueses terem transformado o território que ocupavam na costa oriental numa dependência da Índia «portuguesa».

Até ao século XVIII a costa moçambicana foi governada pela administração portuguesa instalada em Goa, e isso reduziu consideravelmente a informação de que podemos dispor.

As opiniões sobre os africanos da costa oriental variam naturalmente no espaço e no tempo. Os primeiros documentos, particularmente, o diário de bordo da expedição de Vasco da Gama, demonstravam uma certa simpatia para com algumas populações africanas. Mas esta cortesia evoluiria com bastante rapidez, e, pelos fins do século XVI, os Portugueses manifestavam uma viva repulsa em relação aos Africanos. Este comportamento torna-se duplamente importante: em primeiro lugar, assinala o sentido de uma evolução e, em segundo lugar, traduz o reforço de uma atitude negativa com respeito aos povos africanos. Enquanto os índios da América proporcionaram o modelo positivo do «bom selvagem», os Africanos ficaram simplesmente marcados pela sua negatividade. Isto explica que ainda no século XIX a Europa tenha procurado na África homens com cauda e que os antropólogos físicos tenham afirmado — apoiados pela autoridade de Cuvier — que o alongamento dos lábios da vulva entre as mulheres hotentotes era um pormenor anatómico que só estas mulheres conservavam.

Embora só disponhamos de poucas descrições, baseadas nos juízos emitidos sobre os seus habitantes, podemos admitir que, pelo menos desde o século X, a costa oriental era habitada por uma população de maioria negra, que envolvia os grupos alógenos, essencialmente árabes. Por alturas de 977, Ibn Hawqal escrevia a propósito destes povos:

> Quanto aos negros do Oeste [de África] e aos Zendjis, aos Etíopes e a outras tribos semelhantes, ocupo-me pouco deles neste livro, pois, apreciando como aprecio a sabedoria, o engenho, a religião, a justiça e o governo regular, como poderei tomar em consideração gentes como estas? Como dá-las a conhecer inserindo aqui uma descrição do seu país?

Embora estas palavras façam eco da opinião negativa geralmente expressa pelas populações do Mediterrâneo, servem para ilustrar a escassez dos documentos de que dispomos: a África e os Africanos encontram-se de tal modo minimizados, que nem sequer são dignos de uma descrição!

Durante a viagem de Vasco da Gama, os Portugueses foram muito menos negativos, e o diário de Álvaro Velho oferece surpreendentes descrições dos povos da costa oriental; a primeira, na baía de Santa Helena: «nesta terra há homens de tez morena (baços) que não comem senão focas e baleias, carne de cervo e raízes de ervas; andam cobertos com peles e têm o sexo protegido por bainhas; as suas armas são cornos queimados, presos a um pedaço de madeira de oliveira silvestre». Embora seja certo que os Portugueses os confundiam facilmente com os animais e as plantas, reduzindo-os a um simples capítulo da história natural, também podiam compará-los a si próprios:

«tomámos um destes homens, pequeno de corpo e que se parecia com Sancho Mexia». Podemos perguntar-nos sobre qual seria o aspecto físico desse Sancho Mexia, mas é evidente que o texto português deixa entrever uma extraordinária abertura.

Embora este relato seja completamente excecional, refere até que ponto os Portugueses eram capazes de negar a distância que devia separá-los dos Africanos. Isto está confirmado por uma passagem do mesmo diário de bordo, de sábado, 2 de Dezembro de 1497:

> no sábado vieram uns duzentos negros, entre adultos e crianças, que traziam umas doze cabeças de gado, entre bois e vacas, e quatro ou cinco carneiros; e nós, quando os vimos, saltámos logo para terra. Imediatamente começaram a tocar quatro ou cinco flautas, que harmonizavam muito bem, melhor do que se poderia esperar, e dançaram como o fazem os Negros. O capitão mandou tocar as trombetas e nós, nos barcos, também bailámos, e até o capitão connosco.

Esta dupla dança, os ritmos africanos na costa e os da Europa nos barcos parecem ter sido o último momento de comunicação autêntica entre os dois grupos.

Com efeito, quando em 1533 um documento anónimo, mas seguramente de origem portuguesa, procedia ao balanço da situação por motivo do acto de obediência do imperador da Etiópia ao papa, o panorama tinha mudado irremissivelmente:

> No coração da África, considerada como a terceira parte do mundo, encontram-se os Abexins ou Etíopes, desde há muito tempo sob o domínio do grande imperador David, comummente chamado Preste João. Estão-lhe submetidos dezasseis poderosos reis, e eles aceitam as suas leis a tal ponto que mais parece que governam por conta alheia [...] A sul estão os Trogloditas, que andam nus, são muito negros e estão desprovidos de tudo o que faz parte de uma vida elegante e civilizada, talvez por obterem pouco rendimento da terra por culpa do clima tórrido; no entanto, extraem ouro, arranjam marfim e sabem conduzir-se engenhosamente através dos desertos de areia para apanharem

pedras preciosas; não conhecem outros deuses além do Sol e, sobretudo, a Lua, que admiram e honram porque ilumina as noites glaciais, após o excessivo calor que o Sol prodiga, e os protege bondosamente quando precisam. A oeste estão as fronteiras do rei do Congo, reino muito grande e fértil graças ao rio chamado Gabra, bastante parecido com o Nilo pela extensão, pelas cheias e pela abundância de crocodilos e de peixes, que frequentemente divide e inunda o país; depois de ter formado algumas ilhas, desagua no oceano Atlântico. Este rei recebeu recentemente dos Portugueses (a cujo poder se submeteu espontaneamente) o culto cristão. Ao sul estão os Etíopes, de compridas melenas, que se estendem até ao cabo da Boa Esperança, num território acidentado por elevações e vales. Devido à proximidade do trópico de Capricórnio, os habitantes deste povo são de cor azeitonada; têm o corpo muito magro, mas de aspecto resistente, e correm como cavalos esporados: são ferozes, astutos e velhacos e assassinaram D. Francisco de Almeida quando, depois de ter deixado a Índia coberto de glória, no seu regresso a Portugal com a sua armada vitoriosa, se deteve para se fornecer de água na baía de Saldanha.

Assim, durante a primeira metade do século XVI reforçou-se a visão negativa do Africano, apesar do reconhecimento das suas aptidões para produzir bens de prestígio, muito apreciados pelos comerciantes europeus. Sobre esta visão se deverão moldar as informações referentes às organizações africanas, e o carácter frequentemente insuficiente dos documentos encontra aqui a sua explicação; no entanto, dispomos, pelo menos para o Sueste, de informações importantes, sobretudo as que se referem ao império de Monomotapa.

O perfil do Sueste da África

Antes que os Portugueses conseguissem passar o cabo da Boa Esperança, tinham sido enviados por via terrestre alguns agentes para tentarem obter informações sobre as possibilidades de comércio de especiarias na índia e de uma possível passagem que pusesse o oceano Índico em comunicação com o Atlântico e, naturalmente, desvendar, na medida do possível, o mistério do reino cristão do Preste João. Desconhecemos os resultados desta missão portuguesa de 1487, embora alguns historiadores afirmem que chegaram a Lisboa relatórios completos. Não obstante, o facto de se ter ultrapassado o cabo da Boa Esperança tranquilizou os técnicos portugueses, tanto os de assuntos marítimos como os de questões económicas, porque um dos principais motivos das expedições portuguesas era o económico, pois o modelo que eles visavam era o lucrativo comércio do Mediterrâneo. Por outras palavras, o projecto português já se integrava no capitalismo moderno e servir-lhe-ia de motor.

Quando Vasco da Gama realizou a sua viagem à Índia, os Portugueses acabaram por verificar que, embora as populações da costa fossem totalmente negras e falassem uma língua que não era árabe, as cidades comerciais, em contra-partida, se encontravam nas mãos de populações muçulmanas, árabes ou arabizadas. Assim, tinham de expulsar os Árabes e de substituí-los nas relações com os Africanos, de que esperavam obter lucros consideráveis. Logo em 1505 ocuparam Sofala, desviando o seu comércio de ouro e marfim para oeste, para a Europa, mas também para Goa, a leste.

Com efeito, uma das consequências da instalação dos Portugueses nesta região seria a reorientação das actividades comerciais, cujo centro-chave, embora artificial, seria a Europa. De certo modo, a parte meridional da costa oriental africana tornou-se uma dependência europeia.

A ocupação de Sofala provocou um desequilíbrio tal nas correntes de intercâmbio, que Kilwa sofreu um repentino empobrecimento que levou os Portugueses a abandoná-la em 1512.

Os Portugueses saquearam sobretudo as principais cidades da costa, impondo-lhes um tributo, que foi pago enquanto os Portugueses dispuseram do poder suficiente para o cobrar. Isto situa-nos perante o sistema de pilhagem e o facto de os Portugueses preferirem a guerra e os seus despojos às actividades normais de produção. Neste sentido, o projecto capitalista viu-se, em parte, frustrado pela frenética ambição dos mercadores, os quais, não obstante, chegaram a um entendimento com os soberanos de Melinde, com o fim de manterem em xeque Mombaça. Em 1593, para se protegerem dos piratas turcos do mar Vermelho, os Portugueses construíram o Forte Jesus, em Mombaça, ao mesmo tempo que colocavam a cidade sob a direcção dos chefes de Melinde. A soberania portuguesa conseguiu manter-se até 1698, embora tenha sido constantemente perturbada pelos ataques das forças presentes tanto no oceano Índico como em terra. A questão central era o declínio económico e cultural derivado do período de dominação portuguesa, consequência inevitável da sua exploração económica.

Ao que parece, a presença portuguesa na costa provocou a brusca irrupção dos Zimba, grupo frequentemente qualificado de horda de saqueadores canibais, afirmação que se torna bastante duvidosa. Com efeito, o repentino aparecimento deste grupo em 1587, atacando sucessivamente as cidades do litoral, desde Kilwa até Mombaça, a norte, deixa por resolver o problema da sua origem geográfica e étnica; mas a sua bravura, orientada muito especialmente contra as cidades costeiras, faz pensar num programa de destruição dos centros comerciais. Esta incursão só pôde ser travada pela intervenção dos Segedju, que viviam no interior de Melinde. Parece que esta foi a única ajuda prestada aos Portugueses pelos Africanos, embora a sua intervenção possa ter-se devido a razões mal conhecidas e corresponder a um ajuste de contas entre africanos.

Parece útil, e até necessário, relacionar a irrupção dos Zimba com outra anterior, a dos Jagas (1569) na costa ocidental; estes expulsaram o rei do Congo da sua capital e obrigaram-no a refugiar-se numa das ilhas do rio Zaire — nome português do Baixo Congo. Também neste caso, as suas origens são desconhecidas, e geralmente acusam-se os Jagas de praticarem a antropofagia. Não será mais conveniente perguntarmo-nos sobre as razões que terão podido provocar estas duas explosões, cujo paralelismo é evidente? Poderemos avançar uma hipótese: os Jagas, tal como os Zimba, seriam formados por grupos provenientes do interior, associados para levarem a cabo acções pontuais, como a destruição das cidades estrangeiras, donde partiam as acções e as mercadorias que dificultavam cada vez mais a vida das sociedades africanas.

Após a queda do Forte Jesus (1698), e apesar de uma breve tentativa de recuperar Mombaça (1728–1729), os árabes de Oman limitaram-se à costa oriental africana, até à altura do Cabo Delgado. De dois séculos de dominação portuguesa, pouca coisa restou; só a existência de umas sessenta palavras de origem portuguesa integradas na língua suaíli.

Sob a soberania portuguesa, os «árabes» de língua suaíli nunca tinham deixado de comerciar com a península da Arábia e o golfo Pérsico. Agora, o domínio de Oman atrairia ao litoral um novo contingente de emigrantes árabes, provenientes de Omã ou do Hadramaute, que se juntariam aos emigrantes dos séculos VIII–XV, que se tinham atribuído uma origem iraniana (*shirazi*).

Ao longo do século XVIII, os chefes saídos das dinastias locais africanas impugnaram a autoridade do sultão de Omã, e uma mudança de dinastia em Omã, em meados do século, proporcionou-lhes um pretexto para manterem a sua oposição.

Até aos fins do século (1784), não se esboçou nenhuma mudança de política do sultão de Omã em relação às suas dependências africanas: a meio caminho entre Mombaça (em permanente rebelião até 1847) e Kilwa (também por dominar e demasiado afastada), o sultão escolheu como base de acção a ilha de Zanzibar, mais extensa e menos povoada, que se tornaria o centro de um activo mercado de escravos, destinados, em parte, à exportação para o mundo muçulmano, mas, sobretudo, a proporcionar ali mesmo a mão-de-obra necessária a uma economia de plantação especializada no cravinho, que trabalhava, em benefício da aristocracia árabe, para o mercado mundial, ou seja, na conjuntura dos fins do século XVIII e princípios do século XIX, para a Grã-Bretanha.

O império de Monomotapa

As informações sobre o Sueste africano centraram-se em volta do império de Monomotapa, instalado numa zona delimitada por dois grandes rios, o Zambeze, a norte, e o Limpopo, a sul. O reino ocupava uma meseta irregular que se estendia em diagonal, de nordeste para sudoeste, com um comprimento de 600 km e com um clima muito saudável, o que permitia a instalação de populações relativamente densas. Além disso, a leste, a planície encontrava-se isolada da planura moçambicana pela cadeia montanhosa de Inyanga, enquanto a oeste estava protegida pelo mar de areia da savana desértica do Calaári; porém, sobretudo, a planície ficava a salvo da mosca tsé-tsé, que infestava os vales sombrios e húmidos das terras baixas de Moçambique.

A pluviosidade era suficiente para assegurar a agricultura, e as florestas pouco extensas e os pastos relativamente abundantes permitiam a prática da criação de gado.

Uma situação clássica nesta região africana é a presença de populações de origem banto, sobrepostas a estratos de populações mais antigas: trata-se neste caso dos Khoisan, rapidamente dominados ou assimilados. Sem recorrer aos dados proporcionados pela arqueologia, deve recordar-se, não obstante, que, por meados do século XVI se estabeleceu na planície uma nova vaga de emigrantes, o que parece explicar a frescura das tradições orais recolhidas pelos Portugueses, das quais os textos da época nos facilitam o essencial, embora também aludam a uma certa instabilidade política patente entre os fins do século XV e os princípios do século XVI.

Por razões seguramente derivadas da produção aurífera, mas também das relações privilegiadas com os Árabes, em especial com a cidade de Sofala, Monomotapa tornou-se desde muito cedo um assunto-chave, juntamente com o Congo ou os Jagas «antropófagos», do conhecimento — ou, melhor, desconhecimento — da África. Talvez as construções de pedra tenham algumas influências nisto, embora mal contribuam para o conhecimento de Monomotapa; no entanto, permitiram dividir a história deste grupo em dois períodos: o dos construtores e o dos mineiros. Com efeito, a primeira descrição das construções de pedra do Zimbabué associa-as às minas:

> estas minas são as mais antigas que se conhecem neste país e ficam todas na planície. No meio ergue-se uma fortaleza

> quadrada, inteiramente construída com pedras de um tamanho assombroso, muito bem talhadas por fora e por dentro, sem rasto de cal para as unir: a muralha tem mais de vinte e cinco palmos de largura (5,50 m) e a sua altura parece escassa em relação à largura [...]; e praticamente em volta de todo este edifício, em colinas, podem ver-se outros, também de pedra talhada e sem cal, e entre os quais uma torre de mais de doze braças (24 m).

Estas construções de pedra datam talvez, pelo menos as mais antigas, dos séculos IX e X, tal como as minas de ouro. Encontramo-nos, portanto, perante o testemunho de uma organização social e técnica muito complexa, que associa não só os construtores e os mineiros, como inclui também agricultores, criadores de gado e artesãos, entre os quais ferreiros e tecelões. Esta complexa estrutura não podia ser governada de maneira simples, e sabemos que o território estava submetido a «um príncipe autóctone chamado Monomotapa» (do banto *Mwene-mutapa*, que significa «Senhor dos Países Conquistados»). Esta organização política mantinha relações privilegiadas com Sofala, como sublinham os cronistas portugueses:

> É conveniente, senhor, que se dê conta do que acontece em Sofala, do ouro que ali se encontra, donde vem, de como se extrai e por que não chega neste momento [...] O reino, senhor, donde provém o ouro de Sofala chama-se Ucalanga; é muito extenso e compreende muitas e grandes cidades, sem falar de numerosos povoados; a própria cidade de Sofala faz parte dele, assim como toda a costa [...] E este rei que reina actualmente em Ucalanga, senhor, é o filho de Mocomba, que também foi rei do referido reino. Chama-se-lhe Quesarymgo Menomotapam, que é o mesmo que chamar rei a alguém, pois Menomotapam significa rei, e o reino chama-se Ucalanga.

Instalados nas margens do Zambeze, em feiras ou feitorias, os Portugueses viam-se obrigados a manter-se neste terreno limitado. Quando alguns ousavam aventurar-se através da franja norte da planície, tinham de se concentrar em torno da feitoria principal de Massa, administrada por um português, mas que cobrava essencialmente os impostos destinados a Monomotapa. Ou dito de outro modo: os Portugueses, tal como anteriormente os Árabes, não podiam deixar de respeitar a autoridade do imperador, tornando-se funcionários do Império. Por outro lado, toda a deslocação dos Portugueses dependia da autoridade do imperador, ou de um capitão, chamado «a mulher principal do rei»; portanto, temos de fixar-nos em três aspectos fundamentais: a importância das mulheres na gestão do país, o poder sem brechas da corte e o estatuto inferior e submetido dos europeus, que se traduzia na mudança simbólica de sexo, ao tornar-se o capitão, no registo hierárquico, uma «mulher do rei». Esta situação durou até aos fins do século XVI, o tempo de que os Portugueses necessitaram para esgotar as possibilidades, comerciais e outras, encontradas na costa.

Para tentarem dominar o Império, os Portugueses utilizaram um método cuja eficácia já tinha sido provada noutras regiões, especialmente no reino do Congo: os missionários. Em 1561, dois missionários jesuítas tentaram converter o rei e a corte, mas encontraram oposição nas autoridades religiosas de Monomotapa, associadas aos Árabes; o chefe da expedição morreu estrangulado e os Portugueses viram-se obrigados a renunciar a este método. Não obstante, os colonizadores não tiveram hesitações em aplicar qualquer método, desde que fosse capaz de consolidar o seu domínio.

A pedido do imperador, os Portugueses intervieram nos conflitos internos do Império, e, em agradecimento, o rei confiou-lhes (1607) as minas do reino, respondendo assim, embora com atraso, às solicitações dos Portugueses, vivamente desejosos de controlar a produção mineira. Mas a oferta era, na realidade, envenenada, visto que os Portugueses não dispunham das forças, nem das técnicas, suficientes para explorarem directamente estas minas. Por outro lado, não podiam assegurar a exploração, porque careciam da possibilidade de recrutar a mão-de-obra africana indispensável. Assim, a fragilidade da presença portuguesa, juntamente com a recusa dos Africanos em trabalhar para os Europeus, tornava impossível a exploração directa das minas.

A situação de crise dos fins do século XVI viu-se acentuada pelos conflitos internos, que se prolongaram durante a primeira metade do século XVII. Isto induziu os Portugueses a tentarem controlar o Império através de um rei fantoche, e conseguiram-no, de 1632 a 1652, com Mavura, «monomotapa» que conseguiram dominar. No entanto, a política portuguesa não foi obra de técnicos em colonização, mas, antes, obedeceu aos interesses directos dos mercadores, movidos sempre por investimentos a curto prazo. A situação já era conflituosa entre os africanos e a administração, porém, agravou-se ainda mais com as pilhagens dos comerciantes.

Em 1684, aparece na história da região uma nova personalidade: Changamira, chefe ou rei dos Rozwi. Não se pode precisar se a sua capital estava instalada em Kahli ou em Dhlo Dhlo, mas sabe-se que, por alturas de 1688, Changamira se lançou no processo de conquista e que recuperou a metade norte da meseta. Em 1693, prosseguiu as suas operações contra os Portugueses, que conseguiu expulsar da planície, com excepção de Manica. Isto significou o fim da aspiração portuguesa de chegar a controlar o comércio do ouro, devido à impossibilidade reconhecida de submeter as populações ou de organizar a produção por meio de uma gestão directa. Além disso, a acção de Changamira pôs em evidência a grande fragilidade da presença portuguesa no Sueste africano.

Os comerciantes expulsos da meseta foram obrigados a retirar-se para Sena e Tete. Só em 1716 se instalou uma nova feitoria em Zumbo, que serviria de base logística nas relações, muito escassas, mantidas durante o século XVIII com as regiões produtoras de ouro. Contudo, a presença portuguesa, ou seja europeia, no vale do Zambeze viria a diminuir progressivamente e só voltaria a recuperar o seu vigor no século XX.

O Império Maravi

Entretanto, a norte do Zambeze nascia uma nova organização política, muito menos hostil aos Portugueses: o Império Maravi, denominação que alguns antropólogos sugerem que se substitua pela de federação. Esta incluiria os Cewa, os Nyanja e os Mang'anja, que já ocupavam o seu actual território em 1616; esta afirmação ver-se-ia confirmada pelo nome dos Nyanja, que significa «gentes dos lagos»; o nome dos Maravi (Amaravi ou Amalawi) parece poder traduzir-se por «povo das chamas», pois, ao chegarem perto do lago, teriam confundido com chamas as ondas da água iluminadas pelo sol.

A sua importância foi considerável e, embora o poder mostrasse uma certa homogeneidade, as relações com a costa eram escassas: em 1667, os Maravi, sob a direcção do imperador Caronga, ocuparam «duzentas léguas» entre o Zambeze e Quelimane. A sua origem é relativamente confusa: enquanto os Cewa afirmam ter uma origem luba, outras tradições qualificam-nos como originários das terras baixas e quentes a sudoeste do lago Niassa; no entanto, isso pode corresponder a diferentes migrações, fundidas num mesmo relato. É importante sublinhar que este grupo ampliou a sua zona de acção durante o século XVIII e aceitou as propostas comerciais dos Portugueses, que foram abastecidos dos produtos já clássicos: marfim, escravos, ferro e os panos de fabrico local, introduzidos a seguir na região de Monomotapa.

Por último, deve referir-se que este império pouco a pouco foi perdendo a sua coerência interna, desagregado pelos contínuos combates entre pequenas organizações políticas, que recuperaram a sua autonomia quando aumentou a pressão europeia, tanto na costa como nos territórios do interior.

A estrutura política e económica de Monomotapa

Se Monomotapa se caracterizou pela passagem dos construtores aos mineiros, a agricultura e a criação de gado também ocuparam um lugar importante. Ao que parece, a agricultura foi introduzida na Idade do Ferro (*Iron Age-A*). O cultivo baseava-se na produção de três cereais: eleusine, milho e sorgo; mais perto do mar, produzia-se arroz e inhames, produção que só se viu modificada definitivamente no século XVIII, quando se introduziram plantas americanas, como o milho-branco e o amendoim. A transformação dos modos de produção deveu-se basicamente ao milho-branco, que encontrou boas condições de cultivo na meseta.

Os utensílios agrícolas limitavam-se à enxada, e os cultivos eram itinerantes e praticados em queimadas. Tal como os outros grupos bantos, os karanga de Monomotapa dispunham de um calendário, embora carecesse de rigor e obrigasse a manipulações um tanto aleatórias; não obstante, como o cálculo do tempo tem sido sempre uma técnica difícil e por vezes precária, não se deve estranhar esta imprecisão. As terras eram preparadas durante os meses de Setembro, Outubro e Novembro, mas, segundo os dados que temos, a produção nunca era suficiente, o que provocava períodos de extrema penúria.

Deve acrescentar-se a isto que, sendo a ajuda mútua uma prática generalizada — prova-o a importância da solidariedade entre as famílias das aldeias —, as populações se sentiam incitadas à acumulação. A sociedade karanga era totalmente contrária à acumulação, que considerava uma ameaça ao equilíbrio igualitário da sociedade. Talvez seja esta uma das razões da insuficiência da produção: cada um tinha medo de produzir mais do que os outros, porque toda a produção excessiva podia ser interpretada como resultado de uma acção de bruxaria. Isto acentuava a importância da rejeição da acumulação, salvo no que se refere ao poder central; no entanto, nesse caso particular, a acumulação nunca era pessoal e o entesouramento, que não aproveitava ao produtor, servia só para reforçar o predomínio do poder central.

A variedade de animais não era grande: cabras, carneiros, porcos, galinhas e alguns bovinos. Por outro lado, a presença da mosca tsé-tsé nos vales impedia a introdução do cavalo, que só chegaria à planície vindo do interior, quer dizer, da Rodésia, o actual Zimbabué. Não obstante, isso também explica as grandes dificuldades dos europeus para conquistarem e ocuparem a meseta, visto que o cavalo, o animal da conquista por excelência, não podia ser utilizado.

A actividade mineira foi muito importante, e se conhecemos pouca coisa dos «construtores», dispomos de grande número de dados sobre os minerais extraídos e sobre a técnicas mineiras; obtinham-se, além do ferro, o ouro, o cobre e o estanho. O ouro começou a ser explorado a partir do século VII e desempenhou um papel decisivo, não só na estrutura do Império, mas também nas relações com os grupos estabelecidos na costa. O trabalho mineiro exigia o recrutamento de uma mão-de-obra considerável, e nele participava um grande número de mulheres. Junto das minas, o poder central instalava alguns funcionários, os *mutumes* ou *infices*, encarregados de receber a percentagem que lhes correspondia.

Entre as actividades principais, tem de se citar também a tecelagem, que permitia ao Império produzir os panos de que necessitava; mas também é certo que a chegada de novos tecidos, trazidos tanto pelos Árabes como pelos Portugueses, obrigou, como aconteceu noutros lugares, a abandonar pouco a pouco a produção local.

A organização da sociedade karanga assentava na aldeia (*musha*), sob a direcção do *mukuru*; no nível imediatamente superior, encontrava-se a cidade (*muzinda*), sob a direcção do *fumo* ou *encosse*, enquanto o *zimbabwe* se destinava à residência do rei, ou do imperador, que recebia o nome de *mambo*. Não havia nesta organização nada de surpreendente: a estrutura hierárquica era homóloga das organizações reais, como o reino do Congo ou o Império Lunda. Isto está completamente confirmado por uma informação, na verdade tardia (1861–1862), em que se declara que os chefes de província eram parentes de Monomotapa: «Estes príncipes recebiam o título de *mambos* e também são chamados *muenenhicos*, que significa "dono de terra", porque, descendentes dos irmãos e companheiros de Mutota, a quem ajudaram a conquistar o território, aquele, em recompensa, lhes concedeu o gozo perpétuo dos distritos, com direito de sucessão.» O sistema também se apoiava quer no parentesco, quer nas obrigações. A rede assim criada contribuiu para o aparecimento ou para o reforço de uma divisão que separava o grupo que exercia o poder e os que trabalhavam.

A existência de um conselho formado pelo menos por nove pessoas constituía também um elemento essencial: *ningomoxa* (governador dos reinos), *mocomoaxa* (capitão-general), *ambuya* (chefe da casa do rei), *inhantovo* (chefe da música), *nhurucao* (capitão-general da vanguarda do exército), *bucurume* (braço direito do rei), *maguende* (grande feiticeiro), *netambex* (boticário do rei) e *nehonho* (porteiro-chefe). Este pessoal político era recrutado entre a nobreza e possuía terras e súbditos. No século XVIII juntou-se àqueles uma décima personagem: o *nen zou* (tesoureiro). Deve referir-se que, embora uma parte do pessoal político se encontrasse directamente subordinado ao serviço pessoal do imperador, o resto estava especializado na guerra, e é lícito supor que a lista do conselho esteja incompleta, visto que não existe nela a figura de um capitão-general da retaguarda do exército, logicamente necessária, dada a existência de um general da vanguarda.

Esta complexa estrutura política complicava-se ainda mais com as «nove mulheres do rei», consideradas como suas mulheres principais, três das quais exerciam importantes funções: a primeira, *mazarira*, que era sempre uma sua irmã, tinha o título de «mãe dos Portugueses» e encarregava-se de apresentar ao rei os seus pedidos; a segunda, *inhahanda*, intercedia pelos Árabes, enquanto a terceira, *nabuiza*, era a sua verdadeira esposa. As outras seis — *navemba, nemangore, nizingoapangi, nemangoro, nessanhi, necharunda* — possuíam, tal como as três primeiras, terras e súbditos.

Tem de se considerar também a importância do incesto, visto que a primeira mulher era irmã do rei. No modelo banto, o incesto destinava-se a provar a potência genésica do rei; a relação sexual com o irmão real chegava a um tal excesso, pensava-se, que a irmã se tornava estéril.

O desaparecimento do rei provocava contínuas crises de sucessão, que eram aproveitadas pelos poderes vizinhos ou estrangeiros para tentarem apoderar-se do domínio do país. Por outro lado, determinadas práticas desta realeza remetem-nos a dados que são sinal da realeza sagrada.

Deve referir-se, por fim, a importância das formas económicas da dominação. Parece difícil falar de uma fiscalidade organizada tal como se encontra nos Estados de modelo europeu.

As exacções da corte eram de dois tipos: o tributo e a prestação pessoal; no entanto, os tributos eram redistribuídos, embora esta repartição nunca fosse igualitária; por outras palavras, se a estrutura social era relativamente desigualitária, a redistribuição não fazia mais do que acentuar a referida situação. Por outro lado, os Portugueses proporcionaram, durante muito tempo, a parte mais substancial dos tributos, graças à *curva*, contribuição imposta pela corte de Monomotapa e de que os Portugueses só muito tarde vieram a libertar-se, por falta de recursos militares e técnicos.

As populações da África do Sul

Quando os Holandeses se instalaram no Cabo (Abril de 1652), relacionaram-se com os Khoi-San. Jan van Riebeeck criou um porto de abastecimento para os navios da rota das Índias, de acordo com a famosa Companhia Holandesa das Índias Orientais: instalado no cabo da Boa Esperança, este porto era administrado a partir de Batávia (Java), o que confirma a situação particular da África Oriental, considerada como uma dependência dos territórios indianos ou indonésios. Os colonos bóeres — quer dizer, camponeses —, ao tentarem iludir o minucioso controlo da Companhia das Índias, foram tirando aos Hotentotes terras e mulheres, o que deu origem a uma população nova e crescente de mestiços (*bastards, griquas, coloured*), grande número dos quais conseguiu «passar a linha». Alguns historiadores asseguram que todas as famílias bóeres antigas tinham sangue hotentote, por vezes, numa percentagem importante.

A situação mudou sensivelmente durante a segunda metade do século XVII, quando chegaram à África do Sul muitos protestantes franceses, obrigados a abandonar França a seguir à revogação do Edicto de Nantes (1685). Tratava-se quase sempre de membros da burguesia, que dispunham dos capitais, da cultura e dos conhecimentos técnicos de que careciam os Bóeres holandeses. Isso deu lugar a uma renovação do *trekking* (o *trek* designa a marcha para Leste) para terras que estavam ocupadas, o que provocou a expulsão dos Hotentotes, que, frequentemente sem gado — tirado ou comprado pela Companhia das Índias —, se viram forçados a aceitar a sua redução à servidão, condição que mal se distinguia da escravatura.

Como se isto não fosse suficiente, no século XVIII os Hotentotes, e inclusivamente os San, foram vítimas de três epidemias de varíola (1713, 1735, 1767), que dizimaram consideravelmente a população. Embora não se possa acusar os colonos de terem provocado as epidemias, é evidente que as novas condições de *habitat* impostas a estes povos contribuíram para reforçar os efeitos da doença. Por consequência, a população viu-se muito reduzida, de modo que o território da África do Sul parecia ter ficado vazio de populações africanas.

Ao restabelecer-se a política do *trek*, os Bóeres necessariamente teriam de se defrontar com as populações bantas, mais bem armadas para responderem à pressão desta nova colonização. Assim aconteceu desde os princípios do século XVIII; em 1775, nas margens do Fish River, o encontro transformou-se em conflito. Os Bóeres encontravam-se perante povos bem organizados, que dispunham de armas e de técnicas de combate. Certamente, as armas eram inferiores às dos europeus, mas esta desvantagem via-se compensada por uma melhor adaptação ao terreno.

A situação não deixou de se agravar a partir de 1778: perante a obstinação dos criadores de gado xhosa, que se recusavam a abandonar o Alto Fish River, os colonos atravessaram a fronteira, mataram inúmeros xhosa e roubaram-lhes o gado. Tratava-se de uma operação de razia clássica, destinada sobretudo a pressionar o governo e a obrigá-lo a dar um passo em frente, ao fazer explodir as hostilidades com a resposta inevitável e esperada dos Xhosa. Assim começou a primeira «guerra dos Cafres» (palavra que os Holandeses receberam dos Portugueses e que estes tinham herdado do árabe *kaffir*, que designa simplesmente as populações ou as pessoas que não crêem na religião revelada).

Contudo, a técnica militar dos europeus revelar-se-ia muito mais eficaz do que a dos africanos. Encarregado de chegar a um compromisso com os Xhosa, o comandante bóer das forças do Leste, Adriaan van Jaarsveld, em 1781, lançou uma violenta campanha contra os Xhosa; a paz de compromisso que se estabeleceu não podia durar muito, dado o antagonismo radical entre os projectos de ambos os grupos. Num momento em que os africanos ainda não dispunham das técnicas modernas capazes de lhes assegurar a vitória contra a irresistível pressão bóer, em 1793, explodiu a segunda «guerra cafre», cujas consequências foram terríveis para os Xhosa, já enfraquecidos por uma longa seca.

Ainda assim, a pressão bóer não cessou. Quando, recorrendo a uma astúcia já clássica, os Xhosa tentaram aproveitar os conflitos entre os europeus (rivalidade franco-britânica em relação ao Cabo e tentativas britânicas de tomarem o controlo desta colónia holandesa) e desencadearam a terceira «guerra cafre» (1799–1802), encontraram-se perante a unidade recuperada dos europeus e o seu enorme poderio militar. De novo, a paz negociada aparecia como um dos sinais da derrota africana; a pressão dos Bóeres manter-se-ia ininterruptamente durante todo o século XIX, isolando os Khoi-San e os Bantos, arrebatando-lhes as terras e obrigando-os a trabalhar sem descanso para os brancos e para o seu capitalismo.

A África Central do Oeste: os Lundas

O conhecimento da África Central foi muito tardio: até meados do século XVIII, os Portugueses não souberam que uma quantidade considerável dos escravos que eram oferecidos nos mercados de Luanda e Benguela eram originários das regiões orientais. Organizou-se então uma expedição para tentar um reconhecimento do rio Cuango (Kwangu), limite oriental do reino imbangala do Kassange, assim como das populações que habitavam a leste do rio. Esta expedição, que não conseguiu cumprir a sua missão, permitiu, não obstante, conhecer a mais importante das populações orientais, os Molua (Lundas), assim como o grande chefe desta organização política, Mwaat Yaamv; no entanto, teve de se esperar até 1790 para que estes povos fossem por fim inscritos no mapa de Angola elaborado por Pinheiro Furtado.

Contudo, o recurso à arqueologia e às tradições orais, registadas desde o século XVII, permite conhecer a evolução do poder nesta zona africana, em que, ao que parece, o desenvolvimento da metalurgia provocou a transformação das técnicas, tanto da caça como da agricultura, e permitiu fabricar armas novas, que facilitaram a deslocação das populações num meio natural que oferecia vários perigos: o homem que viajava era necessariamente um caçador. Assim, a conjunção destes factores daria lugar a uma nova utilização das condições económicas e à implantação de novas formas de gestão.

O estudo da depressão do lago Upemba, região natural ao sul do Zaire, permitiu aos arqueólogos tomarem consciência dos valores culturais que deram origem às formações políticas da zona. Ali manifesta-se por inteiro a importância da cultura kisaliana. A cultura luba encontrava-se directamente relacionada com esta tradição, cuja segunda fase, que se prolonga do século XI ao século XV, e mesmo ao século XVI, correspondeu ao começo da formação dos senhorios, dos reinos e dos impérios. A região luba do Catanga, provável lugar de formação do banto, demonstra assim um elevado nível de elaboração política. Também se situa ali a origem de um dos poderes mais prestigiosos da África, que se alargou às regiões orientais, até chegar quase ao oceano Índico.

O mito da origem da cultura caracteriza-se pela intervenção de um herói civilizador. Embora as personagens pareçam não corresponder a uma verdadeira existência histórica, põem em relevo, através da sua apresentação mítica, a importância da mudança de civilização. O caçador Kalala Ilunga combate e vence Nkongolo, representado como um rei bárbaro, não só pelos seus apetrechos toscos, mas também pela cor vermelha que o caracteriza. Trata-se da primeira mudança qualitativa de realezas. O novo poder assim instituído, o do *bulopwe*, evoca tanto a dignidade como a força autorizada e apoiada por esta mesma autoridade. A referida força também se distingue pela violência, assim como pelo poderio contra os feiticeiros.

Estabelece-se uma relação genética entre o poder luba e o poder lunda. Um caçador luba, numa das suas expedições, encontra uma princesa bongo, com quem acabará por se casar. Este caçador é descrito como portador de armas novas e destaca-se pelas suas maneiras aristocráticas. As armas trazidas pelo caçador substituem as armas tradicionais de pedra.

Este poder, marcado pela conquista, é o da ordem. A conquista não deve modificar nem as relações, nem os estatutos. Mas a violência está presente: a grande faca *makuale*, que impõe o combate corpo a corpo, é o sinal desta violência frequentemente excessiva. Por outro lado, este poder caracteriza-se por um ritual complexo, destinado a associar as formas de parentesco a uma gramática política, que por sua vez tenta libertar-se do peso do parentesco. O poder lunda caracterizava-se pela sucessão posicional e pelo parentesco perpétuo, que assegurava a permanência dos laços entre os diferentes cargos. Esta situação, particularmente engenhosa, que assegurava o parentesco clássico a formas de gestão que tentavam desembaraçar-se dos condicionamentos desta estrutura, já a pôs em evidência Henrique de Carvalho, embora a sua conceptualização tenha sido levada a cabo por I. G. Cunninson.

Dispomos de diferentes versões acerca da expansão lunda, frequentemente interpretada como uma expansão essencialmente militar, cujo motor fundamental teria sido a conquista. No entanto, existiu também um modelo de gestão política que parece ter exercido um certo fascínio sobre diversos grupos. Deste modo, pode explicar-se o que às vezes se tem denominado por diáspora lunda. Um primeiro grupo partiu em direcção à costa ocidental para sair ao encontro dos Portugueses, já instalados em Luanda desde 1575. O primeiro contacto entre Kinguri — tratamento do chefe lunda — e os Portugueses parece datar de 1609 ou 1610. Este grupo instalar-se-ia em Cassange, onde criaria o Estado dos Imbangalas, cujo papel seria fundamental, até à segunda metade do século XIX, nas relações entre os Portugueses e as regiões orientais, controladas na sua maior parte pelos Lundas ou pelos povos sob a sua influência.

Esta diáspora combinou-se, sem dúvida, com um processo de aglutinação: os poderes locais podiam integrar-se facilmente no processo lunda, visto que os grupos se encontravam dispersos em grandes espaços. Os chefes conquistados eram integrados nas linhagens reais graças a manipulações genealógicas que incluíam até o mais insignificante dos chefes nas estruturas da parentela aristocrática, o que não impedia que o chefe recentemente integrado pudesse manter a sua história pessoal e familiar. Isto possibilitou a criação de um estilo de poder lunda, favorecido pela obrigação de muitos nobres e chefes de confiarem os seus filhos varões à vigilância de *lukonkesha* — mãe simbólica do rei — na corte central.

A importância deste processo residia essencialmente, portanto, na possibilidade de criar e de manter uma estrutura política muito centralizada, com importantes meios de coacção, sem renunciar, por isso, aos particularismos regionais. Esta solução permitiu, como nenhuma outra, assegurar a coesão do Império, embora este se encontrasse continuamente ameaçado pelas possibilidades de autonomia das organizações subordinadas. No entanto, o sistema completava-se com o estabelecimento de redes de alianças por meio das quais os diferentes grupos se associavam em operações — quase sempre lucrativas — de conquista e de dominação.

Uma semelhante estrutura política era indissociável dos valores técnicos e económicos. As mudanças derivadas da metalurgia foram importantes, na medida em que permitiram obter excedentes agrícolas, indispensáveis a toda a operação de guerra. Isto permite referir que a expansão militar lunda correspondeu, *grosso modo*, ao período de importação das novas plantas de origem americana, sobretudo a partir dos séculos XVII e XVIII, mandioca, milho-branco, batatas, feijões, novas variedades de pimentos (*Capsicum frutescens*, piripiri ou pilipili), tabaco e manga, o que coincidiu com o abandono dos antigos cultivos, entre os quais o sorgo e a eleusine.

A introdução destas novas plantas desempenhou um papel essencial: o excedente era absorvido pelo Estado e servia para organizar expedições militares. Com a guerra, o Império Lunda tornou-se produtor de escravos, que eram vendidos aos Portugueses através de Cassange. Por outras palavras, a transformação da estrutura lunda desenvolveu-se em duas fases: a resultante de mudanças internas, exclusivamente africanas, e a combinação da evolução interna com os contributos alógenos, essencialmente portugueses.

Os Lundas distinguiram-se — a oeste, com o ramo imbangala de Cassange e, a leste, com o reino de Kazembe — como hábeis comerciantes; desde muito cedo souberam apreciar as inovações fornecidas pelos estrangeiros e procuraram os meios de estabelecer contactos, quando o poder central, suficientemente estabilizado, se considerou em condições de negociar com os Portugueses. Estes contactos, estabelecidos desde os primeiros anos do século XVII, não impediram a procura de uma ligação com as regiões orientais; porém, isto só seria realizado tempos depois: a operação mais importante para leste só se iniciou nos fins do século XVII, ou talvez até nos princípios do século XVIII, em direcção ao vale do Luapula.

Esta complexa organização começou a desagregar-se nos fins do século XVIII sob a pressão dos ataques das populações e organizações periféricas, difíceis de controlar e que frequentemente respondiam com solicitude aos convites das potências colonizadoras. A introdução das armas de fogo, que os Lundas começaram a utilizar de modo habitual por volta de 1756, complicou ainda mais a situação: introduzidas pelos europeus e árabes por mar, eram mais facilmente acessíveis às populações periféricas, que as utilizaram contra o poder central para recuperar a sua autonomia.

Não era uma incapacidade de se adaptar a uma nova situação, mas, antes, uma impossibilidade: os Lundas, que tinham beneficiado de uma localização geográfica particularmente privilegiada que os colocava no centro das rotas que uniam a costa oriental à ocidental, tornaram-se as suas principais vítimas quando o poder central não conseguiu controlar a chegada das armas de fogo. No entanto, manteve-se um pouco da herança histórica dos Lundas, o que contribuiu para dar aos poderes da África Central uma homogeneidade considerável.

Os lundas meridionais

Pelos fins do século XVII e princípios do século XVIII, os Lundas prosseguiram a sua expansão, sempre baseando-se na técnica guerreira e na competência administrativa, e apoderaram-se das regiões do Alto Zambeze; porém, a situação só se estabilizou cerca de 1750, por ocasião da nomeação do *sanama.* Fiéis à sua técnica de descentralização controlada, os Lundas deram a esta nova autoridade uma grande liberdade de acção, e isso permitiu-lhes assegurar o controlo dos pequenos grupos étnicos instalados mais a leste: Lamba, Zushi, Ambo, Soli.

A partir dos fins do século XVIII, a situação esclareceu-se: todos os grupos que habitavam na Zâmbia Central, com excepção dos Lenje, lia e Tonga, foram governados por linhagens lundas ou da sua área de influência, sem reconhecerem, portanto, a autoridade do imperador, Mwaat Yaamv. Embora estes grupos não aceitassem a autoridade central, nem por isso contribuíam menos para formar uma fronteira ideológica no Império; ao adoptarem as práticas e formas de organização dos lundas centrais, estes grupos actuavam como difusores da ideologia e da prática lundas.

A fundação do reino lozi

Pela mesma época, a chegada ao território lozi de Mbwambwa, uma mulher proveniente do território central de Mwaat Yaamv, deu lugar ao nascimento de uma nova estrutura política. Deve referir-se a importância das mulheres na política dos Lundas: não se tratava apenas de uma presença mítica ou simbólica, mas do exercício real do poder, cujo modelo era a *lukenkesha.* No entanto, a expansão do reino foi levada a cabo sob a direcção de Mboo, filho de Mbwambwa, cujo Estado tomou, ao princípio, uma orientação mais defensiva, para se defrontar com os Iwena, grupo bastante próximo dos lundas ocidentais. Imediatamente depois de conter os Iwena, Mboo conquistou a planície junto do curso do Zambeze.

Em seguida, Mwanambinyi, irmão de Mboo, apoderou--se de um território a jusante do conquistado pelo irmão, o que desencadeou uma longa guerra que se manteve durante três gerações: foi Ngalana, um descendente de Mboo, que conseguiu a vitória. Pelos fins do século XVIII, outro chefe, Ngombele, impulsionou a extensão do território até às quedas de água do Zambeze.

Com a partilha das terras e do poder entre os dois irmãos, Mboo e Mwanambinyi, a planície ficou dividida em duas regiões, com as suas respectivas capitais. No entanto, esta divisão significou a vitória dos conselhos (*kura*), encarregados de controlar o poder real e de encontrar soluções para os conflitos dinásticos, sempre inclinados a degenerar em guerras civis.

A expedição para leste e a criação do reino de Kazembe

O desenvolvimento do poder lunda não foi apenas consequência da guerra, mas também de se pôr em prática um projecto comercial. Perante os novos produtos trazidos das duas costas pelos mercadores africanos, os Lundas decidiram participar nas novas rotas comerciais a longa distância, portadoras de muitas novidades. A expedição enviada ao Alto Catanga tinha como missão particular a ocupação das salinas e das minas de cobre. O projecto contava com um sólido apoio militar, mas o seu objectivo era essencialmente político e comercial, visto que o sal era uma mercadoria procurada e cujo consumo era muito importante. À falta de concorrência do sal marinho, os Lundas lançaram no mercado não só o sal-gema, como também o produzido com as cinzas de certas plantas. Por outro lado, o cobre era utilizado como moeda, transformado em pequenas cruzes, mas que se empregavam também na confecção de muitos outros objectos decorativos; além disso, podia ser exportado a grandes distâncias. Seguindo esta mesma linha comercial, os Lundas queriam assegurar o controlo das mercadorias provenientes do Índico, entre as quais se encontravam *cauris* (moluscos daquela região), as cerâmicas chinesas e os tecidos indianos.

A primeira operação conseguiu assegurar o domínio de toda a região até ao rio Lualaba, incluindo as salinas de Kecila. A corte lunda arranjou, assim, os meios de conjurar e conter qualquer acção militar ou política, apoiada nas mercadorias de primeira importância, muito procuradas através dos imensos territórios da região. Isso não deixou de criar problemas, visto que o primeiro chefe desta expedição tentou formar um poder autónomo, independente do controlo lunda.

A corte central enviou, então, um pequeno contingente militar para pôr fim a esta secessão; uma geração depois, o *Kazembe* atravessou o rio para marchar até à bacia do Luapula. Este novo título, *Kazembe*, passou a ser hereditário, e a partir dessa altura serviu para designar o chefe do novo estabelecimento lunda a leste. Uma terceira campanha militar permitiu desbaratar um exército luba e assegurar o domínio do Alto Catanga e do vale do Luapula.

As informações referentes às operações militares desta expedição, de evidente importância e que tornava necessária a deslocação de centenas de lundas, demonstram que eram utilizadas essencialmente as armas tradicionais: o arco e a flecha, a zagaia e, sobretudo, o *makuale*, grande faca destinada ao combate corpo a corpo, que obrigava, portanto, ao uso do escudo (técnica de combate utilizada pelos Lundas muito antes que Chaka a tivesse introduzido, durante a primeira metade do século XIX, entre os Zulus), não obstante, os Lundas também recorreram às trincheiras e às fortificações.

As armas de fogo eram pouco utilizadas, ainda que, muito em breve, fizessem parte do combate lunda e se tenham utilizado para reforçar a caça ao elefante.

Apesar da força do poder lunda, os europeus demoraram a reparar nas deslocações das populações no interior, apesar da constante intervenção dos Lundas na organização das novas entidades políticas e, portanto, na comercialização das mercadorias, tanto as que os africanos produziam como as que eram introduzidas pelos europeus nos circuitos comerciais conhecidos.

Não obstante, já em 1793, os Muiza, súbditos do Mwaat Kazembe, iniciaram contactos com os comerciantes portugueses. Foram os responsáveis africanos que referiram a conveniência de estabelecer comunicações regulares entre Kazembe e Tete; os Portugueses aceitaram a sugestão e travaram relações através dos mercadores e dos seus agentes africanos, os *mussambazes.* Para reforçar estas relações, em 1798, o Mwaat Kazembe enviou uma missão a Tete, para o estabelecimento de relações comerciais regulares junto do rio Arangua.

Por outro lado, esta embaixada lunda vinha alterar os planos dos responsáveis portugueses, que estavam a preparar uma expedição a Kazembe para realizar um velho projecto português (resultado de uma má leitura e interpretação dos mapas, que levava a aceitar a hipótese de que a distância entre as duas costas africanas, do Índico e do Atlântico, era muito curta): estabelecer uma ligação por via terrestre entre as duas costas. O governador de Tete, o sábio brasileiro Lacerda e Almeida, organizou uma expedição em 1798; mas esta viu-se bloqueada na capital de Kazembe, nessa altura próxima do lago Moero, não querendo o rei deixá-la prosseguir para a costa ocidental; todavia, graças à expedição, pôde-se confirmar a existência de rotas comerciais que punham a costa em comunicação com o reino de Kazembe e que asseguravam as relações comerciais entre este reino e a corte central lunda, instalada em Musumba, enquanto esta controlava as relações com o reino de Cassange. Com efeito, tratava-se de uma rota comercial que unia as duas costas e era administrada pelos africanos, e, se o rei de Kazembe decidiu impedir que a expedição de Lacerda e Almeida prosseguisse, pode pensar-se que o fez para preservar o carácter africano desta união transcontinental.

Dispondo de uma estrutura política decalcada do modelo lunda original, o rei de Kazembe gozava de uma grande autonomia, mas permanecia integrado nos projectos do poder central lunda: a sua autonomia nunca era total, sobretudo no que se referia às relações internacionais e às operações de guerra. Se em certas ocasiões o rei de Kazembe, apoiado pelo seu conselho, tentou romper com a corte central, parece que o sistema religioso lho impediu; com efeito, quando, no século XVIII, as autoridades de Kazembe decidiram não pagar os impostos, graves doenças assolaram o reino, e a situação não se regularizou enquanto não foram enviados os tributos à corte central. Vemos, portanto, que o sistema religioso, embora não tivesse a rigidez hierárquica da teologia cristã, podia servir para reforçar o domínio político.

Por outro lado, os lundas orientais tinham acumulado uma grande quantidade de mercadorias de luxo: as expedições portuguesas puderam verificar que na capital havia pelo menos uma casa em que eram acumuladas as mercadorias, transformadas em tesouro real, cujo único objectivo era a manifestação do poder político. O facto de poder controlar as mercadorias, inclusivamente as provenientes da costa, conferia ao reino de Kazembe uma função semelhante à que desempenhava o reino de Cassange em Angola, que também uma vez levantou obstáculos aos contactos directos entre os Portugueses — e em geral os europeus — e a corte central lunda, a que deviam obediência. Estes contactos só se estabeleceriam depois de 1840.

Se não fosse pelo predomínio da corte central lunda, seria difícil explicar como uma organização política tão importante como a dos lundas de Kazembe conseguiu passar despercebida. Foi necessária a determinação do rei de Kazembe em forçar as relações directas com os Portugueses, a quem, no entanto, queria conter, para que o reino lunda de Kazembe fosse conhecido e ocupasse um lugar importante no processo comercial da época. Tem de se distinguir, portanto, entre as intenções de manter as relações comerciais com a costa, que era o propósito do rei de Kazembe, e a tentativa portuguesa de assumir o controlo de homens e territórios. A evolução do Kazembe desde os fins do século XVIII explica a importância que esta estrutura veio a adquirir durante o século seguinte.

Os países a norte do Zambeze

Se as informações de que dispomos acerca de inúmeras regiões africanas são claramente insuficientes ou pouco seguras, a situação é ainda mais delicada no que se refere à África Central em geral. Com efeito, a tradição oral, quase a única fonte de informação para o interior do continente, é muito escassa desde o século XVIII. As genealogias dinásticas, conservadas pelos historiadores das cortes, eram modificadas de acordo com as sucessivas crises, e a tradição oral, embora destinada a conservar a história, também tinha de legitimar os poderes usurpadores.

No entanto, os dados existentes permitem assinalar a diferença que havia entre as regiões costeiras e a região dos Grandes Lagos quanto à organização do poder; enquanto aquelas, respondendo à pressão das potências estrangeiras e do comércio a grande distância, tinham a tendência para desagregar as grandes organizações políticas em chefaturas e, inclusivamente, em aldeias bastante autónomas, na região dos Grandes Lagos, constituíam-se unidades políticas mais extensas, principalmente reinos.

As listas dinásticas ajudam a compreender o processo de formação, e as mais longas remontam até a uma vintena de gerações, ou seja, ao século XV (cada geração, em média, abrange uns vinte e cinco anos). Isto está rigorosamente em coincidência com o período de mudança geral, de que já vimos vários exemplos; mas torna-se impossível avançar pormenores, dado que os materiais históricos são escassos e difíceis de manejar.

O reino de Kitara

Uma das grandes organizações foi o reino de Kitara, cujo centro geográfico se encontrava no Oeste do Uganda e incluía os ricos pastos do Sul de Bunyoro, do Leste de Toro, do Oeste de Buganda e do Norte de Nkolé. O poder encontrava-se, ali, nas mãos de um clã hima, o dos Tchwezi, parecendo este ter sido um grupo pouco numeroso, que se apresenta como possuidor de gado, consumidor de leite e de mel, e dado à política e à guerra. Sem dúvida, os Tchwezi eram invasores que tinham imposto o seu poder aos Bosquímanos e aos Bantos, entre os quais os Abatembouzi, agricultores que cultivavam o milho e que introduziram a metalurgia do ferro na região.

Neste sentido, o enclave de Bigo assinala a transferência de poder, visto que uma muralha em hemiciclo de tipo nilótico se sobrepõe a uma muralha em forma de U de tipo hima. Isso situa-nos perante grupos em guerra, ou que praticavam a razia de maneira generalizada, e que, portanto, necessitavam de sistemas defensivos bastante complexos. Quanto ao resto, as ruínas de Bigo põem em relevo, dada a sua complexidade e a envergadura dos trabalhos, que foi necessário recorrer a uma mão-de-obra considerável, cuja mobilização só pôde ter sido realizada por um poder muito mais sólido do que o do clã dos Tchwezi.

Isto demonstra-nos também que já não é possível aceitar a famosa teoria que pretendia explicar as mudanças de civilização ou de estrutura política ocorridas nesta região como se se tivessem devido exclusivamente à chegada dos povos hamitas (pastores, Kušitas, etc.). Segundo esta teoria, só eles teriam levado à região os novos elementos modernos, mas as investigações de arqueólogos e historiadores põem em causa este ponto de vista. Será preferível explicar a situação como uma subtil combinação entre o contributo — sem dúvida fundamental — de povos vindos do Norte e de elementos específicos bantos.

Os Iwo

O choque, que era previsível, entre as populações bantas e as nilóticas produziu-se no século XV, mas a situação conflituosa prolongou-se até ao século XIX. O berço dos povos de língua nilótica encontrava-se, ao que parece, na região pantanosa do Sudão Meridional, o Soudd e nos seus arredores, onde os Iwo constituíam um elemento preponderante e formavam o grupo meridional dos Nilóticos, que compreendia os Dinka e os Nuers, no Norte, e os Akoli, os Lango e os Alur, no Centro. A fragmentação produziu-se em vagas sucessivas: os Dinka e os Nuers foram os primeiros a partir, enquanto os Iwo se dirigiram mais tarde para o Sul, para atingirem a zona de Juba-Nimulé, onde contactaram com os Bantos, já defrontados com as populações que praticavam a criação de gado, os antepassados dos Hima e dos Tutsi.

Numa nova fragmentação, um primeiro grupo partiu para o Norte e instalou-se em Wipac, depois de ter atravessado o Nilo, sob o comando de Nyikango e de Dimo. Este partiu mais tarde para se instalar na região de Wau, onde já habitavam alguns dinka. Nyikango marchou para o Nordeste, para se instalar no actual território Shillouk, durante a primeira metade do século XVI. Mas o grosso destas populações prosseguiu para o Sul e instalou-se nas regiões próximas do lago Alberto, em Pubungu; dali, um grupo de migrantes contornou o lago Kyoga e atingiu a região do monte Elgon: estes foram os antepassados dos Iwo e dos Padhola actuais do Quénia. Outro grupo, sob as ordens de Labongo, continuou para o Sul, invadiu a região de Bunyoro e o Uganda Ocidental e pôs fim ao poder dos chefes tchwezi do reino de Kitara, instalados ali desde o século XV. Em resumo, o processo de substituição de um grupo dominante de emigrantes por um segundo grupo portador de novas técnicas de combate, mas também metalúrgicas, agrícolas ou comerciais, continuou a ser o modelo de renovação das estruturas africanas.

Este ramo dos Iwo, os babito, criou a dinastia bito, que no século XVII irradiou a sua influência sobre quase todo o actual Uganda e efectuou incursões até ao Ruanda e ao Sul de Kagera; no entanto, uma derrota sofrida no Ruanda nos fins do século XVII e a consequente crise dinástica provocaram a sua retirada no século XVIII. A crise foi aproveitada por Nkore — que conseguiu reunir os cultivadores baïru e os pastores bahima a leste do lago Eduardo—, mas sobretudo por Buganda, que controlava perfeitamente as margens do lago Vitória e cujos reis, os *kabakas*, souberam explorar com habilidade as rivalidades entre os grandes clãs.

Buganda

Com efeito, recorrendo a uma rede de alianças, os chefes de Buganda conseguiram esmagar os de Bunyoro. O seu poder assentava, pelo menos em parte, nas condições ecológicas do território, que permitiam a prática de uma agricultura próspera, em que dominavam as bananeiras, assim como a da criação de gado. Esta agricultura possibilitava uma menor ruptura entre os grupos sociais, ao contrário do que acontecia entre os grupos em que a criação de gado era real ou teoricamente dominante. Nestes últimos grupos defrontavam-se os pastores aristocratas e os camponeses plebeus, chegando — como em Nkolé e em Buzinza, a sul do lago Vitória — à criação de castas opostas. Por outro lado, a divisão sexual do trabalho, tipicamente banta, confiava o grosso dos trabalhos agrícolas às mulheres e deixava para o homem as actividades artesanais: confecção de tecidos, metalurgia, fabrico de canoas, etc.

Parece que tudo isto levou a uma revisão do processo político, visto que Buganda tentou reduzir, e mesmo eliminar, uma das causas mais frequentes de conflitos — as crises de sucessão —, e conseguiu-o limitando o número de pretendentes ao trono: só podiam aspirar ao poder os filhos do rei nascidos depois da sua subida ao trono. Por outro lado, o processo político era controlado pelo *lukiko*, o grande conselho da coroa, formado por dez chefes de província e dignitários da corte, assim como pelo *karikiro* (primeiro-ministro) e pelo *moygénia*, chefe do clã mais numeroso, que constituíam o colégio eleitoral.

No entanto, este poder tinha de assegurar o governo do conjunto do território, o que se realizava através dos chefes locais, que eram os encarregados de cobrar o imposto, calculado por uma comissão que agrupava os delegados do poder central e os dirigentes da província, e de garantir o recrutamento da mão-de-obra indispensável para os trabalhos de interesse geral por meio de serviços ou de prestações pessoais, destinadas particularmente à abertura e à conservação da rede de comunicações.

Estes chefes locais estavam mais ligados ao poder central pelas suas competências do que pelo parentesco; neste sentido, pode dizer-se que Buganda desenvolveu a burocracia embrionária existente em numerosos Estados, reduzindo a importância dos factores hereditários e, portanto, o peso do parentesco.

Em meados do século XVII, Nkolé e Karagwe perderam parte da sua vitalidade, o que permitiu que o Buganda, sob a direcção do *kabaka* Taterega, avançasse pelo Oeste e se apoderasse dos pastos de Bunyoro; isso não o impediu de tentar manter contactos com as regiões orientais, e chegou mesmo a pôr-se em prática um projecto comercial que só poderia efectuar-se incrementando as relações no Leste: Semahokiro, o filho do *kabaka* Kyabazu, organizou um grupo de caçadores para conseguir marfim, um dos produtos mais solicitados na costa. Por outro lado, esta política comercial levou o Buganda a reforçar a sua intervenção tanto em Kiziba como em Karagwe.

Ruanda e Burundi

Destacou-se uma segunda organização política a sudoeste do lago Vitória: o Ruanda. Embora não tenham sido resolvidos os problemas históricos referentes às estruturas do país, sabe-se que existia uma acentuada divisão étnica que talvez se devesse considerar como de grupos socioprofissionais. De qualquer modo, os Tutsi (Batutsi), que eram essencialmente pastores, concebiam e organizavam o mundo de acordo com uma ideologia do gado, o que tem levado frequentemente a descrever as sociedades do Ruanda e do Burundi como totalmente submetidas a esta ideologia da vaca. Com efeito, ali também habitavam os Hutu (Bahutu), que praticavam preferencialmente a agricultura, indispensável para a sobrevivência do grupo, embora a sua importância fosse constantemente limitada pela exaltação da vaca e do gado. Também havia ali os Twa (Batwa), grupo residual, um pouco relegado, de caçadores-colectores que também trabalhavam na cerâmica.

As relações entre estes grupos eram de dominação: os Tutsi controlavam o gado e a realeza, enquanto os Hutu se viam obrigados a praticar a agricultura; mas não se pode dizer que todos os Hutu fossem agricultores; a diferenciação não era tão acentuada. A tendência, que foi reforçada pela intervenção da colonização belga, orientava-se no sentido de identificar os Tutsi com a criação de gado e os Hutu com a agricultura. Esta situação veio a tornar ainda mais profunda a divisão socioprofissional. No entanto, os Tutsi, que eram proprietários do gado e que tinham o poder, criaram, com os Hutu, um sistema de clientela. O cliente, geralmente um hutu, recebia uma rês em troca de cerveja de banana. Esta rês testemunhava o vínculo estabelecido entre ambos, graças ao qual o hutu devia ao proprietário censos e prestações em troca de protecção, essencial naquela sociedade tão profundamente desigual.

A organização do Estado era complexa, visto que, embora o poder estivesse nas mãos dos Tutsi, as técnicas de governo, ao que parece, eram, antes, de origem hutu, como, por exemplo, o governo monárquico e a instituição da rainha-mãe (que já encontrámos entre os Lundas), os nomes dos cargos reais ou a concepção do carácter divino da realeza.

É evidente a complexidade da situação, dado que os Tutsi tinham de exercer o poder num âmbito de origem hutu, mas isso não impedia nem a ruptura entre os grupos, nem que se pusesse em causa a importância fundamental da terra e do gado. Se este último, segundo a ideologia dominante, aparecia como sendo o elemento essencial da sociedade do Ruanda, é evidente que a terra, que significa agricultura, mas também pastos, ocupava um lugar vital nos assuntos do poder.

No capítulo dos acontecimentos, deve destacar-se a situação bastante conflituosa do século XVII, que se traduziu pela expansão do Burundi sob Ntaré III. O Burundi terá sido unificado por alturas de 1680 por um rei hutu casado com uma mulher tutsi, aliança que permitia, por meio de uma mestiçagem real, anular as diferenças que no Ruanda opunham os dois grupos socioprofissionais. O Ruanda recuperou a iniciativa política na região sob a direcção de Cyilima II Rujugira (c. 1675–1708), que arranjou os melos para conter as ofensivas no Leste. Organizou-se então, nesta região, um sistema defensivo; três companhias encarregavam-se de alertar a população em caso de ataque, com o fim de opor ao invasor uma frente ampla. Esta organização foi tão eficaz que permitiu refrear as operações empreendidas contra o Ruanda; além disso, o sistema defensivo passou a ofensivo e permitiu empreender diversas operações, de maneira que o rei Kigeli II conseguiu ocupar Ndorwa, no Nordeste.

Por último, no século XVIII, multiplicaram-se as lutas internas, que caracterizaram os reinados de Mibanbwe III, Mutabazi II (c. 1741–1746) e de Yuhi IV (c. 1746–1802).

Impõe-se uma conclusão para tentar definir o que caracteriza este processo de gestão política: diversas populações saídas de uma tradição fortemente estatizada separaram-se do núcleo inicial para realizarem operações expansionistas por meio da conquista.

Os Estados surgidos a partir das operações dos Iwo combinavam de maneira variada um sistema muito hierarquizado — em que frequentemente se tenta distinguir entre nobres e plebeus — com uma organização tributária. O Estado afirmava-se por meio dos tributos e o cálculo e a cobrança dos mesmos exigiam a constituição de uma rede de chefes ou de burocratas encarregados de organizar as prestações em trabalho ou em produtos.

Com efeito, estas práticas nilóticas associavam-se perfeitamente com as opções dos povos bantos, e foi esta possibilidade de combinar os dois contributos que permitiu o aparecimento de poderes que consentiam que ambos os grupos convivessem juntos. As estratégias entre clãs, relacionadas com funções ou privilégios particulares, também não eram desconhecidas dos Bantos, assim como o jogo de arbitragem mais ou menos desigual entre categorias de vocação pastoril (hima ou tutsi) e as de vocação agrícola (iru ou hutu).

Confederações étnicas do Centro-Norte

O modo de vida semi-nómada, caracterizado frequentemente pela prática institucional da razia, veio reforçar a tradição do Sul de Cuš da organização em classes de idade, típica tanto dos Masai como dos Lango, dos Kalenjin e até dos Kikuyo. No entanto, foram os Masai que proporcionaram o modelo de combate e as condições ideológicas que proibiam guerrear certos grupos.

Com efeito, o mito da criação masai refere que os Dorobo foram os primeiros povoadores da Terra, que habitavam em companhia de uma serpente, de uma elefanta prenhe e, depois, de uma vaca. Contudo, após alguns conflitos que teriam provocado a morte da elefanta, interveio o Masai, que, quando soube que o criador destinava mais gado ao Dorobo, se apoderou da vaca.

Na organização da sociedade masai deve sublinhar-se a importância do gado: os Dorobo não podiam possuí-lo e foram excluídos do *kraal* (povoação de cabanas) para que não estivessem em contacto com ele. Não tendo gado, os Dorobo não podiam conseguir armas, nem ofensivas, nem defensivas, o que os tornava vítimas permanentes. Tanto o mito como a organização dos Masai destacavam a importância do combate, mas exigiam também a formação de grupos que aceitaram encontrar-se sempre entre as vítimas; quer dizer, a razia não era tanto uma forma de guerra como um jogo institucional destinado a «recuperar» o gado criado por um grupo dominado. A situação só começaria a mudar nos fins do século XIX, por causa da influência «normalizadora» dos seus colonizadores e das epizootias que dizimaram o gado masai.

As chefaturas do Centro e do Sul da Tanzânia

No vasto conjunto de florestas claro, seco e pouco povoado que se estende entre os lagos Vitória, Tanganhica e Niassa encontrava-se a área de expansão de uma série de etnias linguisticamente aparentadas no século XIX sob comum denominação de *benyamwezi* («as gentes da Lua»), que lhes foi dada na costa oriental. Estes grupos, entre quais os Sukuma e os Nyakusa, praticavam a criação de gado e a agricultura. Os soberanos (*entemi* ou *nitémi*) constituíam grupos unidos por uma origem comum ou pelo uso de emblemas idênticos, como, no caso dos Bakimbi, o corpo de madeira ou o disco de conchas. A realeza tinha o apoio e o condicionamento de uma rede de alianças, sobretudo entre os grupos de sucessão matrilinear. Existia também um comércio importante — praticado por todos os grupos da costa oriental — assente na venda ambulante de produtos regionais: mel, peles, óleo das margens do Tanganhica, sal de Uvinza e enxadas de Buha ou de Buzinza. No entanto, o único caso de unificação foi o de Ufipa, sob a pressão dos inimigos de origem luba ou tutsi.

Etiópia e países vizinhos

Os fins do século XV e princípios do século XVI caracterizaram-se, na Etiópia, após o «grande reinado» de Lebna Dengel (David II), por uma ofensiva muçulmana que esteve prestes a acabar (como na Núbia) com o último bastião cristão África Oriental. Os emirados muçulmanos do baixo país oriental, na costa, formados no seio das etnias dankali e somali, convertidas ao islão, passaram ao ataque, depois de serem fornecidos com armas de fogo e instrutores pelos Turcos, ao mesmo tempo que estes dominavam o mar Vermelho e os seus acessos, até Adem. Em 1527, Ahmad ibn Ibrāhīm Grañ, *o Surdo*, somali, filho do emir de Harar, empreendeu a guerra santa e assolou a Etiópia durante treze anos: os mosteiros foram destruídos e os manuscritos queimados. O negus fez um apelo aos Portugueses, porém, quando estes intervieram, já era demasiado tarde para impedir a ruína do país, embora a sua intervenção tenha sido decisiva para a sobrevivência da Etiópia. Em 1541, desembarcaram quatrocentos e cinquenta portugueses, sob o comando de Cristóvão da Gama, filho de Vasco da Gama. Embora ao princípio tenham sido derrotados, acabaram por infligir um golpe decisivo a Grañ, que morreu na luta. A desmoralização das tropas permitiu ao negus Galawdewos (Cláudio, 1540–1559) reconquistar o seu império.

Todavia, quase ao mesmo tempo, a Etiópia enfrentou a invasão dos Galla, pastores do Sudoeste, que talvez tenham partido dali devido à seca. A partir de 1522, os Galla penetraram nas regiões meridionais da meseta etíope, que colonizaram, e expulsaram os Somalis.

Os séculos XVI e XVII caracterizaram-se pela ambiguidade das relações entre o Império e os missionários católicos (portugueses e espanhóis). Estes foram, ao princípio, bem recebidos, principalmente porque podiam oferecer «ajuda técnica» — sobretudo militar — na luta contra os Muçulmanos. À medida que davam provas da sua capacidade, iam ganhando influência na corte; chegaram até a conseguir conversões imperiais.

Contudo, muito em breve, as desonestidades de alguns deles, a sua intolerância e as suas ingerências políticas provocaram resistências, em especial entre o clero local monofisita, que rejeitava o catolicismo romano. Tal como na Ásia (Índia, China, Japão), os missionários, depois de obterem êxitos temporários, atraíram fortes hostilidades, e o resultado foi o mesmo: em 1632, o negus Fasíladas (1632–1667) expulsou-os definitivamente.

Fasíladas foi o primeiro negus que estabeleceu a sua capital em Gondar, ao contrário dos seus antecessores, que tinham uma corte itinerante: transferiam-se de província em província e asseguravam a autoridade por meio da sua presença. Jesus I, chamado *o Grande* (1682–1706), foi o último negus que exerceu a sua autoridade sobre o conjunto do Império.

A autoridade imperial, ocupada inicialmente por um imperador fantasma residente em Gondar, acabaria por desaparecer definitivamente nos fins do século XVIII, etapa conhecida na história etíope pelo nome de «período dos juízes», por alusão ao *Antigo Testamento* («não havia então rei em Israel e cada uma fazia o que considerava melhor», Juízes, 17, 6). Os rás, governadores de províncias, erigiram-se em pequenos reis independentes de facto; entre os mais importantes destacaram-se os de Tigré, Amhara, Gondjar e Shoa. Esta última província apareceu nos começos do século XVIII a sul dos planaltos e serviu para conter os ataques dos Galla; de Shoa proviria, no século seguinte, a restauração imperial.

A oeste, nos princípios do século XVI, os pastores negros fung tinham destruído o último reino cristão da Núbia e fundado o reino de Sennār, que rapidamente adoptou o islão — pelo menos na corte —, embora tenha conservado um ritual real inspirado na Núbia cristã e nas suas tradições propriamente africanas. Ao que parece, a islamização ganhou em profundidade a partir de meados do século XVI. Paralelamente, extinguiu-se a cristandade núbia, que ainda existia nos princípios do século XV, e que ainda nessa época pediu ao imperador da Etiópia, embora em vão, que lhe mandasse sacerdotes.

O apogeu de Sennār situa-se no século XVII, com a expansão militar e o desenvolvimento do comércio com o Egipto. A decadência precipitou-se nos fins do século XVIII. O exército do paxá Ismā'īl, enviado por Mehemet Ali, paxá do Egipto, para conquistar o Sudão, apoderou-se de Sennār em 1821, pondo fim à sua existência secular.

Madagáscar e as ilhas do oceano Índico (Comores, Mascarenhas, Seychelles)

Em 1500, dois anos depois de Vasco da Gama, o capitão português Diogo Dias descobriu a ilha de Madagáscar, que até então parece ter sido desconhecida para a Europa. Só nos princípios do século XVII os Portugueses estabeleceram alguns postos, temporariamente. Os Franceses procuraram estabelecer-se em volta de Fort-Dauphin (1642–1674) e mais tarde abandonaram este lugar, onde se instalaram alguns piratas expulsos das Antilhas (1687–1724). A ilha de Madagáscar, pouco povoada, albergava elementos de origem indonésia — cuja língua, aparentada com o malaio, se impôs — e africana, alguns deles arabizados (suaílis). Também eram suaílis os povos que habitavam as Comores.

Mal se conhece a história interna, na qual os europeus estiveram pouco interessados, e cuja tradição oral se torna difícil de interpretar. Acima das famílias e dos clãs, em determinadas regiões da ilha estabeleceram-se reinos instáveis: no Oeste, reinos sakalawa, cujo apogeu se situa no século XVIII (o principal tinha a sua capital em Majunga) e que dominaram então, aproximadamente, um terço do território; no Centro, na planície de Imerina, três pequenos reinos fundiram-se em 1787 por acção de Adrianampoinimerina, que, por meio de uma série de guerras, conseguiu, em 1800, alargar a sua autoridade ao conjunto da planície. Só depois de 1800 implantou o seu predomínio em toda a ilha, fundando, assim, o que no século XIX seria considerado o reino de Madagáscar.

As ilhas Mascarenhas (Reunião, ou Bourbon, ilha Maurício, ou Isle de France, e Rodrigues), desabitadas, quando foram descobertas, passaram a servir de escalas ocasionais na rota das Índias, pois não ofereciam aos barcos nenhum abrigo seguro. A França tomou posse delas no início do século XVIII; contudo, em 1706, Maurício tinha só 236 habitantes e, em 1711, a Reunião contava 1024. No decorrer do século XVIII — sobretudo na sua segunda metade —, em consequência da introdução do café de Moca e, mais tarde, das especiarias, o índigo e a cana-de-açúcar, as ilhas orientaram-se para uma economia de plantação e foram povoadas por meio de importação de escravos de Madagáscar e de Moçambique.

Os atóis coralíferos das Seychelles foram ocupados ainda mais tarde, e, nos fins do século XVIII, o número dos seus habitantes não ultrapassava os 2000.

2.5. A EMERGÊNCIA DO ESTADO ANGOLANO

Seria certamente excessivo procurar reduzir o trabalho científico de Carlos Serrano a uma reflexão que dependesse apenas das suas próprias escolhas existenciais. Não deixa, por isso, de ser evidente que Carlos Serrano, devido ao lugar e ao momento em que nasceu, está associado às grandes escolhas políticas que os angolanos foram obrigados a fazer, sobretudo a partir do momento em que, confirmando a sua dureza teórica e a sua obstinação prática, o governo presidido pelo Professor Oliveira Salazar decidiu negar aos angolanos a tomada da palavra política. Ou seja, politicamente, os angolanos só podiam falar a língua do poder português, ou ficar mudos e quedos na cena política nacional e internacional.

Esta situação modificou o sentido do discurso dos nacionalistas angolanos, que durante algum tempo se limitaram a denunciar os erros, os abusos e os crimes do colonialismo, esperando que os homens políticos portugueses fossem capazes de ouvir as críticas e de corrigir de maneira radical a situação cada vez mais inaceitável. A análise do discurso político produzido pelos antigos nativistas, ou pelos jovens nacionalistas integrados no vasto programa de «Vamos descobrir Angola» de 1948, revela uma grande incerteza e certamente bastante tibieza. O discurso anti-colonial não conseguira ainda alcançar o ponto de maturidade que havia de permitir, poucos anos mais tarde, passar da resistência cultural à luta armada.

Se quisermos comparar o choque entre as duas concepções culturais, podemos verificar que o governo português opôs ao programa dos jovens nacionalistas angolanos as *teses do luso-tropicalismo*, que o brasileiro Gilberto Freyre procurou adequar à situação colonial portuguesa. Consciente do imenso vazio teórico que se registava no discurso colonial português, sobretudo a partir do momento em que os angolanos elaboravam um discurso visando não só a autonomia, mas a independência, o governo português soube recuperar este *luso-tropicalismo* que sempre recusara, mau grado as tentativas de José Osório de Oliveira, que, funcionário da Agência Geral da Colónias (AGC), procurava recrutar Gilberto Freyre para as hostes do colonialismo português.

Nascido em Cabinda, no seio de uma nação ainda ferida pela maneira como o colonizador português alterara em seu proveito os termos do tratado de Simulambuco, oriundo de uma família de colonos, Carlos Serrano é portador das marcas e dos estigmas políticos da sua geração, que rompeu de maneira decidida com o discurso colonialista, para se integrar no campo daqueles que não se limitavam a rejeitar as teses e as práticas do colonialismo, visando exclusivamente a independência. Tendo optado pela agronomia, Carlos Serrano foi aluno da escola de Tchivinguiro, onde aprendeu a conhecer científica e economicamente a natureza angolana. Como nos lembra num ensaio soberbo o cubano Alejo Carpentier, a natureza fornece os marcadores que permitem afirmar a autonomia do país: se a *ceiba* cubana desempenha esse papel, os angolanos souberam mobilizar o embondeiro para assegurar essa função.

Como tantos outros compatriotas seus, Carlos Serrano foi obrigado a transferir-se para Lisboa, já que a teimosia obscurantista do aparelho colonial português apostava em recusar aos colonizados as vantagens do ensino superior: Universidades, só em Portugal, pensou-se durante séculos. Aluno do Instituto Superior de Agronomia (ISA), Carlos Serrano aí fora precedido por alguns militantes: o nativista são-tomense Salustino da Graça Espírito Santo, ou os nacionalistas Amílcar Cabral e Manuel Maria Valadares — hoje, brasileiro, como Carlos Serrano, embora por outros caminhos —, e António Espírito

Santo, que o racismo dos responsáveis políticos são-tomenses obrigou a recuperar a nacionalidade portuguesa. O cabindense vê-se forçado a aprender *outra natureza*, o que não podia deixar de ser perturbador: tratava-se, contudo, de pagar o preço político para reforçar o conhecimento.

Ainda que tendo família em Portugal, a autêntica família política de Carlos Serrano estava já então concentrada na Casa dos Estudantes do Império (CEI), uma ilha independentista em plena capital colonialista. A instituição não fornecia apenas uma base logística, pois permitia que os estudantes oriundos das ainda colónias portuguesas pudessem experimentar e acertar os seus vocabulários políticos, e definir as estratégias da urgência política que já então se afirmara. É certo que o governo português utilizava todos os recursos que lhe podia fornecer a *guerra fria* para combater todas as formas de oposição, que o vocabulário de então considerava como sendo simplesmente *comunistas*.

Carlos Serrano desembarcara num país que estava em via de se transformar sob o peso de dois acontecimentos que só aparentemente não pertenciam à mesma esfera política: os resultados das eleições para a presidência da República, em 1958, tinham mostrado de maneira suficiente a impossibilidade de derrubar o regime recorrendo apenas aos instrumentos e aos períodos legais — que constituíam o objectivo principal do Partido comunista hiper-legalista —, o que provocou o aparecimento de operações e de movimentos que apostavam na necessidade da luta armada. Por outro lado, o bloqueio obstinado da sociedade portuguesa levou os trabalhadores portugueses a encontrarem na emigração a única solução possível: mais de dois milhões de portugueses abandonaram o país.

É evidente que as colónias portuguesas foram também abaladas por este sopro da transformação: se os militantes portugueses tentam assaltar o quartel de Beja, e ocupar o paquete *Santa Maria*, os angolanos desencadeiam, na noite de 4 de Fevereiro de 1961, uma operação que quase toda a gente considera suicidária, mas cujo simbolismo é transparente: o assalto à prisão de São Paulo diz claramente que a nação angolana não pode ser metida na cadeia, porque haverá sempre homens livres para combater a violência policial. Esta primeira operação recebeu uma confirmação e uma ampliação graças à explosão de 15 de Março desse mesmo ano, em plena zona das plantações de café. Se a primeira operação foi levada a cabo sob o impulso do Movimento Popular de Libertação de Angola (MPLA), já a segunda parece ter respondido a instruções provindas da União das Populações de Angola (UPA), na qual participaram também militantes claramente influenciados pelo MPLA.

Passava-se assim, tanto em Portugal como nas colónias, da derrota eleitoral para a luta armada. A perturbação portuguesa não podia ser maior, no sentido em que não existia a menor tradição anti-colonialista em Portugal. No V Congresso clandestino do Partido Comunista, a posição dos comunistas limitara-se a aceitar o princípio da auto-determinação, tendo sido adoptados os pontos de vista teóricos restritivos que dominavam o Partido Comunista francês, a braços com a guerra da Argélia, e radicalmente oposto à deserção dos militantes comunistas, alguns dos quais acabaram por se deixar perverter pelo clima racista existente nas forças armadas francesas. É, todavia, esta nova situação que alimenta os protestos universitários em 1962, assinalando uma ruptura definitiva entre a universidade e o poder político. Os estudantes universitários oriundos das colónias participam activamente nestas operações, e a CEI não hesita em dar o seu apoio logístico aos dirigentes estudantis.

O paradoxo político português não pode ser então dissolvido, embora os mais jovens se vissem perante uma situação inédita: recusando o princípio da negociação, o Professor Salazar optara aberta e totalmente pela repressão militar, apoiando-se na existência de uma consciência nacional portuguesa adepta dos princípios coloniais. Ou seja, ainda que se registassem solavancos políticos fundamentais, a verdade é que se não registava a existência de um autêntico pensamento anti-colonialista. Existia, contudo, uma vigorosa rejeição da guerra colonial, o que provocou o aumento do número de refractários, registando-se também alguns desertores. A denúncia da guerra mascarava a ausência de uma autêntica reflexão anti-colonialista, ao passo que os militares de carreira se deixavam embalar pela literatura colonialista, de que *Os Centuriões* de Jean Lartéguy constituíam o expoente máximo, muito lido nos quartéis.

Perante esta situação, Carlos Serrano não tergiversou — contrariamente ao que se verificou em muitos casos, mesmo entre os militantes africanos —, tendo recusado integrar as forças armadas portuguesas. O caminho do exílio exigia que, como os emigrantes, se saísse do país a salto (quer dizer, sem papéis e adoptando a estratégia dos coelhos), para encontrar lugar na Europa, ou talvez até em África. Carlos Serrano estabeleceu em Paris contactos com o embaixador oficioso do MPLA, o velho anarquista Câmara Pires. O modesto rés-do-chão do 14 da Rue Hypolite Maindron serviu durante alguns anos como uma espécie de farol, emitindo os sinais mais vigorosos que precederam as independências: não há dirigente africano que não tenha passado pela então modesta rua de 14 *arrondissement*, que foi tão adulterada pelo mau urbanismo parisiense.

Entretanto, a independência da Argélia, que impusera ao colonialismo francês uma solução política que desagradava às direitas coloniais, ofereceu a milhares de militantes não só um asilo seguro, mas, mais ainda, uma autêntica escola da gestão política. Serrano pertenceu ao vasto núcleo de militantes portugueses e africanos de língua portuguesa que, durante o governo de Ben Bella, quiseram e puderam aprender a lição da liberdade num país que emergia da noite do colonialismo. Os militantes podiam dar-se conta da maneira como a *consciência nacional* argelina fornecera um apoio constante ao esforço dos combatentes. De resto, a violência da repressão militar francesa — passaram pela Argélia cerca de um milhão de soldados franceses! — transformou qualquer argelino em combatente, quer durante a sua vida diurna e trabalhadora, quer durante a sua vida nocturna de resistente nacionalista. Os africanos podiam, enfim, aprender a gestão do Estado, que lhes fora proibida pela obstinação do aparelho colonialista português.

É certo que uma parte do projecto de Carlos Serrano esbarrou contra as regras já arcaicas do incipiente MPLA: o jovem militante foi identificado como *filho de colono branco*, condição que, nesta leitura restritiva, o impedia de ser militante do Movimento. Tal não o impediu, contudo, de manter excelentes relações com Viriato da Cruz, que era então, sem a menor dúvida, o dirigente político angolano dispondo de uma bagagem teórica capaz de lhe permitir definir as tarefas urgentes, tanto as próximas como as futuras, para conseguir acelerar o processo da conquista da independência, levando em conta a situação do dispositivo colonial português. Deve dizer-se que Viriato da Cruz foi vítima do clima de intrigas e de constantes ajustes de contas que caracterizaram este período da vida argelina. Gérard Chaliand publicou, então, no *Temps Modernes*, o artigo que serviu de enterro político de Viriato da Cruz, que não pôde resistir ao duro exílio na China falsamente socialista de Mao.

A rápida evolução das opções políticas argelinas deu lugar ao Golpe de Estado que permitiu a ascensão de Boumedienne, e condenou Ben Bella a longuíssimos anos de exílio interior; impedido, pelo seu isolamento, de participar na vida política do seu país, viu-se Carlos Serrano obrigado a renunciar ao seu exílio na Argélia. Instalado na Suíça, encontra o seu caminho definitivo, optando pelas Ciências Humanas, e, mais particularmente, pela antropologia. No entanto, sentindo-se estrangulado na Europa, o jovem cabindense decidiu instalar-se no Brasil, onde acabou por encontrar o seu lugar profissional como professor na Universidade de São Paulo (USP).

A estabilidade afectiva e profissional não podia impedi-lo de continuar a manter contactos com Angola e mais particularmente com Cabinda. O seu projecto pessoal mantinha-se fiel não só ao seu país cabindense, mas também às interrogações teóricas angolanas. A sua tese de mestrado foi, por isso, consagrada aos *Senhores da Terra e os Homens do Mar* (1983), que recorre aos instrumentos socio-antropológicos para medir e descrever as estruturas complexas do antigo Reino do Ngoyo. O quadro teórico deste trabalho procura pôr em evidência a capacidade hegemónica de um pequeno estado, que dispõe dos meios — teóricos e práticos —para se manter auto-suficiente, mesmo quando as contingências históricas parecem condená-lo à desaparição, seja sob a pressão do Reino do Congo, seja sob a catadupa dos interesses coloniais europeus. A flexibilidade e a eficácia das estruturas políticas do Reino do Ngoyo servem para confirmar a plena maioridade política das organizações angolanas, o que permite demonstrar o carácter falaz das considerações que aos africanos consagram os grandes pensadores europeus, como Kant ou Hegel.

Na primeira parte desta tese, procura Carlos Serrano pôr a nu os preconceitos teóricos e ideológicos que alimentaram o facto social português, que tinham como objectivo principal obrigar os angolanos a aceitar a dominação portuguesa, operação que, por sua vez, implicava a renúncia expressa aos valores nacionais. O carácter medíocre da investigação portuguesa tanto sociológica como, sobretudo, antropológica deriva não só do facto de se registar uma evidente predominância da antropologia negativa — isto é, daquela que só retém, do *Outro*, aquilo que funciona como o negativo da sociedade ideal do observador —, mas, essencialmente, da clara intenção de dominação, cujas consequências políticas são ainda hoje — no país angolano independente — consideráveis. O esforço colonial, assentando tanto na aculturação como na assimilação, parte sempre do mesmo princípio: o *Outro* colonizado é um *Outro* despojado de qualidades, o que o condena a só poder alcançar a maioridade, intelectual e, principalmente, política, aceitando as regras da submissão à autoridade colonial.

A estratégia do colonialista é transparente: os angolanos devem ser impedidos de toda e qualquer reflexão autónoma, partindo do princípio de que estes homens e estas mulheres aceitarão renunciar, seja de maneira expressa, seja de maneira implícita, à sua autonomia e à sua consciência nacional, por mais embrionária que esta possa ser. O dispositivo técnico português assenta em comportamentos simples e eficazes, pelo menos a prazo: as restrições feitas à criação de escolas, à instalação da tipografia, à autorização de publicar livros e jornais, contam certamente entre os mais nefastos, no sentido em que impedem a difusão e a discussão dos problemas que afectam a prática social. O colonizador espera que os angolanos adoptem um comportamento culturalmente suicidário, que assentaria na renúncia aos valores nacionais, substituindo-os pelos do colonizador. Esta estratégia portuguesa seria confirmada pela exaltação dos *valores tradicionais*, destinada a manter a ruralidade angolana, despojada de conhecimentos e de técnicas modernas.

Ou seja, o carácter cientificamente reles da quase totalidade da antropologia portuguesa está directamente ligada à maneira como os angolanos são julgados pelo aparelho colonial, tal como depende também do objectivo que os *cientistas* procuram alcançar. Neste caso, pode verificar-se que se pretende essencialmente assegurar o recrutamento rápido, constante e barato, do maior número de trabalhadores possível, capazes de assegurar a máxima produção, sem exigir grandes salários, ou até sem receber coisa alguma, como se verificou em tantos casos. Manter os valores tradicionais correspondia, nesta óptica em que a antropologia não fez mais do que confirmar ou até de exacerbar os preconceitos, à transformação das aldeias, ou simples reservas de força de trabalho, onde os chefes eram conservados não para assegurar a autoridade, mas para serem responsabilizados pelas tarefas do recrutamento de trabalhadores.

Compreendem-se então os efeitos catastróficos desta *opção científica*, que impede os angolanos de aprender a conhecer e a dispor da sua própria existência política. O aparelho administrativo deve utilizá-los como simples força de trabalho, recusando-lhes a capacidade reflexiva e, mais particularmente, no terreno político: se os europeus pertencem à espécie aristotélica do *zoom politikon*, os africanos são necessariamente reduzidos à selvajaria. Ou seja, este esvaziamento cultural procura, entre o mais, impedir a formação e o constante reforço da consciência nacional angolana. Os angolanos só podem ser reconhecidos como *bons portugueses*, mas, para o serem, são obrigados a renunciar aos seus particularismos nacionais!

As condições em que, a partir de 1954, foi legislado o reconhecimento do estatuto de *assimilado* são amplamente reveladoras: para conseguir passar a barreira, os angolanos são obrigados a renunciar aos valores angolanos, como a habitação, o vestuário, a cozinha e, naturalmente, a língua. Nem sequer lhe consentem que conserve os valores somáticos, pois o *bom preto deve possuir uma alma branca*! Seriam francamente cómicos, se não fossem realmente trágicos, os relatos consagrados a estas operações de inspecção em casa dos candidatos ao *estatuto de assimilados*. De resto, a multiplicação destes obstáculos é facilmente compreensível, na medida em que os assimilados escapam à autoridade dos funcionários da administração: o bilhete de identidade português que os transformava em cidadãos, mesmo se de segunda, permitia-lhes rejeitar as intervenções mais brutais da administração. Compreende-se, então, que fosse tão difícil obter o estatuto, e que se tenha registado uma inspecção tão minuciosa das práticas dos candidatos.

Os labirintos do colonialismo são postos a nu pela investigação de Carlos Serrano. Deve, contudo, reter-se que, embora por maus caminhos, este processo conseguiu atrasar a elaboração dos projectos políticos angolanos. A multiplicação das etiquetas que servem para classificar os angolanos sublinha o carácter movediço da situação, mas serve, sobretudo, para pôr em evidência o sentido do esforço catalogador da colonização. Veremos um pouco mais adiante a maneira como, nestes últimos anos, irrompeu o *crioulismo*, que, correspondendo a uma fase ainda *luso-tropicalista*, acabou por criar uma zona de crispação interna na sociedade angolana.

A história contemporânea de Angola começa não com a abolição do tráfico negreiro, que precede, por sua vez, a abolição da escravatura, mas sim com a revolução nativista pernambucana de 1817, reforçada quase logo a seguir pela proclamação da independência brasileira, em 1822. Estas operações acarretam duas consequências:

a) sublinham a possibilidade de os colonos poderem pôr termo ao poder sempre excessivo da potência colonial;
b) fornecem à emergente consciência nacional angolana um conceito que se há-de revelar operatório, o nativismo, cujas últimas manifestações se registraram em Angola entre 1945 e 1950, sobretudo graças a Domingos Van-Dúnem e a Ilídio Machado.

Estas duas operações estão directamente ligadas a uma terceira: a alteração do estatuto do Atlântico Sul, no sentido em que a independência do Brasil não conseguiu arrastar consigo o território angolano, embora não faltassem *angolanos*, pertencentes à burguesia, que encaravam a possibilidade de uma independência, proclamada dentro do quadro federativo brasileiro.

Podemos assim acompanhar a evolução da história política angolana graças à criação, ou à importação de novos conceitos. No caso angolano, verificamos, em primeiro lugar, o aparecimento de expressões como «filhos da terra», «filhos do país», ou, «filhos de Angola» para designar os que então se consideravam como sendo os *nacionais.* Trata-se de uma operação vigorosa, que não consegue, todavia, evitar alguma confusão, visto que estas maneiras de dizer não se aplicam apenas aos africanos, sendo utilizadas pelos europeus, membros da burguesia ascendente, que assim se separam dos colonos portugueses. Estes conceitos são destinados a caracterizar a fracção urbana das burguesias angolanas, a europeia e a africana, que se sentem mais perto do projecto brasileiro, e, assim, anunciam a situação conflitual que os opõe à burguesia portuguesa da Metrópole.

Se é certo que esta operação não pode ser considerada de grande alcance eficaz, possuía ela a qualidade de pôr em evidência a autonomização das burguesias, as quais se consideram mais aparentadas com a burguesia brasileira e mais opostas à burguesia portuguesa. Estes conceitos devem funcionar associados ao nativismo, que tanto incomodou os comentadores portugueses. Lembre-se a intervenção violenta de Eça de Queiroz, assim como a polémica que mais tarde, nos anos 1911–1920, mobilizou a imprensa portuguesa e, mais particularmente, o jornal *O Século,* que considerava o nativismo como sendo um racismo anti-branco. Se os angolanos, como, de resto, também acontece em Cabo Verde e em São Tomé e Príncipe, embora menos na Guiné e em Moçambique, se consideravam nativos, sem, contudo, rejeitar a consciência de serem autênticos filhos da terra, tal se deve à necessidade de extremar os campos, e de impedir o abastardamento tanto dos conceitos como, sobretudo, das escolhas políticas.

Não é difícil verificar que se trata de assegurar, recorrendo à prisão dos conceitos, tão duros e tão brutais como os *libambos*, o asselvajamento dos angolanos. É, de resto, o que ressalta da própria legislação dos governos liberais, que, arrastados pelo Marquês de Sá da Bandeira, quiseram libertar os africanos, sem renunciar, porém, aos preconceitos da escravatura. Foi assim que a legislação de 1854 criou os *libertos*, que deviam, quando tivessem alcançado este estatuto, trabalhar sete anos para o seu antigo senhor. Ou seja, a legislação aparentemente humanista preocupava-se, acima de tudo, com o património dos proprietários, brancos na sua quase totalidade, mantendo as condições da dominação. De resto, embora sem registo complementar, verifica-se que os angolanos não conseguem furtar-se à necessidade dos carregadores, já que as mercadorias africanas ou europeias não podem circular sem esta mobilização maciça da força de trabalho masculina.

A proclamação da ditadura militar, em 28 de Maio de 1926, teve imediatas consequências sobre a gestão das populações africanas. A legislação de 1929 centra-se em torno do *Estatuto Político, Civil e Criminal dos Indígenas da Guiné, Angola e Moçambique*, documento destinado a assegurar os *direitos naturais e incondicionais dos indígenas*. O novo regime recuperava e reforçava o *sentido do indígena*, figura principal do sistema colonial português, que aparecera pela primeira vez no Artigo 10.º do Decreto de 20 de Fevereiro de 1894: «devem ser considerados indígenas aqueles que nasceram no Ultramar de pai e de mãe indígenas e que não se distinguem, pela sua instrução e costumes dos outros da sua raça».

Há quem, como é o caso de Giuseppe Papagno, duvide da eficácia da definição: ela é, contudo, coerente se considerarmos que se opõe aos *não-indígenas*, quer dizer, aos *civilizados*. O suporte ideológico da definição assenta na comparação entre os dois grupos populacionais, um dos quais só pode ser compreendido pela sua negatividade, que permite que os brancos exerçam uma *autoridade natural e legítima*. Se analisarmos mais profundamente a situação, verificamos estar ela inteiramente inscrita na lógica hegeliana da relação entre o senhor e o escravo. Este é agora claramente indicado: o indígena que depende das *condições naturais do nascimento e da sua relação directa e constante com a natureza africana*. Os dois grupos estão assim definitivamente separados, sejam quais forem as tentativas feitas pelos *indígenas* para se furtar a esta etiqueta, que não se limita a ser infamante, sendo mais grave: o *indígena* é a coisa ao serviço do colono, no sentido em que este não dispõe das qualidades físicas para afrontar as condições meteorológicas dos trópicos.

A legislação repetirá constantemente estas regras e estas definições. O Artigo 2.º do *Estatuto Político, Civil e Criminal dos Indígenas*, de 6 de Fevereiro de 1929, diz serem considerados «indígenas os indivíduos de raça negra ou dela descendentes que pela sua educação e costumes não se distinguem dos outros dessa raça». A nova redacção permite classificar como sendo indígenas os mulatos que, abandonados pelos pais brancos, foram educados pelas famílias maternas. A fórmula que fecha o ciclo, aparece no *Estatuto dos Indígenas Portugueses das Províncias da Guiné, Angola e Moçambique*, de 20 de Maio de 1954, cujo Artigo 2.º define os indígenas como sendo os «indivíduos de raça negra que, aí tendo nascido ou vivendo habitualmente (Guiné, Angola e Moçambique), não estão de posse da educação e dos hábitos individuais e sociais pressupostos pela aplicação do direito público e privado dos cidadãos portugueses». O sistema não podia variar, na medida em que os princípios da colonização são eles próprios invariáveis: poucos capitais, pouca tecnicidade, e exploração frenética da força de trabalho.

Se os anos de Ditadura, de 1929 a 1945, não suscitam grandes problemas às autoridades coloniais, a situação modifica-se substancialmente a partir de 1945, como, de resto, sublinha Carlos Semedo: o fim da guerra permitira muitas esperanças, que, para muitos africanos, se consubstanciavam na criação da Organização das Nações Unidas (ONU), que, deste ponto de vista, devia prosseguir o trabalho da Sociedade das Nações (SDN), que soubera ouvir muitas delegações africanas e que prometia a eliminação dos ferros da colonização. Esta esperança não foi sequer eliminada pela violência da *guerra fria*. No caso angolano verificam-se duas operações fundamentais: o reforço das migrações para as cidades e a emergência de uma geração de intelectuais que, tendo como pais ou avós os militantes nativistas, queriam adoptar um vocabulário político moderno, capaz de permitir a autonomia administrativa primeiro, a independência política quase logo a seguir.

A réplica portuguesa a esta nova situação foi imediata, como nos revela o vocabulário: os angolanos que se instalam nas cidades são contabilizados como *destribalizados*, e aqueles que se fazem notar por uma adesão mais apertada aos sinais brancos — vestuário, calçado, corte de cabelo, óculos — são considerados — ou, mais bem dito, desconsiderados — como os *calcinhas*. A profunda hipocrisia do sistema português revela-se plenamente nestas operações. O antigo ministro Silva Cunha assim define os *destribalizados*:

> *O destribalizado não se integrou completamente na sociedade do colono.*
>
> *Adquiriu os seus hábitos exteriores, mas não assimilou completamente as concepções morais e sociais de base daquele.*
>
> *Desintegrado da disciplina social da tribo, não se integrou na disciplina social da sociedade colonizadora.*
>
> *O problema fundamental que a existência de destribalizados suscita é a do seu reenquadramento moral e social, pela submissão a novos valores* [...].([130])

Deste modo, e qualquer que possa ser a estratégia dos angolanos para se furtar ao estigma do *indigenato*, de forma a poder participar de maneira constante e efectiva na gestão da sociedade, será ele sempre impedido de o fazer pela violência do colono, que receia, acima de tudo, ver comprometida a sua posição de autoridade, que pode requisitar e obter a força de trabalho angolana que lhe parece necessária. A rigidez do facto colonial português reforça os blocos brancos, que, sobretudo a partir dos anos 1950, revelam uma tendência crescente para expelir também os mulatos que eram por vezes tolerados pelo próprio sistema.

([130]) Silva Cunha, *O trabalho indígena: estudo de Direito Colonial*, 2.ª ed. (Lisboa: Agência Geral do Ultramar, 1955), p. 287.

Regista-se o mesmo fenómeno no que se refere aos *calcinhas*, em certo sentido, herdeiros ou continuadores dos *ambaquistas*, grupo socio-profissional que fora criado pelos missionários para servir de agentes da penetração portuguesa no sertão, onde os brancos corriam o risco de não ser bem recebidos. É certo que estes *pretos calçados* tiveram de enfrentar a hostilidade manifesta das autoridades, mas acabaram por impor a sua presença, que permitiu o alargamento constante da actividade comercial portuguesa, acompanhada pelo aumento e pela diversidade da produção africana. O paradoxo português resulta da situação insustentável criada aos angolanos: são, por um lado, empurrados para práticas culturais banalizadas pelos portugueses; todavia, quando os mesmíssimos angolanos acatam as ordens ou as sugestões, eis que o vocabulário socio-político dos colonos os rejeita da sociedade civil.

Esta sociedade civil angolana acaba por se mostrar mais determinada do que podem pensar os colonos e a administração colonial portuguesa. Os efeitos da libertação mundial de 1945 encontraram um eco nas gerações mais jovens, e, em particular, naquelas que, ligadas às duas associações mais dinâmicas, a Liga Africana e a Associação dos Naturais de Angola (ANANGOLA), podiam elaborar algumas propostas teóricas que só podiam manifestar-se por via da literatura. A violência da censura impedira os portugueses de proceder à elaboração dos seus próprios trabalhos teóricos, no plano da oposição, claro, e esta situação acabara por reduzir o horizonte teórico dos africanos. Todavia, os angolanos dão-se conta, apoiando-se no exemplo brasileiro, da necessidade de inventar a sua língua, uma língua que, dependendo embora do português, estaria semiologicamente associada apenas aos valores angolanos. Língua, por isso, da profecia.

Os dois modelos brasileiros são Carlos Drummond de Andrade e, sobretudo, Manuel Bandeira, de *Evocação do Recife*, em que se fala a «língua errada do povo». O poema de Maurício Ferreira de Almeida Gomes, sendo embora de má qualidade poética, é portador de uma força centrífuga que propõe a necessidade urgente de inventar a língua dos angolanos. Partindo do princípio teórico enunciado por Ferdinand de

Saussure em que a língua («o laço social tende a criar a comunidade de língua e talvez imprima ao idioma comum certos caracteres; inversamente é a comunidade da língua que constitui, em cena medida, a unidade étnica») constitui o resultado de um processo histórico (*la langue est un document historique*), e que, por isso, devia imprimir-se ao português falado de Angola a marca nacional. Tal é o objectivo final de Mauricio Ferreira de Almeida Gomes, e mesmo se a sua arquitectura poética se revela canhestra, a verdade é ter ele dito o essencial.

Não haverá uma ruptura definitiva, nesta proposta, mas sim a simples, porém decisiva, recuperação do sentido da língua, que deve exprimir não a verdade portuguesa e colonialista, mas sim a realidade angolana e a sua aspiração à independência. Diga-se, de resto, que a Censura compreendeu muito bem o alcance deste projecto, tendo a revista *Mensagem* sido proibida, em nome da preservação dos valores nacionais, que não eram outros senão os valores do colonialismo.

Para os angolanos, tratava-se sobretudo de rejeitar de maneira decidida a carga de conceitos negativos que os portugueses sempre tinham inventado para os desqualificar. A resistência cultural, a que alude Carlos Serrano, está directamente associada ao combate político, no sentido em que a própria consciência nacional se reforça graças à lenta, embora constante, acumulação do conhecimento. O primarismo do sistema colonial português multiplica as oposições, as dicotomias, as disjunções: a língua do colonizador fornece uma vasta gama de formas destinadas a recusar a dignidade do *Outro* colonizado.

Como não podia deixar de ser, a guerra colonial também propôs a sua estrutura dicotómica. O esforço dos portugueses organizou-se no sentido de recusar qualquer forma de credibilidade aos movimentos de libertação, estando os dirigentes e os militantes confundidos na mesma operação de descrédito.

Não admira, por isso, que as autoridades portuguesas, amplamente apoiadas pelas populações brancas, tenham recorrido, em primeiro lugar, ao vocabulário da Guerra Fria, que os Estados Unidos ofereciam às Nações bem-comportadas, e que as polícias políticas utilizavam sem receio e sem pudor.

Do ponto de vista português, os nacionalistas e combatentes angolanos não passavam do braço armado das ideologias comunistas e vermelhas de Moscovo, e, mais tarde, de Pequim e de Cuba.

Esta denúncia foi, de resto, confirmada pela maneira como a maior parte dos países ocidentais trataram os militantes angolanos, alguns dos quais foram impedidos de circular livremente no mundo, ao serviço de um país que já existia, embora ainda não tivesse alcançado a independência. O paradoxo era realmente esse: enquanto os nacionalistas angolanos se tinham já instalado no país que devia ser, os portugueses recusavam a menor probabilidade de essa independência se verificar. Por essa razão, os movimentos de libertação foram classificados como movimentos terroristas, sendo os combatentes considerados puros terroristas: os turras do vocabulário militar. Esta operação procurava diabolizar os nacionalistas, o que foi amplamente conseguido, criando-se um definitivo clima de desconfiança entre os angolanos e os colonos.

Esta maneira de desqualificar o adversário — que, de resto, só podia ser o inimigo, no vocabulário pouco diplomático dos colonizadores — não permitia nem entendimentos, nem negociações. A rigidez do sistema colonial português está, por isso, directamente integrada na própria violência dos termos utilizados para definir tantas tentativas de negociação, tentadas sobretudo por Amílcar Cabral, que se dera conta do preço excessivo a pagar para desencadear, manter, alimentar e ganhar a guerra colonial, e que só tenham recebido respostas ambíguas — no melhor dos casos — por parte dos responsáveis portugueses, vítimas da própria incoerência das suas posições teóricas. Por sua vez, estas eram alimentadas por um conceito de honra militar, não só arcaico, como despojado de qualquer eficácia nas condições existentes.

O que continua a parecer pelo menos intrigante, é o facto de governo e militares terem recusado considerar a lição dada pelo realismo do general Charles de Gaulle, diante do beco sem saída em que se tornara a guerra da Argélia.

Em contrapartida, podemos verificar que a mutação: guerrilheiro/terrorista, ou turra, que fazia parte destas operações políticas, impedia o próprio Estado-Maior, e particularmente na Guiné, de poder explicar as condições desfavoráveis da própria guerra colonial, mau grado a maneira utilizada pelo general nazi António de Spínola para gerir o que era já uma derrota, que só o seu famoso livro acabou por aceitar perante os leitores portugueses. Pouco a pouco, ia-se descobrindo que o terrorista era, ao mesmo tempo, o guerrilheiro e o nacionalista. O falso génio dos militares reside no facto de terem banalizado esta operação, impedindo os portugueses e, mais particularmente, os colonos de compreender a situação. O resultado, já fácil de prever a partir da independência da Argélia, deu origem aos milhares e milhares de retornados que foram obrigados a regressar a Portugal, frequentemente, com as mãos a abanar. Vítimas do terrorismo? De maneira alguma: vítimas, isso sim, da falta de lucidez dos militares.

Só, de resto, assim se podem apreciar algumas decisões políticas, como a decisão do então jovem Ministro do Ultramar, Adriano Moreira, que aboliu o *Estatuto do Indigenato*, embora não pudesse liquidar os indígenas. A recuperação tardia de algumas ideias dos republicanos históricos, já postas em prática por Norton de Matos, foram recrutadas demasiado tarde para permitir a viragem do rumo histórico que o próprio ministro não podia encarar. O pleno fracasso das medidas administrativas de 1961 só podia deixar as mãos livres aos militares, os quais não sabiam realmente o que faziam, certos da sua superioridade material e estratégica, mas esquecidos da força da consciência nacional.

Verificamos, assim, a força pouco resistível dos conceitos. Estamos agora a assistir à banalização do *crioulismo*, que aparece frequentemente como uma variável surda, ou talvez urbana, do *tribalismo*. Como deve saber-se, não conhecemos bem a etimologia de *crioulo*. Corominas pretende, no seu Dicionário, que o conceito seja de origem portuguesa, no entanto, não consegue encontrar o menor exemplo da sua utilização escrita: só o consegue encontrar em castelhano. Raymond Arveiler adopta o discurso de Corominas, porém, podemos simplesmente dizer que os portugueses não precisavam do conceito, tendo já inventado as suas formas classificatórias, que parecem mais radicais na zoomorfização das novas formas somáticas do homem. O *crioulo* banalizou-se depois, já no século XIX, com o aparecimento das *línguas crioulas*, que a filologia alemã identificou, estudou e sistematizou. No caso português, verifica-se que os *crioulos*, como grupo social e como forma de classificação, se banalizam apenas no Brasil. No dicionário de Solano Constâncio, o verbete é seco: «[de criar] escravo ou animal nascido em casa do senhor. Neste sentido é adj., v. g., poldro, novilho crioulo. Galinha crioula. Capões crioulos. / Na América espanhola e na francesa, crioulo significa o filho ou descendente de europeu nascido na América» ([131]).

Ou seja, nos primeiros anos da segunda metade do século XIX, o conceito aplica-se sobretudo aos homens e animais domésticos ou domesticados, assim como aos americanos. Mas nunca se registou no quadro dos valores portugueses a presença de crioulos nascidos no Brasil, se bem que estes ainda não fossem realmente brasileiros. Por essa razão, a língua portuguesa revela uma grande prudência no recurso ao conceito. No caso angolano, verificou-se uma alteração teórica, cujos resultados são preocupantes, a partir de um curto estudo de Mário António Fernandes de Oliveira. O mulato muxiluanda nunca aceitou a sua condição de mestiço e fez tudo para dela se libertar, tendo-se transformado em alto funcionário lisboeta da Fundação Calouste Gulbenkian, antes de começar a escrever poesia inteiramente lusíada, quer dizer, separada da sua contingência angolana e totalmente sem o menor interesse.

Mário António procurou provar a existência de uma ilha crioula, que seria a própria cidade de Luanda. É evidente que Luanda não podia ser uma ilha, mantendo, como mantinha, abertas as suas fronteiras às populações vizinhas e até longínquas. O que se pretende então dizer? Que, em determinado momento da sua história, a cidade fora pensada e dirigida pelos *crioulos*, isto é, por todas as qualidades de mulatos ou por africanos aculturados, que teriam exercido o poder em companhia de uma minoria branca, obrigada a recrutar e a

---

([131]) Solano Constâncio, *Novo Dicionário Crítico e Etimológico da Língua Portuguesa*. 4.ª ed. (Paris: Ângelo Francisco Carneiro Filho, 1852).

respeitar este segmento populacional. Esta tese não considera o lugar central do poder, que nunca escapou nem aos brancos, nem aos portugueses. Compreende-se a importância desta tese em relação às síndromes do Autor, mas já se não compreende que ela possa ser levada a sério pelos historiadores ou pelos politólogos.

A comodidade da etiqueta parece mais importante do que o rigor histórico, pois se multiplicam as referências a esta sociedade falsamente *crioula*. O facto de os angolanos terem recorrido a termos tais como «filho da terra», ou «filho de Angola», ou ainda «filho do país», não parece incomodar os historiadores, sobretudo anglófonos e francófonos, que não parecem surpreendidos pelo facto de não haver *crioulos* na história política de Angola. A crescente banalização dos *crioulos* de Luanda, que não tardarão a ser os *crioulos* de Angola, sublinha o êxito da proposta de Mário António, que assim pode furtar-se ao estigma que tanto o incomodava: o mulato de tantos poemas seus, metamorfoseou-se em *crioulo*, respeitando o poder mítico e mitificado e arrastando na sua esteira os historiadores pouco atentos à maneira como os grupos se auto-designam.

As consequências destas confusões são catastróficas, no que diz respeito à organização social e política, visto que a sociedade angolana não consegue proceder à elaboração de uma consciência nacional capaz de assegurar a existência de um projecto globalmente nacional, quer dizer, elaborado por todos os angolanos e por eles defendido. Podemos também, por outro lado, registar o carácter perturbador de certas interpretações teórico-fantasiosas, pois que o *crioulismo* foi recuperado pela União Nacional para a Independência Total de Angola (UNITA), para denunciar o que parece ser a característica mais negativa do poder angolano, que teria sido invadido pelos *crioulos* e pelos valores que estes veiculam. Do ponto de vista da UNITA, e do seu chefe principal, Jonas Savimbi, a cidade em geral e Luanda em particular seriam capazes de transformar os angolanos em *crioulos*, quer dizer, agentes constantes e eficazes do poder branco.

É certo que Jonas Savimbi e a UNITA retomam um vocabulário clássico, que sublinha, neste caso, as qualidades do mato angolano, oposto à falta de qualidade da cidade. Haveria, por isso, oposição entre os defensores das qualidades originais dos angolanos e aqueles que, tendo aceitado a submissão aos valores urbanos, carreados pelos colonizadores, não seriam mais do que «maus angolanos», perturbadores dos interesses nacionais: quer dizer, *crioulos*!...

A contínua oscilação da constelação dos conceitos — que tendo servido para definir o sistema de oposições que caracterizou as relações entre colonizadores e colonizados — pode ser hoje utilizada para medir a violência das disjunções que se registam entre os vários grupos que gerem a vida nacional angolana, e sublinha a necessidade de um acordo cultural e político. O facto de se registar um constante desacordo no campo conceitual não faz mais do que pôr em evidência a impossibilidade de assegurar a afirmação autónoma dos valores das *nações angolanas*, única maneira de conseguir estruturar um Estado coerente.

A contribuição de Carlos Serrano para este debate é deveras importante: o antigo militante continua a ser cabindense, exaltando os valores específicos da *sua nação*, para melhor integrar o próprio processo da criação do Estado angolano.

Este debate não está encerrado, tanto mais que aparecem agora os efeitos do golpe de Estado de Maio de 1977 e, sobretudo, da sua repressão: a liquidação apressada de tantos dirigentes e militantes, que pôde ser abafada durante anos, exige hoje a pormenorização da história e a explicação. Carlos Serrano permite-nos compreender que as incertezas da formulação política, como se verifica nos diferentes programas do MPLA, corresponde a uma impotência que do teórico invade a grande velocidade o prático, o pragmático. Como evitar a dureza do tecido muscular da práxis, caberia talvez perguntar, tanto mais que não podemos deixar de manifestar uma surpresa, mais trágica do que divertida, perante os antolhos a que recorreram sempre os dirigentes políticos da ditadura fascista. Vezes sem conta, na Europa ou na América, nos detivemos para interrogarmos não só os erros manifestos dos regimes totalitários, como, principalmente, a impossibilidade de aceitar a emergência das consciências nacionais quando o totalitarismo é acompanhado pela tentação — e às vezes a prática — do genocídio. O facto de Carlos Serrano ter constantemente associado a sua prática de militante ao seu trabalho científico reforça o alcance eficaz desta tese, agora necessária ao conhecimento das várias opções nacionais angolanas. A multiplicidade das experiências do autor, explica o carácter tão indispensável como fecundo desta reflexão.

2.6. A LENTA E DIFÍCIL CONSTRUÇÃO DO BRASIL

Não deixarei de surpreender alguns leitores se afirmar que a revelação da Terra de Vera Cruz, que mais tarde se transformará, não sem protestos, no Brasil dos nossos dias, começou com a expedição de Cristóvão Colombo, que conseguira capitais junto dos investidores espanhóis e da corte espanhola, para levar a cabo a tarefa de encontrar terras que permitiriam alcançar o Oriente das especiarias pela via ocidental. Podemos compreender melhor o sentido da minha afirmação se considerarmos a biografia profissional de Cristóvão Colombo, que se treinara em Portugal, junto dos marinheiros e dos técnicos portugueses. O seu projecto não foi bem acolhido pelo rei D. João II, o que obrigou Cristóvão Colombo, justamente convencido da sua realizabilidade, a procurar patrocínios estrangeiros. Tanto a corte como alguns capitalistas espanhóis deram a Colombo os meios que pedira para levar a cabo o seu projecto.

Na viagem de regresso, Cristóvão Colombo foi obrigado, para se abrigar de uma tempestade, a refugiar-se no Tejo, primeiro em Cascais, para se mudar algum tempo depois para Belém. O rei, refugiado então em Vilar do Paraíso, pediu a Colombo que o fosse visitar, o que o almirante não podia deixar de fazer. Todavia, o encontro não decorreu da maneira pacífica que se podia esperar, pois Cristóvão Colombo, nitidamente enfurecido interpelou o rei, querendo conhecer as razões que o tinham levado a rejeitar esse projecto, cujos bons resultados estavam à vista. O tom de Colombo foi tal, que os membros da comitiva do rei lhe pediram autorização para o matar. Como é evidente, o rei recusou a autorização que lhe era pedida.

Encontramos a descrição desta recepção em João de Barros, *Década Primeira da Ásia*, mas as suas informações não são confirmadas pelo diário de Cristóvão Colombo, que se refere de facto a esta visita, descrita como um acidente formal, tendo Colombo voltado à corte portuguesa sem queixas nem ressentimentos. Acredito mais nos pormenores de João de Barros, considerando que Colombo não era homem para se colocar em posição de inferioridade. Mas João de Barros acrescenta dois pormenores que interessa registar: o primeiro diz respeito aos nativos que o acompanham e surpreendem D. João II, pois se trata de homens de pele escura, embora não tão preta como a dos naturais da Guiné. E, confirmando a diferença, não têm cabelo revolto, sugerindo mais uma identidade com os asiáticos, que o rei não conhece.

O segundo pormenor também interessa o futuro das relações marítimas dos portugueses com esta região: Colombo fala abundante e liricamente das riquezas que encontrara ou de que obtivera informações, mas não pôde mostrar nem ouro, nem pedras preciosas, nem especiarias. O Cipango que ele pensava ter alcançado não revela as riquezas que se podiam esperar e que a corte portuguesa associava a novas terras. Não podemos esquecer a perturbação de D. João II perante estes novos homens que, sobretudo, revelam a falta de conhecimento da própria estrutura física das populações orientais que se verificava em Lisboa. Por outro lado, nada do que era mostrado ou contado por Colombo era de molde a provocar uma re-orientação das tarefas marítimas programadas em Lisboa.

Convém lembrar também que na expedição de 1487–1488, Bartolomeu Dias não só dobrara o Cabo da Boa Esperança, penetrando enfim no Índico, confirmando que este oceano não era um «mar fechado», como se acreditara durante muito tempo. Acima de tudo, esta expedição não se limitara a definir as condições da ligação entre o Atlântico e o Índico, pois abria o caminho marítimo para a Índia. Ora, a verdade é que esta expedição não encontrou continuidade, se bem que a corte tivesse ordenado que se abatessem as árvores necessárias à construção das embarcações para uma nova expedição. Quais as razões que atrasaram esta expedição? Estamos perante um vazio relativo no que se refere aos conhecimentos específicos de D. João II, a quem cabiam as decisões finais, e que já tinham obrigado Cristóvão Colombo a procurar apoio e capitais na capital espanhola.

Esta situação não autoriza os historiadores a multiplicar as hipóteses fantasistas que permitem organizar expedições sob o comando de diferentes marinheiros que teriam alcançado o que viria a ser a América, antes da viagem de Pedro Álvares Cabral. Pelo contrário, tudo contribui para indicar uma paragem, que permitiu a assinatura do Tratado de Tordesilhas em 1494. Não podemos deixar de pôr em evidência a relação existente entre o regresso da primeira expedição de Colombo e a assinatura do Tratado, que deve então ser encarado como um instrumento diplomático destinado a proteger os interesses portugueses. As diferentes reuniões destinadas a comemorar a assinatura do Tratado não eliminaram nem as fantasias, nem as incertezas. Não pode, contudo, restar a mínima dúvida: tratou-se para a corte portuguesa de uma operação central, mais virada para o futuro do que considerando o passado.

Pois não é visível que o ritmo das grandes expedições só recomeça depois da assinatura deste instrumento diplomático, sancionado por Roma? Se as expedições marítimas portuguesas tinham sido suspensas após o regresso de Bartolomeu Dias, não seria certamente para dar lugar a expedições secretas, que não teriam deixado o mínimo traço, nem nos lugares acaso visitados ou «descobertos», nem nos arquivos, nem na tradição oral. Ainda que que seja difícil recusar o peso do «sigilismo» inventado por Jaime Cortesão, não podemos iluminar um passo da história multiplicando os «talvez», os «certamente», os «sem dúvida», etc., que maculam tantos textos contemporâneos portugueses. A paragem permite a expedição de Colombo, a qual, por sua vez, apressa a realização da reunião de Tordesilhas. Esta permite que seja retomada a expedição que acabará por ficar sob o comando de Vasco da Gama.

Com efeito, só em 1497 parte de Belém a armada organizada para, utilizando as informações recolhidas por Bartolomeu Dias, descobrir o em parte já descoberto caminho marítima para a Índia. Embora não possamos, nem devamos, esquecer que se Vasco Gama revela, nesta viagem, um talento náutico amplamente reconhecido pelo almirante Gago Coutinho, a segunda parte da viagem, quer dizer, aquela que se realiza no Oceano Índico, faz-se sob a direcção dos pilotos afro-árabes ou indianos. A importância desta operação associa o simbólico ao pragmático: os portugueses não são os únicos marinheiros capazes de levar a cabo as operações complexas dos descobrimentos e entre as populações consideradas inferiores regista-se a presença de técnicos dispondo dos melhores conhecimentos náuticos exigíveis. O caminho marítimo para a Índia não foi descoberto por Vasco da Gama, pois era ele corrente no Oceano Índico.

Como não ver o que é evidente? No calendário das expedições portuguesas, as operações do Índico deviam preceder quaisquer outras, às quais serviam de introdução. Vasco da Gama está de regresso a Lisboa em 1498: dois curtos anos depois, Pedro Álvares Cabral alcançava enfim a terra de Vera Cruz, considerada neste primeiro contacto como sendo mais uma ilha instalada no Atlântico, onde os portugueses e os estrangeiros seus associados já tinham encontrado algumas outras. Não parece que valha muito a pena gastar argumentos e tinta com o carácter «ocasional» desta «descoberta», pois é evidente que a expedição do marinheiro português estava, como acontecia com as outras embarcações, preparada para o «acaso». Todos os «descobridores» embarcavam para o incerto, devendo regressar com o certo e provado.

O quadro geral das operações levadas a cabo pelos capitães peninsulares sublinham a existência de calendários, o mais importante dos quais pertence de maneira evidente aos portugueses. Tal não impede que se registe, na operação levada a cabo por Pedro Álvares Cabral, um sinal que merece esclarecimento: depois de ter desembarcado nesta «ilha», Álvares Cabral continua a sua missão, deixando, contudo, como única presença portuguesa, dois lançados que tinham sido extraídos das cadeias para cumprirem eventualmente esta missão. Não se trata dos primeiros lançados utilizados pelos portugueses, mas se tivesse havido o projecto de alcançar um território específico na zona do que virá a ser a América, poder-se-ia esperar outra forma de presença. O descrédito dos homens não pôde deixar de arrastar consigo a desvalorização do território. Este não estava previsto no calendário português!

Nos dias de hoje, verifica-se por parte de uma fracção da historiografia portuguesa uma evidente preguiça, como se pode verificar no facto de se aceitar que a Terra de Vera Cruz foi alcançada em 22 de Abril de 1500, esquecendo que o nosso calendário mudou e que, como, de resto, se verificava na minha infância, o território foi «achado» em 3 de Maio de 1500. Sobretudo, quer considerar-se que a relação dos portugueses com as populações índias decorreu sempre no quadro da descrição feita por Pero Vaz de Caminha. Convém, em primeiro lugar, lembrar que a bela prosa de Vaz de Caminha é inspirada pelos documentos provindos de Colombo, como já mostrei em tempos, como também o fez o Professor Manuel Viegas Guerreiro. Não só se pode verificar a existência de circuitos inter-textuais, como podemos, sobretudo, dar conta do facto de a carta de Vaz de Caminha não ter conhecido os apógrafos que lhe teriam permitido circular como era corrente na sociedade portuguesa de então.

A desaparição deste documento deve ser entendida à luz das modificações registadas no juízo consagrado pelos europeus às populações autóctones. Fechado na gaveta onde foi «descoberto» no século XVIII, o documento de Vaz de Caminha só começou a funcionar já no século XIX e, mais particularmente, neste século. A razão é evidente: Colombo fora obrigado a constatar, surpreendido, que os Índios pacíficos da sua primeira expedição tinham mudado de carácter. Estamos perante a dupla revelação dos caribes e do canibalismo. Respeitando o mesmo esquema identificador, Vaz de Caminha só se dá conta dos aspectos que caracterizam os selvagens, a nudez, reforçada aqui pela depilação, a ausência de violência, a aceitação pelo menos passiva dos rituais religiosos do cristianismo.

Esta visão dos homens é acompanhada por uma exaltação da natureza, que, todavia, mantém a totalidade do seu mistério, no sentido em que os portugueses não são capazes de identificar nenhuma das árvores, tal como não dispõem de informações que lhes permitam identificar os produtos consumidos. Ou seja, se os marinheiros portugueses oferecem comidas e bebidas aos autóctones, recorrendo ao palato como um instrumento capaz de permitir a identificação do Outro, a expedição abandonada a Terra de Vera Cruz não dispõe de conhecimentos capazes de permitir identificação, conhecimento e utilização. Mas não podemos esquecer o avesso desta situação: tal quer dizer que o sistema, tanto da natureza como dos homens, não oferece grandes analogias com os sistemas já conhecidos, europeu e africano.

Tal como já se verificara no caso da visita de Cristóvão Colombo a D. João II, o elemento negativo da própria estrutura física dos homens é fornecido pelos africanos: os futuros americanos não podem ser confundidos com os africanos, devido à cor da pele, ao facto de não serem circuncisos, tal como não possuem o famoso cabelo revolto, a «lã» que serve a Gil Vicente para identificar nas suas peças os africanos. A tal acresce o facto de serem, homens e mulheres, depilados, o que reforça a sua diferença em relação aos africanos, por uma razão teológica evocada por Gomes Eanes de Zurara: a selvajaria dos africanos seria dada a ver pela nudez, pois Deus pusera pêlos naquelas partes do corpo que se deviam tapar. Não o fazendo, os africanos infringiam o código religioso ocidental, o que já se não verificava no caso dos futuros índios, que extraíam esses marcadores.

Por outro lado, e deve registar-se esse elemento sobremaneira significativo, as populações da Terra de Vera Cruz não dispõem de *mercadorias* capazes de alimentar o sistema de trocas que caracterizava então, como hoje, o sistema português. Ou seja, as populações da Terra de Vera Cruz, exatamente como se registara no caso de Cristóvão Colombo, não dispunham de um sistema de trocas amplo e generalizado que permitisse instalar, como se fizera em África, autênticas regras comerciais, graças às quais se poderiam oferecer e pedir produtos. No caso de Cristóvão Colombo, verifica-se que o almirante se vira na obrigação moral de impedir as trocas entre os marinheiros espanhóis e os caribes, pois estes davam, em troca de ninharias, produtos de valor. Esta troca desigual incomodou tanto o almirante, pela sua evidente amoralidade, que só encontrou a proibição como solução suficientemente equânime.

Retenhamos o terceiro elemento perturbador: se os autóctones da Terra de Vera Cruz dispõem de casas onde vivem, se produzem alguns instrumentos de madeira, se utilizam as redes, tanto para a pesca como para dormir ou assegurar os transportes, não parece que a sua actividade produtora seja considerável. Não podemos esquecer que as expedições marítimas eram caras e esperava-se que se revelassem rendíveis: excluídos os papagaios que voam por todos os lados e são considerados mercadoria valiosa, o território parece só poder fornecer o pau-brasil. Se os autóctones não trabalham, como instaurar um sistema que possa revelar-se suficientemente rendível para compensar o pesado investimento que representava uma expedição formada por tantas embarcações e pelo apetite de tantos homens? Tal é outra das pesadas realidades que deve enfrentar o sistema português.

Como ficar surpreendido com esta situação? O esforço português estava virado para o Índico e a península do Hindustão, que não só prometia as especiarias e as riquezas, mas dava um alimento espiritual considerável: o combate contra os turcos, isto é, contra os diabólicos agentes e representantes de Mafoma. As religiões dos futuros brasileiros são, por assim dizer, inexistentes, dado que assentavam essencialmente na veneração dos espíritos dos antepassados. Nestas condições, não se registava nem a existência de textos teológicos, tal como não se podiam identificar os teólogos, nem os lugares especialmente consagrados à prática dos actos religiosos. Regista-se, neste aspecto, uma forte divergência entre as populações andinas ou mexicanas, entre as quais se verifica a existência de estruturas religiosas deveras complexas. Embora a resposta peninsular seja idêntica: destruir os monumentos, sacrificar os teólogos ou as autoridades religiosas, iniciar a tarefa dos catequistas, que deviam assumir a responsabilidade de liquidar as formas religiosas autóctones, substituídas pelo cristianismo imposto pelos missionários.

Perante esta situação, os portugueses renunciam a explorar ou ocupar esta terra de Vera Cruz, cujo estatuto se manteve ambíguo até muito tarde, procurando os portugueses manter-lhe a classificação de «ilha». Esta operação procura utilizar a experiência já adquirida nos três arquipélagos do Oceano Atlântico, onde se registara a instalação ou a criação de populações inéditas, organizando, do mesmo passo, a produção agrícola destinada essencialmente à exportação. O Brasil estaria, por isso, destinado a ser uma das ilhas portuguesas do Atlântico, situação que teria como corolário a eliminação de todo e qualquer problema fronteiriço. Só já muito tarde, como se pode verificar consultando a cartografia que sobreviveu, o Brasil será, enfim, plenamente integrado na América do Sul, com os seus vizinhos incómodos, quer geridos pelos espanhóis, quer geridos pelos outros europeus, quer, sobretudo, administrados pelos jesuítas.

Do falso «bom selvagem» ao «autêntico» antropófago

Teima-se, nestes dias de comemoração, em definir as relações dos portugueses com os índios brasileiros, através da óptica da carta de Pero Vaz de Caminha. Já verificámos que o documento não criou a sua própria descendência: trata-se de um documento único que descreve não a realidade dos índios, mas a ilusão dos portugueses, todavia, dispostos a reconhecer nesses índios de bons corpos os descendentes de homens ainda dignos do Paraíso. A ocultação deste documento põe, contudo, em evidência que cedo se desfez esta ilusão, recusando os índios pôr-se ao serviço dos europeus, que, porém, não concebem a sua instalação no território sem dispor de um número elevado de escravos que os índios deviam fornecer.

Todavia, a visão do Outro americano altera-se também sob o impacto da leitura espanhola, que oscila entre dois pólos extremos: no primeiro, denunciam-se as práticas da antropofagia ritual, enquanto, no segundo, se põe em causa a própria alma dos índios. Registe-se a disjunção entre os portugueses e os espanhóis, pois os primeiros não se interrogam a respeito da alma dos índios, que constitui, sobretudo sob o impulso de Fray Bartolomé de Las Casas, um dos elementos mais abertamente polémicos na organização das relações com a América e os americanos. Para os portugueses, os índios são essencialmente fornecedores de força de trabalho, esbarrando, no entanto, contra as práticas ancestrais das civilizações silvícolas da América do Sul. O documento que mais fará, na Europa, para difundir as práticas antropofágicas dos índios brasileiros é evidentemente o relato de Hans Staden, que pode contar com a contribuição de um gravador que executou as xilogravuras que tornam ainda mais cruel a situação dos homens capturados, engordados e condenados a serem abatidos para depois serem assados — prefiro dizer churrascados — e consumidos com prazer evidente pelos seus congéneres.

É, todavia, Hans Staden que traz para a cena literária da Europa uma das situações mais reveladores da densidade dos conflitos entre os portugueses e os índios, neste caso, os Tupinambás. Tendo sido capturado, Hans Staden é imediatamente condenado não por ser europeu, mas sim por falar português. Como se compreende, Staden procura mostrar que a sua língua, o alemão, não pode ser confundida com o português, no entanto, não sendo capaz de falar francês, os índios decidem que deve ser contabilizado como português. A associação dos índios com os grupos franceses instalados na Baía de Guanabara promove o francês, a língua aprovada pelos índios, ao passo que o português provoca a captura e a engorda de quantos falam esta língua. Suponho ser, na história da língua, uma das situações mais dramáticas, que felizmente não se alargou à totalidade dos índios do Brasil nascente.

De resto, conta-nos ainda Staden, não se pode contar com a solidariedade dos europeus, pois, tendo os índios capturado um autêntico francês, este não só o não ajuda, como acaba por dizer aos índios: «matem-no e comam-no, porque este celerado é um autêntico português, vosso e meu inimigo». A teimosia de Staden não convence inteiramente os índios, mas verifica-se que o alemão é ruivo, o que o separa, do ponto de vista dos índios, dos portugueses. Tal como os europeus inventariam as caraterísticas somáticas dos índios, assim, estes, replicando o sistema, procuram proceder ao inventário dos elementos que permitem a identificação dos europeus, oportunamente divididos entre amigos e inimigos. A língua portuguesa sendo falada por homens morenos de cabelo escuro não pode ser confundida com a língua falada pelos homens de cabelo abertamente ruivo.

A descrição das cerimónias exigidas pela antropofagia ritual banalizaram-se na Europa, pois permitiam incluir os índios brasileiros no quadro amplo da selvajaria, autorizando esta, por sua vez, os europeus a impor a dura disciplina da escravatura para assegurar a salvação eterna destes pecadores. O facto de os prisioneiros serem confiados a uma mulher, que vive e dorme com eles, chegando algumas vezes a engravidar, reforça o sentimento de repulsa, pois se prefere executar e comer um prisioneiro ternamente engordado pela índia que lhe fora destinada. Vez que outra, a índia apaixonava-se pelo seu prisioneiro, e essa situação dramática só podia ser resolvida pela fuga, mesmo que esta não estivesse isenta de risco. Como não podia deixar de ser, estas situações, mesmo não sendo correntes, só podiam reforçar a animosidade contra os índios, que deviam passar pela via da escravatura para poder merecer uma existência quase normal, dada a violência que sempre caracterizou as relações entre os proprietários brancos e os servidores e, sobretudo, os escravos índios.

A política portuguesa da ocupação não podia deixar de provocar a destruição dos índios e das suas instalações. Sabemos que a corte portuguesa se desinteressou da organização do Brasil até 1530. Só a nomeação de Martim Afonso de Sousa conseguiu pôr termo a uma situação de abandono, que se explica em função das condições em que o território, que continuava a ser a «ilha», fora «achado» ou «descoberto». Não havia lugar para ele no quadro dos projectos portugueses. Todavia, a partir do momento em que a estrutura política portuguesa se instala no Brasil, arrastando consigo as experiências relacionadas com as plantas que se poderiam utilizar na organização do novo território, tornou-se necessário encontrar as soluções indispensáveis. Podemos resumir a situação salientando que, a partir de 1530, se aposta de maneira indubitável na rendibilidade do novo território colonial. *Passa-se dos lançados de 1500, aos governadores gerais recrutados entre a nobreza e designados pela Corte.*

Podemos dar-nos conta das técnicas e dos resultados da colonização, recorrendo ao texto clássico de Pêro de Magalhães Gândavo que, em 1573, fornece uma descrição das povoações criadas pelos portugueses:

> junto dela(s) havia muitos índios quando os Portugueses começaram de as povoar, mas porque os mesmos índios se levantavam contra eles e faziam-lhes muitas traições, os governadores e capitães da terra destruíram-nos pouco a pouco e mataram muitos deles: outros fugiram para o sertão, e assim ficou a terra desocupada de gentio ao longo das povoações. Algumas aldeias destes índios ficaram todavia ao redor delas, que são de paz e amigos dos portugueses que habitam estas capitanias.([132])

Num outro texto, referindo-se aos Aymorés, que hoje conhecemos como sendo os Botocudos, salienta o mesmo Gândavo que teria sido conveniente destruí-los, mas que, tendo-se refugiado profundamente no mato, os Aymorés tinham escapado à sanha destruidora dos portugueses.

Deve ainda acrescentar-se que nem tudo o que se refere à prática da antropofagia pode ser atribuído aos índios brasileiros. Numa carta de Pedro Borges, dirigida a D. João III, de Porto Seguro, aparecem informações deveras singulares:

> Eu aqui nesta capitania e na dos Ilhéus, passei por algumas coisas do tempo passado por me dizer o governador que assim o havia V. A. por bem, e porém, por os que trouxeram muitos homens e mulheres em um navio do Reino, haverá seis ou sete anos, e meninos, e os lançaram em terra nos pitiguares e os comeram todos os gentios e eles vieram vender as roupas e fazenda

([132]) Pêro de Magalhães Gândavo, *História da Província de Santa Cruz* (Lisboa: Oficina de António Gonçalves, 1576), cap. III, fol. 10 v.

> destes à Baía, não pude dissimular, porque foi um grande caso e desumano; tenho preso o mestre e senhorio do navio, que é natural do Algarve e um marinheiro, os quais prendi com grande trabalho nos Ilhéus [...].(133)

A carta está datada de 7 de Fevereiro de 1550 e confirma outros documentos portugueses que se referem às práticas da antropofagia (a que já me referi em outros lugares, mas convém considerar a importância dos relatos da *História Trágico-Marítima*, assim como a *Peregrinação* de Fernão Mendes Pinto, onde essas referências são ditas sem rebuço e sem condenação moral). Mas isso quer também dizer que os portugueses gerem a antropofagia ritual dos índios brasileiros em função dos seus interesses, alimentando ou acirrando tais práticas, que lhes permitem desembaçar-se dos colonos incómodos ou indesejados. Razão suficiente para que a antropofagia ritual brasileira seja encarada a partir desta manipulação levada a cabo pelos portugueses e, provavelmente, pelos europeus em geral.

Porque se são, em alguns casos, os próprios portugueses que suscitam os actos de antropofagia, podemos também dar-nos conta de uma situação que ainda não foi suficientemente analisada: são os portugueses que procedem à transferência das populações índias, de maneira a aproveitar as conflitualidades potenciais, provocando a sua inter-destruição. Já verificámos que o projecto português da colonização pretende ocupar as terras úteis, o que se não pode fazer senão através da expulsão dos índios. *Ou seja, a expansão portuguesa corresponde à simples e constante liquidação das populações índias.* No «Regimento de Tomé de Sousa» (datado de 17 de Dezembro de 1548), dão-se indicações minuciosas, revelando que alguns burocratas da corte se mantinham ao corrente das situações internas brasileiras:

> porque sou informado que a linhagem dos tupiniquins destas capitanias são inimigos dos da Baía e desejam de serem presentes

(133) Carlos Malheiro Dias, ed., *História da colonização portuguesa do Brasil*, vol. I (Porto: Litografia Nacional, 1921), pp. 268–269.

> no tempo que lhe houverdes de fazer guerra para ajudarem nela e povoarem alguma parte da terra da dita Baía e que para isso estão prestes, escrevo também aos ditos capitães que vos enviem alguma gente da dita linhagem, e assim mesmo lhes escrevereis e lhe mandareis dizer que vos façam saber de como a terra está e da gente, armas e munições que têm e se estão em paz ou em guerra e se têm necessidade de alguma ajuda vossa; e aos cristãos e gentios que das ditas capitanias vierem, fazeis bem agasalhar, e os favorecereis de maneira que folguem de vos ajudar, enquanto tiverdes deles necessidade, e porém os gentios se agasalharão em parte onde não possam fazer o que não devem, porque não é razão que vos fieis deles tanto que se possa disso seguir algum mor recado; e tanto que os puderdes escusar, os despedireis [...].([134])

Os índios são bons e úteis enquanto se mostrarem empenhados em destruir os outros índios, porém, acabada a tarefa, o melhor é pô-los a distância, criando, assim, a cintura profilática capaz de colocar os europeus ao abrigo da violência. Não faltam nos documentos que têm sido identificados nos arquivos provas numerosas da duplicidade europeia, que não pode deixar de aumentar à medida que se verificam os dois factos principais que dominam a história das relações humanas do Brasil: o início da colonização sistemática portuguesa e a importação de escravos africanos. Regista-se uma profunda alteração no território, embora possamos já pôr em evidência o que me parece o facto principal da transformação das relações entre os índios brasileiros e os portugueses: desaparecida a ilusão do quase «bom selvagem», revela-se a figura hedionda do antropófago, o qual só poderá remir-se através do trabalho ou da escravatura. Desaparece, neste contexto, toda e qualquer forma de relação pacífica entre os índios e os portugueses. Recorre-se, sempre que possível, às conflitualidades existentes entre as diferentes «linhagens» dos índios, para acirrar a violência e a inevitabilidade dos combates. Os portugueses

---

([134]) Luís de Albuquerque, *Alguns documentos sobre a colonização do Brasil (século XVI)* (Lisboa: Alfa, 1989).

esperam que as informações atinentes aos conflitos entre os índios possam fornecer uma plataforma capaz de permitir reduzir de maneira sensível o número de índios. Todos os documentos salientam a importância desta situação, que permite o alargamento do território ocupado pelos europeus, sem a mancha de um único índio.

O paradoxo brasileiro

A situação pode ser interpretada da única maneira possível: a colonização portuguesa não pode tratar os índios como iguais, mas apenas como inferiores. O projecto expansionista português exige que terras e território sejam ocupados, explorados e integrados no espaço nacional português. As «nações» índias só existem ou só são consentidas enquanto aceitam as regras impostas não só pelas autoridades portuguesas, como por qualquer colono. O princípio da inferioridade absoluta dos índios implica esta inferiorização das suas sociedades, o que é acompanhado pelo princípio de que os índios são os escravos «normais» dos portugueses. No mesmo texto, já citado, de Pêro de Magalhães Gândavo (trata-se aqui do Capítulo IV) põe-se em evidência a situação das relações entre colonos portugueses e autóctones índios:

> e a primeira coisa que pretendem adquirir (os colonos) são escravos para nelas (nas terras) lhes fazerem suas fazendas: e se uma pessoa chega na terra a alcançar dois pares, ou meia dúzia deles (ainda que outra coisa não tenha de seu), logo tem remédio para poder honradamente sustentar sua família, porque um lhe pesca, e outro lhe caça, os outros lhe cultivam e granjeiam suas roças, e desta maneira não fazem os homens despesa em mantimentos com seus escravos, nem com suas pessoas. Pois daqui se pode inferir quanto mais serão acrescentadas as fazendas daqueles que tiverem duzentos, trezentos escravos, como há muitos moradores na terra que não têm menos desta quantia e daí para cima.([135])

([135]) Gândavo, *História da Província de Santa Cruz*, cap. IV, fol. 15–15 v.

A colonização portuguesa não pode, nesta primeira fase, ser compreendida se não demonstrarmos que não há colono português que não lute por conseguir estes escravos, que vão da simples «parelha» às centenas de homens e mulheres que não só se auto-alimentam, como produzem a comida dos colonos, sendo os excedentes destinados ao mercado. Esta economia caracterizada pela escravatura generalizada não podia deixar de ser marcada pela violência, não hesitando as «nações» índias em refugiar-se no mato, a distâncias capazes de as preservar do contacto maléfico com os portugueses.

Estamos perante a primeira fase do que entendemos designar como sendo o «paradoxo português», pois o próprio Brasil teria sido manifestamente impossível sem a participação constante das populações índias. Todavia, a contribuição dos índios vai mais longe, já que as principais plantas alimentares tinham sido por eles domesticadas: os portugueses descobrem muito cedo a existência da mandioca, assim como as suas várias utilizações. Uma parte dos comentadores da carta de Caminha quiseram identificar uma referência ao sistema alimentar índio graças à presença da mandioca. Já foi amplamente demonstrado tratar-se de uma leitura apressada, pois se tratava, de facto, do cará. A lição que podemos extrair desta situação é a mais simples que se pode desejar: sem a domesticação das plantas a que procederam as «nações» índias, a colonização portuguesa estava condenada a estiolar-se. Não obstante, tanto o conhecimento das plantas, dos ananases aos cajus, como o dos animais, depende inteiramente do conhecimento acumulado pelos índios.

A mandioca faz parte integrante da paisagem e da culinária brasileira. Transferida aos continentes africano e asiático, a planta modificou não só os ecossistemas, como alterou as preparações culinárias e o próprio palato. O mesmo se verifica com muitas outras plantas, incluindo os feijões que fizeram da «feijoada brasileira» uma preparação de amplo cunho nacional, que serve para afirmar os laços existentes entre os nacionais brasileiros. Não quer isto dizer que os brasileiros não receberam, em contra-partida, plantas oriundas de outras regiões do mundo, entre as quais se conta a banana, que substitui a espécie autóctone da pacova. E não faltam textos para salientar o facto de estas bananas, que ainda são apresentadas nos textos do século XVI como parentes do figo, serem originárias de São Tomé, confirmando a maneira como o próprio percurso da colonização portuguesa associa a escravatura a novas formas de exploração da natureza.

Os portugueses, tal como os demais europeus, como salienta o texto de Jean de Léry, consagrado à descrição do quotidiano dos franceses instalados na baía de Guanabara sob a direcção de Villegaignon, não são capazes de viver sem o trabalho dos índios. Simultaneamente, verifica-se que os europeus se revelam absolutamente incapazes de dar aos índios outro estatuto que não seja o de escravos. Esta situação era intolerada pelos índios, que se revoltavam — como dizem os textos portugueses —, procurando recuperar a sua autonomia. Por esta razão, os portugueses, e os europeus em geral, trucidam-nos, seja em combates directos, seja, como já lembrámos, recorrendo a manipulações que levam as «nações» índias a se inter-destruírem. Não estamos hoje em condições de saber ao certo qual era o número de índios existentes no Brasil quando chegaram os portugueses: alguns milhões, em todo o caso. Restam alguns milhares. Não há índios na baía de Guanabara a não ser em bronze, em alguns monumentos públicos.

Todavia, os brasileiros continuam a cultivar e a preparar a mandioca domesticada pelos índios, assim como os ananases e os cajus. Tal como continuam a utilizar as redes que os índios emprestaram aos portugueses. E até ensinaram às brasileiras a importância religiosa e estética da depilação. Qual a brasileira que ousará apresentar-se em qualquer praia brasileira com pêlos nas pernas? Esta indianização da sociedade brasileira também se fez sentir no plano religioso, como provam as lojas de umbanda que encontramos mesmo em metrópoles tão complexas e tão multirraciais como São Paulo. O paradoxo está, contudo, anichado nesta situação: os europeus, dos quais descende uma fracção significativa dos brasileiros, souberam pilhar os valores índios, ao mesmo tempo que procuraram, tendo-o parcialmente conseguido, destruir a população índia, hoje condenada a uma situação residual.

A africanização

Quando os colonizadores europeus, e mais particularmente os espanhóis, se deram conta da parca capacidade de trabalho dos índios, foram obrigados a fazer contas. O trabalho dos índios não era suficientemente rendível. Esta situação era, ainda, agravada por um elemento complementar, embora assinalado por quase todos os cronistas portugueses: os índios ou se opunham à dominação portuguesa, obrigando as forças portuguesas a trucidá-los, ou abandonavam as suas terras para se infiltrar no mato, rejeitando qualquer contacto ou acordo com os portugueses. Esta situação foi compensada, até certo ponto, pelas «entradas» dos portugueses no mato, de onde regressavam com enormes filas (naturalmente indianas) de prisioneiros. Diz-se que uma delas chegou a alcançar uma légua. Mesmo que se registe algum exagero na medição por parte do cronista, nem por isso a situação deixa de revelar a sua conflitualidade.

Se bem que a literatura respeitante à escravatura africana afirme de maneira peremptória ter cabido aos portugueses a responsabilidade de ter agravado as práticas africanas da escravatura, o que os teria levado a inventar o tráfico negreiro, convém ser mais modesto, mesmo no que se refere ao horrível. A ideia de substituir os trabalhadores índios, livres ou escravos, pelos escravos africanos foi enunciada por Fray Bartolomé de Las Casas. O facto de este religioso, cuja origem cristã-nova ele procurou sempre dissimular, aparecer nos dias de hoje como o defensor dos índios americanos não pode separá-lo da maneira como pretendeu resolver o problema da força de trabalho de que necessitavam os «encomenderos», para assegurar não só a valorização das suas aldeias, mas para obter os rendimentos que lhe permitiriam enriquecer. Las Casas propõe que se substituam os índios, frágeis e pouco produtivos, pela robustez produtiva dos africanos. Abria-se, assim, a porta para uma tripla revolução: a americana, do norte ao sul, que aumenta constantemente o número de escravos importados até à segunda metade do século XIX; a africana, que não dispõe dos meios para resistir à solicitação dos europeus e depois dos americanos; e, enfim, a europeia, que fornece os capitais que modificam de maneira definitiva a distribuição das forças e dos interesses no Atlântico, uma vez que são as nações que utilizam este oceano que agravam constantemente o número de escravos importados.

Mas deve reter-se uma razão complementar para reforçar a importação dos escravos africanos, tal como ela é avançada por Pêro de Magalhães Gândavo: contrariamente aos índios que se refugiam no mato, os escravos africanos não têm onde se acoitar, estando por isso submetidos ao jugo dos europeus, e não podendo contar com o apoio dos índios. Diga-se, desde já, que Gândavo se mostrou bom analista, mas mau profeta, dado que os africanos transferiram para o mato americano as suas técnicas de instalação, criando os quilombos e os mocambos que lhes permitiram furtar-se à disciplina da escravatura, para africanizar um mato que até então fora o lugar quase exclusivo dos índios. A africanização do Brasil processa-se a um ritmo acelerado a partir das experiências feitas na Baía, sob as ordens de Martim Afonso de Sousa, para apreciar as qualidades de adaptação das plantas industriais conhecidas e utilizadas pelos portugueses. Deste singular «concurso», saiu vencedora a cana-de-açúcar, que foi amplamente difundida pelos portugueses, decisão que obrigou ao aumento significativo do número de escravos importados. Se o açúcar substitui, no plano das exportações, o pau-brasil, este, que fora sobretudo extraído pelos índios, desaparece praticamente das exportações e pode até dizer-se que desaparece também das florestas brasileiras.

A africanização não pode deixar de arrastar consigo a «desindianização» da sociedade brasileira. Os índios de pele mais acobreada são pouco a pouco substituídos por populações de pele negra. As condições existenciais não repelem a produção de mestiços — mulatos e mamelucos —, mas estes não desempenham, nos primeiros anos brasileiros, nenhum papel decisivo, sendo integrados pelos europeus no quadro amplo dos escravos ou dos trabalhadores quase forçados. A tolerância revelada pelo governo português em relação aos mulatos do arquipélago de São Tomé e Príncipe tardou a chegar ao Brasil, onde se regista o contínuo reforço da violência dos colonos portugueses. Mas se os africanos não podem furtar-se à indianização, pois só ela permite a plena utilização dos recursos oferecidos pela natureza brasileira, não podemos, nem devemos esquecer que, por sua vez, os africanos modificam as relações internas da colónia. Registemos os números fornecidos por Jorge Couto, nos finais dos anos 500, mesmo que esta estatística esteja nitidamente falseada por se referir apenas à «população aculturada», o que tem como consequência eliminar, uma vez mais, os índios da sua própria sociedade. Em 1585, registava-se já a existência de 13 000 africanos, ou seja, nada menos do que 24% dessa «população aculturada». Nos finais de 500, os africanos já representavam 42% dessa população, sendo 30% os portugueses e 28% os índios. O crescimento das tarefas impostas pela cultura da cana e a produção de açúcar, que impunha, por sua vez, a organização de uma produção agrícola capaz de sustentar patrões e trabalhadores, conhecera um aumento fulminante quando, em Minas Gerais, surgiu o ouro tão ardentemente procurado por gerações e gerações de colonos.

Podemos tirar destes valores estatísticos, embora reconheçamos serem grosseiros, algumas conclusões que salientam a constante «desindianização» do território apetecido pelos portugueses e pelos europeus, que encontra uma espécie de compensação na africanização. Os números de que dispomos, e que virão certamente a ser afinados pela investigação, sobretudo brasileira, não permitem a menor dúvida. Se, no que se refere à natureza, as regras provêm essencialmente dos índios, já no que se refere ao trabalho e ao quotidiano, o Brasil que os europeus pensam estar em via de construir, revela os seus traços constantemente africanos. Embora haja que contar com a importância da presença dos jesuítas, que procuram isolar os índios dos contactos com os portugueses e os europeus em geral, tal como os afastam dos contactos com os africanos. Reforçando o isolamento dos índios, os jesuítas, recorrendo ao guarani — mas sem repelir o tupi — criam a «língua geral», *que lhes permite afastar os índios da língua portuguesa.* Podemos compreender que esta situação não podia deixar de criar conflitos, no sentido em que a defesa dos índios, ou de alguns deles, pelos jesuítas, chocava com os interesses específicos dos colonos, pelas razões já tão precisamente aduzidas por Pêro de Magalhães Gândavo.

É fácil de compreender que os jesuítas não cumprem as tarefas que habitualmente incumbem aos missionários que devem agir no sentido de separar as populações dominadas, tanto dos seus sistemas religiosos como das suas línguas: os homens só podem ser completamente dominados quando aceitam pôr em causa as suas religiões, ao mesmo tempo que se transferem para outra zona linguística que não é já a sua língua materna. Os jesuítas não contribuem para a indianização da sociedade brasileira, mas impedem ou dificultam a utilização sistemática da mão-de-obra autóctone. Ao mesmo tempo, os missionários não se opõem ao tráfico negreiro e à escravatura africana, prometendo o Padre António Vieira, aos escravos africanos pacientes uma fracção do paraíso celeste. Não seria difícil denunciar, através de António Vieira, os objectivos dos jesuítas, mas essa tarefa poderá ainda esperar. O mais significativo reside no choque entre os diferentes projectos, os quais assentam todos nas condições de dominação das populações autóctones ou importadas. O angelismo indianista não pode dissimular as condições em que os índios eram afastados de fracções amplas das suas práticas, sem, contudo, ganhar acesso às novas condições existenciais impostas pela colonização. Os jesuítas, *agentes de uma variável da colonização europeia*, não serviam os índios, procurando essencialmente dispor dos meios para criar uma espécie de «civilização jesuítico-índia», naturalmente destinada a fracassar.

Quando começam os brasileiros?

Perante esta lenta evolução do povoamento, cabe perguntar em que momento estes grupos dão origem aos «brasileiros», entendidos como uma «nação» que supera os particularismos dos grupos que participam nas tarefas do povoamento e da nova organização territorial. A passagem da *colónia à nação* não pode deixar de implicar uma dupla tarefa: unificação da língua, das práticas religiosas e do aparelho político, que, por sua vez, permite a criação de uma «consciência nacional». Esta depende da *memória nacional*, que transcende as memórias individuais graças aos acontecimentos que implicam a colectividade e que foram retidos para formar a grelha simbólica que permite ver, compreender e explicar o mundo a partir de uma visão autenticamente brasileira.

Não podemos deixar de saber que a simples criação do nome «Brasil» deu lugar a polémicas, pois esta designação pareceu a muitos como simplesmente materialista, rejeitando as que tinham sido dadas pela expedição de Pedro Álvares Cabral e pertenciam ao vocabulário religioso português. Continuamos, contudo, a esbarrar contra uma das evidências da própria evolução brasileira que não pode deixar de provocar uma certa perplexidade: quem foram os primeiros brasileiros e como poderemos defini-los? É evidente que os índios não são brasileiros, inclusivamente porque só mais tarde, na esteira das designações portuguesas, acabarão por se metamorfosear em moradores do Brasil, o seu território, agora batizado pelos europeus. Uma das tarefas da colonização reside na nomeação dos territórios: os nomes dados pelos índios formam hoje um resíduo arqueológico, interessante decerto, mas despojado de qualquer importância interventiva. Os africanos também não eram brasileiros e tentaram, uma grande parte deles, manter-se fiéis aos valores das suas «nações», de resto, reconhecidas pelos colonizadores e pelos negreiros. Contrariamente também ao que se pensa correntemente, os portugueses nunca contaram entre as populações empenhadas em abandonar o seu país para se instalar alhures. Já no século XVII, como relatam os textos, os portugueses queriam, sobretudo e todos, regressar ao ponto de partida, cheios de experiências e, se possível, enriquecidos.

Deve dizer-se que tal tem sido sempre o mecanismo da colonização, primeiro, e, depois, da emigração portuguesas. A famosa fórmula dos nossos dias europeus, «para o ano regresso», que tanto marcou as relações dos portugueses emigrados na Europa com o seu país e com eles próprios, já podia ter sido utilizada durante a colonização. Esta ligação umbilical com a aldeia ou a região de origem — o que, naturalmente, inclui a família — não podia criar brasileiros. É por essa razão que só vemos aparecer brasileiros já no século XVII, em função do aumento, mesmo se lento, das cidades. A ocupação portuguesa do território brasileiro foi organizada de maneira a ocupar o campo, mas sem permitir a criação de concentrações urbanas, das quais desconfia o poder político. Não podemos, por isso, admirar-nos ao verificar que as duas operações que correspondem à tomada de consciência da condição de brasileiro, tanto no sentido cultural como no sentido político, se verificam em cidades. A primeira aparece claramente expressa na poesia de Gregório de Matos Guerra, que, infelizmente, só conseguiu chegar parcialmente à tipografia no século XIX, devido à maneira como as autoridades portuguesas geriram o acesso dos moradores do Brasil à tipografia. A segunda refere-se naturalmente à conspiração da Inconfidência, que podemos e devemos considerar como o *primeiro grande movimento de americanização do Brasil,* até então ou demasiado português, ou excessivamente africano. Descendente de portugueses, Gregório de Matos Guerra licenciou-se em direito em Coimbra, tendo exercido a magistratura durante anos em Lisboa. Foi obrigado a regressar à Baía, por razões que ainda não foram completamente esclarecidas, se bem que se registe a existência de algumas boas biografias do poeta baiano. A poesia bastante desbocada de Gregório de Matos não lhe elimina nem as qualidades inventivas, nem a força da intervenção na vida quotidiana da sua cidade. De resto, a sua veemência satírica foi tal que o governador o mandou deportar para Angola, primeiro, para Benguela e, depois, para Luanda, de onde acabou por regressar, sendo, todavia, impedido de continuar a produzir a sua poesia satírica, que tanto incomodou o aparelho político que governava a cidade.

A poesia de Gregório de Matos fala de dentro para fora, em nome das condições de nascimento e da relação com os próprios portugueses. Para Gregório de Matos, os reinóis caracterizavam-se sobretudo pela rusticidade e pela falta de conhecimentos, o que os não impedia, contudo, de conhecer ascensões verticais muito rendosas, o que autoriza o poeta a denunciar o carácter submisso dos brasileiros, que consentem que tais colonos, que tais iletrados, possam acumular riquezas, por meio das quais exercem uma influência deletéria sobre as estruturas sociais do Brasil. Ou seja, *não bastava então nascer no Brasil para ser brasileiro.* Nesta fase do nascimento e fixação da consciência nacional brasileira, o que faz o brasileiro é a sua oposição decidida aos portugueses. Em que medida esta estratégia da construção desta consciência pode arrastar consigo índios e africanos? Ou, nesta fase ainda duramente determinada pela fortíssima presença do colonizador, não se prevê a criação de uma «frente única» contra o colonizador? É muito voluntariamente que recorro a um anacronismo político para procurar pôr em evidência a situação criada pelas fases anteriores da construção do Brasil, até ao momento em que não só emergem os «brasileiros», como se definem os parâmetros da necessidade da nação. Descendentes de portugueses, os brasileiros estão obrigados a separar-se de pais e de avós, tal como não podem deixar de repelir a gesta simbólica que une e autoriza a existência dos portugueses. Darei a esta força o nome de «necessidade da nação na medida», no sentido em que esta fórmula permite dar conta das condições que separam os neo-brasileiros da sua própria origem, incluindo a família.

O facto de os cargos do aparelho de Estado serem preenchidos por representantes da nobreza portuguesa não pode deixar de contribuir para a rutura, à medida que se desenvolvem os valores afectos às burguesias, é certo que ainda encaradas por Gregório de Matos não com condescendência, mas, sobretudo, com um humor tão ácido que consegue desestabilizar o próprio aparelho político, que não pode fazer menos do que remetê-lo para a costa de África. O paradoxo desta situação reside no facto de Angola estar em via de integrar no seu próprio projecto alguns dos valores que caracterizavam já a vida brasileira. Gregório de Matos Guerra não perdeu em Angola a violência utilizada na denúncia dos reinóis, os quais, ao servir Portugal, não podiam deixar de desservir o Brasil. O nacionalismo ainda infantil de Gregório de Matos, partilhado, como não podia deixar de ser, pelo seu grupo social, ou até por uma parte significativa da sua cidade, teria de amadurecer com o tempo, isto é, com a organização de projectos nacionais brasileiros que não fossem destinados a enriquecer o comércio luso. Gregório de Matos, exprimindo o sentimento geral dos seus concidadãos, denuncia a maneira como os interesses portugueses ordenham a vaca económica brasileira. Não podemos deixar, contudo, de pôr em evidência que a concepção deveras rígida da hierarquia social impedia Gregório de Matos, e quantos partilhavam os seus sentimentos, de dispor de uma possibilidade de organizar um «braço armado» que permitisse passar do desabafo poético à acção revolucionária, conceito que também reconheço anacrónico nesta situação.

Creio que o elemento mais incómodo, sendo também aquele que impede a elaboração de uma autêntica consciência nacional, reside na aceitação das regras portuguesas, que colocam os índios fora da sociedade normal dos homens, assim como reduz os africanos à condição de escravos. Não é difícil verificar que a independência do país seria insuficiente no caso de ela ser apenas a expressão do grupo minoritário, mesmo sendo aquele que, no quadro dos valores que geriam as sociedades já capitalistas, representava a substância da burguesia nacional. A timidez das propostas políticas não corresponde à veemência da denúncia levada a cabo pelo poeta e pela poesia. A qual, como já salientei, só pode circular por via dos apógrafos, devido à maneira como as autoridades portuguesas geriram sempre a relação do Brasil com a tipografia.

O fim da «língua geral», o começo da «brasileirização» do português

Gregório de Matos Guerra — como, de resto, outros poetas baianos seus contemporâneos ainda mal ou nada estudados — denuncia a presença dos portugueses, pondo, deste modo, em evidência a existência de um corte profundo entre os que se sentem brasileiros e pensam em brasileiro e os que, reinóis, se consideram apenas colonos portugueses, sem nenhuma tarefa específica a cumprir no que se refere à criação da consciência nacional brasileira. Se a língua de Gregório de Matos retém, na trama poética, as conquistas vocabulares ou sintáxicas dos locutores já brasileiros — e, por isso, inçada de indianismos e de africanismos —, o Brasil está ameaçado, então, pela política seguida pelos jesuítas, a quem não interessa defender os índios, mas sim utilizá-los numa tentativa para encontrar uma forma de gestão que, sem os devolver à sua indianidade, os mantenha à margem dos europeus, tanto espanhóis como portugueses. O esforço a fazer pelos brasileiros não podia deixar de incluir a necessidade de pôr termo a uma situação linguística e social que, de facto, impedia a unificação linguística, quer dizer, política, do Brasil.

Deve-se ao Marquês de Pombal a liquidação da língua geral, proibida em 1757, medida que precede o dispositivo legal que torna obrigatória a língua portuguesa, que, por sua vez, antecede — ou anuncia — a expulsão dos jesuítas. Não parece excessivo afirmar que o Brasil de hoje deve ao Marquês de Pombal as suas fronteiras, pois a língua portuguesa agiu como um cimento interno, assegurando a unificação dos homens, obrigando os africanos a abandonar as suas línguas maternas, tal como, de resto, iria acontecer, embora muito mais lentamente com os índios. Nem podia ser de outra maneira, pois que as tentativas dos jesuítas impediam que o Brasil adquirisse de maneira definitiva a maioridade linguística, reduzindo ou liquidando os grupos, ou até as regiões onde o português fora deliberadamente impedido de alcançar a extensão que podia prever-se e que envolveria todos os membros da comunidade que, pela via da língua, se ia tornando cada vez mais consciente da sua condição brasileira. Já mostrei em outro lugar que a língua brasileira de Gregório de Matos Guerra se caracterizava entre o mais pelo recurso a uma série de termos, indianismos e africanismos, que permitiam construir uma visão sexual dos brasileiros voluntariamente separada dos vocábulos portugueses. Como se o corpo brasileiro devesse necessariamente designar de maneira autónoma os particularismos sexuais.

Graças às medidas adoptadas pelo Marquês de Pombal, procurava superar-se a fragmentação linguística dos índios e dos africanos, sem, contudo, aceitar a criação de línguas particulares, destinadas mais a criar um isolamento social reforçado ou confortado pela língua, e apostando de maneira decidida no carácter universalizante da língua portuguesa, como já defendia, no século XVI, João de Barros. É nestas condições que a língua portuguesa desempenha um papel falsamente colonialista, pois é graças a ela que se organiza a unificação do Brasil, não só territorial, mas, sobretudo, social. A língua brasileira da Baía, que Gregório de Matos Guerra trouxera para o espaço literário, age como um cimento cultural, obrigando os reinóis a submeter-se às suas regras: falar ou não falar brasileiro, tal é a questão principal, cujo interesse profundo se manteve até aos dias de hoje. Como se, de facto, *a adoção da língua portuguesa multiplicasse não os portugueses, mas sim os brasileiros.*

A crescente urbanização brasileira exigia o recurso a uma língua unida, permitindo a construção das relações entre o litoral e o interior, entre o norte e o sul. As decisões do Marquês de Pombal não evitam a demonstração da impossibilidade, em que se encontra o colonizador, de compreender que as armas culturais que não pode deixar de fornecer serão inteiramente recuperadas pelo colonizado. A dificuldade reside no facto de os já brasileiros e muitos dos futuros brasileiros serem não só de origem portuguesa, mas manterem-se fiéis a valores portugueses, até ao momento em que «viram» brasileiros. Esta metamorfose, fundamental para o destino do Brasil e, fatalmente, também para Portugal, encontra um reforço nas decisões do Marquês de Pombal. A liquidação da língua geral acompanha a dissolução das «reduções», ondc os jesuítas não só concentravam os índios, como procuravam organizar, se não um império, em todo o caso, uma sociedade excepcional, na qual os índios estariam concentrados sem relações com o resto dos homens e do mundo. Comportamento absurdo, que o Marquês censurou em nome da colonização, mas também em função dos interesses desses colonos, que, pouco a pouco, se iam separando dos valores portugueses, para se assumir cada vez mais brasileiros.

É já em condições infinitamente mais brasileiras que os conspiradores de Minas Gerais, serão levados a organizar o futuro nacional, à luz de uma nova consciência nacional brasileira. Sabendo-se que, nas condições de dominação colonial existentes na segunda metade do século XVIII, a «nação» só podia ser pensada nas cidades, onde se concentravam homens e mulheres que já tinham nascido no Brasil, considerando-se, por isso, mais brasileiros do que portugueses, assim como antigos portugueses que, integrados de maneira apaixonada na vida e nas estruturas sociais do Brasil, não se podiam pensar senão como brasileiros. É a generalização do termo que obriga os próprios brasileiros a dar-se conta das condições particulares que presidem à organização política, económica e social. Mas já então, e a partir de Gregório de Matos Guerra, se denuncia o enriquecimento rápido e abusivo dos colonos reinóis. Esta disjunção ainda não esgotou as suas potencialidades, pois não é difícil delimitar, na epiderme dos brasileiros, zona de fricção perante os comportamentos portugueses, o que explica que nenhum português possa, no Brasil de hoje, manter a sua língua, sendo socialmente obrigado a injectar no seu português os pozinhos brasileiros que a tornam compreensível. O *ouvido brasileiro rejeita o sotaque português*, como já criara a sua língua a partir do século XVI (embora os filólogos afirmem que a língua brasileira se mantém fiel ao português falado no século XVI, o que é evidentemente ilusório: os brasileiros falam a língua que criaram para assegurar a sua autonomia linguística, primeiro passo para assegurar a inevitável autonomia política).

Se a língua portuguesa fora tão profundamente identificada com os portugueses, que pode ser utilizada como um marcador suficiente para levar os índios desafectos a capturá-los, engordá-los, sacrificá-los e comê-los (não devendo nós esquecer-nos de que esta operação ainda encontrou eco no *Manifesto Antropofágico* de Oswald de Andrade, que considerava a captura e o sacrifício do bispo Sardinha como sendo o primeiro autêntico momento da «brasileirização» do território e da sociedade), não podemos deixar de fazer da língua um elemento fundamental na organização da sociedade que de colónia se transforma pouco a pouco em nação.([136]) A língua portuguesa afirma, nestas condições, as suas grandes qualidades glotofágicas, tal como permite a solidificação do processo

([136]) *Revista de Antropofagia*, ano I, n.º 1 (maio de 1928) 3 e 7.

urbano, que encontra a sua ampla confirmação nos actos políticos de carácter nacionalista.

Podemos reconhecer que o segundo grande momento que contribui de maneira decisiva para confirmar a emergência da «nação» brasileira — e distingo aqui a «nação» como forma última da «consciência nacional», do «Estado» que depende sempre da própria estrutura da «nação» — é necessariamente a conspiração política. Se bem que se registem formas ténues de actividade conspirativa política anteriores, devemos reter, sobretudo, a Inconfidência mineira, que não só nos surge como uma organização especificamente brasileira, como se associa a esta outra qualidade: trata-se de uma operação radicalmente americana. A data provoca alguns automatismos, e já levou mais de um a integrar a «conspiração» no quadro dos valores revolucionários franceses. Convém ser mais rigoroso, na medida em que esta organização brasileira recebe o seu influxo teórico dos norte-americanos que tinham já conseguido libertar-se dos ferros da colonização. A França serviu apenas de lugar de contacto entre os delegados brasileiros e o representante norte-americano Thomas Jefferson.

O carácter claramente burguês desta operação foi involuntariamente reconhecido pelo aparelho político-judiciário português, que prendeu e maltratou os inconfidentes, tendo condenado alguns à morte, mas tendo apenas executado o alferes Joaquim José da Silva Xavier, que a crueldade portuguesa designa por uma alcunha, o Tira-Dentes, destinada a aviltar o conspirador mineiro. A identidade do patriota brasileiro é substituída pela alcunha que lhe fora dada na sua região natal, pelo facto de ser um homem que tinha habilidade para tratar dos dentes dos seus conterrâneos, num momento em que a medicina ainda não chegara aos campos brasileiros. Do ponto de vista simbólico, são evidentes as intenções do poder político português: executar o conspirador que não pertencia a nenhum dos grupos sociais mais importantes da nascente burguesia brasileira.

O que mais interessa evidenciar no quadro desta reflexão é o facto de os conspiradores que procuram organizar não a simples «rebelião» que consta dos autos, mas a autêntica revolução que devia pôr termo ao período da colonização, se tratar de uma operação em que o quadro *americano* autoriza a necessidade da independência total dos *brasileiros*. Como não podia deixar de ser, a «inconfidência» não encara a conservação da solução monárquica, sendo, como é, um projecto republicano. Mas já então o cimento linguístico funcionava de maneira plena, tendo-se até registado no Brasil uma situação singular, que se caracteriza pela ausência de crioulos, mesmo se nos últimos anos Carlos Vogt procura identificar as línguas «particulares» ou «secretas» que se encontram em certos cafundós no estado de São Paulo. Não é questão que possamos analisar neste quadro, pois o que mais importa é registar a emergência da burguesia, cujo projecto republicano irriga a conspiração de 1789, e que levará à proclamação da independência, a 7 de Setembro de 1822, ou seja, apenas trinta e três anos após a «Inconfidência». O império constitui, por isso, um espaço intermédio, pois estava já inscrito nos projectos da burguesia brasileira a inevitabilidade da República.

Barão de São João,
Julho de 2000.

3.

Sistemas de dominação e estratégias de resistência

3.1. «INTRODUÇÃO» A *CULTURA E OPULÊNCIA DO BRASIL*, DE ANDRÉ JOÃO ANTONIL

A obra de João António Andreoni pertence ao vasto grupo de trabalhos que, redigidos por autores italianos, deram a conhecer ao mundo o esforço ultramarino dos Portugueses, entre os quais encontramos dois Pigafetta, Filippo e António, Américo Vespuccio e Ramúsio, como se os Portugueses não fossem capazes de assegurar a difusão das suas próprias tarefas de conhecimento e inventário dos territórios, dos homens e das técnicas.

No caso de Andreoni, podemos verificar tratar-se do primeiro texto consagrado ao inventário das actividades agrícolas e extractivas do Brasil num período capital da evolução desta colónia, quer dizer, nestes primeiros anos do século XVIII, que assistiram a uma reorientação das actividades principais do País, consequência da descoberta do ouro, nas minas ou aluviões.

Duplo interesse, por consequência: Andreoni importa para o Brasil o modelo dos autores clássicos que tinham consagrado alguns estudos fundamentais à agricultura e à economia doméstica autárcica, de Hesíodo a Xenofonte, de Varrão a Catão, para terminar no francês Olivier de Serres, que, em 1600, publicou *Théâtre d'Agriculture et Mesnage des Champs*, que continua a ser, em França, o protótipo das obras destinadas a exaltar a vida rural.([137]) (A última série de reedições resumidas de Olivier de Serres verificou-se durante a ocupação alemã da França. O governo de Vichy, fiel à revalorização da terra, típica dos diferentes nazi-fascismos europeus, exaltou continuamente a relação preferencial com a terra. Olivier de Serres forneceu o apoio histórico e teórico indispensável a esta operação.)

Andreoni não pretende, todavia, descrever a soma das actividades agrícolas nem extractivas ou industriais do Brasil seu contemporâneo. O seu projecto é deveras reduzido e basta atentar no facto — como já sublinhou A. P. Canabrava — de não prestar a mínima atenção à importância do sistema alimentar brasileiro.([138]) Não faz nenhuma referência à mandioca, que, juntamente com o milho, forma a parelha alimentar perfeita da Baía do seu tempo; tal como não considera a importância que, ao lado da jeribita — aguardente de cana —, o tabaco tem nas relações com a costa africana. O mesmo silêncio se verifica no que diz respeito ao algodão, assim como em relação à pesca da baleia, cuja importância industrial se conservou até hoje em certas regiões do Nordeste brasileiro.

É difícil, hoje, dizer as razões que levaram Andreoni a preferir os produtos tratados mais particularmente no seu texto, mas pode bem dever-se apenas ao resultado de uma visão parcial do país, no sentido em que se não trata de um economista, mas de um especialista da catequização, o que o afasta precisamente dos interesses de Xenofonte ou de Olivier de Serres.

Editada em 1711, com todas as autorizações exigidas, as da Inquisição e as do poder real, a obra foi apreendida e destruída

---

([137]) Olivier de Serres, *Le Théâtre d'agriculture et mésnage des champs* (Paris: Plon, 1941).

([138]) Giovanni Antonio Andreoni, *Cultura e Opulência do Brasil*, texto da edição de 1711, introdução e vocabulário por A. P. Canabrava (São Paulo: Companhia Editora Nacional, 1967), pp. 35–36.

por ordem do rei D. João V, como é hoje sabido, graças ao documento que Andrée Mansuy descobriu nos arquivos da Casa Cadaval:

> Sua Majestade, que Deus guarde, foi servido resolver se recolhesse hum livro que há pouco se enprimio entitulado *Opulencia e Cultura do Brasil*, e ordenou ao C[orreged]or da Corte fosse buscar os que tivesse o impressor, e he servido que V. Exª. mande aos ministros do Dez[embarg]o do Paço lhe remettão os que se lhe derão de propinas. Deus guarde a V. Exª. muitos anoos. Paço, 20 de Março de 1711. D[iog]o de M[endonç]a Corte-Real.([139])

A primeira observação a fazer reside na evidente falta de coerência da censura, que autorizou a impressão de uma obra que aparentemente prestava maus serviços à coroa, se não até aos interesses dos Portugueses. A verdade, porém, é que foram necessários alguns séculos para se poder compreender as incertezas dos burocratas portugueses.

A medida portuguesa interessou muito os historiadores brasileiros, que, colocados perante uma obra de primeira importância para o conhecimento da vida brasileira, procuraram aí encontrar o fermento de uma fractura entre os interesses portugueses e os brasileiros. Ou seja, a apreensão e a destruição concomitante desta obra seria a prova da existência de uma orientação anti-portuguesa que então se ia estruturando no Brasil.

Há, com efeito, alguns sinais perturbadores nesta obra, que apareceu assinada por um André João Antonil, que seria um «anónimo toscano». Só em 1866, J. Capistrano de Abreu pôde identificar o autor, o jesuíta João António Andreoni. Este deixava, contudo, ao leitor a possibilidade de o identificar, já que o pseudónimo era um anagrama quase perfeito de João António Andreoni, havendo apenas uma letra suplementar,

---

([139]) Andrée Mansuy assegurou a tradução francesa e o comentário crítico da obra de Antonil. Giovanni Antonio Andreoni, *Cultura e opulência do Brasil por suas drogas e minas: texte de l'édition de 1711*, trad. comentário crítico de Andrée Mansuy (Paris: Institut des Hautes Études de l'Amérique Latine, 1968), p. 37.

o *l* final de Antonil, inicial de *luquense*, que quer dizer natural de Luca, em Itália.

Qual a razão do pseudónimo? A verdade é que esta questão não encontrou ainda solução e pode até acrescentar-se que ela não tem suscitado a curiosidade dos historiadores brasileiros. Não se poderá aceitar a hipótese de que o pseudónimo fora escolhido precisamente para não implicar o autor, jesuíta e missionário, na sua própria obra, dado esta apresentar alguns traços pouco ortodoxos? Não se compreende, de outra maneira, que uma obra desta natureza, essencialmente técnica, tenha sido assinada por um pseudónimo, mesmo se um pouco transparente, neste período barroco, em que os brincos de palavras eram tão largamente apreciados.

A esta incerteza vêm somar-se outras. Desde 1910, a historiografia brasileira interroga-se para conhecer as razões que forçaram a corte a eliminar esta obra de maneira tão brutal, a ponto de hoje só restarem, nas bibliotecas espalhadas pelo mundo inteiro, seis exemplares da edição *princeps* [estes seis exemplares estão assim distribuídos: um na Biblioteca Nacional de Lisboa, um na Biblioteca Nacional de Paris, dois na Biblioteca Nacional do Rio de Janeiro, um no British Museum de Londres e mais um exemplar na Biblioteca da Faculdade de Direito (São Francisco) de São Paulo]. Araripe Júnior, o primeiro, pretendeu ver nesta obra uma espécie de guia destinado a ensinar os proprietários agrícolas a governar conforme os princípios do *Príncipe*, de Maquiavel. Esta opinião, já excessiva, encontrará um eco aumentativo no trabalho de José Paulo Pais, que pretende que a obra dissimula mal um programa político: a restauração da indústria açucareira, ferida de morte pelo *rush* desencadeado pelo ouro de Minas Gerais, de maneira a restabelecer a aristocracia dos engenhos no papel de elite dirigente, que, entrementes, tinha sido usurpado pela burocracia metropolitana, a qual, sob o pretexto de controlar o rendimento das explorações mineiras, reduzia progressivamente a autoridade das municipalidades. ([140])

([140]) José Paulo Pais, «A alma do negócio», in *Mistério em Casa* (São Paulo: Conselho Estadual de Cultura, 1961), pp. 21–29.

Trata-se, como veremos já, de um dos muitos excessos provocados por esta obra, pois, já em 1841, um artigo de *Panorama*([141]), cujas ideias foram retomadas mais tarde por João Lúcio de Azevedo([142]), pretendia que a destruição da obra de Antonil se devia ao facto de ela revelar segredos de fabricação do açúcar que podiam ser úteis às colónias espanholas, holandesas, inglesas e francesas, em detrimento das colónias portuguesas e, mais particularmente, do Brasil. Andrée Mansuy sublinha que obras ou relatórios anteriores tinham já divulgado estas técnicas, demonstrando um conhecimento superior.

A explicação estaria alhures, tal como revela um outro documento descoberto por Andrée Mansuy: a *consulta* do Conselho Ultramarino de 17 de Março de 1711, que se encontra no Arquivo Histórico Ultramarino. Este documento sublinha que a obra apreendida expunha

> muito destintamente todos os caminhos que ha para as minas de ouro descubertas, e se apontao outras que ou estão para descobrir ou por beneficiar. E como estas particularidades e outras muitas de igual importancia que se manifestao no mesmo livro, convem muyto que se nao façao publicas nem possao chegar à noticia das naçoes estranhas pellos graves prejuizos que disso podem rezultar à concervaçao daquelle estado, da qual depende em grande parte a deste Reyno e a de toda a Monarchia, como bem se deixa conciderar.([143])

Eis a razão posta oficialmente a claro: as informações respeitantes aos produtos analisados não possuíam a mínima gravidade, o que já não acontecia com o que se referia ao ouro e aos caminhos que, das diferentes cidades — São Paulo, Baía, Rio de Janeiro —, levavam até aos filões ou às aluviões mineiras.

([141]) *Panorama* (1841), p. 208.

([142]) João Lúcio de Azevedo, *História de António Vieira*, vol. II (Lisboa: Livraria Clássica, 1920), p. 279.

([143]) Andreoni, *Cultura e opulência do Brasil...*, ed. Andrée Mansuy, pp. 44–45.

A singularidade da situação pode encontrar uma explicação relativamente fácil: os membros encarregados da leitura e da aprovação dos livros não possuíam o mínimo conhecimento nem do Brasil, nem dos interesses económicos já em jogo, e, por isso, fiéis a uma concepção rural e agrária, tinham permitido que a obra se imprimisse e fosse proposta aos leitores da língua portuguesa. Alguém, todavia, na corte, se deu conta do elemento novo e principal desta obra: o inventário das minas e da produção considerável, sobretudo levando em linha de conta a importância do contrabando.

Se é certo que a obra denuncia as graves perturbações introduzidas no Brasil pela actividade mineira de Minas Gerais, o seu autor não pensa que se possa voltar ao *statu quo ante*: a actividade mineira tinha introduzido no Brasil uma realidade inédita que não existia em Portugal, nem tão-pouco na Europa, e que seria necessário gerir com a flexibilidade indispensável, de maneira a moralizar as práticas sociais então correntes nas regiões mineiras, onde o «espiritual» tinha sido completamente posto de lado.

A obra foi organizada em função da descrição das culturas açucareiras, como parece provar a distribuição das diferentes partes: a primeira, consagrada ao açúcar ocupa 105 páginas; a segunda, que diz respeito ao tabaco, conta apenas vinte páginas; a que trata do ouro é um pouco mais importante: 52 páginas, ao passo que a quarta, consagrada ao gado e aos couros, cai para 11 páginas.

Na primeira parte, que diz respeito ao açúcar, encontramos conselhos e informações, e algumas passagens revelam a que ponto a gestão das plantações açucareiras era ainda arcaica: recomenda-se a cada senhor de engenho que não «deixe os papéis e as escrituras que tem na caixa da mulher, ou sobre uma mesa exposta ao pó, ao vento, à traça e ao cupim, para que depois não seja necessário mandar dizer muitas missas a Santo António para achar algum papel importante que desapareceu, quando houver mister exibi-lo».([144]).

([144]) Giovanni Antonio Andreoni, *Cultura e Opulência do Brasil por Suas Drogas e Minas* (Lisboa: Oficina Real Deslandesiana, 1711), p. 6.

Outros muitos conselhos são dispensados a estes proprietários, devendo cada qual, em primeiro lugar, cuidar da «eleição do capelão» ([145]), pois que esta é a «maior das obrigações que tem, a qual é doutrinar ou mandar doutrinar a família e escravos, não já por um crioulo ou um feitor» ([146]). Se se afirma assim o princípio fundador da sociedade, o temor a Deus, este deve ser ensinado pelos teólogos. Denuncia-se também a facilidade com que alguns proprietários confiam a educação religiosa a gente da casa e talvez até a escravos. Havemos de ver, de resto, que um dos aspectos mais particulares deste texto reside na defesa do clero já instalado no Brasil, que começa a ser despojado dos cargos e até das funções que deviam ser as suas.

A segunda obrigação do proprietário reside na selecção dos feitores, responsáveis pelo clima de violência que se verifica nos engenhos e nas plantações: «de nenhuma maneira se deve consentir o dar coices, principalmente nas barrigas das mulheres que andem pejadas» ([147]). Semelhante restrição, que pode ser até considerada como uma denúncia, põe em evidência o clima de violência que caracterizava, então, como depois, as relações de dominação no Brasil da escravatura. O texto desmente o carácter lírico-irrealista do luso-tropicalismo à Gilberto Freire, contrariado pela enumeração das violências que devem ser impedidas.

De resto, semelhante violência encontra confirmação na denúncia da brutalidade dos senhores que não prestam assistência «a quem se derrete em suor para o servir e apenas tem tempo para buscar uma raiz e um caranguejo para comer» ([148]). A soma de violências aparece claramente enunciada: excesso de trabalho, excesso de brutalidades, falta de vestuário e de alimento, para não falar em falta de assistência religiosa.

Mas, ao mesmo tempo, o autor põe em evidência a importância económica da produção. O comentário de Andrée Mansuy sublinha o parentesco existente entre Olivier de Serres

([145]) *Ibidem*, p. 11.

([146]) *Ibidem*.

([147]) *Ibidem*, p. 15.

([148]) *Ibidem*, p. 27.

e Antonil: a verdade, porém, é que o texto de Serres trata de uma agricultura e de uma economia agrícola mais atentas à autarcia do que ao mercado, o que não sucede no caso brasileiro. Basta atentar no facto de, no caso de Serres, como já acontecia em Xenofonte, a gestão se apoiar numa divisão sexual das tarefas, cabendo à mulher a gestão do espaço interno. Tal não sucede no Brasil, onde as «senhoras» não exercem nenhuma função na organização ou no controlo da produção.

Trata-se, de facto, do primeiro grande texto europeu consagrado à economia geral de um país, que procura pôr em evidência a importância *absoluta* da agricultura. A modernidade de Antonil salta, assim, aos olhos, na medida em que a terra multiplica os «grãos», o que não faz nenhuma outra actividade humana, menos ainda a extracção dos minérios, que constitui uma actividade quase parasitária, no sentido em que o minério não resulta das muitas metamorfoses a que são sujeitos os produtos fornecidos pela natureza: linho, pão, azeite, vinho ou açúcar e tabaco.

Digamos que, neste sentido, Antonil aparece como um para-fisiocrata, antecipando-se a algumas teorias europeias. Não revela ele a que ponto esta produção agrícola do Brasil é indispensável para assegurar o funcionamento da sociedade brasileira? Não mostra ele que o próprio poder depende da produção, tal como o fará alguns anos depois o famoso *Tableau* de Quesnay, de que deriva uma parte não despicienda da teoria económica moderna?

O que mete medo a Antonil é a subversão provocada pela actividade mineira. A introdução de uma cultura nova no Brasil, como a do tabaco — introduzida na Baía por volta de 1611, primeiro como «mimo», depois como «mercancia» ([149]), não provoca nenhuma alteração grave na estrutura brasileira, uma vez que se trata de mais uma planta que exige terra e trabalho humano, assim como as operações de metamorfose que fazem da planta um produto industrial final, sem que, todavia, sejam rompidos os laços profundos e contínuos entre o homem e a terra.

([149]) *Ibidem*, p. 124.

Tal não é o caso do ouro. Os Portugueses, sabendo embora que existia prata e outros metais, não se tinham preocupado com a sua localização e exploração, contrariamente «a outras muitas nações», sublinha o autor, acrescentando: «porque o génio de buscar índios nos matos os desviou desta diligência menos escrupulosa e mais útil» ([150]). Quer dizer que a educação agrícola portuguesa, reforçada pela importância das plantações industriais do açúcar, já experimentadas na Madeira, em São Tomé e em Cabo Verde, afastou os colonos da busca pelos produtos minerais.

Simbolicamente, o ouro foi descoberto, parece, por um mulato, tal como os seus descobridores foram todos paulistas. Não sabemos até que ponto esta dupla associação, por parte de alguém que não mostra muito respeito pelos homens de cor, não constitui uma maneira de desvalorizar o próprio ouro, entalado entre mulatos e paulistas. Deixemos este aspecto da questão aos nossos colegas brasileiros, mais capazes de demonstrar os particularismos dos afrontamentos históricos entre as diferentes regiões ou cidades brasileiras, que estão longe de ser ultrapassados.

O mais grave reside, porém, na desorganização da sociedade civil, tal como ela fora concebida nos meios rurais, onde as hierarquias existiam e onde encontravam confirmação na própria distribuição do espaço. No mundo agrícola, a distância entre a casa grande e a senzala explicitava as formas de dominação, permitindo que o simples visitante pudesse «ler» a posição de cada pessoa, de modo a evitar erros ou agressões. Tal não acontecia no mundo das minas: «cada ano vem nas frotas quantidade de portugueses e de estrangeiros para passarem às minas. Das cidades, vilas, recôncavos e sertões do Brasil, vão brancos, pardos e pretos e muitos índios de que os paulistas se servem. A mistura é de toda a condição de pessoas: homens e mulheres, moços e velhos, pobres e ricos, nobres e plebeus, seculares e clérigos e religiosos de diversos institutos, muitos dos quais não têm no Brasil convento nem casa» ([151]).

([150]) *Ibidem*, pp.129–130.

([151]) *Ibidem*, pp. 136–137.

Situação grave, mas reforçada pelas querelas entre os prelados, incapazes de definir as suas zonas de competência, o que não permite que os pastores possam exercer a sua função e anula o respeito que devia merecer a sua missão espiritual.

Trata-se, certamente, de uma passagem central desta reflexão, já que põe em evidência a origem da perturbação que mais incomoda os teóricos do poder. Não há nesta reflexão o menor apelo a Maquiavel, tal como não estamos perante a defesa apaixonada dos proprietários da terra. Trata-se de um inventário de outra natureza, destinado a mostrar ao leitor os graves riscos de modificação das regras da sociedade brasileira, que se apoiava na escravatura e na agricultura: neste espaço incerto da exploração do ouro tudo se confunde, a ponto de pôr em causa as próprias hierarquias, as do civil e as do religioso, que abalam a sociedade tradicional, tal como fora importada da Europa para ser adaptada às condições novas do Brasil.

Estamos aqui perante a primeira grande perturbação do sistema, que confunde as pessoas, tanto mais que um simples golpe de sorte permite ao garimpeiro encontrar algumas pepitas mais importantes, fazendo do dependente de ontem o senhor de hoje, quando não de amanhã. O acaso associado ao trabalho contínuo permite que o dominado possa subverter a hierarquia da sociedade, fazendo depender a função de uns e de outros do puro azar, independentemente da genealogia, da competência ou simplesmente das qualidades morais.

Entendamo-nos, todavia: no interior desta reflexão receia-se uma sociedade nova, brasileira. Não se pode deixar de concordar com os analistas brasileiros que pressentiram a importância deste problema, embora, em nosso entender, não tenham sido capazes de subentender o elemento essencial que se encontra nesta nova sociedade, que não é já portuguesa, mas brasileira, não só devido à instalação geográfica, mas como resultado desta actividade nova. Muito agudamente, Antonil dá-se conta da importância da novidade que o texto enuncia e procura exorcizar, embora sabendo já que não é mais possível voltar ao doce tempo antigo, porque, se há modificações profundas em todos os domínios, verifica-se que o abalo sísmico do sistema se comunica a todo o território brasileiro, arrastado pela modificação dos valores e dos preços. O mineiro aparece como a inversão dos valores normais da agricultura, visto que não trabalha a terra para a fazer produzir o pão normal que caracteriza as sociedades humanas. Por esta razão, o mineiro deve comprar tudo no exterior, provocando alterações radicais no sistema:

> Porém, tanto que se viu a abundância do ouro que se tirava e a largueza com que se pagava tudo o que lá ia, logo se fizeram estalagens e logo começaram os mercadores a mandar às Minas o melhor que chega nos navios do Reino e de outras partes, assim de mantimentos como de regalo e de pomposo para se vestirem, além de mil bugiarias de França que lá também foram dar. E a este respeito, de todas as partes do Brasil se começou a enviar tudo o que dá a terra com lucro não somente grande mas excessivo».([152])

Por outras palavras: o ouro não altera somente o sistema de Minas ou de São Paulo, mas envolve o Brasil na sua totalidade, desviando os produtos e alterando os sistemas de preços, o que atinge também profundamente o mercado dos escravos, como demonstra uma curta passagem em que o autor diz que em Minas se tinha comprado «um negro trombeteiro por mil cruzados e uma mulata de mau-trato por dobrado preço para multiplicar com ela contínuos e escandalosos pecados»([153]). Deixemos de lado o registo moral, para reter a modificação do preço da força de trabalho principal, reforçada pelo facto de os paulistas trazerem com eles os índios também indispensáveis ao sistema rural então vigente.

Perante esta situação, não basta denunciar as alterações infligidas ao sistema brasileiro, tanto mais que nada poderá voltar a ser o que foi. Antonil procura sublinhar um aspecto muito particular do sistema, pois que uma grande parte do ouro extraído «passa em pó e em moedas para os reinos estranhos e a menor é a que fica em Portugal e nas cidades do

([152]) *Ibidem*, p. 139–140.
([153]) *Ibidem*, p. 142.

Brasil»([154]), embora haja sempre uma parte não desprezível que será utilizada para assegurar a ostentação: «salvo o que se gasta em cordões, arrecadas e outros brincos, dos quais se vêem hoje carregadas as mulatas de mau viver e as negras, muito mais que as senhoras»([155]). Nova dilaceração do sistema propiciado pelo ouro que circula sem controlo: a possibilidade de fazer das mulatas e outras mulheres de cor as portadoras preferenciais do ouro, em detrimento da hierarquia normal.

Em todos os momentos se sente que o curso novo das coisas preocupa e irrita Antonil. Todavia, o autor consegue superar as condições da sua cólera ou da sua tristeza para nos pôr diante das novas regras do comportamento. A sociedade agrícola não poderá recuperar a hegemonia do passado, mas o texto não pretende limitar-se a sublinhar esse aspecto da questão, por mais importante que ele seja. Na realidade, Antonil mostra a que ponto a situação nova de Minas afasta a sociedade mineira do modelo colonial que fora engendrado pela política colonial portuguesa: como se nas dobras das montanhas e nas rugosidades dos rios e das ribeiras pressentisse já a futura Inconfidência, que, como não podia deixar de ser, é o resultado, por assim dizer, natural da modificação das regras sociais. O ouro é a fonte da própria ideologia da independência.

No entanto, em dois outros planos, Antonil procura chamar a atenção da corte lisboeta para a importância do Brasil na organização geral do Império Português. Pensamos que, neste caso, se deve prestar a maior atenção ao facto de o jesuíta não ser português, mas um dos muitos missionários estrangeiros que a Companhia de Jesus recrutou na Europa para impor a religião católica. Não será aqui o lugar para sublinhar a dilaceração interna do processo, uma vez que os missionários devem servir Deus, sem por isso deixarem de servir o poder temporal. Ora, se este processo cumulativo parece natural quando um missionário serve o seu país, já tal não acontece quando se trata de servir um poder político diferente daquele que se respeita e ao qual continua a obedecer-se.

([154]) *Ibidem*, p. 180.

([155]) *Ibidem*, p. 180–181.

Seja como for, após ter procedido ao inventário do gado e dos mouros produzidos em várias regiões brasileiras, Antonil sublinha a importância dos lucros obtidos pela coroa portuguesa graças aos produtos produzidos pelo Brasil: açúcar, tabaco, ouro, sola, pau-brasil, a que vêm acrescentar-se os diferentes contratos: das baleias, o anual dos dízimos reais, o dos vinhos, o do sal, o das aguardentes «da terra e de fora», «os direitos que se pagam nas alfândegas dos negros que vêm cada ano de Angola, São Tomé e Mina» ([156]). Para Antonil, o Brasil é um excelente fornecedor de dinheiro, de cruzados, à corte portuguesa, pelo que «é justo que se favoreça o Brasil por ser de tanta utilidade ao reino de Portugal» ([157]).

Temos de prestar atenção ao facto de, neste caso, estarmos perante uma demonstração que se apoia em números, que não se limita a bordar palavras numa talagarça ideológica: a demonstração é acompanhada de números que prestam também atenção ao próprio contrabando, já que, parece, quase toda a gente no Brasil se decide pelo contrabando, seja para exportar açúcar, seja para desviar o ouro da atenção dos guardas-fiscais. Nestas condições, o texto de Antonil sublinha a imensidade do rio de dinheiro, uma espécie de Amazonas que corre apenas na direcção de Portugal, impedindo os Brasileiros de proceder à sua própria acumulação primitiva. É certo que os documentos revelados por Andrée Mansuy não permitem a menor dúvida no que diz respeito às razões que levaram a corte a determinar a destruição do texto de Antonil; seja-nos, todavia, permitido sublinhar a existência de outros muitos lugares polémicos que podem reforçar a decisão da burocracia da corte portuguesa.

Num plano complementar, o texto de Antonil constitui um sólido *pro domo*, no sentido em que são defendidos os padres e os missionários, que deviam encontrar mais facilidades para poderem assegurar a vida espiritual dos moradores; já que estes ficaram «muito distantes das igrejas, é justo que estas se multipliquem para que todos tenham mais perto o necessário

([156]) *Ibidem*, p. 192.
([157]) *Ibidem*, p. 192-193.

remédio de suas almas. Pagando-se tão pontualmente à soldadesca que assiste nas praças e nas fortalezas marítimas»([158]), não há razão para que os religiosos não o sejam também. Os dois «exércitos» são indispensáveis à presença portuguesa no Brasil, embora o poder manifeste uma tendência evidente para dar à soldadesca vantagens que recusa a esses valentes combatentes do espiritual.

Mas, nos interstícios desta defesa dos direitos do clero, insinua-se uma dúvida que já nos aflorara em outro momento: não é verdade que o Brasil rural se começara já a desligar da prática católica normal, abrindo assim caminho para o corte imposto pela actividade mineira? No entanto, é verdade, esta ausência de Deus seria depois amplamente compensada pela multiplicação de igrejas, que deviam agradecer a Deus as benesses concedidas, exigindo-lhe ao mesmo tempo que o ouro fosse conservado na região, assim como a paz dos novos proprietários: as igrejas de Minas Gerais são menos destinadas a prestar graças a Deus do que a assegurar a tranquilidade dos novos-ricos, que pedem à divindade a graça da ordem, sem a qual nenhuma riqueza poderia prosperar.

Última nota, não despojada de interesse: pede-se que as autoridades, tanto as civis como as eclesiásticas, não desprezem os direitos dos padres e dos missionários há muito instalados no Brasil: «se pelo seu trabalho tanto cresceram os dízimos que se oferecem a Deus, pede a razão que os seus filhos idóneos não sejam propostos nos concursos e provimentos das igrejas vacantes do Estado»([159]) (*id.*, *op. cit.*, pp. 157 e 158). Consequência da febre do ouro que, revelando os apetites do clero instalado na corte, os arrastava para um Brasil subitamente rentável, caracterizado pela multiplicação das cidades que até então o campo recusara construir? Verifica-se, sem a menor dúvida, que estes primeiros anos do século XVIII correspondem a uma modificação decisiva no sistema brasileiro, provocada pela descoberta do ouro em Minas Gerais. Semelhante alteração atingiu também a Igreja, criando mais uma zona de fricção

([158]) *Ibidem*, p. 193–194.
([159]) *Ibidem*, p. 194.

entre os metropolitanos e os neobrasileiros, quando não os brasileiros: estes eram frequentemente preteridos, indo os cargos mais importantes para os funcionários recrutados em Lisboa.

É bem sabido que não estamos perante uma novidade, tão banal se tornou esta referência. Convém, todavia, não esquecer que o texto de Antonil constitui um dos primeiros consagrados à análise do tecido relacional brasileiro, em função da produção. Não estamos já perante a simples descrição da natureza, plantas e animais envolvidos no mesmo laço classificatório, mas de uma tentativa de considerar as condições de funcionamento da produção, em termos de produções, de custos, de impostos e de dominação dos homens pelos homens. Não sendo um abolicionista, Antonil rebela-se contra as práticas brutais permitidas aos feitores por senhores que não conseguem sequer considerar a necessidade de uma certa paz na produção, para aumentar a produtividade de uns e de outros: a violência excessiva é inimiga do lucro, tal poderia ser a fórmula proposta por Antonil.

Embora o missionário jesuíta luquense vá mais longe do que isso, na medida em que dá os meios de mostrar a que ponto o ouro novo do Brasil, ao alterar o sistema, põe a nu os apetites de uns e de outros, não esquece, todavia, os da sua corporação, a quem devem ser dadas as condições indispensáveis ao exercício desta função espiritual, sem a qual o mundo brasileiro estaria condenado a uma lenta, mas tão grave como irremediável, regressão. Não sabemos se a multiplicação das igrejas na Baía, no Recife ou em Ouro Preto teria satisfeito o desejo de Antonil. Esperemos que não, e que tenha ele pressentido o carácter religiosamente falacioso de tantas destas construções, em que o ouro oferecido a Deus não passa de uma maneira de legitimar o ouro escondido nos cofres ou contrabandeado para fora do Brasil.

Isabel Castro Henriques
Alfredo Margarido

3.2. GREGÓRIO DE MATOS EM ANGOLA

O poeta baiano partilhou a sua vida entre espaços portugueses repartidos por três continentes: nascido na Baía, frequentou a Universidade de Coimbra, onde se formou em direito, antes de se instalar em Lisboa, onde, durante muitos anos, foi advogado, tendo sido também magistrado. De regresso — aparentemente forçado — à Baía, Gregório de Matos conseguiu irritar de tal maneira as autoridades portuguesas, que foi deportado para Angola, embora se continuem ainda por conhecer as veras razões que podem ter motivado esta grave decisão.([160])

([160]) Sirvo-me essencialmente da biografia elaborada por Pedro Calmon, *A Vida Espantosa de Gregório de Matos* (Rio de Janeiro: Livraria J. Olympio Editora, 1983), assim como do artigo de Fernando Rocha Peres, «Gregório de Matos e Guerra em Angola», *Afro-Ásia*, n.º 6–7 (1968), pp. 17–40. Os poemas angolanos constituem a parte «IV — Armazém de Pena e Dor» da edição das *Obras Completas de Gregório de Matos*, organizada por James Amado, vol. VII (Baía: Editora Janaína, 1969), pp. 1597–1612. Esta secção de poesia de Gregório de Matos é antecedida por uma longa explicação: «Opúsculo de Gregório de Matos e Guerra, poeta, ao tempo em que, homem benemérito, foi juiz do crime e de órfãos em Lisboa, onde assistiu durante vinte anos, tendo-se casado e enviuvado; de quando em sua pátria da Baía, foi degredado para Benguela, em Angola, pelo crime da sua poesia; sua participação como Secretário de Estado na revolta da tropa ali aquartelada; e de como foi remetido de volta ao Brasil, desta vez para Pernambuco, onde remanesceu proibido de fazer sátiras até o dia da sua morte».

Não nos interessa analisar essas razões, nem dissecar os bons ou maus fundamentos da decisão tomada pelas autoridades portuguesas. Vamos centrar esta reflexão nos poucos versos que Gregório de Matos consagrou à sociedade angolana. Ou mais exatamente à cidade de Luanda. Com efeito, tendo sido desembarcado em Benguela, não tardou que o baiano se transferisse para Luanda, que era então a única aglomeração urbana que permitia que o desterrado pudesse organizar uma vida normal, social e intelectualmente.

Gregório de Matos nunca aderiu à sociedade angolana. Os seus versos procedem a uma descrição mais sintética do que analítica desta sociedade, pondo em evidência o seu carácter singular, já dominada pelos valores africanos. Entre os seus poemas, deve distinguir-se aquele em que relata a revolta dos soldados da guarnição de Luanda contra a substituição da moeda africana em que habitualmente eram pagos — o *libongo* — pelas moedas de cobre cunhadas em Portugal, novidade económica neste fim do século XVII, em que governava em Angola Henrique Jacques de Magalhães (1694-1697).

Num soneto em castelhano, Gregório de Matos procede à descrição da cidade de Luanda, não sem evocar um certo número de problemas biográficos:

> passar la vida, sin sentir que passa,
> de gustos falta, y de esperanças llena,
> bolver atraz pisando em seca arena,
> sufrir um sol, que como fuego abrasa. ([161])

([161]) Os poemas que constituem esta parte IV são os seguintes: a) «Ao governador D. João d'Alencastre quando mandou prender ao auctor para o degradar por ter chegado disfarçado de Lisboa em huma nao de guerra o filho de Antonio Luiz da Camara Coutinho com intento de o matar pelas satyras, que fez a seu pay: o que conhecido pelo governador D. João d'Alencastre, lhe quiz segurar a vida com o pretexto de degredo para Angolla, o que o auctor nesta obra quer negar desculpando-se», *Obras Completas de Gregório de Matos*, ed. James Amado, vol. VII, p. 1600-1601; b) «Descreve o que realmente se passa no reyno de Angola», p. 1602; c) «Descreve a hum amigo desde aquelle degredo as alterações, e misérias daquelle reyno de Angolla, e o que juntamente lhe aconteceo com os

O poeta baiano, expulso do seu próprio grupo, não se sente à vontade como o estivera em Coimbra ou em Lisboa: Angola não pertence ao domínio da civilização, o que explica esta situação caracterizada pela falta de «gustos». O próprio excesso do sol caracteriza a diferença, dado que a relação sol/fogo só pode remeter para uma situação em que estão implicadas forças diabólicas. Veremos já que tal é o caso, neste como em outros poemas.

Nada do que caracteriza a vida corrente em Luanda possui uma qualidade minimamente aceitável: «beber delas cacimas água bassa, / comer mal pes a media dia, y cena» ([162]). O sistema alimentar parece ter sido detestável, pois não só a água é sem qualidade, como ainda por cima os menus são monotonamente os mesmos. Nem vinho, nem pão, nem carne. O doutor Gregório de Matos Guerra está assim em presença de um sistema alimentar que não coincide com os valores civilizacionais que são os dos homens oriundos do sistema alimentar português. ([163])

---

soldados amotinados, que o levaram para o campo, e tiveram consigo para os aconselhar no motim», p. 1603–1605; d) «Lamenta o poeta o triste paradeyro da sua fortuna descrevendo as mizerias do reyno de Angola para onde o desterraram», p. 1606–1612.

([162]) «Cacimas», ou, antes, cacimba, do quimbundo *quixima*, poço de água. Durante muitos anos Luanda só dispôs da água, nem sempre salobra, das cacimbas. A água canalizada só começou a ser fornecida a Luanda em 1920.

([163]) Relatando a experiência de João Fernandes, que no século XV pedira para se poder instalar entre os Bérberes (Azenegues), de modo a obter informações a respeito da sua organização técnica e social, sublinha Gomes Eanes da Zurara o que teria sido o maior sacrifício do navegador português: «Considero — diz o autor — qual seria entonce a presença daquele nobre escudeiro, sendo criado às viandas que sabeis, scilicet, pão, vinho, carne e outras cousas artificiosamente compostas, e viver sete meses assim, onde não comia outra coisa senão pescado e leite de camelas, que penso que não há aí outro gado, bebendo água salmaça e ainda não em abastança; e estar em terra quente e arenosa, sem nenhuma deleitação», Gomes Eanes da Zurara, *Crónica de Guiné* (redigida em 1453) (Porto: Civilização Editora, 1973), p. 158. Deve notar-se a que ponto coincidem os dois textos na descrição dos elementos negativos do continente africano.

Se, nesse plano, nada há de agradável, devemos registar, sobretudo, a ausência de qualquer referência às preparações culinárias africanas: Gregório de Matos vive fisicamente em Luanda, mas o seu espírito está alhures. Os valores angolanos a que se refere são aqueles que suscitam surpresas ou críticas. Não encontramos nestes poemas uma palavra para elogiar seja o que for, plantas ou animais, homens ou artefactos. Angola, e mais particularmente Luanda, são desertos culturais, que chocam ainda mais do que os desertos físicos.

Dois versos mais, da segunda quadra do soneto, reforçam o asco que lhe inspira a cidade: «oyr por qualquer parte una cadena, / Ver dar açotes sin piedad, ni tassa». Luanda era então, e sê-lo-ia ainda durante pelo menos um século e meio, um grande armazém destinado a concentrar escravos, capturados ou fornecidos pelos chefes africanos. Estes homens eram na sua grande maioria livres, que não aceitavam de boa mente a sua redução à condição de «objectos». Daí que fosse necessário impor-lhes a violência das correntes, de maneira a impedir as fugas. Se bem que não disponhamos de nenhuma informação sistemática e coerente consagrada às técnicas de domesticação dos escravos, é evidente que a transição do estatuto de homem livre para o de homem sem direitos não podia ser fácil.

É, de resto, o que se pode depreender dos dois versos de Gregório de Matos, pois que as «cadenas» funcionam juntamente com os «açotes», dados «sin pieded». A observação é importante sobretudo porque o poeta conhece bem a situação dos escravos, tanto na sociedade portuguesa, como, sobretudo, na sociedade brasileira. Devemos, por isso, compreender a informação de maneira comparatista: ou seja, em Luanda, o tratamento dado aos escravos era infinitamente mais brutal do que aquele que lhes era reservado tanto em Portugal como no Brasil. Sendo que, nestes dois países, os escravos estavam já suficientemente domesticados, o que, todavia, nunca impediu as fugas. Os «fugidos», os «calhambolas» ou «quilhambolas»

Acrescente-se que Gregório de Matos não podia conhecer o texto de Zurara, que só foi descoberto nos arquivos parisienses em 1841.

parecem ter existido desde o momento em que os escravos foram transferidos de África para outras regiões.([164])

O primeiro terceto do soneto retoma um tema recorrente na poesia de Gregório de Matos, caracterizando-se por um violento anti-portuguesismo. Com efeito, como muitos outros compatriotas seus, o poeta baiano passou a vida a denunciar a maneira rápida como os colonos portugueses conseguem acumular fortunas que lhes permitem esquecer o lugar e as condições de nascimento, para se integrarem sem grandes dificuldades na sociedade brasileira. Nos seus estratos médios ou superiores, o que agrava a situação. Nos três versos consagrados a esta questão, resume-se um dos problemas mais polêmicos das relações entre portugueses e brasileiros:

> ver-se uno rico por encantamiento,
> y señor, quando a penas fué criado,
> no tener, de quien fué, conocimiento;

Não me parece indispensável sublinhar a importância do conceito «riqueza» na história social brasileira, embora Gregório de Matos nos diga claramente tratar-se de uma situação que permite anular a história familiar e pessoal passada. A memória do enriquecido passa por uma curiosa metamorfose que o leva a esquecer as «penas» que presidiram à sua criação. Sendo que esta riqueza permite que o «señor» possa emergir, impondo-se na sociedade ultramarina. Brasileiro, embora consciente da sua condição, Gregório de Matos não pode separar-se da empáfia da sua genealogia, que o liga à aristocracia do Alto Minho, com berço histórico no Val do Vez, em Ponte da Barca.

([164]) Desde o século XVI que esta questão se tornou essencial para os portugueses. A experiência de São Tomé permite mostrar que a fortaleza da ilha foi construída para enfrentar o «inimigo do interior», quer dizer, os africanos que, furtando-se ao domínio português, foram africanizando a ilha. V. António Brásio, *Monumenta Missionária Africana. África Ocidental (1532–1569)*, vol. II (Lisboa: Agência Geral do Ultramar, 1953).

O despeito de Gregório de Matos não lhe permite verificar que o enriquecimento raras vezes é conseguido por «encantamiento», sendo mais o resultado de duros trabalhos. Deve compreender-se esta maneira de dizer, na medida em que se denunciam os homens que, pertencendo à raia-miúda, ou, pior ainda, provindo do grupo dos degradados, acabam por obter posições económicas confortáveis. Na língua portuguesa não há *self made man*, razão pela qual o dr. Gregório de Matos se limita a pôr em evidência a categoria singular dos «novos-ricos», que só podem incomodar os «velhos-ricos», ao grupo dos quais já não pertence.

Como esquecer o contraste entre a situação económica do dr. Gregório de Matos, aristocrata português e doutor em direito, e a de uma parte não despicienda dos antigos colonos que, entretanto, trabalhando duramente conseguiram tornar-se ricos? A biografia do poeta diz-nos que não poucas vezes se encontrou em sérios apuros financeiros, o que nem sequer surpreende numa sociedade que vive virada para o triunfo económico, em detrimento das provas genealógicas. Digamos ainda mais claramente que se trata certamente do ponto frágil da estrutura teórica do dr. Gregório de Matos, que não consegue compreender as caraterísticas dinâmicas da sociedade brasileira do século XVII, que começa a separar-se do empertigamento aristocrático, substituído por regras mais associadas ao trabalho e à competência dos homens.

O último terceto do soneto não deixa de ser significativo, dado que denuncia as condições em que se renuncia tanto à ética como à moral:

> ser mentiroso por razão de estado,
> vivir en ambición siempre sediento,
> morir de deudas, y pezar cargado.

As regras do bom comportamento moral e cívico são preteridas em função da razão de Estado, o que não pode deixar de chocar o velho aristocrata de origem portuguesa. O que, entre o mais, serve para provar o carácter híbrido do poeta baiano, que pertence já ao quadro dos valores brasileiros, embora ainda não se tenha separado — e jamais o conseguirá fazer — dos valores intrinsecamente portugueses. Esta situação serve-lhe também para denunciar a «ambição», que contrasta com a certeza dos que herdam a sua autonomia social, e se opõem, assim, aos que a devem conquistar de maneira nem sempre fácil.

Compreende-se, por isso, o título dado a umas «coplas» luandenses: «Lamenta o poeta o triste paradeyro da sua fortuna descrevendo as mizerias do reyno de Angolla para onde o desterraram». Trata-se de um longo poema de quarenta e cinco quadras, com três versos em redondilha maior, sendo o quarto em redondilha menor, rimando o segundo e o terceiro versos. Esta observação completa a que se acaba de fazer mais acima: embora o conteúdo da quase totalidade dos poemas de Gregório de Matos seja acintosamente brasileira, não pode ele separar-se do quadro formal português.

Uma quadra terrível resume os caracteres de Luanda e a relação que o poeta pôde sustentar com esta terra africana:

> Nesta turbulenta terra
> armazém de pena, e dor,
> confusa mais do temor,
>   inferno em vida.

O quarto verso completa um outro ao qual se fez referência mais acima. Não deixa ele dúvida quanto ao carácter insólito da sociedade angolana, na medida em que as suas características principais estão longe de coincidir com o que se pode esperar de uma cidade minimamente civilizada. Todavia, os elementos negativos que definem os parâmetros do próprio continente africano tal não podiam permitir. Daí que a cidade seja esse armazém de «pena, e dor», que podemos entender hoje mais claramente do que ontem. Cidade da violência, diríamos hoje, onde se sente o tilintar das correntes que negam a liberdade dos homens, tal como podemos ouvir o silvo do chicote, ou do cavalo-marinho, esse falso instrumento de «civilização».

A cidade vive organizada em função dos dois grupos étnicos que a constituem: a «gente oprimida, / monturo de Portugal», e a «etiópica gente», quer dizer, os africanos. Angola não podia ser um país bem organizado, na medida em que o recrutamento dos colonos não se processa entre a gente honesta, mas recorrendo à «escória»: Portugal assim se «purga» do seu mal. Esta situação explica que Luanda seja uma cidade

> onde se tem por vangloria
> o furto, a malignidade.
> a mentira, a falsidade,
> e o interesse,
>
> Onde a justiça perece
> por falta de quem a entenda,
> e onde para haver emenda
> usa Deus

recorrer à «peste», à «sanguínea guerra», assim como às «infecúndis da terra», sem esquecer a «pestilenta» «febre maligna, e ardente», que, em três ou sete dias, «debaixo da terra mete o mais robusto».

As seis quadras põem em evidência um dos conflitos mais graves na mentalidade de um intelectual deste período histórico: a terra angolana não beneficia do beneplácito divino, situação que não faz mais do que confirmar as características da diabolização que, mais latentes do que explícitas, percorrem os poucos poemas angolanos de Gregório de Matos. É quase fisicamente que sentimos a opressão que pesa sobre o poeta, tanto mais que a sua situação se revela ambígua: decerto, é ele aristocrata, decerto, é ele doutor em direito, mas é também um homem que acumula as exclusões, o que não lhe deve facilitar a vida, no sentido em que os funcionários coloniais dependem das boas relações que podem manter com a burocracia da corte.

Há, por isso, nestes versos, um ressentimento que o poeta não consegue dissimular que o torna um dos campeões do anti-portuguesismo brasileiro, em todo o caso, o fundador do género na produção cultural escrita. Sendo que não pode ele esquecer que se encontra em território africano. Se a condição física dos europeus é tão desagradável, ou tão brutal, tal se deve à condição mesma da terra. O próprio ar parece transformar-se em «peçonha fina», consequência

> deste nosso respirar,
> efeitos da zona ardente,
> onde a etiopica gente
> faz morada.

Não parece que a informação geográfica de Gregório de Matos seja a mais atualizada, pois continua a considerar que a Africa é o lugar habitado por populações etíopes. Ela é significativa também da embrulhada teórica em que vivia o baiano, porque o Brasil, e muito particularmente a Baía, sabia já distinguir entre os diferentes grupos africanos, que permitiam classificar e utilizar os escravos. Mas Gregório de Matos recorre a uma simplificação que talvez derive da leitura de Camões, ou de outros clássicos portugueses. Já aqui se abre outra dicotomia, que será constante até ao século XX: a África só pode ser habitada por feras e por homens que com elas se identificam, a ponto de ser difícil separar umas dos outros. ([165])

Este *a priori* permite explicar a quadra seguinte, que conta certamente entre as mais brutalmente anti-africanas que escreveu o poeta:

> gente asnaval, e tostada,
> que da cor da escura noite
> a pura marca, e açoite
> se encaminha.

As qualidades negativas dos africanos acumulam-se: são «asnavais», e, como se esta burrice não chegasse, são eles também «tostados». Estes dois elementos, que já existiam na literatura portuguesa, e continuarão a ser repetidos, só se

---

([165]) Esta maneira de ler o espaço e as práticas do Outro permite dar substância polémica à dicotomia civilizado/selvagem que, até aos dias de hoje, continua a servir para medir a relação com o Outro.

distinguindo pelo adjectivo asnaval, que é certamente um neologismo, exigido pelo metro. Mas encontramos, sobretudo, o mecanismo português na sua plena afirmação, que zoomorfiza sempre os grupos que considera inferiores — pense-se em termos como mulato, pardo, cabra, entre outros. Os brasileiros são certamente mais rígidos nesta relação, em virtude de serem forçados a impor os lugares que cada um dos homens e mulheres importados deve ocupar.

Esta caracterização física é reforçada pela maneira como a cor da pele africana remete para a «cor da escura noite». Em português, dizia-se então, como continua a dizer-se hoje, que «de noite todos os gatos são pardos». Ou seja, a noite recusa ou nega a identidade de cada um, já que não é possível autonomizar os elementos físicos. O que devemos interpretar como convém: os africanos não possuem outra característica que não seja a cor da pele. Neste caso, nenhum pode alcançar uma autonomia individual, porquanto, sendo todos da «cor da noite escura», não possuem nenhuma característica individual que lhes possa assegurar a independência individual.

Os dois versos seguintes são, por conseguinte, perfeitamente lógicos: estes africanos estão destinados a um duplo destino, sendo o primeiro definido pela «pura marca», que se refere aqui à prática esclavagista de marcar a fogo os escravos, de tal modo que a escarificação possa sempre denunciar o seu estado, mesmo quando se refugiam no sertão. Semelhante técnica altera o corpo dos africanos, identificando-os com os animais, os cavalos por exemplo, que são também marcados a fogo, para assegurar a sua identificação contra roubos ou contra fugas. A animalização do Outro africano, corrente embora, não podia certamente contribuir para dar ao clima social luandense características paradisíacas.

Situação tanto mais singular e mesmo incómoda, em razão de os homens brancos não poderem furtar-se às relações sexuais com as africanas, dado a rareza, quando não a ausência, de mulheres brancas. Gregório de Matos ainda não pressentira a importância teórica futura do luso-tropicalismo, e exprime-se, por isso, em função da ideologia colonial que era a sua. Que nos diz ele?

aqui onde o filho é fusco,
e quase negro o neto,
negro de todo o bisneto
e todo escuro;

Aqui onde o sangue puro
o clima gasta, e conforme([166]),
o gesto roi. e corcome
o ar, e o vento.

Nas relações genésicas com as africanas, os descendentes pertencem mais à família materna do que à paterna: o pai é quase sempre um homem só, separado da família europeia. Por esta razão o filho «fusco» está naturalmente destinado a ligar-se às mulheres africanas, reduzindo a percentagem de sangue branco: se o neto é já quase negro, o bisneto, esse, regressa à sociedade de origem. Para Gregório de Matos, os mulatos africanos não passam de um empalamento sócio-humano passageiro, já que as próprias regras da reprodução se encarregam de o dissolver na grande massa africana.

O perigo não reside, contudo, apenas nas relações sexuais com as africanas, pois que o próprio «sangue puro», que não pode ser senão o branco (Gregório de Matos une os dois sangues portugueses, o azul aristocrata e o vermelho plebeu, para permitir a afirmação desse sangue puro, que é o europeu e, particularmente, o português), mas, também, nas condições físicas africanas. O «clima gasta»: semelhante argumento ainda perdura, mantendo a África num espaço particular que há-de sempre remeter para essa «infernalização» do continente, que serviu — como continua a servir — para organizar as formas mais ásperas do racismo.

A natureza está prenhe de ameaças, que o são mais para os não-nativos, e sobretudo para os Europeus que não possuem a menor experiência do território. «Os bosques são vil morada / / de Empacassas», que aí coabitam com «animais de estranhas

([166]) A edição baiana diz «conforme», mas trata-se de uma má leitura. De resto, a própria rima é mais exacta substituindo o «conforme».

raças, / de Leões, Tigres e Abadas ([167]), / Elefantes às marradas, / / e matreiros». Vale dizer que ninguém se pode atrever a entrar na floresta, pois que este leque de animais põe em perigo a vida dos homens. O contraste é por isso evidente entre uma natureza que pode ser frequentada, como a europeia, ou até como a brasileira já desembaraçada de uma parte dos animais perigosos, e esta natureza africana ainda pejada de animais de forma singular, que constituem ameaça séria e constante. Como se os europeus estivessem cercados de animais: os homens, tão pouco humanos que se confundem com as feras, e as feras propriamente ditas que ameaçam constantemente o homem.

Há ainda «lobos servis» ([168]), «javalis de agudas setas»; «monos, bugios de tretas», mas, sobretudo nos rios, «cavalos espantosos / dos marinhos» e os crocodilos «manhosos», que não permitem que alguém encha um vaso de água, pois os que se aproximam de maneira ingénua da corrente são imediatamente sepultados «na tripagem mais oculta». Esta situação tão singular como preocupante é agravada pelo facto de os homens devorados não morrerem no acto da deglutição: «vós inda vivo, ele farto». Juntemos a estes animais as muitas cobras que deslizam por toda a parte, entre as quais, a «enfuis», que lança esguichadelas de peçonha que, se acaso atingem os olhos da vítima, a cegam.

Como esquecer, contudo, os insetos, e, sobretudo, os mosquitos:

> Em terra não me conserve,
> onde a sussurros, e a gritos,
> a multidão de mosquitos
> toda a noite
> Me traga em contino açoite,
> e bofetadas sonantes.

([167]) Abada, substantivo curiosamente ausente em muitos dicionários, quer dizer simplesmente rinoceronte. Os cornos destes animais passavam por ser afrodisíacos.

([168]) Lobos servis quer dizer lobos de qualidade inferior, só pode referir-se às hienas e aos chacais.

pois se trata de defender o «vital humor puro», sem o qual a espécie não poderia sobreviver. Acrescentemos os gafanhotos que «em confusos esquadrões» «deixam o campo raso, / sem raiz, talo, nem fruto, / sem que o lavrador astuto / valer lhe possa». Como não prever a conclusão dada por Gregório de Matos a este catálogo de ameaças que pesam diariamente sobre os homens?

> Terra maldita. e infesta,
> triste, horrorosa, e escura
> são dos homens sepultura?

O que, acrescente-se, não impede Gregório de Matos de se dirigir a Deus, «sábio e criador», para lhe pedir que se lembre da «minha vida / antes que o pó se desfaça». A verdade é que, mau grado o seu péssimo feitio, Gregório de Matos conseguiu ser ouvido pelo Criador e pôde, por isso regressar à Baía, mesmo se submetido a controles deveras singulares, entre os quais avultava a proibição de escrever. Como é que o poeta consegue desarmar o mecanismo burocrático da punição?

Foi Gregório de Matos um dos intervenientes na revolta do corpo militar de Luanda em 1694?

O terceiro poema que se pretende analisar carrega um título assaz elucidativo: «Descreve a hum amigo desde aquelle degredo as alterações e misérias daquelle reyno de Angolla, e o que juntamente lhe aconteceo com os soldados amotinados que o levaram para o campo, e tiveram consigo para os aconselhar no motim». Trata-se de um «romance» destinado a evocar as circunstâncias em que se verificou o levantamento dos militares da guarnição de Luanda, que protestavam contra a substituição da moeda angolana, os libongos ou macutas, pela moeda de cobre cunhada em Portugal.

> Angola é terra de pretos,
> mas por vida de Gonçalo,
> que o melhor do mundo é Angola,
> e o melhor de Angola os trapos.

Trapos foi seu dinheiro
este século passado,
hoje já trapos não correm,
corre dinheiro mulato.

O dr. Gregório de Matos teve tempo de se informar, tanto mais que, como todos os habitantes de Luanda, devia submeter-se às regras do mercado que eram inteiramente africanas. Com efeito, e mau grado várias tentativas de modificar o sistema, as únicas moedas aceites em Angola eram as africanas. Desde a expulsão dos holandeses de Angola que o brasileiro Salvador Correia de Sá e Benevides tinha demonstrado a necessidade de substituir os «panos de palha» pela moeda de cobre utilizada em Portugal, e também utilizada no Brasil. Podemos interpretar este projecto como uma tentativa de pôr termo à hegemonia africana no plano dos instrumentos fiduciários.

Pode pensar-se na irritação do dr. Gregório de Matos Guerra quando era forçado a proceder a operações contabilísticas baseadas nas cotações dos «panos de palha». A verdade é que os portugueses tiveram de afrontar graves dificuldades para conseguir impor estas medidas. Os libongos perderam a sua qualidade de sinais de troca por decreto de 29 de Novembro de 1679. O Conselho Ultramarino português propôs para os substituir quatro moedas de cobre com os valores de 3, 6, 10 e 20 réis. Na verdade, como aconteceu a muitas outras decisões da burocracia portuguesa, esta ficou sem efeito, e os «panos de palha» continuaram a circular, permitindo que a economia angolana mantivesse uma coerência mínima. Se bem que os colonos se mostrassem muito desagradados perante um sistema que, na verdade, era controlado pelos africanos.

A crise estalou durante o governo de D. João de Lencastre (1688–1691), por razões inteiramente africanas e que servem também para pôr em evidência a completa disjunção entre os dois sistemas. Com efeito, deu-se o caso que durante este governo as populações que fabricavam os libongos foram solicitadas por outros problemas, internos ao grupo, e deixaram pura e simplesmente de as fazer, assim como recusaram proceder à permuta desses famosos «panos». Ou seja, em termos mais modernos, o «banco emissor» decidiu pôr termo às suas operações, o que provocou a gripagem imediata do aparelho económico angolano. Já procurei mostrar alhures a que ponto esta situação punha em evidência a força dos africanos, que impunham aos europeus, e aos portugueses em particular, os seus valores e as suas técnicas.([169])

Esta operação verifica-se em começos de 1689, e se bem que os europeus pudessem recorrer a uma das muitas moedas africanas que circulavam na cidade, a verdade é que a moeda preferencial era, então como depois, de resto, os libongos ou macutas. A partir do momento em que o mercado deixa de ser irrigado pelos fabricantes de Loango, o sistema perde um dos elementos que asseguram a sua perenidade, a sua coerência relativa, pondo em perigo a sua sobrevivência. Só, de resto, esta decisão dos africanos que, então como hoje, parece incompreensível, podia empurrar a burocracia portuguesa para uma solução eficaz. Veremos, contudo, que, dada a profunda africanização da sociedade luandense, a transformação não se passou de maneira pacífica.([170])

O que quer dizer este dinheiro mulato? Será que os mulatos angolanos se teriam lançado no fabrico de uma moeda que substituísse os «panos de palha»? É vidente que tal não foi o caso, pelo que convém recorrer ao poema de Gregório de Matos:

([169]) «Algumas formas da hegemonia Africana nas relações com os Europeus», in *I Reunião Internacional de História da África, Relação Europa-África no 3.º quartel do Século XIX* (Lisboa: Instituto de Investigação Científica Tropical, Centro de Estudos de História e Cartografia Antiga, 1989), pp. 383–406. Não referi neste texto esta situação, certamente, uma das mais singulares da vida económica angolana, sobretudo porque se pode verificar a que ponto a vida económica angolana dependia das decisões africanas.

([170]) Esta «africanização» constitui um desmentido flagrante de toda e qualquer explicação luso-tropicalista. A aculturação, pelo menos até à primeira metade do século XIX, vai sempre no sentido de submeter os europeus e os mestiços às regras africanas. Neste caso, verifica-se que os soldados brasileiros, que não são brancos, aceitam as regras das sociedades africanas.

Dinheiro de infame casta,
e de sangue inficionado,
por cuja causa em Angola
houve os seguintes fracassos.
Houve amotinar-se o Têrço,
e de ponto em branco armado
na praia de Nazaré
pôr-nos em sítio apertado.
Houve, que Luís Fernandes
foi entonces aclamado
pelo rei dos jeribiteiros,
e por soba dos borrachos.

O texto não pode deixar de ser elíptico para o leitor de hoje. Devia tê-lo sido também para a quase totalidade dos brasileiros, baianos ou não, porquanto o poema descreve alguns dos passos essenciais da operação militar luandense. Hoje, só o historiador está em condições de esclarecer o contexto que exigiu e mantém vivos e funcionais estes versos.

Comecemos pela moeda de cobre destinada a Angola: foi mandada cunhar em 1693, devendo ser levada para a costa africana pelo novo governador Henrique Jacques Magalhães, que chegou a Luanda a 29 de Setembro de 1694. As instruções dadas ao governador pelos responsáveis metropolitanos visavam duas operações: pagar aos militares da guarnição com moedas de cobre, assegurando ao mesmo tempo a redução dos salários, que deviam ajustar-se mais à realidade financeira angolana. Para a maior parte dos historiadores, a insurreição é apenas ou sobretudo a consequência desta redução do valor dos salários. Ralph Delgado avança até a hipótese de os burocratas de Lisboa terem decidido arbitrariamente esta redução dos salários, pelo facto de os militares serem sobretudo condenados de direito comum, extraídos das prisões brasileiras ou portuguesas.(171)

(171) Ralph Delgado, *História de Angola*, vol. 4 (Benguela: Tipografia do Jornal de Benguela, 1948), e (Lisboa: Banco de Angola, s.d.), p. 162–166.

Trata-se de uma hipótese europeia, ou, antes, patrioticamente Angolana. O problema, então, como mais tarde, passava, como não podia deixar de ser, pelo grau de africanização destes soldados, uma parte das quais pertencia aos *baquianos*([172]). A eliminação da moeda africana não podia fazer-se de maneira brusca, mas as autoridades portuguesas decidiram impor essa substituição de maneira abrupta, sem respeitar as condições indispensáveis à transição. Os militares angolanos e brasileiros reagem imediatamente, rejeitando as novas condições de pagamento. O movimento deu-se na noite de 7 para 8 de Novembro de 1694, criando uma situação complexa, dado que as autoridades ficaram imediatamente na situação de prisioneiras das forças armadas.

Aconselhado pelas diferentes estâncias da autoridade, o governador cede às exigências dos soldados. A única informação de que se dispõe no que diz respeito ao volume das tropas é ter-se verificado um desfile contando com mais de sessenta homens, que, com a caixa rufando à frente, se dirigiu a casa do Ouvidor, para o intimar a abandonar a cidade no prazo de três dias. Revelada a fragilidade dos gestionários do poder, o governador age desta maneira rápida e subtil, procedendo à transferência de uma parte dos soldados, de maneira a enfraquecer o comando.

O segundo movimento previsto dá-se a 28 de Novembro, sendo o «rei dos jeribiteiros», Luís Fernandes, proposto para substituir o governador. A armadilha do governador começara já a funcionar, razão pela qual lhe foi possível mandar prender os principais dirigentes «sorrateiramente». A decisão final interveio assaz rapidamente, porque, no dia 29, o governador mandou arcabuzar sete dos principais responsáveis, como lembram também os versos de Gregório de Matos:

> Houve, que sete cabeças
> foram metidas num saco,
> porque o dinheiro crescesse,
> como os fizessem em quartos.

([172]) Chamavam-se «baquianos» os soldados que estavam já habituados ao clima e a ele podiam resistir. Utilizo a nota de Ralph Delgado, *História de Angola*, p. 166.

Houve, que sete mosquetes
inda hoje se estão queixando
que aquela grande porfia
lhe tem os cascos quebrados.

O poema permite pensar que Gregório de Matos foi testemunha desta desordem luandense, e vai até ao ponto de pensar que foi ele um dos intervenientes a partir de alguns versos, em que o poeta parece auto-retratar-se:

Houve levar-se o Doutor
rocim pelo barbicacho
à campanha do motim
por Secretário de estado.

Parece muito pouco para afirmar a participação de Gregório de Matos, pois que foram identificados os intermediários entre o governo de Luanda e os sublevados: o sargento-major Estêvão Pereira Bacelar, os capitães do terço, o reitor do colégio e, por fim, o ex-governador Gonçalo da Costa Menezes (1691–1693). Não existe a menor referência ao dr. Gregório de Matos, se bem que os biógrafos do poeta insistam em afirmar a relação de causa e efeito existente entre a colaboração solicitada pelo governador e o regresso à Baía.

Parece haver, na verdade, uma certa mitificação deste acontecimento, pois dispomos de pelo menos três fontes que descrevem as intervenções de uns e de outros, sem que jamais se faça referência ao poeta baiano. Ora, um dos textos que consagra um certo espaço à descrição e à análise do acontecimento, é o do historiador brasileiro Elias Alexandre da Silva Corrêa, que redigiu a sua *História de Angola* em 1792, ainda que ficasse esquecida nos arquivos até 1937.([173]) Não parece que o

([173]) Elias Alexandre da Silva Corrêa, *História de Angola* (Lisboa: Ática, «Colecção dos Clássicos da Expansão Portuguesa no Mundo», 1937). A obra foi redigida nos fins do século XVIII, de 1787 a 1799, afirma Manuel Múrias na «Nota Prévia» que serve de apresentação da obra e do autor: Silva Corrêa, *História de Angola*, p. VIII. O governo de Henrique Jacques de Magalhães e o incidente referido por Gregório de Matos aparecem nas pp. 320–326.

historiador brasileiro possa ter esquecido a intervenção do seu compatriota já então famoso, num conflito cuja importância é indiscutível.

Também não encontramos traços da presumível intervenção de Gregório de Matos no texto que a este mesmo incidente consagrou J. C. Fêo Cardoso de Castellobranco e Torres. O texto é muito mais tardio, pois foi publicado em Paris em 1825, mas mantém a ligação histórica, que coincide nos seus pormenores com a que nos é fornecida por Elias Corrêa. Não parece que o memorialista português tenha tomado conhecimento do manuscrito brasileiro, o que nos permite concluir pela ausência de Gregório de Matos([174]). Quer isto dizer que as autoridades portuguesas e brasileiras intervieram para que a intervenção do jurista baiano fosse escamoteada? Explicação excessiva.

Por sua vez, na *História de Angola*, Ralph Delgado consagra um grande número de páginas à questão fundamental da eliminação das moedas africanas. Patriota até à medula, o benguelense não se dá conta das condições particulares em que decorre a presença «dominadora» dos portugueses. O que o não impede de descrever com pormenores significativos o longo caminho que levou à moeda de cobre que durante tantos anos marcou a vida angolana. Todavia, embora preste grande atenção aos diferentes aspectos do choque, não pôde ele inventar o que não aconteceu — embora algumas vezes o tenha feito. Razão pela qual não encontramos o menor vestígio da intervenção de Gregório de Matos.([175])

Parece, nestas condições, que podemos talvez avançar a hipótese de uma espécie de auto-justificação criada pelo próprio poeta para explicar as razões que levaram as autoridades coloniais portuguesas a permitir o seu regresso à Baía.

([174]) J. C. Fêo Cardozo de Castellobranco e Torres, *Memórias Contendo a Biographia do Vice Almirante Luiz da Motta Feo e Torres, a História dos Governadores e Capitaens Generaes de Angola, desde 1575 até 1825, e a Descripção Geographica e Política dos Reinos de Angola e de Benguella* (Paris: Fantin Livreiro, 1825). O governo de Henrique Jacques de Magalhães e o já referido incidente estão descritos nas pp. 221–225.

([175]) Tudo o que se refere a esta operação, descrita com minúcia, encontra-se em Ralph Delgado, *História de Angola* (Lisboa: Banco de Angola, s.d.), pp. 158–166.

Semelhante situação talvez nos autorize a pensar que essas razões não devem ser nem tão lisas, nem tão limpas como o sugere o poeta que aproveitou um incidente real e grave, para lhe permitir explicar um fracasso que nada teria justificado noutras condições. Fica, por isto, de pé uma pergunta: por que razão inventou Gregório de Matos uma explicação que nenhum documento histórico confirma? O que queria ele dissimular, ou simplesmente não dizer? ([176])

([176]) Reúno nesta nota duas observações. A primeira diz respeito ao comentador brasileiro do apógrafo que foi do Professor Celso Cunha e é hoje pertença da Universidade Federal do Rio de Janeiro. Com efeito, não existe na documentação angolana a menor referência a um Secretário de Estado chamado Gregório de Matos Guerra. O facto de o poema ser indicado como coevo do acontecimento exige outras investigações, que talvez possam ser levadas a cabo nos arquivos de Luanda. Na situação actual, não podemos senão sublinhar a situação singular em que nos encontramos. Acrescente-se a existência de uma leitura «política» de Gramiro de Matos, «O poeta baiano Gregório de Matos e Guerra e as sublevações pela independência de Angola no século XVII», *África*, n.º 6 (outubro-dezembro de 1979), pp. 92–97. A perspectiva deste investigador está prejudicada por anacronismos inaceitáveis, que lhe permitem apresentar o jurista brasileiro «como precursor da *angolanidade*». Ora, este conceito foi proposto pela primeira vez no ensaio que, em 1961, consagrei a Agostinho Neto e recebeu, nesse ano, o prémio de ensaio da Sociedade Cultural de Angola. Também não é possível aceitar definir os dois momentos desta sublevação, cujo carácter corporativista é mais do que evidente, como «duas das primeiras e mais importantes sublevações do século XVIII contra a exploração e dominação estrangeiras, que teria tido, aliás, com fortes fundamentos, em documentos, inspiração brasileira». Semelhante maneira de ver pertence ao capítulo do voluntarismo histórico que quer forçar os documentos a afirmar o que não podem dizer. É certo que estas sublevações de 1694 são importantes, mas no quadro das condições em que se processavam as relações entre africanos e europeus. É evidente que, pretendendo embora «dominar» os africanos, os portugueses não podiam eximir-se ao peso das regras impostas pelas sociedades africanas. Contudo, semelhante situação não pode ser entendida em termos de anti-colonialismo e de nacionalismo, já que nenhum destes conceitos existia então. Imprudente, Gramiro de Matos quer confiar aos soldados brasileiros a glória (vã?) da primeira sublevação nacionalista angolana. O conflito que nos é descrito pelos documentos é, todavia, de teor mais modesto, mesmo se importante.

3.3. EROTISMO E SEXUALIDADE BRASILEIRA

Lembro-me às vezes do comentário surpreendido de alguém com quem viajava no Brasil, que ia «lendo» as práticas sociais com avidez, não sabendo falar português. Mas, ao invés do que se pode pensar, esta dificuldade não travava a sua capacidade de ver: antes pelo contrário, reforçava-a, porque queria compreender. O seu primeiro grande comentário não se referia ao clima, nem sequer à paisagem organizada do Aterro do Rio de Janeiro que percorríamos todos os dias, pois morávamos na Bartolomeu Portela, na Praia Vermelha, onde ainda sobrevivia o cinema Veneza, mas sim à sexualidade: «a única coisa de que se fala no Brasil é do sexo, e toda a gente está sempre disponível para entrar nesse jogo».

Este comentário parece inteiramente ajustado aos contos — embora o autor talvez os considere como sendo mais «narrativas», numa visão francesa do sistema classificatório da ficção — que Ildásio Tavares juntou sobre o título muito francês — provindo do libreto da Carmen — *O Amor É Um Pássaro Selvagem*([177]). Se, em português, este título parece bastante neutro, já não acontece o mesmo em «brasileiro», onde o sexo masculino pode ser designado como «pinto», ou como «pomba», embora esta designação se estenda também a uma parte dos Açores. A «pomba», por sua vez, não pode deixar

([177]) Ildásio Tavares, *O Amor É Um Pássaro Selvagem* (Bahia: Fundação Cultural do Estado da Bahia, Imago, 2000), p. 251.

de evocar o Espírito Santo e a sua função genésica, tal como a contam os textos bíblicos.

Ou seja, a aparente neutralidade do título não consegue dissimular o seu lado premeditadamente masculino, embora pareça tratar-se apenas de «amor». O sentido que este substantivo assume não mobiliza os grandes sentimentos, mas sim a fragilidade das relações sexuais, recrutando, por isso, maioritariamente, corpos jovens, quase sempre em situações iniciáticas. Embora não faltem as presenças dos mais idosos, mães e pais, clientes em alguns casos, que pretendem ou impor as regras aos mais novos, ou utilizá-los. Neste caso, e frequentemente, o incesto pode infiltrar-se nos meandros da ficção, como se fosse o que realmente deve ser, uma prática corrente. Sem que, todavia, se registe, nesta ficção, o recurso a um substantivo cada vez mais frequente na Europa: a pedofilia (embora seja de referir um lapso frequente na ficção de Ildásio Tavares, que utiliza o substantivo pederasta em funções e condições que exigiriam antes o uso do homossexual, de acordo com a etimologia e as práticas sócio-históricas já largamente inventariadas).

O autor baiano, que, como todos os ficcionistas, não pode furtar-se à necessidade de considerar a estrutura social em que estão integradas as suas personagens, consagra duas páginas (a 87 e a 88) a um inventário das condições em que se registou uma mudança social no que se refere às relações sexuais. O sexo oral era considerado como uma grave perversão, que a sociedade acabou por banalizar, tornando-a uma prática normal:

> não vou dizer que nunca tenha baixado a boca, isso não, isso hoje é rotina, nem se comenta. Naquele tempo é que a gente achava isso porcaria, o sujeito que fizesse isso era apontado na rua, nêgo notava apelido, chamava de morcego de virilha, língua de burro, essas coisas. Hoje não, hoje eu sei que é normal, sei até o nome científico, *cunnilinguus*, bonito, nê, em latim.([178])

([178]) *Ibidem*, p. 87.

E na página seguinte, o narrador — que não pode ser separado do autor, aqui hiperomnisciente, arrastado por um olhar panóptico — acrescenta os termos que, entretanto, a sociedade integrou e banalizou: «falou até palavras que eu hoje sei, sadismo, masoquismo, lesbianismo e outras mais». E, finalmente, Ildásio Tavares enumera os objectos que vieram completar o corpo, máquinas bastante celibatárias: «toda aquela estória de máquinas e geringonças eléctricas de dar massagem no grelo, coisas pra dar choque; chicotes, espetos, rôlas de borracha, aumentador de pau, hoje normalmente nem uso esses termos e sei o que são como extensores de pénis, pró cara que tem o pau pequeno, nê (...)».(179)

Quer dizer que Ildásio Tavares parece preparado para elaborar uma história da sexualidade brasileira, que ainda não existe, tal como não existe no caso português. Lembremos, para complemento desta reflexão e para podermos comparar as situações literárias, que o sexo oral aparece na literatura de cordel portuguesa na primeira parte do século XIX, sendo designado em francês, *bouché,* pois se diz claramente ser uma «novidade» introduzida pelos franceses. Não falta quem seja levado a pensar estar-se perante uma «contribuição» dos soldados franceses ao longo das três invasões (Junot, Soult e Massena), que uma parte dessa literatura descreve como caracterizadas pela violência das práticas estrupantes da soldadesca francesa, sobretudo no que se refere aos conventos femininos. Mas é também verdade que essa mesma literatura, pouco conhecida e nada estudada, sublinha que os primeiros preservativos seriam também de origem francesa, havendo, a respeito da sua utilização e da sua eficácia, dúvidas frequentes, que a literatura inventaria.

Comparativamente, podemos dar-nos conta da falta de inventividade das sociedades de língua portuguesa, obrigadas a importar as técnicas, assim como os nomes das práticas, dos engenhos e das classificações. A nosologia avança aos sobressaltos. No plano da escrita, Ildásio Tavares fornece agora o complemento de uma poesia que, sendo vigorosa, não recua

(179) *Ibidem*, p. 88.

perante os temas e as situações: o homem não pode considerar-se alheio ao seu próprio destino sexual, e Ildásio Tavares não hesita em mobilizar à memória o que lhe permite proceder à descrição de algumas das situações e das práticas que seriam a característica principal das relações sexo-sociais da Baía. A escrita manifesta uma grande destreza, e as tentativas de reconstruir o ritmo do diálogo e da oralidade obrigam o leitor a entrar no ritmo sincopado da narrativa, o «dizes-tu, digo-eu» permite a alternância dos ritmos, das informações e, sobretudo, dos desejos.

Um conto — uma narrativa? — como o «Pai Amante» ([180]) coloca um pai poeta perante uma filha adolescente e púbere, que não esconde a vontade de excitar o pai e de o forçar a uma relação sexual que fazia parte do quase recalcado da filha. Todavia, esta narrativa não pode deixar de evocar, na penumbra da escrita, nem as difíceis relações do pai-poeta, ou será antes poeta-pai?, com o próprio regime político. Vítima do regime militar e do famoso decreto A-5, Ildásio Tavares não podia esquecer que a ditadura militar matou centenas de excelentes militantes das várias esquerdas em que se estruturou a resistência brasileira, tal como não podia dissimular a importância dessa situação nas relações sociais e familiares: o chefe da família que se deve esconder, que apenas pode sugerir a sua condição de vivo, para não alertar os agentes da repressão, tanto pode ser substituído na cama do casal, como suscitar a mitificação no imaginário das filhas sem relações quotidianas e estáveis com o pai.

A narrativa organiza-se em vários patamares que permitem a evocação de uma relação plena de fantasmas, nos quais o poeta é o criador que vai construindo o seu soneto enquanto procura arrumar a desordem das relações com a filha, mas também o homem cujo desejo deve ser aguçado, de maneira a obrigá-lo a considerar tanto a sexualidade como o desejo da filha que o vai empurrando para os seus últimos argumentos de resistente que não pode renunciar à sua condição de «chefe de uma família» que, como salienta a filha com muita

([180]) *Ibidem*, pp. 85–156.

veemência, não possui a regularidade funcional que a poderia tornar exemplar. A desordem da sociedade não pode deixar de produzir a desordem da família e das relações entre os seus diferentes membros. O pai ausente, fantasma do seu próprio recalque, pode ser transformado no agente da sexualidade desejada, que a filha deixa manifestar-se de maneira ampla. Uma filha de camisola — quer dizer, em pijama —, revelando nesgas de corpo, que provoca o pai até este só ser capaz de responder pela agressão física, tendo esgotado todos os argumentos de carácter racional, quer dizer, de racionalidade afectiva.

Não podemos, contudo, esquecer que o conto se desenrola em dois planos, sublinhando a distância que se pode instalar entre o ofício do poeta, que, depois de construir o primeiro verso, procura organizar as condições que lhe devem permitir elaborar os treze outros com os quais deve estar concluído o seu soneto. A violência do diálogo, acompanhado pela revelação das manobras da filha adolescente destinadas a forçar o pai a dar-se conta da sua realidade física e sexuada, não consegue em momento algum romper de maneira definitiva a consistência da própria criação. O pai revela-se mais poeta: é à construção do soneto que consagra a maior energia, como se a sua própria existência dependesse da lenta operação que consiste em concentrar o sentido e as palavras que permitem que o trabalho poético se mantenha alerta. A tarefa essencial do poeta não reside na paternidade biológica, mas, antes, na paternidade da criação, na medida em que o imaginário pode separar-se das contingências sociais ou físicas.

Ou, pelo menos, tal podia parecer: na verdade, o trabalho da construção do soneto não pode ser separado da própria evolução das relações entre o pai e a filha, que não podem escapar às condições da dominação masculina, permitindo uma relação incestuosa caracterizada pelo sado-masoquismo. O pai ordena à filha que se dispa, pijama e calcinha, e que se ponha de joelhos, «de quatro», levantando as nádegas o mais alto que lhe for possível, situação que propicia à filha um orgasmo vigoroso, enquanto o pai tira o cinto com que, a pedido da filha («vá painho, vá logo, vá logo, pelo amor de

Deus»), a vai chicotear. O pai levanta o cinto — onde qualquer leitor bem informado de Freud não pode deixar de reconhecer o substituto sibilante do falo — para fustigar a filha que chora de prazer, reforçando o orgasmo inicial. O poeta, contudo, continua o seu trabalho de construtor do poema, descobrindo no próprio movimento com que chicoteia a filha, a chave de ouro: «porém és filha, não és minha fêmea».

Não há, na escrita de Ildásio Tavares a menor concessão às morais, as religiosas ou as jurídicas, partindo-se do princípio formidavelmente lúdico de que homens e mulheres dispõem da liberdade necessária para organizar o desejo e as relações ou os movimentos que lhes permitem exaltá-los e satisfazê-los. A Baía de Ildásio Tavares parece, em alguns momentos, fascinada pelas relações anais: assim aprendem os estrangeiros — quer dizer, aqueles que não participam no quotidiano da cidade — a banalização das práticas sodomitas: regista-se a frequência de tais práticas entre os rapazes, tal como os homens querem submeter as mulheres impondo-lhes essa prática: comparativamente, podíamos dizer que a sociedade brasileira descobre lentamente práticas que os países anglófonos já adotaram há muito e que deram origem, na África do Sul, às práticas conhecidas pelo nome de *canada-dry*, relações entre adolescentes, destinadas a preservar — como salienta, de resto, o texto de Ildásio Tavares — o «cabaço», isto é, a virgindade das mulheres. Mas quero lembrar a Ildásio Tavares e aos leitores que estas práticas foram muito correntes em Lisboa, como lembra muito certeiramente uma referência de Bocage que sublinha o prazer de, num pátio, «enrabar um bom rapaz».

Pelo que podemos facilmente concluir que o livro de Ildásio Tavares deve ser confiado a todas as mãos, pois procura desvendar o mecanismo do desejo, força permanente que as sociedades só reconheciam para o asfixiar, e que se manifesta na sociedade brasileira com uma constância e um vigor que não encontramos nas sociedades europeias, que, contudo, têm vindo a libertar-se das suas mais sérias restrições. Todavia, a descoberta do corpo e do desejo ainda não conseguiu desembaraçar-se das formas castradoras que as sociedades da norma religiosa conseguiram impor e conservar.

3.4. A INVENÇÃO DO «HOMEM BRASILEIRO»

O objectivo fundamental desta minha intervenção reside na necessidade de descrever o «nascimento» do homem brasileiro, não esquecendo, contudo, a maneira difícil como a sociedade brasileira se organiza em relação à sua própria diversidade somática.

A questão essencial da modernidade brasileira reside na «invenção» e na «construção» do homem brasileiro. Com efeito, se a América foi inventada, como salienta Edmundo O'Gorman, foi necessário, na sequência desta primeira invenção, proceder à instalação e à justificação de cada uma das nações que formam hoje o mosaico complexo das Américas, ontem vermelhas, hoje negras, como tão belamente disse um dia Roger Bastide.

Não podemos esquecer as surpresas dos «descobridores», quer se trate de Colombo, quer de Pero Vaz de Caminha: os homens que se encontram na futura América não coincidem com nenhuns outros; não podem ser comparados com os europeus, sendo por sua vez certo que não coincidem com os africanos, os guineenses, para recorrer ao vocabulário da época. Esta disjunção fundamental colocou os habitantes da América num lugar singular, pois que não são americanos, mas sim índios. Quando se quer ser mais preciso, fala-se de «ameríndios».

Como assegurar a integração de uns nos outros? A verdade é que as boas relações iniciais anunciadas por Colombo e por

Vaz de Caminha se modificaram rapidamente. Os homens de «bons corpos» que se caracterizavam por traços físicos particulares, não eram tão pacíficos e tão pouco falhos de coragem física como o pensara Colombo. A América caracteriza-se pela rápida multiplicação dos conflitos, opondo os brancos aos «índios». A «invenção» da América caracteriza-se pela violência do choque cultural, de que a guerra não é mais do que a manifestação mais aguda e mais destruidora.

A multiplicação dos conflitos põe em evidência um dos elementos mais perturbadores: como criar países novos e capazes de criar uma consciência nacional, quando os indígenas recusam integrar-se nas estruturas políticas propostas pelos europeus? A questão resolve-se em favor de situações que se caracterizam pela oposição entre as comunidades autóctones e os europeus, quer se trate dos conquistadores, quer dos colonos ou, simplesmente, dos missionários: «o que podemos verificar é não haver projecto de criar um pais baseado na homogeneidade e na igualdade dos dois grupos».

Digam-se as coisas de maneira mais simples e mais directa: os primeiros contactos levaram alguns europeus a pensar — é o caso de Colombo — que o futuro continente americano era uma «terra de promissão», dispondo das qualidades que permitiam ao homem europeu alcançar enfim um «paraíso» possível. Cristóvão Colombo ainda assim o pensa, mas já não acontece o mesmo com Pero Vaz de Caminha, embora os corpos depilados das índias parecessem expulsar o desejo, quer dizer, a marca mais temível do pecado original.

Esta maneira de ver e de classificar os índios não durou muito tempo, o que explica que se tenha organizado a terrível máquina de destruir dos europeus. O genocídio tornou-se a arma essencial das práticas civilizacionais dos colonos, o que quer dizer que não se pensou em criar uma sociedade em que fosse possível proceder à fusão dos indígenas e dos colonos; aqueles ou aceitavam as condições de exploração que lhes eram propostas pelos colonos, ou estariam condenados a morrer.

Ou seja, a América assenta, desde os primeiros momentos, na impossibilidade de proceder à dissolução do Mesmo no Outro; muito pelo contrário: tudo é feito para reforçar a consciência da diferença, entendida esta não como uma soma de valores do Outro, mas como marca negativa que recomenda e exige a liquidação física. Os índios ou fornecem impostos e trabalho, ou devem ser eliminados. Não se pode dizer que a racionalidade económica incomode muito os primeiros colonos, mais preocupados em eliminar tudo o que possa criar diferença do que em assegurar a criação de um país novo.

Esta situação, que fazia da América o lugar de afrontamento entre autóctones, ou indígenas, e europeus, ou conquistadores, ou colonos, agravou-se durante a primeira metade do século XVI. Perante a destruição dos índios, o missionário Frei Bartolomeu de Las Casas, *encomendero* em Cuba, propôs que se importassem os negros africanos, para substituir os índios, ou fracos para o trabalho, ou adversários de qualquer actividade tida como útil pelos Europeus. Nestas condições, regista-se uma terrível modificação das condições civilizacionais: as relações passam a ser a três, sendo que os Africanos intervêm como escravos, isto é, como não-pessoas.

A América «inventada» pelos Europeus conhece então uma situação inédita, que a Europa não sabe gerir muito bem. Em princípio, ela devia articular-se em função dos três grupos somáticos e civilizacionais: índios americanos, europeus, africanos. A coabitação entre estes grupos e o défice em mulheres brancas provocou uma mudança mais: nasceram os mulatos, assim como os muitos outros mestiços que caracterizaram as relações humanas durante estes últimos quatro séculos. A relativa homogeneidade somática da Europa desaparece, substituída por uma policromia humana, que só pode ser gerida por meio do preconceito e da violência.

A banalização da escravatura não podia contribuir para a homogeneização das populações; muito pelo contrário: a América continua, na generalidade, a ser vítima das síndromes criadas pela escravatura, seja ela a africana, a índia, a asiática, ou até a europeia. A escravatura foi um factor de banalização da violência, na medida em que o proprietário do escravo pôde dispor dele, não hesitando em condená-lo à morte, sempre que isso lhe pudesse interessar. O escravo era, em muito territórios, menos do que uma planta, ou do que um animal, como se verificou no Brasil ou no sul dos Estados Unidos.

Não será possível proceder a uma leitura da situação americana sem levar em linha de conta este elemento dramático, que dominou as relações humanas desde o século XVI. Os seus efeitos continuam a fazer-se sentir, seja nos Estados Unidos — lembremos Los Angeles —, seja no Brasil, onde se multiplicam os morticínios que atingem em primeiríssimo lugar as pessoas de cor, crianças ou adultos. Como terá sido possível criar os novos Estados, as novas nações, perante condições existenciais tão polémicas?

Pode dizer-se que o Brasil do século XVII se caracteriza pela necessidade de definir os seus próprios valores: da colonização portuguesa havia de sair o homem brasileiro. Em que condições se pode verificar a mutação ou a soma de mutações que transforma os colonos portugueses (aos quais se acrescentam alguns outros europeus) em brasileiros? Podia afirmar-se que nascer no Brasil determina uma ruptura em relação ao país dos pais ou dos avós. Todavia, não é isso que se verifica, já que uma parte tão despicienda dos que nascem no Brasil continuam a ser portugueses que não renunciam a nenhuma das particularidades nacionais portuguesas. A pressão do quotidiano, a realidade de uma natureza onde avultam as novidades, a necessidade de coabitar com homens novos, tudo isso deve agir para dar lugar ao homem novo, americano, no sentido geral, brasileiro, no sentido particular.

Não dispomos de muitos documentos consagrados a esta temática; muito pelo contrário: ainda hoje, não podemos dizer em que momento e em que lugar um antigo colono se afirmou «brasileiro», rompendo, pelo menos parcialmente, com a metrópole colonial. É por esta razão que atribuo uma importância fundamental à obra poética do baiano, de origem minhota, é verdade, Gregório de Matos Guerra (1633–96). Trata-se de um aristocrata, cuja família é originária de Ponte da Barca, licenciado em Direito pela Universidade de Coimbra e tendo exercido em Lisboa as funções de magistrado e advogado. Em determinado momento da sua vida, por razões que permanecem obscuras, foi ele forçado a regressar à Baía. Não são, contudo, os acidentes biográficos que nos interessam; só a obra poética, que permaneceu manuscrita até ao século XIX, nos pode servir de guia e de revelador. Gregório de Matos recebeu a alcunha de «o boca de ouro», devido à sua manifesta verve polémica. O mais revelador reside, no entanto, na maneira como opõe os interesses e os valores dos «brasileiros» aos interesses e valores dos «portugueses». Neste aspecto, Gregório de Matos é certamente o primeiro escritor brasileiro que dá conta da violência polémica que separa as duas comunidades, uma vez que os portugueses são considerados aventureiros sem escrúpulos, capazes de explorar os «brasileiros».

O Brasil define-se, por isso, nestes primeiros anos do século XVIII, pela oposição extremamente violenta que coloca frente a frente os dois grupos da comunidade branca. Na verdade, a literatura de Gregório de Matos repele os acordos com índios — os caramurus — ou mulatos; repele ainda mais duramente os pretos, e abundam as denúncias dos comportamentos caricaturais dos mulatos e, ainda mais particularmente, das mulatas, que só servem para o consumo erótico desbragado, que caracterizaria a sociedade brasileira. Gregório de Matos é o primeiro escritor brasileiro a denunciar os perigos que ameaçam a sociedade brasileira, se esta não for capaz de manter à margem os mulatos, cujas pretensões seriam — do seu ponto de vista — excessivas e, por isso mesmo, caricaturais.

Na verdade, podemos dar-nos conta da perturbação que caracteriza a produção literária de Gregório de Matos, pois o poeta não pode acreditar senão numa sociedade inteiramente branca, capaz de condenar as infiltrações da cor, sejam elas índias ou africanas. A necessidade de manter a pureza da raça branca foi uma constante da prática social brasileira, seja no plano das ideias, seja no plano das relações humanas. A esta situação acresce um segundo elemento: a população índia é quase excluída das relações normais, por se recusar a participar nas actividades produtivas e a instalar-se nos centros urbanos, que pouco a pouco se desenvolvem (a participação índia na organização brasileira é essencialmente a de combatentes corajosos, como se verificou quando foi necessário proceder à expulsão dos holandeses). A oposição europeus-índios, que pode ser entendida de um ponto de vista somático, é essencialmente aquela que marca a distância entre os silvícolas e os urbanos.

Gregório de Matos denuncia com grande veemência a participação dos índios na organização da sociedade brasileira, inclusive, devido ao facto de estes grupos não falarem nenhuma língua aparentada com as neolatinas. A rejeição é, assim, múltipla, o que não impede, contudo, as alianças matrimoniais, assim como a multiplicação dos mestiços. Os brancos, que são minoritários perante os grupos de cor, procuram de maneira exacerbada assegurar as suas prerrogativas raciais, denunciando e condenando as várias formas de mestiçagem.

Nos últimos anos, e devido, sobretudo, à intervenção teórica de Gilberto Freyre, acredita-se que as relações entre os diferentes estratos populacionais foram caracterizadas por uma espécie de entendimento sexual, que deu origem ao luso-tropicalismo. A leitura de Gregório de Matos não permite dúvidas: as mulheres de cor, índias, pretas, mulatas, são «objectos do prazer» europeu, mas não podem ser encaradas como esposas, quando muito, amantes, concubinas, sendo que uma parte importante pertence ao enorme exército de prostitutas, sempre à disposição dos homens brancos.

Compreende-se, assim, a veemência da defesa dos brancos, que se sentem constantemente ameaçados pela profusão das relações, tendo a sociedade europeia confiado às mulheres a defesa do estatuto de pureza racial, que devia caracterizar o grupo dominante. A hegemonia social é também uma hegemonia racial e abundam os textos em que se procede à denúncia do excesso de cor. As sociedades não-brancas são levadas a adoptar comportamentos tendentes à sua branqueação, o que é patente no que diz respeito aos mestiços, cujo objectivo é sempre o de «melhorar a raça», quer dizer, reduzir a importância da parte de cor na reprodução: os mulatos procuram embranquecer a pele e procuram relações com os brancos, de maneira a aumentar a parte de sangue branco da descendência.

Esta maneira de agir conheceu, contudo, alguns choques, um dos quais está patente na criação dos movimentos indianistas, uma vez que parecem conceder aos homens de cor uma participação singular na organização da sociedade brasileira. Contudo, o «indianismo» corresponde a um movimento ideológico que está directamente associado à necessidade de criar a consciência nacional brasileira; para que o homem brasileiro possa enraizar-se na terra brasileira, deve ele recorrer aos indígenas: se os brasileiros podem contar com uma ascendência índia, tal prova que não podem ser confundidos com os colonos. Esta operação pode ser levada a cabo, porque, entrementes, os índios tinham sido eliminados das regiões onde os europeus reforçavam a sua hegemonia. Os índios iam sendo empurrados para a selva, tornando-se cada vez mais selvagens, se tal fosse possível.

Não se pode dizer que se trata de uma situação paradoxal: eliminemos, por isso, a aparência de paradoxa, pois o «indianismo» está voltado para as relações com os portugueses e não para as relações com os índios; estes já tinham sido destruídos, a ponto de serem apenas uma memória histórica. De resto, o «indianismo» cultural não pode impedir a destruição de comunidades índias, cada vez mais residuais. A leitura de «Tristes Trópicos» de Claude Lévi-Strauss não pode reduzir-se à força melancólica de um antropólogo que não gosta das populações com quem trabalha — e não é ele o único; lembremos o caso de B. Malinowski ou de A. Métraux — e que coloca no planalto de Mato Grosso o mais espantoso epitáfio aos Nambikwara, aos Caduveio ou aos Bororo.

Os anos que precederam a independência do Brasil são, por isso, caracterizados pela veemência da acção anti-portuguesa. A linha de denúncia teorizada literariamente por Gregório de Matos, que encontrara na *Inconfidência* um reforço significativo, domina o Brasil a partir de 1810. A corte portuguesa introduz a arrogância aristocrática num país que fora até então organizado e construído por antigos camponeses e por neo-burgueses. Não é aqui o lugar para mostrar a que ponto a independência coroa as opções da burguesia brasileira, mesmo quando a historiografia portuguesa deu ao príncipe D. Pedro um papel-chave, que está longe de corresponder à realidade histórica. Importadores de modelos europeus, não são poucos os historiadores brasileiros que menosprezam a importância das acções da burguesia para se empenharem na descrição das escolhas da família real portuguesa, que se transformou em família imperial brasileira.

Procuremos resumir as escolhas do século XIX, cujas datas principais são naturalmente a independência (7 de Setembro de 1822) e a abolição da escravatura (13 de Maio de 1888). O debate interno brasileiro gira em torno do estatuto do tráfico negreiro e da abolição da escravatura, embora estas duas acções tenham sido impostas pela consciência internacional, assim como pela marinha de guerra britânica. Qual é a legitimidade da escravatura? Não faltam os teóricos racistas que importam as teses mais extremistas de uma Europa e de uma América que reforçam a importância da brancura. Com efeito, os brasileiros importam as teses do conde de Gobineau, tal como importam as concepções antropológicas de Kant e Hegel. O mundo branco aparece aí constantemente ameaçado pelas hordas dos selvagens de cor, que devem ser impedidos de adulterar as qualidades das «raças puras».

Louis Agassis, que já então estava instalado nos Estados Unidos, reforçou no Brasil o sentimento da ameaça representada pelo excesso de negros e, mais ainda, pela multiplicação da mestiçagem. O grande esforço teórico provém, contudo, da medicina. Os brasileiros importam as teses de Paul Broca, que são, sobretudo, representadas pelo Dr. Nina Rodrigues, a quem cabe, no entanto, o mérito de procurar analisar as sociedades africanas, recorrendo a um vocabulário mais caracterizado pela informação científica. Nina Rodrigues encontrou um grande eco nos círculos científicos parisienses, a ponto de ser conhecido como o «Paul Broca brasileiro».

Se olharmos bem para o que se passa no Brasil, neste plano teórico, podemos verificar que a ciência brasileira deve responder a um problema essencial: os antigos escravos podiam ser controlados pelos seus proprietários, e o facto de se tratar de populações essencialmente rurais criava uma espécie de caixa de ar entre o excesso de pretos e a insuficiência de brancos. A abolição da escravatura permitiu que o número de escravos urbanos, já deveras importante, aumentasse, pondo em perigo a própria concepção da sociedade brasileira. O eco dessa situação levou muitos europeus a encarar o Brasil como um país de homens de cor, o que não podia deixar de desagradar ao núcleo europeu, que já então se libertara da tara principal: os brasileiros não descendiam dos colonos portugueses, tendo sido criados pela própria terra brasileira.

O discurso científico de Nina Rodrigues, que, entretanto, integrou alguns pontos teóricos de Vacher de Lapouge, o defensor do arianismo, cujo êxito teórico se pode ver nas operações de genocídio levadas a cabo pelos nazis, é destinado a separar cuidadosamente os diferentes estratos da população brasileira: os africanos não podem ser encarados como brasileiros por duas ordens de razões: são, em primeiro lugar, oriundos do continente africano e, em segundo lugar, estão marcados por práticas religiosas singulares, que os colocam à margem da sociedade europeia normal, ligados às religiões instituídas, como o catolicismo e o protestantismo. O Brasil está, por isso, ameaçado pelo excesso de africanos, na medida em que estes não podem ser integrados na sociedade de maneira normal.

Pior ainda: a produção de mestiços punha em perigo a integridade da sociedade brasileira. Euclides da Cunha di-lo ainda melhor do que Nina Rodrigues: os mulatos são nervosamente instáveis e são dominados pela histeria. Não se pode, por isso, construir uma sociedade brasileira harmónica: o próprio equilíbrio potencial e necessário está comprometido pelo excesso de mulatos. Esta é uma das lições mais incómodas da antropologia física dos fins do século XIX, princípios do século XX: o Brasil sofre de um excesso de gente de cor e os princípios da civilização só podem acordar-se com os brancos.

É por essa razão que a sociedade brasileira se encontra dominada pelo espectro da branquidão: a norma social, a norma civilizacional, a norma da inteligência não podem funcionar senão quando se trata de brancos. Roger Bastide mostrou, ao analisar a poesia de Cruz e Sousa, a que ponto a sociedade brasileira do fim do século XIX estava dependente da branquidão. O mulato Cruz e Sousa não pode compreender o mundo senão através de uma visão «embranquecedora». A oposição branco/negro, que fora sempre constante no espaço cultural da língua portuguesa, torna-se ainda mais densa, em virtude de ser inteiramente assumida pela população de cor. A criação poética de Cruz e Sousa sublinha essa situação, que encontra outros lugares para se afirmar.

Com efeito, a contribuição erudita de Cruz e Sousa encontra confirmação em práticas antropológicas correntes, como aquelas que fazem referência à qualidade dos cabelos. Thales de Azevedo mostrou, em estudo já dos anos 50, que as sociedades rurais brasileiras viviam sob o peso de um fantasma: o da espessura e da forma dos cabelos. O único cabelo aceitável é o liso — louro, castanho, preto — semelhante ao dos europeus. O cabelo ruim era o dos africanos, a carapinha, que alguns grupos nem consideram como cabelo, repetindo a velha lição europeia que encontramos em Gil Vicente, que classificava o cabelo dos africanos como uma lã (veja-se o *Pranto de Maria Parda*). O homem de cor é portador, por isso, de múltiplos estigmas que o põem à margem da sociedade normal, uma vez que esta só pode ser branca. Se os sentimentos poéticos estruturados graças à organização sábia do soneto salientam a importância patológica da brancura, os juízos pronunciados sobre a forma e a densidade dos cabelos confirmam a importância do branco como cor social.

Não há nenhum lugar que possa furtar-se a esta apreciação e, se o vocabulário popular multiplica as referências à brancura, constantemente sobrevalorizada, o discurso científico não perde nunca de vista a necessidade de agir no duplo sentido: confirmar a inferioridade racial dos homens de cor e exaltar a qualidade dos brancos. Nesse aspecto, os brasileiros não estão sozinhos, porque no espaço da língua portuguesa, outros autores importam, atualizam e banalizam as teses de Broca, como se verifica em Oliveira Martins, que considera os negros como outras manifestações selvagens que em nada os permite diferenciar dos grandes macacos.

Quer dizer que os países de língua portuguesa criam uma leitura homogénea dos africanos e pode, por isso, registar-se uma fortíssima convergência entre Oliveira Martins e Nina Rodrigues, mesmo se os pontos de partida de um e de outro estão longe de ser homogéneos. Contudo, essa homogeneidade acaba por se afirmar quando se trata de explicar a genealogia das raças e de definir o lugar que cabe a cada uma delas, em função do seu grau de civilização e, por consequência, de inteligência. A Europa está então em via de inventar o racismo moderno, que não é só anti-semita mas também profundamente anti-africano (a leitura de *A Razão na História*, de Hegel, continua a ser indispensável para podermos compreender a veemência da rejeição dos africanos).

Estas teorias permitem que se robusteça a necessidade de branqueação da sociedade brasileira. Trata-se, convenhamos, de uma tese fundamentalmente optimista, malgrado a sua dose de racismo: para que o Brasil possa salvar-se das ameaças decorrentes da sua organização histórica bastará aumentar a injecção de sangue branco, que, naturalmente, devia levar à quase esterilização dos homens de cor. O mulatismo brasileiro mais não é do que a afirmação pragmática dessa corrente que continua a marcar os comportamentos brasileiros. Ainda não há muito tempo, verificava-se que nas telenovelas brasileiras não havia personagens de cor: é que a televisão foi o lugar onde se afirmou de maneira exacerbada a necessidade de branqueação. E, se de quando em vez, aparecem algumas personagens de cor, a verdade é que o universo da telenovela é profundamente branco e branquejante, pois não se regista a menor valorização das escolhas culturais dos homens de cor.

A extrema tensão da sociedade brasileira deriva dessa situação, que não pode atenuar-se. Não pretendo evocar aqui as condições pragmáticas do racismo brasileiro, mas interrogar ainda duas intervenções teóricas que me parece contarem entre as mais significativas. Uma é a do paulista Mário de Andrade, mulato, um pouco escuro, que procurou criar um mito muito brasileiro, o de Macunaima. Esta observação exige uma explicação: os mitos brasileiros foram, até aos primeiros anos deste século, inteiramente europeus, importados com os emigrantes. A necessidade de criar mitos brasileiros, capazes de apoiar o esforço no sentido de criar ou de reforçar a consciência nacional brasileira, só começa a registar-se nos primeiros vinte anos deste século. Cabe a Monteiro Lobato ter mostrado, graças a um inquérito de 1917, a importância do Saci (que

Renato da Silva Queiroz estudou nas suas articulações actuais) como um «mito bem brasileiro».

No caso de Macunaima, encontramos concentrados os elementos sócio-históricos que temos evocado: trata-se de uma formulação de mais longa duração do mito da branqueação. O herói do texto de Mário de Andrade nasce preto, mas vai transformar-se, graças a uma série de mutações, que vão fazer do negrinho inicial o branco de olhos azuis, correspondendo às necessidades da mitificação racial brasileira. Num pequeno álbum consagrado à fotografia paulista, do vale cafeeiro da Paraíba, Marcondes de Sousa mostrou a que ponto chegara a ânsia da branqueação, patente nos retoques das fotografias, que transformavam em louros de olhos azuis os mulatos de pele e olhos escuros. A própria imagem fotográfica, esse duplo do homem criado pela modernidade, devia submeter-se também às necessidades da branqueação, pois a riqueza não era suficiente para assegurar a livre circulação das pessoas.

Deixei até agora de lado a outra face da violência que acompanha este registo racial. A violência das práticas raciais faz-se sentir durante a escravatura, porém não desaparece após a sua abolição: muda de registo, mas jamais de intenção. A sociedade escravocrata multiplicou as invenções sádicas e cruéis para reduzir a liberdade física, intelectual e moral dos escravos. Se, na aparência, os escravos dispõem de alguma liberdade no espaço doméstico, tal é constantemente contradito pelas violências utilizadas pelos muitos patrões. Creio que, nesse aspecto, o texto que mais procura explicar o peso das práticas brutais continua a ser o romance de Josué Montello, *Os Tambores de S. Luís*. A violência amputadora, quando não simplesmente assassina, caracteriza a sociedade escravocrata e transita para a sociedade dos homens aparentemente livres, como lembra Josué Montello.

Talvez convenha alargar aqui uma observação feita mais atrás, mas que não mereceu então uma mais ampla explicitação. Quero referir-me ao peso traumatizante da violência exercida pela sociedade branca contra os homens de cor, em geral, e contra índios e africanos, em particular. Esta situação não permite que se registe a convergência dos projectos dos diferentes grupos que caracterizam o Brasil: os dominados devem, acima de tudo, assegurar a sua própria sobrevivência: os índios enterram-se na floresta, onde, de resto, os vão desentocar os capitalistas brancos — veja-se, por se tratar de uma excelente informação, o romance *A Selva*, de Ferreira de Castro, que associa a exploração da borracha à liquidação das comunidades índias do Amazonas e afluentes —, ao passo que os Africanos só podem procurar refúgio — tal como, de resto, se verifica nos Estados Unidos — na cidade, onde a violência rural está submetida ao controlo das autoridades policiais.

Uma das mais terríveis consequências da escravidão, associada à «necessidade» de proceder paulatinamente à destruição dos índios, reside na banalização da violência e, mais ainda, da morte. A «invenção» da América passa, neste caso, pela desvalorização da vida humana, sempre que esta for a dos homens de cor. O Brasil não podia, como não pode, escapar a esta construção, e podemos verificar que essa é uma das constantes mais perturbadoras da vida brasileira. É certo que se multiplicaram as teorias e os regimes políticos, no entanto, nenhum deles conseguiu, até hoje, reduzir a brutalidade das relações humanas, uma vez que o recurso à violência legal se processa sempre a favor dos brancos contra as populações de cor. A lenta, embora inexorável, redução do número de índios e de comunidades silvícolas constitui uma prova suficiente da tradição da liquidação do Outro de cor, cuja função «nativa» perdeu a sua importância política.

Digamos que o Brasil ainda não aprendeu a viver com a sua realidade humana, em consequência da maneira como as elites intelectuais se pensam em relação aos grupos politicamente dominantes. A América do Sul vive do modelo europeu importado, quer essa Europa seja portuguesa, espanhola, francesa, alemã ou britânica. O elemento perturbador reside no facto de o país não dispor de uma ideologia nacional autóctone, se bem que Gilberto Freyre tenha procurado agir nesse sentido, certamente, mais do que qualquer outro teórico. Com efeito, o problema das relações internas no Brasil tinha-se agravado muito nos anos posteriores ao fim da Primeira Guerra

Mundial, que quase coincidiam com o primeiro centenário da independência.

Esqueceu-se hoje, e ainda bem, uma das constantes mais evidentes do discurso nacionalista brasileiro durante os anos de 1921 e 1922, que se caracterizou pela denúncia brutal do que seria ainda, então, a síndrome do colonialismo lusitano. Não há nenhum estudo consagrado a esta questão, todavia candente, mas uma fracção significativa da *intelligentsia* brasileira não hesita em apoderar-se do Rocinante quixotesco para demonstrar com argumentos fortes o carácter insuportável da tradição colonialista portuguesa. Este elemento é deveras significativo pela função que lhe cabe na lenta, porém sistemática, construção da consciência nacional brasileira: tal como já se verificava no caso da construção poética de Gregório de Matos, o Brasil **define-se contra os portugueses**. Uma das funções mais importantes impostas então aos portugueses é, por consequência, a de permitir repelir os resíduos portugueses, para valorizar com orgulho os elementos nacionais, quer a etiqueta fosse justa ou injusta.

A história cultural brasileira soube eliminar este inchaço anti-português e esse centenário da independência é sobretudo conhecido pela «semana de arte moderna», que dava aos brasileiros a entrada na sua modernidade, como lembram tanto a criação literária — a de Drummond, Bandeira, Bopp, Andrade — como a plástica — como aparece no movimento antropofágico, de que Tarsila do Amaral continua a ser a figura epónima. Ou seja, a lenta, mas constante, análise das condições antropológicas do Brasil permite desaguar na criação literária, que, neste caso, aparece como uma introdução necessária à criação de uma vera consciência nacional brasileira. A deslocação do eixo é significativa, uma vez que se passa da denúncia dos horrores do colonialismo português para a exacerbação das condições em que se organiza a autonomia cultural, pressentida, mas jamais atingida, precisamente em consequência da dureza dos estigmas do colonialismo, que não tinham facilitado o acesso dos brasileiros às universidades, como lembra, não poucas vezes, o espírito polémico de Alfrânio Coutinho.

É dentro deste movimento de revisão e acerto de contas que se manifestam as intervenções convergentes de Monteiro Lobato — o «inventor» do Saci no plano da antropologia cultural —, de Mário de Andrade — que descobre nos textos antropológicos alemães a vitalidade de Macunaima, exprimindo a violência dos seus próprios fantasmas de mulato de São Paulo —, de Gilberto Freyre – que vai proceder à operação fundamental de procurar integrar os pretos e os mulatos na experiência e na consciência nacionais brasileiras. Sei muito bem que deixo de lado a importância da história de João Ribeiro, ou da poesia anti-portuguesa de Raul Bopp, a exaltação da língua «errada do povo» de Manuel Bandeira, ou de Carlos Drumond de Andrade. Pretendo, contudo, que assim seja, porque o mais significativo reside na operação destinada a integrar na sociedade brasileira os africanos, ou, antes, os afro-brasileiros e os mulatos, que tinham sido deixados à porta.

As sociedades americanas, no norte como no sul, sentiram sempre grandes dificuldades em encontrar nomes e lugares para os não-europeus. Se os autóctones continuam a ser índios, tal se deve ao falso erro de Colombo, que teria chegado às índias Ocidentais. Mas a verdade é que esta maneira de expulsar os índios da sua própria sociedade deve-se à necessidade de assegurar a dominação dos europeus. O que se exporta para a América não são apenas homens, mas, sobretudo, as formas de dominação que já tinham sido experimentadas na própria Europa. Os africanos importados também não se transformam em americanos, porque foram designados durante séculos como «nações» importadas, que não podiam, nem deviam ser confundidas com os demais emigrantes. Durante séculos, o vocabulário cultural brasileiro manteve os Angolas, os Moçambiques, os Congas, os Nagos, os Geges e tantos mais africanos importados, para permitir o enriquecimento dos brancos. E estes africanos estiveram sempre colocados fora da comunidade brasileira.

O génio de Gilberto Freyre reside na operação intelectual que lhe permite sobrevalorizar a cultura paternalista do recôncavo de Pernambuco, apoiando-se quase sempre nos documentos e nos exemplos familiares, para salientar a integração dos pretos na sociedade dos brancos. Gilberto Freyre não permite a menor ilusão e, nisso, anda ele bem: a sociedade dominante é a europeia, como mostram as fotografias que acrescentou à sua tese de doutoramento defendida nos Estados Unidos. O jovem antropólogo é orgulhosamente brasileiro, sendo também exacerbadamente pernambucano. Daí não vem mal ao mundo, nem bem! Mas o jovem antropólogo descobre nos Estados Unidos um dos defeitos centrais da estrutura democrática norte-americana: a gravidade do racismo anti-africano, que facilita a violência e impede a homogeneização do tecido cultural. Compreenda-se o que pretendo salientar: o luso-tropicalismo é uma tese elaborada, é certo, à sombra de Boas e de Herskovits, mas essencialmente destinada a repelir o mau exemplo do racismo norte-americano. Sempre esperei que Gilberto Freyre dissesse simplesmente que o Brasil não fora capaz de inventar o Ku Klux Klan!

Qual o objectivo de Freyre? Roger Bastide salienta que o luso-tropicalismo constitui uma prática colonial específica, que renuncia tanto ao gládio como à cruz, para os substituir pelo sexo([181]) (veja-se *Anthropologie Appliquée*). Esta síntese podia ser perfeita, se não tivesse o mau sestro de esquecer que o problema central não reside na sexualidade, por mais importante que esta possa ser, mas sim na produção e no lucro. O luso-tropicalismo responde melhor do que as técnicas dos norte-americanos (que desde o século XVIII encaram a necessidade ou de devolver os africanos à África, ou de os instalar em território separado daquele onde se concentram os brancos) à necessidade de assegurar a rendibilidade das terras americanas. A melhor maneira é «fingir» dar uma certa intimidade aos africanos, mantendo-os, contudo, no seu lugar de dominados, embora uma espécie de conivência se estabeleça entre as fracções africanas, que encontram nas relações genésicas com os brancos a possibilidade de criar mulatos, quer dizer, não-negros.

O problema central reside precisamente nesta situação: uma parte dos brancos aceita ser pai de não-brancos, tal como

---

([181]) Roger Bastide, *Anthropologie appliquée* (Paris: Payot, 1971).

as mulheres negras aceitam ser mães de não-negros. Gilberto Freyre supera, enfim, a política que marcara os finais do século XIX, quando alguns intelectuais brasileiros acusavam os portugueses de terem sido os inventores dos mulatos; estes não teriam sido criados na América e por americanos, sendo, antes, uma «má invenção» dos europeus, ou, antes, dos portugueses (lembre-se a fórmula proverbial ou quase: Se Deus criou o homem, o português criou o mulato). A questão de saber onde e quem decidiu a criação dos mulatos passa para o capítulo das curiosidades inúteis, pois trata-se sobretudo de determinar as condições em que os mulatos, em crescimento demográfico constante, podem integrar-se, em companhia dos africanos, na elaboração do discurso cultural e político brasileiro.

Esta operação só podia ser levada a cabo após a comemoração do primeiro centenário, no momento em que, exautorado uma vez mais o fantasma do colonialismo português, os brasileiros podiam assumir-se inteiramente como tais. Se Monteiro Lobato fora capaz de encontrar no vale da Paraíba o mito brasileiro do Saci e, se Bandeira e Drummond tinham podido organizar a literatura em função das línguas erradas do povo brasileiro, era, enfim, possível, sem pôr em causa o princípio fundamental da branqueação, integrar os africanos na formação da sociedade brasileira. É bem sabido que as mulatas sempre atraíram mais Gilberto Freyre do que os mulatos e foi necessária a extrema velhice do antropólogo para que a família branca o afastasse da tentação dos corpos morenos: todavia, na sua organização teórica, encontramos a exacta inversão do discurso de Gregório de Matos; o africano transforma-se em brasileiro como os demais. O que não fora conseguido pela abolição da escravatura pôde ser obtido pelo milagre de uma reflexão teórica, cuja constante anti-americana me parece cada vez mais evidente.

Todavia, e não será esse o menor paradoxo da vida política brasileira, foram necessários mais alguns passos para que os africanos integrassem mais completamente a sociedade brasileira. Ambos foram dados pelo Estado Novo, que despenalizou o Carnaval, que era considerado, até então, como uma manifestação selvagem e «asselvajante», assim como também promoveu os concursos de música popular, que fizeram do samba a manifestação fundamental do gosto popular brasileiro. Trata-se de duas contribuições importantes, no sentido de assegurar a homogeneização da sociedade brasileira, que, até então, apenas dispunha da língua como elemento aglutinador. O Estado Novo reforça os laços culturais que definem o gosto e as práticas brasileiras e trata-se de um resultado paradoxal, se tivermos em consideração o gosto elitista do movimento político totalitário.

É certo que o Brasil vive numa situação profundamente dicotómica; o crime é atribuído aos grupos socialmente dominados, que são também os grupos de cor, enquanto a brancura é o lugar da cultura e da inteligência. Mas, por outro lado, o Brasil não pode recusar a importância da contribuição cultural carreada pelos africanos, como mostra a generalização do samba — aparentemente de origem angolana — como ritmo nacional. A consciência nacional alimenta-se de tradição, porém, não repele outros alimentos terrestres, em que as formas musicais criam no Brasil uma massa densa, na qual comungam todos os brasileiros. Mais do que o futebol, que assegurou a união dos brasileiros em certos momentos, a música constitui um bem repartido por todos e em todas as regiões.

Se lhe atribuo uma grande importância, não é porque o exterior reconhece o brasileiro por meio do ritmo, mas sim porque os brasileiros se podem associar nesse espaço tão particular, em que a música pode conseguir dissolver ou reduzir a importância das diferenças, mesmo se por um período curto. Não me afasto da linha central da minha reflexão, já que o poeta baiano Gregório de Matos vivia muito preocupado com a hierarquia somática dos brasileiros, nunca esquecendo de denunciar os particularismos somáticos de cada grupo e até de cada indivíduo. Essa questão não foi eliminada, já que uma das constantes da leitura do Outro no Brasil passa pela identificação da parte não-branca que ele carrega consigo. Ora, só há um momento e um lugar em que essa diferença pode ser diminuída, a ponto de assegurar a homogeneidade da sociedade brasileira.

Podia responder-se que, afinal, a sociedade brasileira criou um corpo de teorias destinadas a resolver os seus problemas institucionais. Decerto, mesmo se a Constituição não parece ser um instrumento suficiente para assegurar a democratização do país. O que assegura a consciência nacional brasileira não passa pelas grandes teorias políticas, a maior parte das quais importadas e adulteradas para poderem adaptar-se à realidade brasileira. O que me parece assegurar a consciência nacional reside na partilha de um certo número de elementos históricos — entre os quais continua a funcionar a rejeição do antigo colonizador — associada a práticas sociais aparentemente comezinhas, mas indispensáveis, entre as quais avulta a música e a dança.

Embora resistindo a todas as mudanças políticas e a todas as elaborações teóricas, continua a resistir o problema sempre polémico da hierarquia das raças e o seu corolário: o desejo de branqueação, que tanto incomoda os autênticos brancos como os candidatos à branqueação. Um dos elementos mais incómodos da consciência nacional brasileira seria certamente esta «má consciência» que faz dos homens de cor brasileiros de segunda. Não se trata, como sempre pretenderam os ideólogos marxistas, de dissolver a cor nas dobras do proletariado urbano ou rural, pois antes de ser trabalhador, um homem é a cor que o distingue e classifica. De Gregório de Matos aos dias de hoje, a situação não evoluiu muito e a consciência nacional brasileira não pode ser senão uma consciência infeliz, por ser manifestamente incapaz de alcançar a homogeneidade étnica que caracteriza os povos dominadores.

3.5. UM LIVRO TRÁGICO

O livro de José C. Curto, *Álcool e Escravos*, vem somar-se a uma já longa lista de trabalhos de historiadores consagrados à problemática da produção, da importação e do consumo das bebidas alcoólicas no continente africano. Ciente da complexidade do problema, quer no campo das ideologias, quer no campo das quantidades e dos preços, assim como dos lucros, José C. Curto concentrou a sua atenção na costa ocidental e, mais particularmente, nos territórios que mais tarde, com a notável excepção de Mpinda, foram integrados pelo colonialismo português na nova unidade política Angola, possuindo dois pólos comerciais autónomos: Luanda, a norte, Benguela, a sul, abrindo caminho para as terras de leste.

A cronologia depende das próprias condições históricas, pois os portugueses chegaram ao Congo e à embocadura do Zaire já em 1483, certamente portadores de vinho, pois a bebida pertencia à lista dos fármacos correntes. O seu termo resulta da evolução do tráfico dos escravos, que condicionou a própria organização comercial e produtiva do Atlântico Sul, e que conhece o seu fim graças à legislação elaborada pelo Conselheiro Euzébio de Queiroz, um deputado brasileiro de origem angolana.

Estamos perante um documento complexo, multifacetado, condição indispensável à compreensão deste tipo de actividade comercial, que, por sua vez, incide sobre as economias não só do continente africano, pois obriga a modificações tanto na

América, e mais particularmente no Brasil, como na Europa, e mais particularmente em Portugal. A produção e o comércio das bebidas alcoólicas estão directa e constantemente associados à comercialização e à exportação de escravos africanos para as Américas e, no caso português, mais especificamente para o Brasil.

José C. Curto não consegue furtar-se à ideologia dominante entre os historiadores que importam os juízos morais que, entre o calvinismo, o espírito vitoriano e a lei seca norte-americana, condicionam a nossa leitura do consumo do álcool. Nesta óptica, condenam-se os portugueses por terem levado para o continente africano milhares e milhares de litros de vinho e de bebidas alcoólicas dele derivadas — entre as quais a aguardente —, considerando-se que tais bebidas estavam traficadas, aumentando-se o seu volume graças ao acrescento de água e de especiarias.

Este livro mostra de maneira clara que este comércio se divide em duas épocas: a primeira, caracterizada pela hegemonia dos portugueses, é dominada pela importação e a comercialização do vinho e dos seus derivados imediatos. A segunda, iniciada pelos holandeses em 1641, após a ocupação de Luanda, é caracterizada pela importação de cachaça brasileira, um subproduto da produção do açúcar. Cada um destes períodos suscita não só produções, mas permite a criação de estruturas comerciais que, no caso português, assinalam de maneira notável a perda de prestígio e de rendimentos dos agricultores e dos comerciantes portugueses. A contrapartida reside na ascensão dos produtores e dos comerciantes brasileiros, particularmente no Recife, na Baía e, sobretudo, na Baía de Guanabara.

Pensamos ser necessário corrigir uma visão deformada das intenções dos portugueses quando, já nos finais do século XV, mas sobretudo durante o século XVI, exportaram vinho para o continente africano: tratava-se então da bebida de mais prestígio, que tanto participava nos ritos do cristianismo, como servia como fármaco para tratar os doentes nos hospitais. E nem sequer se pode denunciar a bebedeira, pois, como podemos ler no capítulo que Michel de Montaigne consagra nos *Essais* à bebedeira (*ivrognerie*), esta era classicamente considerada como um estado que não ofendia gravemente a norma social.

Podemos também acrescentar, utilizando a mesma fonte ideológica e histórica, que era corrente e normal cortar o vinho com água. Falando dos seus hábitos à mesa, Michel de Montaigne salienta beber a todas as refeições 75 centilitros de vinho, sempre previamente cortado com água. Ou seja, o facto de os comerciantes portugueses recorrerem também a esta prática não deve, nem pode, ser considerado como uma operação destinada a desvirtuar o vinho, mesmo se ela pode autorizar lucros excepcionais e certamente abusivos.

Quer-se simplesmente salientar a necessidade de levar em linha de conta os comportamentos civilizacionais dos grupos implicados nestas actividades comerciais, sobretudo por se tratar de um comércio singular que troca homens, mulheres e crianças por bebidas alcoólicas. O mal menor provem das manipulações destas bebidas, que se verificam também na Europa, mesmo nas regiões mais produtoras de vinho (Montaigne é um nativo de Bordéus e foi educado no respeito pela vinha e pelo vinho), pois o que mais nos pode indignar nos dias de hoje é certamente esta troca quase antropofágica.

Não podemos compreendê-la sem proceder ao balanço das bebidas alcoólicas produzidas pelas populações africanas, assim como das regras de consumo. José C. Curto procurou proceder ao inventário das várias bebidas produzidas, não tendo esquecido a ritualização possível ou efectiva dos consumos. Pensamos que o melhor resumo da situação se encontra, ainda hoje, em Audrey I. Richards que, em 1939, publicou o estudo que consagra os Bemba da então Rodésia do Norte, a Zâmbia dos nossos dias. Para alguns antropólogos, os Bemba são o ramo mais oriental emanando dos Lunda centrais.

Nesta obra, Andrey I. Richards salienta as múltiplas funções da *ubwalua*:

> esta bebida é mais do que um simples alimento. Constitui a única fonte de diversão do povo, a actividade capaz de quebrar a monotonia da vida na aldeia, e, como em muitas outras sociedades bantas, a maneira corrente e às vezes essencial de cumprir

> obrigações sociais. Cerveja é o presente de honra entre parentes. É entregue aos chefes como tributo, e usada para compensar o trabalho ou dada como oferta aos espíritos.([182])

Audrey I. Richards acrescenta:

> abundância de cerveja é a glória da hospitalidade corrente, ou da corte de um chefe. Sem ela não se podem reunir os conselhos tribais, não podendo realizar-se os casamentos ou as cerimónias de iniciação. Por todas estas razões, é impossível descrever os efeitos físicos da bebida nativa sem conhecer a parte que ela desempenha na vida social Bemba.([183])

O que não quer dizer, salienta ainda Andrey I. Richards que a bebedeira seja bem aceite, embora a bebida forneça uma valiosa contribuição para uma dieta pobre, continuando a ser (então) essencial para a existência normal deste povo.

Este inventário das funções atribuídas à cerveja local é confirmado por um mapa no qual Audrey I. Richards procedeu ao inventário, dia a dia, das actividades deste grupo. É sem surpresa que podemos constatar que há dois dias da semana, a segunda e a terça, consagrados a beber cerveja (*beer-drink*). Este longo inventário é certamente indispensável para compreender o quadro civilizacional que os europeus foram obrigados a gerir, para obter as mercadorias africanas. Se estas são dominadas durante séculos pela comercialização dos homens, regista-se a existência de outras produções africanas interessando os comerciantes europeus: marfim, em primeiro lugar, mas também peles, cera, mais tarde, borracha, porventura, tecidos de ráfia.

Quer dizer que as bebidas alcoolizadas já desempenhavam um papel fundamental na organização das sociedades africanas quando os europeus abordaram a costa ocidental africana, tendo começado por ocupar e povoar alguma ilhas atlânticas

---

([182]) Andrey I. Richards, *Land, Labour and Diet in Northern Rhodesia. An Economic Study of the Bemba Tribe* (Londres: Oxford University Press, 1939).

([183]) *Ibidem.*

(casos de Santiago em Cabo Verde, e de São Tomé, no arquipélago de São Tomé e Príncipe). Embora se deva assinalar o facto, pelo menos curioso, de a produção de açúcar em São Tomé não ter provocado nenhuma maré de cachaça, ainda que este subproduto fosse certamente conhecido e consumido. A verdade, porém, é que a cachaça não conseguiu nunca ser aprovada pelo gosto europeu, fiel ao vinho e aos seus derivados, como, de resto, se pode ver até aos dias de hoje, sendo a cachaça (ou a pinga) apenas utilizada para fabricar a caipirinha. A fronteira do gosto, que convém referir aqui, não cabe nas preocupações mais quantitativas de José C. Curto.

As bebidas alcoólicas, não sendo embora a única mercadoria que participa no comércio escravista, ocupou o papel principal. Trata-se de uma importante demonstração de José C. Curto, que permite corrigir algumas fantasias historicistas, que atribuíam ao ouro ou ao tabaco a função primacial na organização deste comércio tão particular. José C. Curto mostra até a rejeição, pelo menos parcial, do tabaco americano, tendo os angolanos mantido uma certa fidelidade à maconha (em quimbundo, o tabaco diz-se *kanha, dikanha, manganha, ekaia, dikende*), um alucinogénio ainda hoje corrente, tendo levado à criação das mutopas, os cachimbos de água. Se José C. Curto tivesse percorrido com atenção a tese de Isabel Castro Henriques, teria encontrado uma informação minuciosa no que se refere às questões associadas, na costa ocidental africana, à importação do tabaco americano e à sua conflitualidade com os alucinogénios originariamente africanos.([184])

Se bem que o mais significativo resida na demonstração suficiente de José C. Curto que faz do vinho mediterrânico, primeiro, e da cachaça brasileira, depois, mercadorias muito eficazes na organização do comércio dos homens, embora refira também a importância dos tecidos (que em certos momentos representaram 60% das importações). José C. Curto organiza, sobretudo, a história económica de Angola, que, pelo menos

([184]) Isabel Castro Henriques, *Commerce et Changement en Angola au XIXe siècle. Imbangala et Tshokwe face à la modernité* (Paris: L'Harmattan, 1995).

nas zonas portuárias e costeiras, depende das mercadorias injectadas pelos europeus. Se alguns historiadores, como John K. Thornton, salientam o facto de os europeus não terem introduzido em África senão as mercadorias já produzidas e consumidas pelos africanos, pensamos que Thornton não considera a diferença de escala, que aparece, contudo, muito claramente na demonstração de José C. Curto: as modestas quantidades de bebidas alcoólicas extraídas das plantas — como o malavu ou maluvu, ou seja, o vinho de palma — não podem resistir à inundação provocada pelo desembarque de pipas de madeira contendo às vezes mais de quinhentos litros.

Não tendo sido capazes de encontrar uma solução que lhes permitisse a produção interna de grandes quantidades de bebidas alcoólicas, os africanos desta região da costa ocidental africana tornaram-se dependentes das bebidas alcoólicas europeias ou americanas, importadas e comercializadas exclusivamente pelos comerciantes brancos, europeus ou já americanos. Esta situação produz efeitos muito particulares na organização da produção e do comércio dos próprios colonizadores: se na primeira fase são favorecidos os produtos e os comerciantes de bebidas alcoólicas europeias, beneficiando, por isso, tanto agricultores como comerciantes e, possivelmente, armadores, já na segunda fase, iniciada em 1641, assiste-se a uma mudança do centro de gravidade desta actividade comercial, que favorece os engenhos brasileiros e os comerciantes de alguns povos que se especializam nas relações com o continente africano.

Por sua vez, o próprio aparelho administrativo português depende destas bebidas, que devem pagar direitos alfandegários que servem para remunerar o aparelho administrativo e, porventura, militar português. A demonstração de José C. Curto é não só convincente, como abre caminho para novas investigações, já que podemos interrogar-nos a respeito da impotência ou da renúncia à produção de bebidas alcoólicas como o vinho e a cachaça. Regista-se uma curiosa referência à vinha mediterrânica de Jean François de Rome, na *Brève Relation*, de 1648, que, evidentemente, ignora a função do frio na organização do ciclo vegetativo da planta. Curiosamente, um investigador tão atento como W. G. L. Randles não interroga suficientemente o texto que não parece descrever uma realidade existente, sendo mais o halo de uma curiosidade que não parece apoiar-se num vinhedo de estrutura e função mediterrânicas.

Ora, José Curto salienta de maneira muito eficaz as formas concorrenciais, devendo o historiador dar-se conta da enorme dificuldade experimentada pelos colonizadores para recrutar força de trabalho africana que pudesse arrotear as terras capazes de assegurar a produção seja da vinha, seja da cana-de-açúcar, ou outra planta mediterrânica introduzida pelos europeus e, mais particularmente, pelos portugueses. Estamos realmente perante a impotência dos portugueses; os aparelhos políticos, comerciais e até religiosos procuram impedir que se implante em África um modo de produção de bebidas alcoólicas capaz de fazer concorrência tanto às produções europeias como às americanas? Ou seja, se José C. Curto salienta, com razão, a mudança do eixo desta actividade, que se desloca para o Brasil, deve ainda considerar-se a estratégia do comércio português, que podia ter investido em África, mas que se manteve ou fiel ao vinho e à produção portuguesas, ou já inteiramente investindo nas actividades produtoras americanas.

Por outro lado, esta situação contribui para o reforço constante do povoamento do Brasil, que não pode evitar uma lenta, mas constante, africanização, reforçando a problemática do afrontamento entre senhor e escravo, que está longe de possuir a benevolência que lhe foi atribuída por Gilberto Freyre e retomada por um salazar-colonialismo tão retardatário como capaz de alimentar a auto-glorificação portuguesa. Na verdade, o que mais nos interessa é a aceleração da expansão da cana-de-açúcar, que, por sua vez, condiciona a produção sempre mais barata da cachaça, autorizando a aquisição de escravos, e permitindo alimentar as caixas dos comerciantes, que, algumas vezes, são também os armadores dos barcos negreiros.

Pode salientar-se uma incerteza analítica, que é revelada pela organização de José C. Curto: até que ponto esta competição entre os produtores e os comerciantes do Brasil e de Portugal não alimentou a lenta, mas imparável, ascensão do sentimento nacional brasileiro? Estaríamos certamente perante um paradoxo, que, todavia, nos parece fecundo, pondo em evidência os caminhos transversais do próprio tráfico de escravos, visto que a escravatura «fabrica» brasileiros, os quais não podem deixar de se opor ao colonizador, não só devido aos mocambos e quilombos, como, sobretudo, à vida urbana corrente, caracterizada pela multiplicação de castigos e de entraves, ainda hoje visíveis nos museus e na iconografia do século XIX.

José C. Curto não podia deixar de prestar atenção às denúncias dos anti-esclavagistas e até dos moralistas que censuram a manipulação das bebidas alcoólicas destinadas ao comércio com os africanos. Uma das acusações mais correntes põe em evidência o aumento de volume: já mostrámos que cortar vinho com água foi uma prática normal na Europa, limitando-se a reduzir o teor alcoólico da bebida. Gastar-se-á mais dinheiro para poder chegar a uma «bebedeira de caixão à cova», se nos permitem recorrer a um vocabulário que está a cair em desuso. Esta manipulação não pode ser comparada com aquelas que modificam a bebida de tal modo que a tornam perigosamente intoxicante.

Não nos parece tão incomodo como salientam tantos e tantos analistas da questão, embora não possamos deixar de incluir tais maneiras de fazer no vasto capítulo das operações por via das quais os africanos são constantemente roubados pelos comerciantes europeus. Convém não esquecer, contudo, a dialética destas operações: sabemos, no caso das bolas de borracha preparadas pelos africanos, que os comerciantes europeus roubavam no peso os africanos, replicando com o aumento do peso da borracha, graças à integração de pedras ou de pedaços de ferro. O choque entre os que vendem e os que compram existiu sempre, não apenas nas relações com os africanos, mas nas relações normais na própria Europa.

Não faltam neste livro afirmações que manifestam por vezes a credulidade de José C. Curto. Limitar-nos-emos a assinalar algumas delas, por nos parecer importante reforçar a coerência da informação de José e C. Curto, fruto de um trabalho minucioso nos arquivos e nas bibliotecas portuguesas, brasileiras e angolanas. Refere-se José C. Curto, já no século XVII, à emergência dos Lundas, numa região exterior ao Kwango. Trata-se de um anacronismo, em razão de ninguém conhecer, então, a existência dos Lundas, e menos ainda dos Lundas centrais, só visitados no século XIX, primeiro, por Joaquim Rodrigues Graça e, depois, por Henrique de Carvalho. Se é certo que se pode pensar, em função da história das relações ulteriores dos europeus com a África Central, haver já alguns homens originários da constelação dos grupos lunda e lundaizados, nas relações comerciais levadas a cabo nas cidades costeiras, a verdade é que não se dispunha, então, de conhecimentos suficientes no que se refere às articulações políticas e económicas, ou técnicas próprias destes grupos.

Por outro lado, esta referência permite dar contas de um elemento implícito na trama das múltiplas informações carreadas por José C. Curto, pondo em evidência a existência de uma fronteira angolana, que o álcool estrangeiro, europeu ou americano, porventura, asiático, não consegue superar: o rio Kwango. Se José C. Curto tivesse atentamente consultado a obra já citada de Isabel Castro Henriques, teria encontrado a demonstração de que o sargento-mor Manuel Correia Leitão não fora capaz, em 1756, contrariamente ao que diz a sua descrição da viagem a Cassange, de se aproximar sequer do rio Kwango. Se bem que tivesse subornado um Imbangala, Correia Leitão foi arrastado para uma aventura nocturna que deve ter desencadeado a gargalhada entre os embusteiros que fizeram andar o pobre do sargento-mor de um lado para o outro, mantendo-o sempre afastado do rio. A leitura atenta de Correia Leitão à luz da cartografia moderna não deixa a menor dúvida a esse respeito.

Ou seja, a afirmação excessiva de José C. Curto obriga a reconsiderar as condições em que funcionavam as relações entre os diferentes povos angolanos — que ainda não são politicamente os angolanos no sentido dos nossos dias — e os europeus, mais particularmente os portugueses e os brasileiros, estes muito presentes nos anos finais do século XIX, devido ao degredo a que tinham sido condenados alguns dos participantes na Inconfidência (1789). Verificou-se, sobretudo, a existência de uma fronteira cuidadosamente guardada pelos Imbangala de Cassange, que impediu as populações orientais de estabelecer contacto com o Ocidente e com os homens e os produtos que aí circulavam. O que pode certamente explicar que as bebidas alcoólicas europeias ou americanas não tivessem sido amplamente comercializadas, estando os africanos dependentes das bebidas tradicionais.

Estas observações servem para convidar os historiadores a ler de maneira parcimoniosa algumas obras do século XIX, que repetem os erros para que se deixou arrastar o sargento-mor Correia Leitão. É certamente o caso do viajante francês Douville, que Anne Stamm procurou ressuscitar, esquecendo que a Sociedade de Geografia de Paris obrigou o aventureiro — em todos os sentidos da palavra — a devolver a medalha de ouro que a instituição lhe atribuíra quando ainda se não conhecia a falsificação de viagens e de informações. José C. Curto decidiu utilizar constantemente a obra de Douville, mau grado o juízo dos geógrafos do século XIX, arrastado pela paixão de Anne Stamm. Convém acrescentar que o que mostram estas situações põe em evidência a estratégia seguida pelos africanos para impedir o conhecimento dos seus territórios: dependentes dos guias e dos intérpretes, os europeus são levados a ver apenas aquilo que os africanos tornam visível e inteligível. Haverá ainda, nos próximos anos, muita reputação a desmontar e muitas afirmações ingénuas a pôr de lado.

Sendo certo que esta observação pode servir de introdução à segunda, que se deriva do trabalho de José C. Curto, enunciando mais um projecto de investigação que salienta a dependência em que se encontravam os europeus diante dos imensos caminhos africanos, que as populações dominavam, procurando e conseguindo impedir a livre circulação dos não-africanos. Sendo, como é, um aspecto central da hegemonia africana — que já analisei, embora de maneira talvez excessivamente sintética —, sem a qual não se pode compreender a maneira como os europeus foram contidos nas regiões costeiras, não conseguindo, até aos anos finais do século XVIII, aproximar-se sequer do Kwango, e, naturalmente, ainda menos utilizá-lo. Por sua vez, esta circunstância obriga a rever a história escrita pelos viajantes, cujo discurso depende forçosamente das informações que os africanos decidiram oferecer-lhes ou permitir-lhes.

Também nos parece que José C. Curto se deixa arrastar pelo que podemos designar como sendo a «etnicização» Jaga. Se nesta obra são referidos os documentos que nos últimos anos foram produzidos, e alguns dos quais quiseram entoar o *Requiem* deste falso grupo, a verdade é continuar-se a aceitar a sua existência. Ora, já foi demonstrado que não há unidades políticas e culturais Jaga, termo criado pelos portugueses para designar os grupos que aceitam levar a cabo as tarefas que lhes interessavam, em troca de vantagens materiais: mercadorias europeias e asiáticas, essencialmente. A interpretação corrente que não hesita em associar Jagas e Imbangalas, sendo estes de origem indubitavelmente Luanda, também nos parece excessiva, exigindo revisão. Não haverá razão para o novo *Requiem*, pois estamos perante a necessidade de proceder a uma reorganização da história destas regiões da África centro-ocidental.

José C. Curto procede, por vezes de maneira secamente cruel, à desmontagem de muitas afirmações que pertencem não propriamente à história, pois derivam de estruturas ideológicas inaplicáveis nesta região africana. A comercialização dos escravos merece uma atenção cuidada, em virtude de alguns investigadores (de Joseph C. Miller a Manolo Florentino) não hesitarem em defender certezas que dependem apenas da manipulação fantasista dos documentos e dos números. Neste aspecto, devemos saudar o rigor de José C. Curto, que multiplica o cruzamento dos documentos de maneira a evitar as armadilhas que a própria ideologia da documentação europeia não pode deixar de veicular. O trabalho do historiador obriga-o a recusar a trama da ilusão, única maneira de conseguir dar conta da realidade.

Se bem que não pertencendo, embora, ao quadro cronológico de José C. Curto, teríamos gostado de encontrar, nem que fosse numa das muitas notas de rodapé deste livro, o inventário das medidas administrativas adoptadas para conseguir extirpar a produção das bebidas alcoólicas nativas, que os administradores e uma grande parte dos médicos não hesitaram em considerar extremamente perigosas para as populações, máscara usada para defender os interesses dos produtores de bebidas alcoólicas europeias e, sobretudo, portuguesas. O estudo dos argumentos «científicos» a que então se recorreu serve para revelar a deformação provocada pela ideologia colonial, que leva os «cientistas» a esquecerem as regras éticas que deviam presidir à sua intervenção nas práticas sociais. Se é certo que tais máscaras ideológicas são características do próprio processo colonial, não esqueçamos a falsificação quase permanente levada a cabo pelos comerciantes europeus, mais particularmente os comerciantes do mato.

Resta ainda salientar um dos aspectos mais significativos desta tese, que consideramos ser um documento trágico. Se José C. Curto põe em evidência o enriquecimento de alguns milhares de portugueses durante o período áureo da utilização das bebidas alcoólicas para obter força de trabalho, quer dizer, homens e mulheres, assim como crianças, não podemos deixar de sublinhar o facto de estas operações comerciais terem sido levadas a efeito tendo como parceiras as autoridades africanas: tanto as políticas como as religiosas. Esta evidência, que não podemos deixar de salientar, exige que os historiadores africanos renunciem às facilidades utilizadas até agora e que consistem em denunciar quase só as manipulações dos comerciantes europeus e americanos.

Não os podemos absolver e, de resto, a criação de um neologismo como negreiro (traficante e não comerciante de negros) serve para mostrar que os europeus nunca consideraram normal esta actividade comercial. Não sem hipocrisia, é verdade, pois sabemos que muitas cidades europeias, portuguesas, francesas ou inglesas, conseguiram obter lucros muito vultosos graças a este «comércio» tão singular. Mas não se pode continuar a dissimular a responsabilidade dos africanos. Se é certo ser mais fácil acusar aqueles que visivelmente fornecem as embarcações e as mercadorias para que semelhante comércio pudesse funcionar regularmente, não podemos esquecer que os milhões de litros de bebidas alcoólicas não foram exclusivamente consumidos pelos europeus, por mais bêbados que estes pudessem ser. Esses milhões de litros foram comprados e consumidos pelos africanos.

Ora, continua a não haver uma análise interrogativa consagrada: a esta maneira de organizar as relações comerciais com os europeus. Já muito cedo, diz-nos Luís de Cadamosto (Alvise de Cadamosto), os portugueses puderam, no século xv, renunciar à prática da razia, porque os africanos propunham vender homens em troca das mercadorias fornecidas pelos europeus. Se o comportamento dos europeus deve ser analisado e estigmatizado, não parece que possamos dissimular a grave, a imensa responsabilidade de milhares africanos. Não esqueçamos que não se trata de um episódio singular, morto à nascença. Pelo contrário, trata-se de operações que, tendo começado com alguma hesitação — ver a este respeito a *Crónica de Guiné*, de Gomes Eanes de Zurara([185]) —, se desenvolvem rapidamente, permitindo — como salienta José C. Curto — lucros que podem alcançar 500% do capital investido. Não podemos, infelizmente, calcular os lucros obtidos pelas autoridades africanas, porém, devem ter sido suficientemente elevados para que se tenha mantido durante séculos este nefando comércio. É por essa razão que consideramos trágico este livro, porque não permite ele a mínima escapatória, nem aos europeus, nem aos africanos. E se estes continuam a denunciar preferencialmente os europeus, pensamos, perante os números fornecidos por José C. Curto, ter chegado o momento não só da análise, mas da reorganização da história, tal como foi construída e vivida pelos africanos.

Dezembro de 2002

([185]) Gomes Eanes de Zurara, *Crónica do Descobrimento e Conquista da Guiné* (Paris: J. P. Aillaud, 1841).

3.6. A PARTICIPAÇÃO DOS AFRICANOS — ESCRAVOS OU LIVRES — NA MUDANÇA CULTURAL, EM PORTUGAL E NO BRASIL

A longa (mas falsa) passividade dos africanos, que teria explicado não só a escravatura, mas também o próprio tráfico negreiro, foi lentamente sendo substituída pelo inventário das muitas formas de resistência, que teriam atingido o seu acume na criação de mocambos e de quilombos, sobretudo nas ilhas das Caraíbas e no Brasil. Esta leitura da história, que devolve aos africanos a dignidade recusada, tem como contrapartida a menor atenção prestada à participação dos africanos na criação de sociedades «inéditas» ([186]).

Seria historicamente mais indicado proceder ao inventário destes dois aspectos das reorganizações sociais a que o mundo foi obrigado, não só pela violenta mas contínua expansão do capitalismo, mas, sobretudo, devido à necessidade de proceder às novas articulações sociais. Os efeitos da escravatura e do tráfico negreiro não se fizeram apenas sentir no continente africano, pois modificaram também as condições de ocupação e de exploração dos territórios ligados ao Atlântico e ao Índico.

([186]) Utilizo o conceito proposto por Isabel de Castro Henriques, *São Tomé e Príncipe, A Invenção de uma sociedade* (Lisboa: Vega, 2000). Esta proposta tem a vantagem de eliminar a aculturação e situação ou termos aparentados, assim como o caldeirão de Pero Botelho que é, hoje, a «mestiçagem» que corresponde a tudo e, por isso, não quer dizer nada.

Foram os pan-africanistas jamaicanos e norte-americanos que, com mais vigor, decidiram recuperar a dignidade da história africana, para resistir à dissolução dos valores africanos que constituíra o objectivo dos próprios escravocratas e colonizadores. As vozes caladas dos africanos começaram assim a recuperar a dignidade da história do Egipto e de Cartago, lugares do esplendor das civilizações negras e africanas.

O vocabulário utilizado pelas ciências sociais — sejam a antropologia ou a etnografia, seja, até, a sociologia — traduz ainda hoje o sentimento de dominação: as formas de integração e de aculturação salientam a existência de uma norma social dominante, a dos colonizadores, que são também os brancos, reduzindo a originalidade das culturas africanas a um mero obstáculo circunstancial, que deve ser repelido para permitir a organização de sociedades respeitando apenas e continuamente as normas do poder colonial.

Este quadro teórico não ignora as condições que presidem às diferentes formas de integração cultural, que a sociologia ocidental classifica como sendo, sobretudo, formas de aculturação, na sua quase totalidade determinadas pelos valores dos colonizadores. A denúncia destas formas de menorização do Outro africano estala com a publicação do ensaio *Orphée Noir*, de Jean-Paul Sartre, que apareceu como prefácio *à Antologia da Nova Poesia Negra e Malgache*, organizada por Léopold Sédar Senghor([187]). É certo que a tarefa da denúncia das condições de alienação registadas no mundo africano já fora iniciada por Aimé Césaire no seu *Caderno de Um Regresso ao País Natal* (1947–1939). A reflexão do martiniquense casa bem com a do francês, permitindo que já nos anos 50, na véspera, por assim dizer, do início da guerra de libertação da Argélia (1954), apareçam — em 1952 — dois ensaios que forneceram os parâmetros da reflexão aplicada à dominação e à revolta: *Peaux Noires, Masques*

([187]) Jean-Paul Sartre, «Orphée Noir», in *Anthologie de la Nouvelle Poésie Nègre et Malgache*, ed. Léopold Sédar Senghor (Paris: PUF, 1948), pp. IX–XLIV.

Blancs, de Frantz Fanon([188]) e *Retrato do Colonizado Precedido do Retrato do Colonizador*, de Albert Memmi.([189])

Parece, contudo, que o afã denunciador das formas de violência do tráfico negreiro e do colonialismo europeu ou americano, que parece exigir o inventário sistemático e minucioso das formas de resistência, deixa de lado as muitas maneiras graças às quais os africanos participaram na mudança cultural verificada. O esforço despendido em torno das formas de resistência, se traduz a necessidade de recusar a passividade dos africanos, oculta a maneira como esses mesmos africanos, devido à sua inventividade e às suas competências, participaram directa e constantemente na organização das sociedades coloniais. É, de resto, esse aspecto desta dupla problemática — a que só valoriza as formas de resistência, a que deve inventariar e pôr em evidência a invenção cultural — que convém analisar, tanto mais que, no caso português (aqui privilegiado em companhia do brasileiro, no período em que o Brasil era ainda uma colónia portuguesa), verificamos que os africanos apareceram cedo, primeiro, de maneira fugaz, mais tarde, de maneira definitiva e densa.

As primeiras mulheres africanas emergem nas cantigas de escárnio e maldizer que caracterizam a poesia galaico--portuguesa. Saliente-se a importância de uma das cantigas de maldizer de autoria do rei Alfonso X, o Sábio, por se tratar da poesia mais violenta suscitada pelas africanas. O rei salienta alguns caracteres somáticos negativos, sobretudo a ausência de cabelo, pois as africanas só teriam uma lã, o que permite que sejam confundidas com os cães. A esta primeira característica repugnante acrescente-se a segunda: o cheiro do corpo dessa mulher, que a coloca fora de norma.

Se a cor negra era já critério de exclusão, esta operação era reforçada por outros caracteres somáticos, que impedem essas mulheres de serem integradas na norma social, em que estão

([188]) Frantz Fanon, *Peau noire, masques blancs* (Paris: Éditions du Seuil, 1952).

([189]) Albert Memmi, *Portrait du colonisé, précédé du Portrait du colonisateur* (Paris: Buchet, Chastel, Corrêa, 1957).

mais isoladas do que qualquer minoria, dada a sua origem, quer dizer, a ausência de história familiar, e a insignificância do seu peso demográfico. Todavia, e será um dos muitos paradoxos engendrados pela emergência da instalação dos africanos na Europa e, depois, nas Antilhas e no continente americano, elas banalizam a diferença e permitem pensar, mesmo se de maneira limitada, o próprio continente africano.

Por sua vez, a escrita do Rei depende do juízo oral então em via de se construir na sociedade galega, e que sublinha a violência dos juízos aplicados aos Outros, aos diferentes, cuja origem territorial pertencia ainda a uma geografia que povoava com monstros os territórios existentes fora das fronteiras domésticas. Por isso também, esta mulher, que podemos pensar ser jovem, está excluída da norma humana, para ser vista em função da sua parte de monstruosidade. Mas podemos já dar-nos conta de que esta mulher não pode ser pensada fora da comunidade europeia onde a integraram.

O número de cativos africanos — só mais tarde se recorrerá ao substantivo masculino escravo — aumenta de maneira constante a partir do momento em que os portugueses frequentam as Canárias, e, sobretudo, como resultado das operações de razia levadas a cabo na costa ocidental africana. O documento mais significativo continua a ser a *Crónica de Guiné*, de Gomes Eanes de Zurara, redigida provavelmente em cerca 1453, mas só editada pela primeira vez em 1841 em Paris([190]). O facto de este apógrafo ter errado de biblioteca em biblioteca impediu a generalização da informação, que podia ter contribuído de maneira decisiva para dar conta das condições em que se fizera o contacto com os africanos, pondo, ao mesmo tempo, em evidência o recurso constante dos portugueses — antes de passar à fase comercial, imposta pelo Infante D. Henrique([191]) — à política tão mortífera da razia.

([190]) Gomes Eanes de Zurara, *Crónica do Descobrimento e Conquista da Guiné* (Paris: J. P. Aillaud, 1841), sob a orientação do Visconde de Carreira e do Visconde de Santarém.

([191]) Alvise de Cadamosto, *Navegações* (Lisboa: Instituto para a Alta Cultura, 1944). O jovem marinheiro veneziano Alvise de Cadamosto põe

É, por isso, Zurara que se encarrega de descrever a primeira distribuição de cativos africanos em Lagos, sob a presidência do Infante D. Henrique, em Agosto de 1441. Trata-se de cerca de 250 pessoas, homens, mulheres e crianças, que devem ser repartidos em lotes de cinco, para premiar os capitalistas que tinham permitido a armação da frota, assim como os marinheiros que tinham participado nesta expedição e, sobretudo, nas operações de captura. A surpresa dos portugueses é total: os africanos recusam a partilha, que desmantela as famílias, revelando, desta maneira, a densidade dos laços de parentesco, assim como o vigor da afectividade. Ou seja, os africanos não aceitam esta operação como teriam feito os animais.

O que não impediu que ela fosse levada a cabo, exigindo, contudo, o recurso à violência. Estes cativos são distribuídos por várias regiões do país, obrigados a aprender as regras normais da sociedade portuguesa. Não sem que o cronista assinale a «inferioridade cultural» dos africanos: «porque eles não sabiam o que era pão nem vinho, nem cobertura de pano; nem alojamento de casa» ([192]). Estas insuficiências técnicas e culturais explicar-se-iam pelo facto de não terem «conhecimento de Deus somente viver em uma ociosidade bestial». Se ausência de religião explicava a ociosidade, esta devia servir, durante séculos, para justificar a redução dos africanos à escravatura.

Se a relação com Deus impõe o trabalho, tal é também a exigência feita pela sociedade europeia aos cativos africanos. Procedendo, alguns anos depois desta distribuição de 1441, ao

em evidência a passagem da razia para o comércio: Inicialmente (p. 21), «as caravelas de Portugal costumavam vir armadas a este golfo de Arguim, às vezes quatro, outras vezes mais, desembarcavam de noite, assaltavam uma aldeia de pescadores e faziam também correrias pela terra, de modo que apanhavam estes árabes, quer varões quer fêmeas, e conduziam-nos a Portugal para os vender». A alteração profunda deste sistema deve-se aos africanos: «de certo tempo para cá tudo se reduziu a paz e a trato de mercadoria, e o dito Infante já não permite que lhes façam mal» (p. 22). O elemento mais significativo reside na instauração de um comércio regular alimentado pelos escravos «produzidos» pelos próprios africanos.

([192]) Zurara, *Crónica do Descobrimento e Conquista da Guiné*, p. 137.

inventário das soluções sociais encontradas para assegurar a rendibilidade dos cativos, Zurara escreve com alguma minucia:

> (...) e viam que de boa vontade se vinham à lei de Cristo, não faziam deles diferença dos servidores livres, antes aqueles que cobravam de pequena idade, faziam ao diante ensinar ofícios mecânicos, e aqueles que viam dispostos para governar fazenda, faziam-nos livres e casavam-nos com as mulheres naturais da terra. Partindo com eles de suas fazendas, como por próprias vontades dos padres, foram entregues aquelas que se casavam, e que por merecimento de seu serviço lhes fossem obrigados de fazer semelhante. E algumas viúvas honradas que compravam daquelas, umas as recebiam por filhas, outras lhes deixavam em seus testamentos.([193])

O grande obstáculo para se alcançar a cristianização residia, antes de mais, na diferença linguística, pelo que a primeira tarefa dos amos e senhores era impor a sua aprendizagem. Situação que se compreende, na medida em que os primeiros escravos — mas este quadro manteve-se durante séculos — estavam integrados no espaço e nas tarefas familiares, como lembra tão precisa e oportunamente a ilustração do livro de Horas de D. Manuel, que mostra a família burguesa sentada à mesa, servida por um criado preto.

Mas onde os portugueses sentem mais duramente essa situação é na própria costa africana, mau grado a existência de «línguas» (intérpretes) já treinados em Portugal([194]). Um observador tão atento como Alvise de Cadamosto procede ao inventário preciso das dificuldades suscitadas pelas relações entre a gente do mar e a gente da terra, que podem levar à morte. Embora o que importa aqui seja analisar a maneira

---

([193]) *Ibidem*, p. 136–137.

([194]) Cadamosto, *Navegações*, p. 62, refere esta modificação técnica das relações dos portugueses com os africanos: «de facto, cada um dos nossos barcos tinha intérpretes negros, trazidos conosco de Portugal, os quais tinham sido vendidos por aqueles senhores do Senegal» (p. 62). Estes intérpretes africanos nem sempre são bem acolhidos pelos africanos da costa, que não hesitam em fazê-los em pedaços (p. 62).

como Zurara esmiúça as formas relacionais que, ao longo dos anos, se tecem entre os portugueses e estes cativos: «e certamente que seu pensamento não era vão, ca (pois) como dissemos, tanto que estes haviam conhecimento da linguagem, com pequeno movimento se tornavam cristãos». E, para varrer qualquer ceticismo ou dúvida, Zurara fornece o seu testemunho pessoal: «e eu que esta história ajuntei em este volume, vi na vila de Lagos, moços e moças, filhos e netos daqueles, nados em esta terra, tão bons e tão verdadeiros cristãos, como se descenderam, do começo da Lei de Cristo, por geração, daquelas que primeiro foram batizadas» ([195]).

Nestas condições de inferioridade numérica e de dispersão geográfica, os cativos africanos não podiam organizar-se coletivamente, embora cada um pudesse tentar fugir, como fizeram tantos: a fuga era considerada um defeito redibitório, desvalorizando o escravo no mercado corrente. O espaço

([195]) Zurara salienta a importância absoluta da língua, agente da relação entre os homens, mas instrumento que pode servir também para a relação com a divindade. Gil Vicente analisará com espírito, rigor e ferocidade, em *A Frágua do Amor*, o que seria a impossibilidade biológica dos africanos de conseguir falar «correctamente» a língua dos senhores. Encontramos o eco pouco confortável dessa maneira de estruturar as relações entre os agentes das diferentes culturas no romance de Tom Wolfe, *Um Homem em Cheio* (Lisboa: Publicações D. Quixote, 2000), que tem Atlanta como quadro geográfico, e onde os brancos continuam a exercer uma política muito activa sobre a maneira de falar dos americanos de origem africana, sobretudo nos tribunais, «onde se podiam ouvir pretos atrás de pretos, todos profissionais, e se fechássemos os olhos não conseguiríamos distinguir entre brancos e pretos» (p. 569). E o autor volta a insistir neste pormenor: «aquele homem preto, — cujo nome, como um idiota, acabava de pregar num homem branco — não (tinha) o mais pequeno sotaque preto», Wolfe, *Um Homem em Cheio*, p. 569. Sendo também certo que Thomas Wolfe salienta — passando quase da lição à socio-história — que na região «existia a "Casa Grande"», tal como nos dias de escravatura. Havia um «Senhor» de Turpentine, como nos dias da escravatura, *ibidem*, p. 566). O lado íntimo entre a condição de africano e a escravatura estala constantemente na língua: há nada menos do que quinhentos e cinquenta anos entre a escrita portuguesa de Zurara e a escrita norte-americana de Wolfe. Mas ambos descrevem a obstinação «asselvajante» dos brancos.

português, bastante povoado, e a falta de conhecimento da própria natureza e das condições de organização de uma sociedade ainda predominantemente rural impediam a fuga e a criação de isolados. Por outro lado, instalados em casa dos patrões (ou proprietários), os escravos estavam condicionados pela organização doméstica e deviam aprender, pelo menos, os rudimentos da organização social, o que, como salienta muito justamente Zurara, implicava a aprendizagem, mesmo se discutível da língua.

A partir de 1441, manteve-se a política da razia na costa ocidental, combinada com o comércio, o que trouxe para Portugal alguns milhares de escravos, que, embora não tendo nunca ultrapassado os 10% da população global, dão aos estrangeiros, como o flamengo Clenardo, a impressão de haver mais negros e negras do que brancos: «todo o serviço é feito por negros e mouros cativos»([196]), o que, sendo manifestamente excessivo, põe em evidência uma tendência da sociedade portuguesa, sobretudo urbana, mas em via de se alargar aos campos de recorrer ao trabalho escravo. A maior visibilidade dos negros e dos mouros depende das condições de funcionamento da sociedade portuguesa, na qual as mulheres, por exemplo — respeitando uma tradição herdada dos muçulmanos —, estão fechadas em casa, separadas do tumulto e das tentações da via pública.

Todavia, o traço salientado por Clenardo revela uma modificação já profunda registada na sociedade portuguesa, um século depois da primeira distribuição de cativos em Lagos: em 1551, havia em Lisboa, diz-nos Cristóvão Rodrigues de Oliveira, 9950 escravos, ou seja, cerca de 10% da população urbana. O inventário das profissões ou actividades praticadas revela a profunda transformação da sociedade, pois cabem aos africanos e aos mouros actividades indispensáveis ao bom funcionamento da estrutura social portuguesa:

> Encontramos 1500 mulheres negras, «que lavam e ensaboam»; 1000 negras de pote e quartas, que vendiam água através

---

([196]) Nicolas Clénard, *Correspondance*, ed. Alphonse Roersch, 3 vols. (Bruxelles: Palais des Académies, 1940–1941).

> da cidade; 1000 negras de canastra — bastante desqualificadas em relação as demais africanas — que limpavam as ruas; 200 negras vendedoras de «berbigão e caramujos e todo o género de marisco», 200 negras que vendiam, todos os dias, «ameixas cozidas, favas cozidas, aletria, chichorros cozidos e arroz»; 50 negros que andavam pela cidade com pincéis para caiarem; moços e moças de soldada; mulheres que apregoavam e vendiam azeite; mulheres velhas que recolhiam trapos velhos; homens que descarregavam carvão dos barcos e o distribuíam pela cidade; moços de ceira para o transporte das carnes e do pescado; havendo ainda a contar com o numeroso séquito de escravos que acompanhava as damas que saiam de casa.([197])

Ou seja, podemos reconhecer a justeza do comentário do Clenardo, salientando a africanização parcial de Lisboa — como, de resto, se há-de verificar também em Évora — pondo em evidência a capacidade dos africanos de se adaptar às novas condições existenciais. Se analisarmos com a atenção devida o inventário de Cristóvão Rodrigues de Oliveira, verificamos que a cidade não pode funcionar normalmente sem a intervenção quotidiana dos escravos, ou, em todo o caso, dos antigos escravos, já que há também nesta lista os libertos. O que se deixou de fora diz respeito à contribuição civilizacional dos africanos, que, naturalmente, não podem deixar de introduzir formas e gostos, sons e movimentos, que são a consequência desta sua profunda integração no tecido social português.

Encontramos a plena confirmação das informações fornecidas por Cristóvão Rodrigues de Oliveira na obra teatral de Gil Vicente, António Ribeiro Chiado e Anrique da Mota. Não podemos deixar de tecer uma relação directa entre esta demografia profissional e a presença destas personagens, que marcam de maneira decidida a originalidade do teatro português, num sentido que lhe não é habitualmente reconhecido: se a vida urbana normal não pode ser nem organizada, nem explicada

---

([197]) Cristóvão Rodrigues de Oliveira, *Sumário em que brevemente se contém algumas coisas assim eclesiásticas como seculares que há na cidade de Lisboa* (Lisboa: Oficina Miguel Rodrigues, 1551).

sem proceder ao inventario dos africanos — negros, mouros ou até pardos —, como, de resto, muito oportunamente, lembra uma das peças de Gil Vicente, também o teatro que procura mostrar o sistema simbólico existencial está na obrigação de pôr em cena estas personagens que experimentam ainda algumas dificuldades com a língua portuguesa, como já sabemos pelo menos desde Zurara. Mas tal não as impede de serem entendidas, mesmo se a sua língua passa a integrar a «língua de preto», que tão profundamente marcou a sociedade urbana portuguesa, que pode ser compreendida pelos espectadores que a praticam fora do teatro, na vida corrente.

Do ponto de vista das actividades profissionais, encontramos um quadro bastante parecido no inventário das «Profissões artesanais dos membros da Confraria de N.ª S.ª do Rosário dos Homens Pretos», de Elvas, que foram eleitos como mordomos entre 1656 e 1698:

> 1 albardeiro, 21 alfaiates, 9 alvanéis, 1 borracheiro, 1 caldeireiro, 3 carpinteiros, 1 cerieiro, 1 cesteiro, 1 cordoeiro, 2 ferradores, 2 ferreiros, 3 moleiros, 2 oleiros, 13 sapateiros, 3 seleiros, 2 serralheiros, 1 sombreireiro, 4 tecelões, 1 trapeiro; havendo ainda a acrescentar as profissões exercidas na *agricultura* (7 hortelões, 7 lavradores e 2 seareiros); no *comércio e transportes* (1 acarretador, 5 almocreves, 1 taverneiro, 3 tendeiros); nos *serviços públicos*, a começar pelos "militares" (1 ajudante de artilharia, 1 artilheiro, 1 cabo de esquadra, 1 sargento reformado, 1 soldado, 7 soldados de cavalo, 1 tenente de preboste); nas *profissões civis* (1 bedel, 1 carrasco, 1 guarda da aduana, 1 porteiro da câmara, 1 rendeiro da cidade); enfim os *serviços privados* (4 barbeiros, 1 cirurgião, 3 criados, 1 mestre de meninos e 5 trabalhadores). [198]

As duas séries de indicações mostram a relativa homogeneidade da distribuição dos escravos nos espaços urbanos portugueses, mas revelam, sobretudo, a eficácia do modelo de profissionalização dos africanos: é pela via do trabalho, como

[198] Jorge Fonseca, *Escravos no Sul de Portugal, Séculos XVI–XVII* (Lisboa: Vulgata, 2002), pp. 205–206.

já salientara Gomes Eanes de Zurara, em cerca de 1453, que os escravos africanos encontram o seu lugar na sociedade portuguesa, que os integra aparentemente sem dificuldades, mesmo se o racismo visceral dos portugueses se mantém praticamente sem alterações. O que deve reter-se é a longa duração desta importação de trabalhadores africanos, tornados indispensáveis, devido às contingências da vida nacional portuguesa, ainda insuficientemente analisadas.

Verifica-se já a actividade das mulheres que cozinham para vender, e que não podem deixar de cozinhar com ingredientes africanos, e com equilíbrios gustativos também africanos. Quase não se pode resistir, no quadro destas mudanças culturais, a sugerir uma real e constante africanização do palato, a que a malagueta deve ter dado o vigoroso toque «ultramarino», que se pedia então na Ribeira de Lisboa. É claro que se pode — e deve — pôr em evidência a tarefa de aguadeiras das mulheres africanas, que revelam um traço específico de uma cidade que só tarde conseguiu regularizar a distribuição da água, pois que estas mulheres africanas ainda se repetem, em pleno século XIX, nos galegos, também eles aguadeiros indispensáveis.

Nestas condições, parece difícil escapar à necessidade de definir as mudanças culturais provocadas pela fortíssima presença destes trabalhadores africanos, e que têm ritmos e técnicas de trabalho naturalmente diferentes, mais evidentes no que se refere aos muitos artesãos que foi necessário importar ou treinar. Por sua vez, este processo de integração explica, pelo menos em parte, a ausência de conflitos agudos, opondo os africanos aos europeus. Procedendo ao inventário da conflitualidade em Évora e seu termo, Jorge Fonseca salienta o facto revelador de os crimes ou delitos cometidos pelos africanos serem em tudo idênticos aos dos europeus, não sendo a sua percentagem também mais elevada do que a média dos europeus, não quer isto dizer que não se verifiquem desaguisados de carácter racista, na medida em que o sistema classificatório português se apoiar essencialmente na zoomorfização do Outro africano. Tais conflitos decorrem do próprio processo de integração, mas mantêm-se no quadro de uma norma portuguesa.

Saliente-se, todavia, mais um aspecto particular destas operações: a maior parte dos marinheiros portugueses, e sobretudo de quantos partem para o Ultramar, conhecem já a estrutura somática dos africanos — índios e asiáticos revelam-se mais tarde(199) —, tal como conhecem as suas competências. Verifica-se uma das mais estranhas contradições do próprio facto colonial: os africanos são capturados ou comprados para assegurar a produção normal das sociedades europeias, mas, ao mesmo tempo, a ideologia racista sustenta serem eles visceralmente, geneticamente, preguiçosos. Semelhante contradição, que ainda se não esgotou, não impede a utilização dos africanos nas muitas formas de produção que asseguram o enriquecimento dos brancos, europeus, americanos e outros.

As concentrações dos africanos sempre mereceram atenção e desconfiança. A Igreja forneceu a instituição que, durante séculos, parecia permitir uma certa autonomia aos africanos: as Confrarias, que, integradas no espaço oficial do catolicismo — doutrina, rituais e até imóveis —, conheceram uma expansão notável, tendo sido exportadas, nomeadamente, para o Brasil. Além da concentração dos africanos, a instituição tinha

(199) Os primeiros índios que chegaram a Portugal foram vistos em Lisboa em Março de 1493, tendo Cristóvão Colombo sido obrigado a arribar, primeiro, a Cascais e, depois, ao Restelo. O vocabulário antropológico era ainda muito incipiente, pois D. João II — que viu estes índios americanos em Vale do Paraíso — os confundiu com os asiáticos. Ver João de Barros, *Primeira década*, livro III (Coimbra: Imprensa da Universidade, 1932), p. III: «chegado Colom ante el rei, porém que o recebeu com gasalhado, ficou mui triste quando viu a gente da terra que com ele vinha não ser negra de cabelo revolto e do vulto como a de Guiné, mas conforme em aspecto e cor, e cabelo como lhe diziam ser a da Índia». Esta incerteza no que se refere às estruturas somáticas teve como consequência travar a organização da expedição destinada à Índia, que só pôde partir em 1497, quatro anos após a arribada de Colombo. Por outro lado, estas referências de Barros desmentem uma afirmação demasiado imprudente de Vitorino Magalhães Godinho, que em *Mito e Mercadoria, Utopia e Prática de Navegar; séculos XIII–XVIII* (Lisboa: Difel, 1990, p. 107) afirma «na Cristandade havia intimidade com Judeus e Mouros, conheciam-se Asiáticos, Indianos, Chineses, Mongóis», o que é claramente desmentido pela perturbação e pela incerteza sofredora de D. João II.

como objectivo alforriar os escravos, mas a verdade é que a soma de esmolas ou de doações nunca permitiu mais do que libertações esporádicas, ainda que tenha havido alguns escravos que conseguiram «comprar» a sua liberdade.([200])

Pode, contudo, afirmar-se que estas Confrarias permitiam impedir a organização de associações mais ou menos clandestinas, capazes de encarar qualquer forma de combate, que pudesse pôr em causa a hegemonia dos proprietários. O que nos autoriza a afirmar de maneira peremptória não se ter nunca verificado em Portugal a organização de qualquer forma de quilombo, mesmo embrionária.

Estes só aparecem — os mocambos — em São Tomé no século XVI. Tendo levado para esta ilha africana as técnicas que tinham dado tão bons resultados na ilha da Madeira, os colonos portugueses e os europeus que lhe estão associados não hesitam em recorrer à colaboração dos africanos, desde que dispondo de capitais e de escravos. Trata-se da criação de uma sociedade «inédita», que necessitou da importação de milhares de escravos africanos para desmatar a ilha, preparando as terras para a cultura da cana-de-açúcar. O trabalho da cana e da produção de açúcar sempre foi violento, situação que levou alguns escravos africanos, muitos dos quais homens livres até ao momento da captura ou da venda, a instalar-se no obô (floresta então ainda bastante virgem).

Estas deserções possuem dois aspectos complementares: por um lado, incomodam o poder dos brancos, não só por reduzir a força de trabalho disponível, encarecendo o custo final do açúcar, como também por perturbar a organização da própria vida urbana. Embora, e convém uma vez mais salientar a importância do paradoxo, a produção normal do açúcar não seja impedida por estas deserções, estes mocambos e, até, estes ataques à cidade. Se se afirmar que São Tomé enviou para o Brasil muitos dos engenhos que, após a instalação dos europeus em terras americanas, se revelavam menos rendíveis

---

([200]) Se bem que tratando preferencialmente do Brasil, veja-se Julita Scarano, *Devoção e Escravidão* (São Paulo: Companhia Editorial Nacional, 1975).

em África, a verdade é que São Tomé exportou também a «certeza» de que os ataques dos africanos, mesmo sendo violentos, não podiam impedir o funcionamento do sistema de produção e de exploração.

A estas certezas — que a história ulterior confirmou plenamente — soma-se a mais significativa: por maiores que sejam os preconceitos destinados a desqualificar — prefiro normalmente salientar o esforço posto no asselvajamento dos Outros e dos africanos em particular —, tal não impede que tais homens e mulheres participem de maneira constante e efectiva na mudança cultural. A mudança cromática das cidades como Lisboa, assinalada por tantos observadores, sobretudo estrangeiros, revela a densidade da africanização de alguns meios urbanos. O contraste entre a violenta surpresa dos observadores europeus e a modéstia das referências portuguesas não faz mais do que confirmar a banalização destas presenças, que funcionam no quadro dos espaços domésticos, de «portas adentro». Os escravos domésticos, se não fazem parte da família, aparecem, em todo o caso, como os elementos mais íntimos que participam em todas as escolhas familiares. Como, de resto, aconteceu ao próprio Clenardo, proprietário de três jovens escravos, que vendeu ao abandonar Portugal.

Uma das mudanças mais visíveis, que reforça o sentido da presença dos africanos, reside no vestuário e nas cores utilizadas. Já Zurara salientara a importância decisiva da passagem dos nus aos vestidos, reforçada pela escolha da gama cromática: «desde que usavam vestidos folgavam muito com as cores desvisadas» (201), traço cultural que atravessa toda a história dos africanos inseridos nos espaços europeus, na própria Europa, mas, ainda mais, nas Américas, o que teve reflexos na própria África, sobretudo, do Senegal à Nigéria.

Entrementes, registara-se em São Tomé uma das mais profundas transformações que modifica verdadeiramente as regras internas da relação com os escravos, e depende das relações sexuais entre brancos e africanos. Deve salientar-se que, em alguns casos, estas relações levam ao casamento, sobretudo

(201) Zurara, *Crónica do Descobrimento e Conquista da Guiné*, p. 136.

em São Tomé, no século XVI. O que põe em evidência a dupla estratégia dos dois grupos, que assim procuram criar os agentes mais indicados para assegurar as relações entre ambos. Simplesmente, a emergência dos mulatos, que podiam ter sido biologicamente previstos, constitui um abalo muito significativo, tendo os colonos decidido impor-lhes, de acordo com o direito romano, o estatuto das mães.

É contra esta decisão que se elevam os pais destas crianças e destes adolescentes que defendem os seus filhos, tendo obtido satisfação na corte lisboeta, que integrou os mulatos na norma social portuguesa. Indo mais longe, o rei libertou as escravas mães destes mulatos, permitindo-lhes que exercessem a profissão de regateiras em São Tomé. Esta legislação não liquida, contudo, a polémica gerada pela aparição dos mulatos, que, como diria mais tarde Francisco José Tenreiro, ele próprio mulato, podia ser branco com os brancos e preto com os pretos.([202]) Sobretudo, ainda não aprendemos a medir os efeitos do crescimento demográfico dos mulatos, que geraram em algumas sociedades colonialistas — como se verifica ainda hoje no Brasil — formas violentas de rejeição.

Não se pode dizer que a transferência dos capitalistas europeus, dos técnicos da produção de açúcar e dos próprios trabalhadores de São Tomé para o Brasil tenha obrigado a exportar também os mocambos e os quilombos. A verdade, porém, é que a criação de uma agricultura caracterizada pela quase monocultura da cana, que expulsou pouco a pouco a flora autóctone, alterando não só a paisagem, mas as próprias regras de trabalho, recriou a disciplina severa das plantações e dos engenhos de São Tomé, suscitando os dois movimentos que caracterizam a situação: aceitação das regras, mesmo brutais,

---

([202]) Francisco José Tenreiro, «Canção do Mestiço», in *Obra poética* (Lisboa: [s.n.], 1967), pp. 48–49: «Mestiço!// Nasci do negro e do branco/ e quem olhar para mim/ é como se olhasse/ para um tabuleiro de xadrez/ a vista passando depressa/ fica baralhando cor/ no olho alumbrado de quem me vê». Se podemos encontrar o eco do modelo fornecido pelo «negrismo» cubano, convém não perder de vista a própria indefinição do estatuto que, como mostrará mais tarde Frantz Fanon, corresponde a uma situação de alienação.

que permitem a produção da cana e do açúcar; recusa das regras dos proprietários e dos colonos, preferindo a instalação no mato, mau grado o parco conhecimento tanto da flora como da fauna. Em certo sentido, estes africanos desempenham, na maior parte das vezes associados aos índios, um papel fundamental na nova organização — a brasileira! — das relações com os homens e a natureza.

No quadro desta comunicação, não será possível acompanhar passo a passo estas operações, embora seja de assinalar — no século XVII — a poesia de Gregório de Matos Guerra, o baiano conhecido pela alcunha de «boca do inferno», que, melhor do que ninguém, procede ao inventário, quase sempre sarcástico, das relações tecidas entre os diferentes grupos que reforçam a estrutura brasileira do país, não esquecendo a densidade problemática das relações sexuais, que provocam o nascimento de tantos mestiços, cuja hierarquia continua a atribuir a primazia relativa aos mulatos.

Só podemos aconselhar a leitura desta poesia, para dar conta da complexidade do quotidiano baiano — em certo sentido, comparável ao que se registara em Lisboa no século XVI —, escolhemos um texto mais técnico, a *Opulência do Brasil*, de André João Antonil, pseudónimo do missionário jesuíta italiano, João António Andreoni, aparecido nos começos do século XVIII, em 1711. Tendo recebido todas as autorizações religiosas e políticas que nesse momento eram necessárias para publicar qualquer texto, foi ele proibido quase imediatamente a seguir. Durante mais de dois séculos afirmou-se que semelhante proibição se devera às muitas informações respeitantes à produção da cana-de-açúcar e ao fabrico tanto do açúcar como da cachaça([203]). Um documento encontrado por Andrée Mansuy restabeleceu a verdade: o livro fora proibido devido às

([203]) Giovanni Antonio Andreoni, *Cultura e opulência do Brasil por suas drogas e minas: texte de l'edition de 1711*, ed. Andrée Mansuy (Paris: Institut des Hautes Études de l'Amérique Latine, 1968). Mas utilizamos também *Cultura e Opulência do Brasil* (Lisboa: Edições Alfa, 1989). Os documentos encontrados por Andrée Mansuy nos arquivos portugueses revelam que esta proibição se deveu, antes, à pletora de informação respeitante aos «caminhos do ouro» que, da costa, levavam ao coração de Minas.

inúmeras indicações que fornecia a respeito dos caminhos do ouro que, descoberto em Minas Gerais, passara a constituir um dos pilares da expansão da colonização portuguesa no Brasil.

A importância deste texto é fundamental, dado que revela a maneira como a economia do colonizador soube recuperar as plantas domesticadas pelos índios americanos, como a mandioca, para assegurar a alimentação, a preços reduzidos, dos milhares de escravos entretanto importados de África. Talvez se possa até afirmar que, sem mandioca, a colonização europeia do Brasil não teria sido possível, devido à elevação dos custos da alimentação da força de trabalho. Digamos as coisas ainda mais simplesmente: a indianização dos africanos não impede que, por sua vez, o mato brasileiro seja densa e definitivamente africanizado.

Comecemos, pois, pelas «ausências»: não há mocambos, nem quilombos na análise de Antonil, que parte do princípio que tais estruturas decorrem naturalmente das próprias condições da produção. Mas, sobretudo, Antonil dá-se conta do facto simples de que tais instalações no mato não são de molde a impedir o funcionamento normal dos engenhos, tal como não impedem a lenta, mas constante, urbanização do Brasil, que conhece uma aceleração considerável na região de Minas, consequência do *rush* provocado pelo cheiro do ouro e das pedras preciosas([204]).

Antonil pertence à plêiade de missionários jesuítas que, como já fizera António Vieira no século XVII, considera que a salvação dos africanos depende exclusivamente de duas condições: a obediência e o trabalho. Todavia, esta escolha — que não pode ser considerada humanista — não o impede de denunciar as formas mais brutais dos castigos infligidos nos engenhos pelos capatazes: «aos feitores de nenhuma maneira se deve consentir o dar coices, principalmente nas barrigas das

---

([204]) Não esquecemos que Antonil observa com atenção e descreve com minúcia: basta ver a maneira como salienta a alteração do preço dos escravos no Brasil, em consequência da extracção do ouro e dos diamantes na região de Minas. Ver Andreoni, *Cultura e opulência do Brasil* (Lisboa: Edições Alfa, 1989) cap. XII, p. 154–155.

mulheres que andam pejadas, nem dar com pau nos escravos, porque não medem os golpes e pode ferir mortalmente na cabeça um escravo de muito préstimo que vale muito dinheiro e perdê-lo» (205).

Esta maneira de considerar a violência utilizada pelos feitores, quase todos brancos, reforça a linha de comportamento escolhido tanto pelos jesuítas, como pelo clero mais iluminado: impor as regras do trabalho, mas impedir a violência excessiva, que volta a aparecer em outras passagens do mesmo texto: «castigar com ímpeto, com ânimo vingativo, por mão própria e com instrumentos terríveis, e chegar talvez aos pobres com fogo ou lacre ardente, ou marcá-los na cara» (206). O avesso destas fórmulas põe em evidência a importância civilizadora dos africanos, que são apenas as vítimas dos actos de selvajaria dos europeus. Ou seja, cabe aos africanos a rude tarefa de assegurar a própria humanização da escravatura, mobilizando o que cada um tinha aprendido na costa africana, e que permite a coesão do próprio tecido social do engenho.

Estamos perante a situação-chave da africanização do Brasil: o esforço de uma vasta fracção dos colonos vai no sentido de assegurar o asselvajamento do africano, e a longa lista dos instrumentos utilizados para punir e torturar os escravos não permite a menor dúvida. Ora, nos engenhos, como, de resto, salienta Antonil, há sempre um capelão, contratado pelo senhor do engenho. Verificamos, contudo, que este teólogo não luta contra a violência quotidiana utilizada pelos capatazes e outras autoridades na relação com os escravos. A Igreja ignora, dissimula ou autoriza a violência.

Deve dizer-se, ainda, que a situação revela a teia de paradoxos criados pela escravatura, pois os senhores dos engenhos aprendem pouco a pouco a utilizar as competências dos escravos. Esse facto, fruto da necessidade de dispor de força de trabalho competente e barata, leva os técnicos da escravatura e do tráfico negreiro a organizar uma geografia das competências e dos caracteres que influiu, certamente, na organização

(205) Andreoni, *Cultura e opulência do Brasil* (1989), p. 33.
(206) Andreoni, *Cultura e opulência do Brasil* (1989), p. 43.

das capturas, das trocas e dos transportes: Antonil, como todos os colonizadores, distingue entre os boçais e os ladinos, pois são estes os que podem ser mais bem utilizados na organização das tarefas necessárias.

Aceitemos, por isso, a geografia da costa africana, tal como Antonil a interpreta, em função das necessidades da força de trabalho registadas no Brasil agrícola e mineiro: «os de Angola, criados em Luanda, são mais capazes de aprender ofícios mecânicos dos que os das outras partes já nomeadas», ou seja, Ardas, Minas, Congos, originários de São Tomé, de Cabo Verde e alguns de Moçambique. Acrescenta-se ainda: «entre os Congos há também alguns bastantemente industriosos e bons, não somente para o serviço da cana, mas para as oficinas e meneio da casa» ([207]).

Creio que convém salientar a importância desta leitura de Antonil, que se apoia na experiência dos seus confrades jesuítas, assim como na opinião corrente entre os senhores de engenho. Tal como se verificara em 1441 em Lagos, o que mais interessa aos portugueses — e pode pensar-se que o mesmo se regista no caso geral dos europeus — é a capacidade de os africanos aprenderem ofício mecânico, o que permite dispensar a importação de trabalhadores europeus, não só raros, como caros. Por outro lado, esta informação deverá permitir analisar mais finamente as operações de razia ou de comércio não só na costa ocidental, mas também na oriental, pois este século XVIII inicial já dá conta da presença de Moçambiques.

Reforçando a sua análise, acrescenta Antonil existirem africanos «muito rudes e muito fechados e assim continuam por toda a vida. Outros em poucos anos saem ladinos e espertos, assim para aprenderem a doutrina cristã, como buscarem modo de passarem a vida e para se lhes encomendar um barco, para levarem recados e fazerem qualquer diligência das que costuma ordinariamente ocorrer» ([208]). Se as mulheres parecem condenadas a utilizar a foice e a enxada — sendo-lhes, contudo, vedado o uso de machados nas matas —, já os ladinos

([207]) Andreoni, *Cultura e opulência do Brasil* (1989), p. 39.
([208]) Andreoni, *Cultura e opulência do Brasil* (1989), p. 40.

permitem a «produção» de mecânicos, quer dizer, de artesãos cuja competência permite a africanização dos engenhos. A capacidade de transformação e de invenção cultural dos africanos constitui, neste caso, um elemento fundamental na organização não só da produção — agrícola, artesanal ou mineira —, mas, sobretudo, da sociedade brasileira no seu todo.

Antonil fornece a lista dos ofícios — ou das artes — confiadas aos ladinos: caldeireiros, carapinas, calafates, tacheiros, barqueiros e marinheiros, acrescentando um juízo de valor, «ocupações (que) querem maior advertência» (209). Se bem que se acrescente ainda: «melhor ainda são para qualquer ofício os mulatos; porém, muitos deles, usando mal do favor dos senhores, são soberbos e viciosos e prezam-se de valente, aparelhados para qualquer desaforo» (210). Se Gregório de Matos já salientara que o Brasil era o paraíso dos mulatos, tal ponto de vista aparece confirmado em Antonil: «eles e elas da mesma cor, ordinariamente levam no Brasil a melhor sorte, porque com aquela parte de sangue de brancos que têm nas veias, e talvez dos seus mesmos senhores, os enfeitiçam de tal maneira que alguns tudo lhes sofrem, tudo lhes perdoam e parece que não se atrevem a repreendê-las, antes todos os mimos são seus» (211).

Regista-se, contudo, uma informação mais marcante, no que se refere ao que podemos designar como sendo já a organização de uma pré-estrutura nacional do Brasil. Antonil fornece um juízo respeitante à qualidade dos escravos já nascidos no Brasil: «os que nasceram no Brasil, ou se criaram desde pequenos em casa dos brancos, afeiçoando-se a seus senhores, dão boa conta de si e, levando bom cativeiro, qualquer deles vale por quatro boçais» (212). Compreende-se, nestas condições, que a sociedade esclavagista brasileira tenha todo o interesse em multiplicar os nascimentos no Brasil, dado que a qualidade dos

(209) Andreoni, *Cultura e opulência do Brasil* (1989), p. 40.
(210) Andreoni, *Cultura e opulência do Brasil* (1989), p. 40.
(211) Andreoni, *Cultura e opulência do Brasil* (1989), p. 40.
(212) Andreoni, *Cultura e opulência do Brasil* (1989), p. 40.

escravos nascidos na América é largamente superior aos que a costa africana pode fornecer.

Não deixa de ser curioso registar esta leitura que se opõe às teses que desvalorizavam o continente americano, considerado inferior, no sentido em que homens, plantas e animais aí perderiam qualidades. Antonil não tem a mínima dúvida no que se refere à qualidade dos homens nascidos no Brasil, e podemos pensar que este juízo traduz a maneira como a comunidade dos jesuítas encara a escravatura. Se bem que tal não seja dito, estamos autorizados a pensar que nem a memória, nem as condições de socialização dependem já da tradição e da experiência africanas. Se os homens trazidos de algumas regiões africanas possuem qualidade certas, não podem eles comparar-se com os já nascidos no Brasil. Mas Antonil acrescenta uma referência aos brancos, que só podemos descodificar como associada aos valores do grupo social dominante.

Assim, podemos também compreender o juízo de Antonil a respeito dos mulatos, que sempre constituíram um problema muito agudo na estrutura social portuguesa. Confirmando o que já se verificara em São Tomé, e motivara a intervenção do próprio rei D. João II, os mulatos são geralmente tratados como escravos. Ora, o Brasil formula, já no século XVII, um juízo amplo consagrado à leitura das estratificações «raciais»: o Brasil é inferno dos negros, purgatório dos brancos e paraíso dos mulatos e das mulatas. A fórmula já aparecera em Gregório de Matos, correspondendo ao juízo corrente dos baianos. Antonil considera-a um provérbio que salienta a terrível ambiguidade do estatuto dos mulatos.

Todavia, Antonil salienta o juízo geral consagrado aos mulatos: «melhores ainda são para qualquer ofício os mulatos; porém, muitos deles, usando mal do favor dos senhores, são soberbos e viciosos e prezam-se de valentes, aparelhados para qualquer desaforo» ([213]). O jesuíta dá conta do fascínio exercido sobre os brancos tanto pelos mulatos como pelas mulheres mulatas, como se o acrescento de uma boa dose de sangue negro dulcificasse a mentalidade e o comportamento dos

([213]) Andreoni, *Cultura e opulência do Brasil* (1989), p. 40.

europeus. Pode dizer-se que se estava ainda longe da teorização de Frantz Fanon, mas Antonil dá-se conta da importância crucial das formas de alienação.

Interessa, sobretudo, definir a falsa ponte que pode constituir o mulato, na medida em que a sociedade dos brancos rejeita violentamente esta dissolução da sua própria cor. Embora o mais importante resida na longa história dos movimentos e das escolhas que permitem que os africanos ocupem nesta construção histórica dois espaços que são caracterizados pela sua complementaridade antagonista: se, por um lado, se verificam formas de resistência capazes de permitir a criação de estruturas urbanas em pleno mato (e, neste caso, o exemplo clássico continua a ser, no Brasil, o quilombo de Palmares), não podemos dissimular a importância decisiva da contribuição dos africanos, qualquer que seja o seu estatuto, escravos ou livres, para a criação de uma sociedade marcada pelas várias formas e fases de mudança cultural.

Se pudemos verificar que esta mudança cultural marcara já as escravas desembarcadas em Portugal a partir do século XV, que se integram no sistema cultural e de produção dos portugueses, tornando-se eles próprios portugueses, podemos verificar que o processo se amplia no Brasil, após ter revelado em São Tomé a violência das contradições. Se os inventários das profissões exercidas em Portugal pelos escravos revelam um leque imenso de competências, podemos facilmente dar-nos conta do alargamento do processo no Brasil, consequência da geografia, assim como da demografia, não podem, contudo, restar dúvidas: é graças à forte presença dos africanos que se pode superar a política do asselvajamento que caracteriza a intervenção da maior parte dos portugueses.

Nos engenhos onde os tratamentos se caracterizam pela selvajaria, cabe aos africanos assegurar o equilíbrio das relações, permitindo que a sociedade possa funcionar, mau grado a brutalidade tão secamente denunciada por Antonil. As mudanças culturais que se verificam no quadro dos africanos levam estes homens e estas mulheres a definir a estrutura social. E se, no mato, os mocambos e os quilombos participam frequentemente numa associação entre índios e africanos, que ali injecta os valores e as experiências africanas — não esqueçamos a forte contribuição dos ferreiros, tal como a dos pastores —, encontramos o outro aspecto desta inscrição dos africanos no trabalho e talvez ainda mais na utilização das competências já adquiridas em África ou aprendidas no Brasil, devido à intervenção dos próprios senhores de engenho.

Se quisermos concluir, seremos forçados a salientar o que nos parece mais importante: se os africanos, como, de resto, os índios, são vítimas do asselvajamento imposto pelos brancos, europeus ou já americanos, cabe aos africanos a complexa, a enorme tarefa de assegurar a generalização dos comportamentos despojados da violência frequentemente utilizada pelos brancos, como tão justamente assinala Antonil. O contraste não deixa, por isso, de ser perplexizante: são os brancos que banalizam o asselvajamento, cabendo aos escravos africanos a dura tarefa de devolver às sociedades escravocratas a dimensão humana sem a qual tais sociedades estariam condenadas à desaparição. Foi, por isso, necessário que os africanos, em geral, os escravos, em particular, fossem capazes de recusar o asselvajamento, para tornar possível a sociedade brasileira. Situação que revela a importância absoluta das mudanças culturais.

II.

IDEOLOGIAS DO COLONIALISMO

4.

Legitimação «científica» do colonialismo

4.1. ESCRITA, COLONIALISMO E ESTADO

A invenção de uma escrita da oralidade verificou-se após a Revolução francesa, graças ao peso do romantismo alemão. Embora se possa pensar que está directamente associada à nova função teórica do «povo», no qual reside, desde então, a vera substância da nação, conceito este que só começa a funcionar no mesmo período histórico. Não parece excessivo afirmar que esta convergência exigiu uma revisão das provas históricas da existência de um povo, que a paleoantropologia dissesse a origem indiscutível dos povos, o que devia ser acompanhado pela recuperação dos «monumentos» da oralidade, sempre frágeis e em risco de se perder. Nestas condições, criou-se uma falsa «literatura oral», na medida em que foi escrita e, por conseguinte, submetida às regras da escrita.

O mais significativo não reside na invenção dos romanceiros ou do folclore, mas mais poderosamente na necessidade de separar de maneira cada vez mais precisa o espaço da escrita e o que pertencia à oralidade, sendo esta sempre inferior à primeira. O corte brutal que se estabeleceu permite isolar os «primitivos», se não os «selvagens», dos civilizados, que se caracterizam pela banalização da escrita. As *literaturas nacionais* são testemunho quase suficiente da existência secular de uma «consciência nacional», menos organizada nos países sujeitos ao esfiapar contínuo da «tradição oral». Só mais de um século mais tarde, se aceitou a realidade de uma «história oral», que os especialistas ainda não esgotaram inteiramente.

A escrita serve, como já sublinhava Santo Isidoro, para comunicar aos que estão longe, ou aos que ainda não nasceram. Na sequência desta afirmação, havia que distinguir os homens ainda coisas de natureza — como também afirmou Hegel — daqueles que dispunham já do espírito, consequência da luta travada com a natureza. A «selvajaria» era sinónimo de «não escrita», pelo que um dos objectivos do combate contra as formas de dominação passou necessariamente pela recuperação não apenas da palavra, mas, sobretudo, quando não essencialmente, da palavra escrita. Os africanos de língua portuguesa não puderam, nem quiseram eximir-se a esta forma de combate, e, por isso, aparecem entre os primeiros a servir-se da escrita e da literatura para conseguir atingir os seus objectivos fundamentais.

Esta operação era tanto mais indispensável que, durante os séculos de dominação colonial portuguesa, quer dizer, a partir de 1444, os responsáveis portugueses tinham recusado banalizar a aprendizagem da escrita e da leitura. Milhões de africanos nasceram, viveram e morreram sob dominação portuguesa, sem poderem aprender a ler. Dir-se-á que o mesmo aconteceu com outros milhões de portugueses. Sem dúvida, mas, recorrendo à maneira de dizer de Jean-Paul Sartre, podiam eles aprendê-lo, porque se a sua condição social lho não permitia, estavam a isso autorizados pela sua condição física: sendo brancos, estava-lhe aberta essa possibilidade. Esta não existia para os pretos, e essa negatividade manteve-se até praticamente à independência, o que se traduz em quinhentos e trinta e um anos de negação do conhecimento. Podia até avançar-se que a colonização portuguesa representa mais de quinhentos anos de recusa do saber mínimo aos africanos.

O tardio acesso dos africanos à leitura e à escrita

Evidentemente, alguns homens e mulheres «de cor» conseguiram superar esta barreira e aprender a ler e a escrever. Alguns, em número reduzido, puderam até inscrever-se em cursos superiores. Convém, todavia, distinguir: o acesso à escrita de alguns homens pretos ou mulatos foi sempre possível, com a condição de escreverem como brancos. Ia até dizer, desde que escrevessem apenas branco, integrando-se no sistema retórico dominante. Foi o que aconteceu com Afonso Álvares (?–1622), mulato nascido em Évora, cuja cor só é hoje conhecida por via dos insultos que lhe foram dirigidos por António Ribeiro Chiado (1520?–1599). O mesmo aconteceu com o brasileiro Domingos Caldas Barbosa (?–1800), que se integrou no grupo dos Arcades, com o nome arcádico de Lereno Selinuntino, e cuja cor e origem provocaram a veemência polémica de Manuel Maria Barbosa du Bocage (1765–1805). Não é impossível que tenha havido outros homens «de cor» na literatura portuguesa, e ainda hoje não se decidiu se o Padre António Vieira (1608–1679) era ou não mulato nascido no Brasil.

Quer dizer que os indivíduos podiam, desde que dessem provas de talento, integrar-se no processo cultural português e, porventura, integrar a criação portuguesa e em língua portuguesa. Em contrapartida, em nenhuma colónia portuguesa do Atlântico se criaram as escolas ou sequer as tipografias quc permitissem alargar o conhecimento da escrita e, ao mesmo tempo, a difusão da escrita.

Os primeiros autores africanos

Só após as guerras liberais (1820–1834), e, sobretudo, após a legislação de Mouzinho da Silveira, se verificou a irrupção de autores africanos exprimindo-se em língua portuguesa, por vezes, nos seus próprios territórios. Nesta primeira fase, o elemento primacial só é indirectamente político: os autores deste período, Joaquim Dias Cordeiro da Matta, Caetano da Costa Alegre, Gonçalves Crespo, procuram impor a dignidade da raça a que pertencem. Cordeiro da Matta fá-lo no seu próprio país, Angola, ao passo que Costa Alegre, são-tomense, o faz em Lisboa, reagindo constantemente contra a dureza do racismo português. O caso de Gonçalves Crespo é mais singular, tanto mais que este poeta, contabilizado entre os parnasianos, não é visto nem como brasileiro, nem como mulato, embora ele o não oculte em alguns poemas em que procura afirmar a dignidade dos afro-brasileiros.

Pode, contudo, verificar-se que esta escrita poética, servindo-se das formas mais tradicionais da escrita portuguesa, então hegemónica, desloca subtilmente o eixo retórico da escrita: personagens inéditas aí são recrutadas para dizer as condições negativas em que vivem os africanos. Sobretudo, e muito antes dos autores afro-americanos, vão eles proceder ao elogio da raça: os africanos também são belos, e as africanas não ficam a dever nada aos «colos de garça», aos «olhos azuis» e às «tranças douradas» que desde Dante e Petrarca povoam a poesia europeia.

Compreende-se perfeitamente que assim tenha de ser, uma vez que estes homens, estas sociedades, só possuíam uma existência negativa na criação literária portuguesa. Mesmo sendo impossível proceder a um balanço sistemático da presença dos africanos na literatura portuguesa, podemos isolar dois momentos altamente significativos da sua marginalização: no teatro quinhentista de Anrique da Mota (século XV), de António Ribeiro Chiado e, sobretudo, de Gil Vicente (1465–1536), e na poesia polémica de Manuel Maria Barbosa du Bocage, que assegura a viragem literária e cultural portuguesa entre os fins do século XVII e os começos do século XVIII.

No primeiro caso, o africano, ou, mais latamente, o pardo — o adjectivo foi introduzido na língua pré-portuguesa nos princípios do século XII, mas banaliza-se a partir do século XV —, é apresentado como selvagem, caracterizando-se pela sua impossibilidade de aprender a língua portuguesa, pelo desejo de se embranquecer (veja-se *a Frágua de Amor* de Gil Vicente, peça de 1524), sendo as mulheres umas reconhecidas beberronas (*Pranto de Maria Parda*, de Gil Vicente, teatro de Anrique da Mota).

Daqui resulta a impossibilidade de civilização dos africanos e dos índios americanos, associados nesta mesma condenação.

Esta leitura é inteiramente confirmada, dois séculos depois, pela maneira como Bocage caracteriza os indianos no Oriente, e os mulatos e pretos em Portugal. Nos dois casos, trata-se de não-homens, em que se encontram apenas elementos negativos, entre os quais avultam as práticas sexuais desmedidas.

Contudo, o elemento mais revelador reside na invocação de uma genealogia depreciativa: os africanos aparecem como descendentes da rainha Jinga (manda a verdade dizer que este tipo fora criado no Brasil e aparece de maneira constante na poesia de Gregório de Matos Guerra — 1633–1695 —, pondo em evidência a singular capilaridade racista existente entre Portugal e o Brasil), parentes de Mandingas e de Guinés. Para mais, possuem eles carapinhas — quer dizer, não-cabelos — e cheiram de maneira particular, a catinga, ou o bedum.

Esta relação negativa só começa a alterar-se durante a conspiração brasileira da Inconfidência, que no seu programa tão impreciso chegou a encarar a hipótese da abolição da escravatura (1789). Como se o Brasil só pudesse ser viável graças à mutação dos escravos em cidadãos livres, dispondo dos direitos que lhe permitiriam pesar na orientação nacional. Os Inconfidentes foram presos e condenados pelos portugueses, tendo um dos seus dirigentes, Tiradentes, sido executado.

Todavia, este projecto, embora impreciso, embora indeciso, permite entrever formas novas de tratamento dos africanos. Reconhecimento da sua qualidade de homens, reconhecimento da sua indispensabilidade na organização social de um Brasil liberto de dominação colonial portuguesa.

A fragilíssima rede escolar que os portugueses criaram em algumas colónias permitiu a emergência de um grupo restrito de intelectuais (desculpe-se a utilização anacrónica deste conceito já quase do século XX), que se empenhou em inventariar e descrever as qualidades do grupo. Pode perfeitamente compreender-se as dificuldades afrontadas por homens que, treinados nos quadros intelectuais do grupo hegemónico, deviam, ao mesmo tempo, identificar e descrever as qualidades que pertenciam ao grupo de origem.

A pressão do colonizador — nesse aspecto, podemos sempre referir-nos ao trabalho de Jean-Paul Sartre, de Albert Memmi e de Frantz Fanon — vai no sentido de eliminar os valores originais, de maneira a fazer do colonizado um duplo do colonizador. Não uma caricatura, embora tal aconteça frequentemente, como continua a verificar-se no famoso *ya bon banania* francês, que não renuncia a uma fórmula comercial que recorre a uma deformação fonética do francês por parte dos africanos, incapazes de falar normalmente a língua francesa (ver, a este respeito, o prefácio de André Breton para *Cahier d'un Retour au Pays Natal*, de Aimé Césaire) ([214]).

Nativismo e pan-africanismo

Os africanos de língua portuguesa que se integravam nas escolas deviam repetir, sem tergiversar, o discurso que lhes era imposto, e não podiam furtar-se aos vícios caricaturais bem conhecidos: aprendizagem, por exemplo, da rede hidrográfica de Portugal, não acompanhada pelo conhecimento da rede hidrográfica local! Naturalmente, esta visão da escolaridade impediu a criação das universidades, tanto mais que, como lembrava um despacho famoso de um alto-funcionário (Manuel da Cruz Alvura), era conveniente que os portugueses nascidos em Angola fossem obrigados a aprender, em Portugal, os valores da «velha casa lusitana».

A brecha para a modificação desta situação intervém fora do processo estritamente português, reunindo duas correntes significativas. A primeira provém do Brasil, onde os africanos de língua portuguesa, mas também não poucos colonos portugueses que pretendiam conseguir uma certa autonomia associados ao Brasil independente desde Setembro de 1822, aprendem as qualidades profundas do «nativismo». A maior parte dos historiadores brasileiros contemporâneos menosprezam a importância deste movimento, que, todavia, foi

([214]) André Breton, «Préface», in Aimé Césaire, *Cahier d'un Retour au Pays Natal* (Paris: chez Bordas, 1947)

reconhecido e exaltado por historiadores como João Ribeiro ou Sílvio Romero. Os africanos retiveram, sobretudo, a sua capacidade de mobilização anti-portuguesa, que permitia estruturar o projecto de autonomia, quando não até de independência.

A segunda estruturou-se no arquipélago de Cabo Verde, onde os baleeiros norte-americanos recrutavam uma parte importante da sua mão-de-obra (veja-se, por exemplo, *Moby Dick* de Melville, onde também há cabo-verdianos, como não podia deixar de ser). Os cabo-verdianos foram-se instalando pouco a pouco entre Nantucket e Rhode Island, furtando-se, assim, à dominação colonial portuguesa. Aí aprenderam eles os valores do pan-africanismo criado pelos afro-jamaicanos e pelos afro-americanos. Se, aparentemente, o *come back Africa* lhes não dizia respeito, a verdade é que o precoce independentismo cabo-verdiano encontrou aí a sua razão de ser, como aparece claramente na obra de Pedro Monteiro Cardoso (1890–1942) e de Eugénio Tavares (1867–1930).

Estamos aqui perante uma tradição subtil, mas extremamente significativa: passa-se da reivindicação da autonomia da «raça», à elaboração de um projecto político, sempre pela via literária, a poética e a jornalística. Neste caso, a literatura aparece como um elemento crucial, embora não sem ambiguidades. Na verdade, esta literatura recupera os modelos do colonizador e exprime-se na sua língua, o português, menosprezando a multiplicidade das línguas nacionais. Convém também dizer que este mecanismo de autonomização se verificou igualmente em toda a América dita «latina» (António Cornejo Polar resume muito bem as formas de denúncia deste «latinismo» caricatural, que começará a ser denunciado em 1923 por José Carlos Mariategui).

As dificuldades são evidentes, pois se trata de encontrar uma maneira de enunciar os problemas políticos nacionais e de contribuir para a criação de uma consciência nacional, sem levar em linha de conta a enorme fragmentação étnica — como nos casos da Guiné, de Angola e de Moçambique, que também existia, embora em grau menor, em São Tomé e Príncipe e em Cabo Verde —, assim como o grande número e a importância das línguas faladas em cada um destes territórios, destas futuras nações. Quer dizer que o vocabulário cultural e político da modernidade (no sentido que lhe dá Georges Balandier) se estrutura em função da língua do colonizador.

Contudo, a partir do fim do século XIX, o tema da recuperação da dignidade dos dominados é acompanhado ou reforçado pela criação de um vocabulário político. Penso que se devem considerar de muito perto as cronologias, na medida em que os africanos de língua portuguesa utilizam com extrema ductilidade os dois elementos fundamentais da vida política portuguesa, para se orientar para a denúncia de todas as formas de dominação: a independência do Brasil (1822), a propaganda republicana e a proclamação da República (5 de Outubro de 1910).

A multiplicação, em Lisboa, de jornais pan-africanistas — o primeiro dos quais, *O Negro*, apareceu logo em 1911 —, mesmo tendo uma vida curta, foi reforçada pela criação da Liga Africana, um dos organismos mais solidamente pan-africanistas da história deste movimento. A literatura faz parte integrante deste sistema, dado que se tornava indispensável inventar as formas políticas mais eficazes perante os sistemas europeus resultantes da Revolução Francesa. Os africanos definem-se como cidadãos, dispondo da maioridade política que os governos portugueses, os republicano-democratas, tais como os republicano-fascistas, teimaram em constantemente lhes recusar.

O independentismo, já patente na poesia precoce de Pedro Monteiro Cardoso, reforça-se nas colaborações literárias d'*O Correio de África*, órgão da Liga Africana. O principense Marcelo Veiga da Matta (1892–1976) desempenha um papel fundamental, embora estes criadores africanos não encontrassem o mínimo eco no quadro intelectual português. Todos os criadores africanos estão atentos aos diferentes sinais que lhes permitem reforçar o teor da intervenção e servir-se da literatura como arma política. O prémio Goncourt atribuído a René Maran é imediatamente recuperado em Portugal, e outro principense, Mário Domingues (1899–1977) demonstra as possibilidades criadoras dos africanos.

É evidente que esta literatura não pode furtar-se a uma sobrecarga polémica, não só para denunciar os próprios termos da colonização, como para pôr em evidência a solidão a que eram remetidos pelos críticos, comentadores e outros. Podemos e devemos interpretar essa solidão como um marcador das condições do racismo físico, cultural e político português: considerados como selvagens, como sublinham as muitas imagens de homens e mulheres nus divulgadas pelos muitos organismos que se «ocupam» das colónias, os africanos não podem ter lugar visível no espaço literário, a não ser como «objecto» da escrita, jamais como «sujeito».

O nu não pode ser recuperado pelo vestido, e só este pode assumir a responsabilidade do acto inteiramente civilizacional. De resto, os anos 30 multiplicam, no mundo inteiro, os sinais dessa «selvajaria», patente nos filmes de Tarzan, que sublinham a convergência branco/animais selvagens africanos, que os apoiam contra os puros selvagens humanos, que se caracterizam pelo sacrifício e pela antropofagia. O pânico desencadeado em Nova Iorque por King-Kong sublinha a desmedida selvagem do continente que, em Portugal e no Brasil, tivera já a sua imagem literária no «Preto-Papusse-Papão», de Guilherme de Santa-Rita, que dizia às crianças a que ponto o preto era ameaçador, por ser inevitavelmente antropófago.

As formas literárias modernas

As literaturas nacionais continuam, todavia, a afirmar-se, mau grado esta situação: como sempre, os cabo-verdianos dão forma ao seu movimento, graças a uma revista, *Claridade*, e a um número assaz elevado de autores que, isolados politicamente pela Ditadura (proclamada em 28 de Maio de 1926, e reorganizada em 1933, graças à designação do Professor Oliveira Salazar como Presidente do Conselho de Ministros), encontraram modelos não no quadro da literatura portuguesa, mas essencialmente em França e no Brasil. De Baltasar Lopes a Manuel Lopes e a Jorge Barbosa e António Aurélio

Gonçalves, estrutura-se uma literatura que, não poucas vezes, ultrapassa o quadro do inventário, para passar à fase da denúncia.

Quase no mesmo momento, publicam os angolanos um dos seus primeiros romances, redigido por um militante provindo das hostes do nativismo angolano: o advogado provisionário António de Assis Júnior (1877–1960). Trata-se de *O Segredo da Morta* (com duas datas na primeira edição: exterior, 1937, interior, 1936). Uma vez mais, o romance encontrou um eco, por assim dizer, nulo, e só muito tarde foi reeditado, já sob a responsabilidade da União dos Escritores Angolanos (1979). Romance ambíguo, no sentido em que se mostra incapaz de resolver a formidável equação a que deve responder: redigido em português, está inçado de diálogos em quimbundo, que o autor traduz em notas de rodapé.

Todavia, este compromisso conta entre os mais reveladores, dado pôr ele em evidência uma das dificuldades centrais desta escrita: respeitar o português, ou investir nas línguas nacionais de Angola. Assis Júnior é um homem do quimbundo, autor, de resto, de um dicionário, mas não se mostra capaz de assumir uma decisão. Partilhado entre o português e o quimbundo, o romance estrutura-se em função de uma história das relações entre o colonizador e o colonizado no espaço intenso do comércio entre a costa e o interior, que foi o Dondo. Assis Júnior desloca para um interior próximo da costa, o lugar dramático do afrontamento, que não pode separar-se dos valores religiosos. Convém dizê-lo com força: Assis Júnior é certamente o primeiro romancista africano de língua portuguesa a sublinhar a importância da fronteira religiosa que separa os angolanos dos portugueses.

No plano teórico, verifica-se uma constante no caso angolano, em que me vou apoiar a partir de agora: uma franca hesitação entre os modelos portugueses e os brasileiros:

a) se a língua portuguesa se transforma na língua literária, e na razão de que ela adquiriu um papel fundamental na estruturação dos projectos e dos vocabulários políticos;

b) a criação literária constitui um fenómeno exclusivamente urbano, tal como, no plano político, os projectos de alcance nacional se organizam na cidade, contrastando com as tentativas, frequentemente desajeitadas, de assegurar formas de autonomia regional ou aldeã;
c) a literatura não pode deixar de propor uma submissão do campo à cidade, em função dos projectos políticos modernos;
d) se esta literatura não recusa a heterogeneidade social que caracteriza os espaços sociais angolanos, devem ser eles reconsiderados por via da única língua urbana possível;
e) a relação ambígua com o colonizador aparece aqui ainda mais firmemente afirmada, uma vez que conta ele entre os destinatários privilegiados: a literatura de «protesto» não se pode entender sem a presença constante desse destinatário;
f) a unidade linguística desta criação carrega no ventre alguns elementos preocupantes, entre os quais avulta um não-princípio simultaneamente fecundo e perigoso: à unidade desta criação literária deve corresponder uma unidade linguística à escala nacional, assim como uma unidade política;
g) esta criação literária, inscrita embora no vasto espaço da criação literária em português, deve afrontar a dificuldade mais singular — que já fora, em parte, assumida pelos criadores do século XIX — de descrever a natureza, e de proceder ao inventário das pessoas;
h) decidir qual era o lugar onde podiam ser reconhecidas, recolhidas e classificadas as formas orais que tinham dominado durante séculos a vida angolana, e que não podiam ser expulsas do processo cultural, em virtude de assegurarem a coesão dos sistemas e das nações.

Os teóricos da América hispânica começaram a interessar-se por estes problemas na década de 1920 a 1930. Não será necessário dizer que ninguém conhecia, nem em Portugal, nem em África, a importância do esforço teórico de Mariategui.

O que forçou a transferir a realidade do choque entre o escrito e o oral para os anos 50–60.

Tal não impediu, contudo, que fosse enunciada uma outra faceta deste afrontamento, que passava também pela relação com o português da norma «culta». Na verdade, os africanos tinham sido já vítimas, no século XVI, da denúncia da sua incapacidade de falar a língua portuguesa. Para evitar os riscos dos sotaques «deformadores», não poucos pais proibiram os filhos mulatos de manter relações com os «pretos», ou até os «mulatos» não educados, para evitar as deformações (leia-se, a este respeito, o soberbo canto de Arnalda Santos «A menina Vitória», que descreve com um rigor socio-psicológico o choque entre as duas concepções da língua, a da norma e a «maculada» pelo sotaque dos «muceques» luandenses).

As teorias e as práticas da escrita angolana

Os intelectuais angolanos só conseguiram superar as dificuldades criadas pela repressão colonial portuguesa em 1945. Entre 1930 e este final da Segunda Guerra Mundial, a repressão portuguesa reduziu ao silêncio a pequena burguesia urbana que alimentara a contestação do poder português e soubera combinar os termos do nativismo e do pan-africanismo. A redução do número de funcionários, decidida pelo ministro Armindo Monteiro, condenou à insuficiência económica centenas de pequeno-burgueses africanos, que deixaram de possuir a autonomia económica que lhes permitia criar um espaço político coerente. As bruscas quedas dos produtos coloniais nos mercados internacionais após o «craque» de Nova Iorque forçaram os pequenos e os médios proprietários angolanos a abrigar-se na economia de subsistência, que talvez devesse nomear-se de sobrevivência (agradeço aqui a Domingos Van-Dunem a miríade de informações que me prestou, sobretudo em Paris).

A aquisição, por Ilídio Machado, de *O Farolim*, permitiu que os antigos nativistas voltassem a ocupar o terreno político. Esta recuperação do terreno jornalístico foi acompanhada pela irrupção dos jovens intelectuais, que, concentrados na Associação dos Naturais de Angola (Anangola) e na Liga Africana (a Liga), lançaram a revista *Mençagem*, de vida curta, devido a dificuldades materiais e à intervenção repressiva da Censura.

O programa era simples e o mais anti-português que se podia desejar: *Vamos descobrir Angola*. Os jovens intelectuais reorganizavam, não o sabendo objectivamente, a mesma recusa que pusera em movimento os americanos de língua espanhola ou portuguesa. A rejeição dos modelos exteriores, que alimentara tanto os cubanos (Alejo Carpentier lembra que foi entre os anos 1920 e 1930 que começaram a ouvir-se os nomes de Rubén Martínez Villena, de Juan Marinello, de Nicolás Guillén) como os brasileiros (só a partir de 1922 se começam a ouvir as vozes de Carlos Drummond de Andrade, de Manuel Bandeira, de Gilberto Freyre, de Mário de Andrade, de Menotti del Pichia, e tantos outros, seguidos, em 1930, pelo grupo dos nordestinos, Graciliano Ramos, José Lins do Rego, Rachel de Queiroz, Amado Fontes, etc.), foi também retomada pelos angolanos.

Com efeito, o poema-programa, provindo de um mulato funcionário público, Maurício Ferreira de Almeida Gomes, não hesitava em recuperar a poesia brasileira (como devia fazê-lo, em Cabo Verde, Baltasar Lopes), para «criar» a poesia angolana. A descoberta de Angola recuperava culturalmente o percurso político provindo do século XIX: o Brasil independente, libertando, mesmo se tardiamente, os seus escravos, reconhecendo a igualdade dos homens perante a lei. Sobretudo, Angola devia criar a sua voz, separar-se, como já tinha propugnado Manuel Bandeira, da sintaxe lusa. Não esquecendo a maneira abrupta como Drummond de Andrade dera o exemplo com o seu famoso «no meio do caminho tem uma pedra», que rompia com a norma sintáxica portuguesa.

Para descobrir Angola, tinha de se proceder a uma operação cirúrgica fundamental: separar-se de Portugal, na medida em que este parecia ser incapaz de compreender o movimento profundo dos africanos. Se os autores cabo-verdianos se tinham mostrado cordatos na sua maneira de proceder ao inventário dos valores do arquipélago, devia prestar-se a atenção devida ao romance *Chiquinho*, de Baltasar Lopes, que, ao eliminar as personagens portuguesas, construía um espaço inteiramente cabo-verdiano. Prevendo o inelutável, a independência, Baltasar Lopes podia revelar aos seus compatriotas a espessura da sua problemática.

Indo no mesmo sentido, Maurício Ferreira de Almeida Gomes, hoje rejeitado para uma zona sombria, diz claramente que a língua de Angola terá de ser a sua, com os seus erros, fonéticos e sintáxicos, e a sua adesão às línguas nacionais, que ia contribuindo para a criação de um português-angolano. O que Viriato da Cruz diria noutro plano, sublinhando a importância da transição, num poema como *Makèzu*, em que o quimbundo dialoga com o português para dizer as modificações dos costumes, a lenta, mas inelutável, passagem para a modernidade.

Já em tempos, rigorosamente em 1961, me foi dado mostrar a que ponto a poesia de Agostinho Neto, talvez a mais fiel na aparência à língua portuguesa, descentrava o eixo da semântica, para fornecer uma leitura angolana do mundo, mesmo se o autor se deixara marcar excessivamente pelo realismo socialista que marcava a produção literária, na poesia como na ficção, do mundo português. Embora tenhamos de reconhecer que era, então, difícil ser militante do Partido Comunista Português, sem passar pelo crivo deformador do neo-realismo.

A importância social do escritor

Tem-se muitas vezes sublinhado a convergência entre os escritores e os gestores políticos na África de língua oficial portuguesa. Convém refletir nessa afirmação banal, uma vez que não poucos escritores-homens políticos produziram uma obra de má qualidade estética. Nesse caso, qual a razão dessa produção? Há duas, pelo menos. A primeira diz respeito à importância social do «escritor» no espaço cultural português: antes de haver homens políticos africanos presidindo aos destinos do Estado, já os portugueses tinham procedido a semelhante operação, elegendo — sufrágio indireto, valha a verdade — o exportador de figos e escritor Manuel Teixeira Gomes, para a Presidência da República, cargo ao qual renunciou, de resto, em 1926.

Interessa-nos, sobretudo, o segundo aspecto desta questão: nos territórios submetidos à repressão colonial, em que os africanos eram vigiados por todos os brancos, teria sido difícil recorrer aos textos diretamente políticos. Se bem que a Polícia política (a famosa PIDE) só tenha sido instalada em Angola em 1957 — sob a pressão da «perturbação» que agitava já então o que eram ainda o Congo Belga e é hoje o Zaire —, a verdade é que todos os brancos de origem e de língua portuguesa — salvo uma parca dozena de pessoas — participaram no processo repressivo.

O recurso à literatura e, mais particularmente, à poesia compreende-se perfeitamente neste caso: ela permitia emitir as mensagens que o leitor podia descodificar facilmente, uma vez que a linguagem das oposições à Ditadura recorriam ao mesmo sistema críptico. Os espanhóis e os catalães podem compreender perfeitamente a situação, visto que estiveram sujeitos ao mesmo processo repressivo. Nessas condições, a literatura deve desempenhar vários papéis: o primeiro sendo o de identificar a massa africana — negros e mestiços apertadamente associados — que denunciava o sistema colonial português. No interior, e no exterior, os angolanos podiam reconhecer-se graças a uma língua literária e política extremamente homogénea.

Mais ainda: a criação literária permitia desmentir aquilo que era constantemente afirmado pelos colonizadores, que os africanos não podiam dominar a língua portuguesa, em virtude de nem sequer se mostrarem capazes de a controlar foneticamente. Sendo ainda menos capazes de utilizar o leque dos termos abstractos que ela oferecia, mas que não podiam ser utilmente utilizados pelos africanos. O desmentido era total, embora não tenha encontrado eco entre a *intelligentsia* portuguesa. Basta pensar que os autores angolanos nunca encontraram um editor português, a não ser as instituições coloniais, como foi o caso da Agência Geral das Colónias, que, sob a pressão da explosão de 1961, se transmutou em Agência Geral do Ultramar.

Enfim, durante alguns anos, esta escrita serviu de passaporte aos movimentos políticos. Não deixa de ser significativo verificar que a edição das antologias organizadas pela Casa dos Estudantes do Império, assim como a criação da colecção «Autores Ultramarinos», em grande parte consagrada aos autores angolanos, se verificou no momento da grande viragem política portuguesa — 1958, após a derrota da candidatura à Presidência da República do general Humberto Delgado —, abrindo-se, enfim, a porta a novas formas de combate, que vão fazer coincidir quatro acontecimentos de valor certamente desigual: tomada do avião comercial que fazia a carreira Casablanca-Lisboa, para inundar Lisboa de panfletos; assalto ao barco Santa Maria, transformado em manifesto marítimo contra a ditadura; assalto ao quartel de Beja, por militantes de todas as cores políticas; assalto à prisão de São Paulo, em Luanda, a 4 de Fevereiro de 1961, organizado pelo MPLA. A 15 de Março, a sublevação camponesa do Norte de Angola, organizada e desencadeada pela UPA (União das Populações de Angola) vinha completar o quadro insurrecional ao qual a ditadura ainda resistiria 13 anos.

Ao longo deste lento percurso, que se estende por vários séculos, a literatura ocupou sempre um lugar primordial. Primeiramente, porque a divisão escrita/oral esteve sempre latente como lugar da diferença, quer dizer, como marcador da inferioridade. Conservar o Outro fora da cultura escrita correspondia a mantê-lo fora da modernidade política. A diferença entre a situação descrita por Shakespeare e a modernidade reside no facto de que não basta recuperar a palavra, mas recuperar a oralidade acompanhada pela palavra escrita, sem a qual não há Estado. Para Shakespeare, bastava, para que o homem fosse, recuperar a palavra: no estado actual, quer dizer, na relação com as funções indispensáveis do Estado, só a palavra escrita pode abrir caminho para a independência.

Compreende-se, por isso, a áspera batalha travada contra o colonizador, não só para aumentar o número de escolas, mas também para defender a banalização do ensino secundário e superior. Os escritores estiveram sempre presentes nesse combate. De resto, antes e durante a guerra colonial, foi necessário mobilizar esses tão particulares militantes que forneceram as legiões do combate da escrita, que permitiram mundializar o combate, como já tinha, de resto, acontecido durante a guerra da Argélia. A escrita e os escritores permitiram reforçar o sentido do combate, tal como forçaram a considerar as funções específicas da vida política. A reflexão literária permitiu, no caso de quase todas as antigas colónias portuguesas, uma reflexão a respeito do político.

A queda (relativa) da produção literária após 1975

Cabe perguntar, agora, qual a situação existente após as independências, quer dizer, após a segunda metade do ano de 1975. A produção literária reduziu-se de maneira sensível em não poucos países. Tal foi o caso do arquipélago de São Tomé e Príncipe, tal tem sido também o caso em Cabo Verde. Mas ela aumentou, embora numa percentagem reduzida, na Guiné-Bissau. O crescimento foi deveras significativo em Angola, onde o Estado tem consagrado à edição recursos deveras importantes. Moçambique procura seguir este ritmo, não o conseguindo, todavia.

Tem-se afirmado, de uma maneira tão geral como apressada, que esta situação se devia ao facto de os escritores estarem hoje empenhados noutras tarefas. Estamos perante uma daquelas afirmações que acaba por ofuscar, tão carregada de bom senso parece ela estar.

Convém, todavia, dissecá-la, até porque estes países estão independentes há quinze anos. Quer isto dizer que um jovem que contasse então dez anos, está hoje nos seus vinte e cinco, em condições, por conseguinte, de se tornar em produtor literário. Como tal não acontece, não podemos explicar a situação em nome dos escritores que se tinham afirmado durante o período anti-colonial. O problema reside alhures.

Como lembra com muita pertinência Alejo Carpentier, refletindo a propósito das antigas colónias espanholas, retomando uma análise que, no Brasil, já fora levada a cabo por Lúcia Miguel Pereira, não pode haver literatura sem a criação de uma homogeneidade nacional. Esta tem de passar obrigatoriamente pela consciência de elementos comuns, quer dizer, pela criação de contextos comuns: os raciais, os económicos, os políticos, os burgueses, os de distância e de proporção, os de desajustamento cronológico, os culturais, os culinários, os de iluminação, os ideológicos. A lista é, naturalmente, longa, mas podiam acrescentar-se outros, que estão singularmente ausentes, como os musicais, embora Alejo Carpentier tenha sido um homem extremamente competente neste campo específico.

Se prestarmos a devida atenção à situação que se verifica nos países africanos de língua oficial portuguesa, podemos dar-nos conta de que a parte mais substancial da literatura foi consagrada à denúncia do sistema colonial. A energia dos criadores empenhou-se em esboroar o obstáculo principal, e como esse combate foi mais demorado do que se podia pensar, esgotou ele as energias de não poucos criadores. Embora o mais significativo resida alhures: na dificuldade em mudar o registo desta criação, que só muito lentamente se tem virado para as condições internas. De resto, não poucos criadores hesitam em abordar os temas mais candentes da vida nacional, devido ao peso de uma censura repressiva que não deixa nada a desejar ao que se verificou durante a dominação fascista.

A consciência nacional em elaboração

Abordemos, por isso, as duas dificuldades. A primeira diz respeito à ausência de uma vera consciência nacional em Angola. O discurso literário esquiva-se quase constantemente ao exame dos choques internos. É certo que Pepetela, no seu primeiro grande romance, *Mayombe*, não hesitará em mostrar a que ponto o «tribalismo» começara já a corroer a unidade interna do próprio MPLA, que não conseguiu criar uma linha teórica e, sobretudo, uma orientação pragmática capaz de recusar a importância dos valores étnicos, ou «tribais», para recorrer ao termo corrente — e abusivo — utilizado em Angola, e herdado do colonizador. A fragmentação nacional não pode permitir uma unidade da criação e os romancistas hesitam perante esta situação complexa.

Talvez os únicos romancistas capazes de abordar essa modernidade sejam Manuel Rui Monteiro (1941) num romance em que tudo gira em torno de um porco instalado na varanda de um dos andares dos grandes prédios de Luanda (*Memória de Mar*) ([215]), e Pepetela (1941), que também se serve dos animais, desta vez os cães (*O Cão e os Caluandas*) ([216]), para tentar pôr em evidência os erros crassos dos aparelhos políticos, assim como a impreparação da maior parte dos antigos rurais para se instalar nas cidades. Será necessário sublinhar que estes animais, e mais particularmente o porco, possuem um antepassado literário no *Animal Farm*, de George Orwell? Penso que não, mas a necessidade de metaforizar, quer dizer, de se furtar à denúncia das condições problemáticas em que se vive hoje em Luanda e em Angola, sublinha a necessidade de encontrar uma retórica capaz de se furtar à repressão.

A verdade é que, já no período da independência, um velho militante do MPLA, Ndumduma (que no seu período de angolano filho de colono português se chamava Fernando Costa Andrade, 1936) passou largos meses na cadeia, por ter escrito a peça *No Velho Ninguém Toca*, que o aparelho político, demasiado suscetível, considerou «subversiva». Também Pepetela conheceu alguns amargos de boca quando *Mayombe* foi editado, tendo sido necessária a intervenção enérgica do Presidente Agostinho Neto, para que a edição se fizesse e para que o antigo comissário político do MPLA não fosse vítima da ferocidade repressiva dos intocáveis vindos da guerrilha ou das várias secretarias onde se gizavam as futuras formas de exploração dos angolanos enfim libertados da dominação portuguesa.

Se a literatura incomodava o colonizador, não deixou ela de continuar a incomodar a nomenclatura angolana, que

---

([215]) Manuel Rui, *Memória de Mar* (Lisboa: Edições 70; [Luanda]: União dos Escritores Angolanos, 1980).

([216]) Pepetela, *O Cão e os Caluandas* (Lisboa: Publicações Dom Quixote, 1985).

espera dos escritores apenas o elogio franco. Ora, se a peça de Ndunduma se reveste do carácter grave que talvez fosse exigido pela severidade do tema, os dois romancistas, Manuel Rui — que já exerceu responsabilidades governativas — e Pepetela, serviram-se de uma escrita francamente irónica, cujo objectivo é o de dissimular a gravidade do que se diz e se prova: a profunda ineficácia do aparelho de Estado, e, sobretudo, a sua recuperação por interesses étnicos ou familiares. Um cão sem amigos no poder é um cão condenado a morrer de fome, a não ser que invente um «esquema», tal é o termo utilizado pelos angolanos para designar as manobras a que são obrigados para poder comer e beber com alguma tranquilidade, devido a uma economia corroída pela inépcia do Estado.

O paradoxo da literatura reside no facto de, por um lado, ser ela indispensável à imagem do aparelho de Estado, que pretende aparecer como o único vero mecenas, enquanto, pelo outro, pretende intervir na produção dos «engenheiros de almas» que são, como disse em tempos o vilipendiadíssimo Estaline, os escritores e os artistas. Contudo, verifica-se que, em Angola, como alhures, o Estado se mostra veramente incapaz de controlar o imaginário, sendo este capaz de «dar a volta por cima» das restrições. A história recente dos africanos de língua portuguesa serve para pôr em evidência a dificuldade em passar do sistema colonial a um sistema em que o escritor, e os seus leitores, estarão, enfim, em condições de afrontar a sua própria realidade, a económica como a imaginária. Só a difícil liberdade permite que os grupos, as nações, os próprios Estados, atinjam o imo dos seus próprios projectos, já que não há escrita que não seja — directa ou indiretamente — intencional.

Bibliografia

CARPENTIER, Alejo. *Literatura y Conciencia Política en América Latina* (Madrid: Alberto Corazón, 1969).

CASTRO, Americo. *Cervantes y los Casticismos Españoles* (Madrid: Alianza Editorial, 1974).

FANON, Frantz. *Peaux Noires, Masques Blancs* (Paris: Jean-Jacques Pauvert, 1953).

LOSADA, Alejandro. *Creación y Praxis. La Producción Literaria como Praxis Social en Hispanoamerica y en el Perú* (Lima: San Marcos, 1976).

MARGARIDO, Alfredo. «Prefácio» in Pedro Monteiro Cardoso, *Folclore Cabo-verdiano* (Paris: Solidariedade Cabo-verdiana, 1983).

MARIATEGUI, José Carlos. *7 Ensayos de Interpretación de la Realidad Peruana* (Lima: Amanta, 1969; 1.ª edição, 1928).

MEMMI, Albert. *Portrait du Colonisateur, Precédé du Portrait du Colonisé* (Paris: Corrêa, 1953).

CORNEJO POLAR, Antonio. *Sobre Literatura y Crítica Latinoamericanas* (Caracas: Ediciones de la Facultad de Humanidades y Educaction, Universidade Central de Venezuela, 1982).

SARTRE, Jean-Paul, «Orphée Noir», in *Anthologie de la Poesie Noirre et Malgache* (Paris: PUF, 1948).

SENGHOR, Léopold Sendar. *Anthologie de la Poésie Noire et Malgache* (Paris: PUF, 1948).

Les usages de la nature: Le genre humain, n.º 12 (Primavera-Verão,1985).

4.2. ANTROPOLOGIA E PRECONCEITO

Prefácio a *Antropologia e Colonialismo — o Saber Português*, de Donato Gallo

Talvez valha a pena começar por contar que o meu primeiro encontro com Donato Gallo se deu no Brasil, naquela esplêndida e nunca demasiado louvada cidade que é o Rio de Janeiro. Ponto de encontro revelador. As nossas experiências da bacia do Mediterrâneo, o facto de pertencermos ambos a países de língua neolatina levam-nos a considerar aquela realidade com um olhar interrogador que, embora não sendo homogéneo, nos permitia compreender a densidade do drama brasileiro. Como pode dizer-se que não há racismo no Brasil quando a nossa prática quotidiana nos punha perante a dura realidade da miséria que é essencialmente a miséria dos afro-brasileiros.

Interrogar os afro-brasileiros não é descobrir o «mistério» exótico, mas procurar pôr a nu o carácter dramático das relações de força, recusando, ao mesmo tempo, os alibis que tentam negar a evidência do racismo recorrendo a sofismas categoriais como o da mais geral «discriminação social». Para nós, portadores de uma longa experiência mediterrânica, a ilusão brasileira traduzia apenas uma manipulação ideológica, visto que o grupo dominante dispõe de uma dupla força: a do poder económico, reforçada por uma mistificação sociopolítica das diferenças somáticas.

Em seguida, procurámos ler estas articulações num plano menos brasileiro, mas mais africano de língua portuguesa.

Não se tratava, como se trata ainda, de procurar descrever as formas da dominação colonial, mas sim de interrogar a dupla realidade que as formas e as práticas antropológicas permitem desvendar: em que condições se estrutura a relação entre o «outro», o invasor, e o «mesmo», o invadido, o descoberto? Como é possível que uma sociedade, quando não é uma civilização, pretenda ter «descoberto» uma outra que existia há milhares de anos e com as bases estruturais indispensáveis para a sua organização e para a sua continuidade histórica?

Como já fizera noutras ocasiões, sublinhei o papel central do discurso antropológico, pois que este, enquanto pretende ser exclusivamente científico, deve, ao mesmo tempo, assegurar a gestão dos homens e das diferentes formas sociais que inventaram. Como pode um qualquer administrador, nascido em Freixo d'Espada à Cinta, ser, por isso, particularmente competente para assegurar a administração de um grupo Mucumbala? Em nome de que autoridade? Baseada em que conhecimento? Confortado por que ideologia?

Assim, pareceu-nos que a antropologia portuguesa constituía, antes de mais nada, uma categoria ideológica. Se se admitir esta evidência, compreender-se-á mais facilmente a razão pela qual a antropologia portuguesa foi sempre «incipiente», quando não francamente caricatural, como o é no caso de Guilherme Mesquitela Lima. Os portugueses não queriam uma informação antropológica cientificamente indiscutível, pois que lhes chegava uma aparência de conhecimento. E é precisamente neste interstício epistemológico que se situa Donato Gallo, para concluir o seu trabalho de desmistificação. O discurso científico dos portugueses não possui bases sólidas, porque destas nunca precisaram. À antropologia pedia-se apenas uma legitimação da prática colonial, e isto parece ter sido alcançado por esta disciplina no âmbito do espaço português, considerando-o no sentido mais lato.

De facto, não seria possível não referir a criação do luso-tropicalismo por parte do sociólogo brasileiro Gilberto Freyre, porquanto esta noção fantasiosa forneceu uma legitimação aos portugueses, permitindo-lhes prolongar a guerra colonial bem para além do que seria de esperar. Roger Bastide vulgarizou esta noção, procurando explicá-la em termos científicos: uma semelhante tarefa era já então perigosa e revelou-se vã. Mas era necessário, pelo menos implicitamente, demonstrar que as explicações da competência plurirracial adiantada pelos portugueses tivessem pés de barro do ponto de vista teórico. Donato Gallo leva a cabo esta demonstração com o brio e o rigor necessários. Razão pela qual o seu texto constitui já um elemento indispensável para melhor compreender as leituras crítico-teóricas das práticas coloniais portuguesas.

Naturalmente, e como poderia não sê-lo, esta leitura antropológica das colónias exacerbou-se pelos fins dos anos 50: pode dizer-se que o estado de guerra foi anunciado não só pela confrontação armada de Fevereiro de 1953 em São Tomé — a famosa Guerra de Batepá, provocada pelo governador Carlos de Sousa Gorgulha —, mas também pela súbita exasperação da produção antropológica. Até então, os portugueses tinham lido as relações com os africanos nos termos mais simplistas: os «nossos» africanos não são como os outros, subentendendo que jamais os africanos dos portugueses seriam capazes de atacar os seus amigos e patrões, como já tinham feito, em 1954, os corajosos Mau-Mau, que desencadearam o pânico nas estradas, nos campos e nas cidades do Quénia. Todavia, para responder a uma preocupação surda, oculta e urgente, os portugueses lançam-se na interrogação antropológica.

Apesar de tudo, o interrogativo é singular, pois que é eminentemente de carácter policial. Demonstra-o, e muito bem, Donato Gallo, analisando as razões especiais das missões levadas a cabo pelo professor Silva Cunha, que, depois de ter ensinado na Faculdade de Direito de Lisboa, onde se especializara nos problemas ligados ao «trabalho indígena», se tornou Ministro das Colónias. Recorrendo, sobretudo, à metodologia de George Balandier, Silva Cunha procurou pôr em evidência o perigo que representavam os africanos ligados a seitas ou movimentos messiânicos. Se Balandier procurava conhecer os mecanismos internos destes movimentos, assim como a razão sociologicamente activa destas operações, Silva Cunha, católico praticante, propunha o castigo necessário destes crentes de uma nova espécie, considerados, sobretudo, como anti-católicos, sinónimo também de anti--portugueses.

Passa-se assim de uma prática colonizadora que usa pouco a antropologia a uma mobilização global da antropologia ao serviço de um sector do conhecimento que só podia transformar-se numa operação vilmente policial. Tal é o caso de outros investigadores que oscilam entre a fidelidade às práticas normativas — e consequentemente repressivas — da administração e uma curiosidade antropológica que os leva frequentemente a solicitar — e a obter? — reconhecimentos universitários. Antropólogos como estes não pertencem inteiramente ao campo da antropologia, e são, sobretudo, como demonstra Donato Gallo, indispensáveis ao funcionamento ideológico do colonialismo. É esta tarefa de um José Redinha, especialista dos Quiocos da Lunda, ou de um Mesquitela Lima, que, como já demonstrei noutras ocasiões, compreendeu que a «eficácia» da antropologia passava através da colaboração directa com a administração colonial. Na costa oriental, há também antropólogos que oscilam entre a prática administrativa e a «antropologia», e pode citar-se como exemplo António Rita Ferreira. Estes homens inscrevem-se numa prática antropológica que não pode manter-se fiel a um «saber», dado que o seu discurso é provocado, estruturado e organizado em função da defesa e da ilustração da superioridade dos brancos, e dos portugueses, em especial, perante a horda «bestial» dos africanos.

Mais significativos são os casos de autores como Silva Cunha e Adriano Moreira. Este último, mais subtil e arguto do que o primeiro, pois que inteiramente comprometido nas práticas de denúncia e de repressão. Adriano Moreira procura, em muitos textos, apoiar-se na antropologia para demonstrar a superioridade das formas de gestão colonial portuguesa, capazes de «autorizar» a sobrevivência das formas sociais «arcaicas» ainda utilizadas pelo *Outro* africano. O que na prática é a impotência portuguesa a dominar totalmente as realidades aparece como uma concessão dos próprios portugueses aos dominados. A verdade, porém, é que Adriano Moreira, como a maior parte dos antropólogos portugueses citados, não possui uma formação especialista, mas, tendo compreendido o interesse desta problemática e a sua importância, procura utilizá-la para obter o máximo proveito possível.

É como se, em determinados momentos da prática colonial, a *intelligentsia* do colonialismo tivesse descoberto a eficácia ideológica da antropologia. Embora a ciência antropológica continue a merecer pouco interesse — pouco ou nada ensinada e relativamente sempre às formas arcaicas das sociedades —, a sua mobilização como suporte ideológico às formas mais aberrantes da colonização é constante, pois se reforçou a partir da Guerra de Batepá. As datas são reveladoras e cruéis: as missões do professor Silva Cunha em Angola são todas sucessivas a este acontecimento que colocou os colonizadores portugueses perante a perigosa possibilidade de uma recuperação de iniciativa política por parte dos africanos.

Donato Gallo demonstra claramente a contínua relação que se estabeleceu entre prática antropológica e choque colonial provocado pelas potências europeias contra os portugueses. Já no século XIX, uma parte da «curiosidade» portuguesa tinha sido determinada pela necessidade de assegurar a hegemonia portuguesa: as viagens de Lacerda e Almeida, de Rodrigues Graça, de Capelo e Ivens, de Serpa Pinto, de Gamito, de Silva Porto, de Henrique de Carvalho estão directamente associadas às ameaças — reais ou simbólicas — advertidas ou sofridas pelo aparato colonial português. Isto põe em evidência a relação íntima entre as tentativas de informação antropológica e o colonialismo. Esta é tão clara que é quase tautológico sublinhá-la.

Por outro lado, Donato Gallo estabelece muito bem esta ligação fecunda e fecundadora, a falta de antropologia teórica obriga os portugueses a submeterem-se a uma prática antropológica. Antes do *indirect rule* ter sido teorizado, já os portugueses o andavam a praticar, no sentido em que a relação de forças existentes os forçava a recorrer a mediadores, que não eram mais do que os agentes involuntários da colonização. Creio que, neste como em muitos outros casos, as explicações «teóricas» não tenham na devida conta as práticas. Estas têm de se adaptar de maneira predominantemente realista às exigências do diálogo e do choque. De facto, há momentos determinantes da história dos portugueses em Angola nos quais a confrontação se conclui, se não com a sua derrota, pelo menos, com a impossibilidade de gerir os comércios coloniais. Como fazê-lo? Utilizando o *Outro*: a astúcia desta vez é do colonizador, por sua vez, posto numa situação de fraqueza momentânea.

Isto permite, de resto, pôr a nu a grande coerência do discurso colonial português: se Donato Gallo dispensa uma grande atenção, na terceira parte do seu trabalho, às relações entre os portugueses e os *Outros*, imprevistas e múltiplas nas suas formas, é porque há uma grande coerência no tecido epistemológico criado nos séculos XV–XVI. Valerá a pena falar de uma pré-antropologia? Ou, mais simplesmente, como pretendia Paul Mercier, de uma «antropologia implícita»? Ou, como outros ainda, deve falar-se de uma «antropologia ingénua»? Digamos que o corte epistemológico dos séculos XV–XVI introduz a diversidade do *Outro*: uma problemática que as sociedades europeias ainda não conseguiram nem integrar, nem superar. Por outras palavras: se as bases científicas do discurso foram abaladas, por trás das máscaras e dos vocabulários entrevê-se a mesma densa recusa do *Outro*. O discurso pragmático português permitiu-lhes dispensar a interrogação científica. Como indispensável contrapartida, obteve-se o empolamento do pragmático: a administração portuguesa revela-se pouco interessada pelo discurso antropológico, como, de resto, revelam os programas das escolas, que formam os administradores, ou das Universidades. Quando chega o momento de integrar este discurso, segue-se o caminho mais singular, mas mais adequado: multiplicação de *relatórios confidenciais*, prática esta que será reforçada pelo exército colonial em guerra. Os resultados são péssimos: uma parte destes documentos desapareceu e teriam sido deveras úteis para demonstrar até que ponto a antropologia científica pode, em condições específicas, não ser útil ao colonizador e ao colonialismo.

O trabalho de Donato Gallo inscreve-se na genealogia dos textos que, nestes últimos quinze-vinte anos, visaram focalizar a formação do discurso científico e a sua função social. Trata-se, como se sabe, de práticas interrogativas que se baseiam nas crises das formas de domínio: em geral, e mais especificamente nos EUA e na Europa, elas foram provocadas pela guerra do

Vietname, mas, às vezes, são geradas por problemáticas mais circunscritas, como no caso dos sociólogos afro-brasileiros, que denunciam — como Guerreiro Ramos — a produção do discurso ideológico por parte dos sociólogos ou antropólogos brancos — americanos ou europeus —, pouco ou nada atentos aos condicionamentos da sociedade brasileira. Mas tal problemática pode ser também o resultado de uma perplexidade sobre a actividade dos antropólogos europeus nas sociedades africanas devastadas pela guerra colonial, como demonstram as teses de Amílcar Cabral relativamente à Guiné-Bissau.

Assim se definem as condições de trabalho do etnólogo histórico, que põe em evidência, no presente, a presença dos fantasmas do passado. O discurso associado à antropologia esclarece muito bem a terrível coerência das formas de classificação e de gestão do Outro, assim como essas caracterizam o epistema da nossa modernidade, que começa naquele período tão distante e inquietante dos séculos XV–XVI. Talvez o primeiro documento deste sistema seja o de Gomes Eanes de Zurara, que sistematiza o interrogativo que Marco Polo ainda viveu de maneira confusa: os *Outros* não podem encontrar nenhuma identificação com o *Mesmo* europeu. O princípio da exclusão fornece, assim, a primeira base prática àquilo que mais tarde será a etnologia ou a antropologia.

Donato Gallo interroga o discurso português para pôr em evidência a enorme coerência desta forma discursiva. Esta explica, de resto, a resistência do sistema colonial português, profundamente ancorado nas práticas nacionais. Ainda hoje, os portugueses hesitam perante o necessário trabalho requerido pelo que teimosamente e falsamente continua a chamar-se «descolonização». Desejamos que este estudo de Donato Gallo possa contribuir para uma tomada de consciência, quer diacrónica, quer sincrónica, capaz de arrancar os portugueses à falácia das suas afirmações antropológicas. Porque, se este estudo informa o mundo do saber, ele pode ser particularmente útil a uma velha potência colonialista, que ainda não se habituou a ser um pouco mais europeia.

Paris, Junho de 1986

4.3. A FRAGILIDADE CONCEPTUAL PORTUGUESA. Posfácio a *O Indígena no Pensamento Colonial Português 1895-1961*, de Mário Moutinho

A colonização portuguesa apareceu, nos primeiros textos que se lhe referem, directa ou indiretamente, como uma operação natural, decorrente das viagens de conhecimento, que permitiram o início da mundialização, a partir do século XV. Os portugueses dão-se o direito, quando não a obrigação, de colonizar, não hesitando, sempre que tal se revelou necessário ou indispensável, em criar populações «inéditas», como nos casos da Madeira, de Cabo Verde e de São Tomé. Quando os espanhóis gemiam sob a dúvida teológica desencadeada pelo estatuto espiritual dos Índios americanos, os portugueses procuravam dominá-los e pô-los ao serviço das tarefas da produção: não se registou entre nós nenhuma controvérsia de Valladolid.

Esta maneira de construir o seu etnocentrismo empobreceu de maneira evidente a reflexão portuguesa, e este comportamento manteve-se praticamente até aos dias de hoje: quando outros povos e outros dirigentes não hesitam em «pedir perdão» às vítimas provocadas pelo colonialismo e aos seus descendentes, os responsáveis portugueses procuram fascinar o mundo inteiro com as qualidades profundas da lusofonia. Os espanhóis descobriram, por volta dos anos 30, a melancolia do *regresio de los galeones*. Só mais de sessenta anos depois é que os portugueses conseguem descobrir o «regresso das caravelas».

Mário Moutinho encarou a necessidade de pôr em evidência a teia complexa da ideologia colonialista portuguesa a partir de uma exigência ética, construída, sobretudo, pela sua geração. Moutinho pertence à fracção de uma geração que recusou participar na guerra colonial e que não hesitou em escolher as agruras do exílio, para denunciar as malfeitorias, ou, antes, os crimes do aparelho político fascista e colonialista. Como uma parte substancial dos seus contemporâneos, Mário Moutinho só pode encontrar o apoio necessário na extrema-esquerda, que, então, encarava a indispensabilidade da luta armada para pôr termo ao regime totalitário que, embora bolorento, continuava a comprometer o futuro do país.

Convém repeti-lo mais uma vez: não se registou o menor movimento anti-colonialista entre os diferentes sectores que geriam a vida pública portuguesa: a visão colonialista do regime encontrou sempre o máximo apoio entre os dirigentes da «oposição». Tenho ainda nos ouvidos a voz envelhecida do Dr. Ramada Curto, dirigente socialista, irrompendo da rádio para declarar que, perante a «facinorosa» acção guerrilheira dos angolanos no Norte de Angola, em Março de 1961, se colocava à disposição da política repressiva do Professor Oliveira Salazar. A lógica do colonialismo impunha a união de «todos» os portugueses.

O início do combate africano para alcançar a independência pareceu reforçar a legitimidade do salazarismo, e uma ampla fracção da opinião pública portuguesa dispôs-se a apoiar, sem a menor reserva, a tarefa colonialista que as novas condições do continente africano impunham não só ao regime, mas, sobretudo, ao país. Só assim, de resto, se pode explicar que, durante 13 anos, os jovens portugueses tivessem fornecido as forças militares que se empenharam em reprimir, de maneira frequentemente feroz, os apetites de liberdade política manifestada pelos africanos. Esta reflexão que acabaram de ler não poderia ser compreendida sem a evocação desse quadro político e cultural.

Os limites cronológicos do estudo de Mário Moutinho organizam-se a partir da Conferência de Berlim, para encerrar com as independências, duramente obtidas. Creio ser, todavia, conveniente salientar a homogeneidade do discurso colonialista português, uma vez que se caracteriza pela criação e pela banalização da escravatura. As primeiras operações na costa ocidental africana são marcadas pelo recurso precoce, mas insistente, à pilhagem e, sobretudo, à captura de homens. Trata-se do início das operações que asseguram a multiplicação dos escravos, produzidos pelos portugueses — e pelos europeus que lhes estavam associados —, para serem utilizados, primeiro, em Portugal, e, depois, em todos os territórios onde se revelou ser indispensável a presença de um forte contingente de trabalhadores robustos e disponíveis para as tarefas da colonização.

A famosa grelha classificatória proposta por Gomes Eanes de Zurara (em cerca de 1453), que salientava a superioridade dos brancos sobre os quase brancos «como nós», assim como sobre os pardos — que mais tarde dariam lugar aos mulatos —, mas, principalmente, sobre os «pretos», que não passavam de reproduções do diabo sobre a terra, caracteriza-se pela desqualificação de todas as populações que não pertencessem ao registo do branco. O acto de desqualificar devendo ser entendido como o «asselvajamento» do Outro, ou, antes, dos Outros. Podíamos, por isso, afirmar, e Mário Moutinho fornece um grande número de informações que o confirmam, que o esforço principal dos descobridores portugueses, e europeus, se concentrou na produção de «selvagens».

Estamos perante o mais amplo paradoxo das tarefas europeias que se iniciam com as navegações atlânticas que permitiram a mundialização: os europeus encontram muitas formas físicas — os africanos, os índios, os asiáticos, os melanesianos —, mas todas elas se caracterizam não só pela diferença em relação ao modelo europeu, mas também pela sua inferioridade. Como afirmou Peter Camper no século XVIII, se a beleza masculina possui um modelo na cabeça de Apolo do Belveder, só os brancos podem inscrever-se no espaço da beleza. Todos os outros devem ser remetidos para a fealdade, ou, pior, para a monstruosidade. O corpo é, por isso, a primeira chave da civilização ou da selvajaria.

Mário Moutinho selecciona nos textos legais, ou nas reflexões dos dirigentes, as fórmulas que permitem medir a violência do projecto colonialista. Não é difícil verificar que os africanos são encarados não só com desconfiança, mas, sobretudo, com desprezo. Tudo neles contribui para uma desqualificação: o corpo é escuro e feio, mas esta primeira impressão é reforçada por outros elementos que contribuem para a negatividade: os africanos são antropófagos. Mário Moutinho cita o texto de um dos nossos contemporâneos, homem que podemos cruzar na rua, vestido com elegância, o nó da gravata sempre bem feito, pago pelos dinheiros do Estado e que, é verdade que, já depois de Março de 1961, pôde escrever sem o menor titubeio que «o corte de cabeças humanas tem longas tradições no rol da feitiçaria dos povos da Ambaca. Para a composição dos seus feitiços, precisavam os feiticeiros de óleo de crânio humano. Tiveram os feiticeiros uma acção preponderante no desenrolar do terrorismo e uma ocasião favorável de encher cabeças com óleo de cabeças humanas» ([217]).

Deixemos de lado a incorrecção do estilo — depois de ter referido o óleo de «crânio humano», Eduardo dos Santos descobre que, afinal, talvez se trate de óleo de «cabeças humanas» — para reter o essencial, que permanece no vocabulário português desde o século XVI: os africanos são necessariamente selvagens, e um dos atributos da selvajaria é a antropofagia. Eduardo dos Santos reactualiza uma gravura italiana que ilustra a narração respeitante ao reino do Congo, que Duarte Lopez, embaixador deste reino junto do Vaticano, foi ditando de maneira apaixonante a Filippo Pigafetta: aí se vê o primeiro talho de carne humana jamais descrito em Angola e que não parecia destinado a operações de feitiçaria, embora também nada nos diga que não fosse essa uma das utilizações desta carne humana. O mais significativo reside na maneira como são elaborados os estereótipos, pois nunca ninguém viu estes talhos de carne humana, nem no século XVI, nem nos

([217]) Eduardo dos Santos, *Do Sincretismo Mágico e Religioso nos Fundamentos Ideológicos do Terrorismo no Noroeste de Angola* (Lisboa : [s.n.], 1962), p. 12.

séculos subsequentes. Todavia, o estatuto do selvagem exigia que os africanos fossem antropófagos: um gravador italiano, certamente orientado pelas informações de Duarte Lopez, propôs aos leitores desta descrição a imagem que confirmava de maneira absurdamente indiscutível a existência destas operações e destes estabelecimentos comerciais. Nem haveria razões para pôr esta afirmação em dúvida, desde que se aceita a estrutura de asselvajamento, que implica a antropofagia. Como podiam os «turras», quer dizer, os «terroristas» angolanos, escapar ao peso da sua hereditariedade?

Não podemos, contudo, esquecer que a antropofagia não serve apenas para definir e confirmar o estatuto do selvagem: a sua outra utilidade consiste em legitimar as próprias operações do colonizador. Este não pode furtar-se à necessidade de prestar assistência aos africanos postos em perigo pela banalidade das operações de feitiçaria. O africano escravizado e, porventura, transferido para Portugal, para São Tomé, ou, mais tarde, para o Brasil, está posto fora do alcance do carrasco que o pode reduzir a porções que serão postas à venda no talho. Uma das obrigações dos colonizadores, por palavras e obras, consiste em impedir as operações antropofágicas, seja qual for a técnica utilizada. Para justificar o contínuo alargamento da escravatura, os colonizadores põem em evidência o caracter benéfico das suas operações.

Nem, de resto, a colonização podia dispensar este suporte justificador, pelo que o colono-colonizador-colonialista deve ser encarado não como um adversário, menos ainda como inimigo, mas, antes, como de uma espécie de anjo da guarda capaz permitir arrancar as futuras vítimas ao algoz que as espera em plena rua para as reduzir a bocados que serão postos à venda e utilizados em refeições certamente pantagruélicas! Se este é o defeito máximo das sociedades africanas, não está fechado o rol das insuficiências físicas e, sobretudo, culturais dos africanos, que não podem deixar de ser preguiçosos. Mário Moutinho fornece uma amostra suficiente dessa argumentação, que escapa a qualquer forma minimamente lógica. Como é que as sociedades africanas poderiam ter-se organizado se os africanos fossem tão preguiçosos como pretendem os textos europeus e os portugueses em particular? Todavia, como é claramente afirmado, uma parte da legislação dos anos finais do século XIX e primeiros anos do século XX assenta na necessidade de obrigar os africanos a trabalhar!

A escravatura dos africanos alargou a sua esfera de acção a partir do momento em que os proprietários e missionários assentaram, na América, que os trabalhadores índios eram demasiado frágeis para levar a cabo as tarefas que lhes eram impostas pelos colonizadores. Diante desta situação, que não só reduzia de maneira extremamente rápida o número de trabalhadores, mas não conseguia obter o volume de produção que fora considerado indispensável ao rendimento do capital investido, foi necessário encontrar uma solução. O missionário espanhol Fray Bartolomé de Las Casas teve, nos começos do século XVI, uma ideia brilhante — de que muito se haveria de arrepender —, substituir os trabalhadores índios por africanos, que se revelavam mais robustos.

Retenha-se um paradoxo mais – mas como escapar ao paradoxo quando aquilo que se afirma está em clara contradição com os factos observáveis e mensuráveis? —, que consiste em denunciar a preguiça dos africanos, no exacto momento em que se propugna a importação de trabalhadores africanos para assegurar a produção regular dos bens indispensáveis à alimentação do comércio entre a Europa e a América. Esta situação conta entre as mais «asselvajantes», a partir do momento em que o trabalho e a produção fornecem a parelha que permite apreciar o estado civilizado de um grupo. No quadro dos estereótipos utilizados pelos europeus para julgar e classificar os africanos, continuará a afirmar-se que estes não gostam do trabalho, recorrendo frequentemente ao trabalho de mulheres, assim reduzidas à escravatura exercida pelos homens, para assegurar a produção alimentar e outras.

A violência do estereótipo permite compreender as consequências cuja brutalidade está diretamente associada às condições de funcionamento das sociedades europeias: a partir de 1899, e baseando-se no relatório de uma comissão presidida por António Enes — personagem recorrente no texto de Mário Moutinho —, aparecem não só os «indígenas», como também as regras presidindo à organização do trabalho imposto aos africanos. Podemos dizer que, nesses anos finais do século XIX, é criado o «indígena». Convém lembrar que este adjectivo se manifesta tardiamente nas línguas neolatinas, pois se existente a partir de 1543, só se banaliza entre 1743 e 1762, para indicar uma «pessoa indígena, num país exótico (antigas colónias)». Muito curiosamente, a maior parte dos dicionários de língua portuguesa ainda não conseguiu registar a função redutora deste adjectivo que designa os naturais de um país ou de um continente, considerando-se a condição de «indígena» como sendo uma falta de qualidade.

A catadupa de regulamentos portugueses destinados a assegurar a classificação e o controlo dos «indígenas» reforça a carga inferiorizante de que é dotado o adjectivo, o que explica que qualquer referência aos «indígenas» implique uma forma ou outra de desqualificação. A proclamação da Ditadura, em Maio de 1926, obrigou o Ministro das Colónias, comandante João Belo, agindo em nome dos interesses dos colonos de Moçambique, a adoptar o «Estatuto Político, Civil e Criminal dos Indígenas de Angola e Moçambique", reformulado a 6 de Fevereiro de 1929, que sublinha o facto de o indígena ser essencialmente todo aquele que não nasce no continente africano, pois se admite que o negro nascido na Europa não seja indígena! O mais significativo reside, contudo, na perenidade das formas gramaticais ou jurídicas destinadas a desqualificar o Outro africano, assim como na maneira como os portugueses colaboram no recurso a estas formas de controlar o Outro, sem denunciar, em momento algum, a violência não só da terminologia, mas, sobretudo, das práticas sociais.

Mário Moutinho faz uma alusão à situação dos serviçais são-tomenses, fornecendo uma leitura sucinta das condições em que, sobretudo na segunda metade do século XIX, se tinha procedido à «branqueação» das terras agrícolas do arquipélago que as populações autóctones tinham ocupado, devido ao abandono dos colonos, e que se tinham revelado extremamente interessantes, do ponto de vista económico, após a introdução de duas plantas industrializadas na América: o café, sobretudo o arábica, e o cacau. Diante desta situação, os europeus recorreram a todas as manobras, tanto legais como, sobretudo, ilegais para «desafricanizar» as terras, de maneira a entregá-las nas mãos dos brancos, tarefa que, apoiados pela *administração branca*, conseguiram levar plenamente a cabo.

Foi necessária a força de trabalho para assegurar a reorganização da ocupação agrícola das terras, tarefa que só podia ser levada a cabo pelos africanos. Uma vez mais, as tarefas fundamentais da produção cabiam aos africanos «preguiçosos»! Contudo, os portugueses encontravam-se perante uma dificuldade considerável: a abolição do tráfico negreiro e, até, da escravatura tornavam difíceis as operações de recrutamento, que só podiam se levadas a cabo na costa ocidental, estando o Atlântico submetido à vigilância meticulosa dos vasos de guerra ingleses. Digamos as coisas com a simplicidade que convém: mau grado os aparelhos jurídicos, os portugueses e seus associados acabaram por conseguir importar a força de trabalho indispensável, mesmo se tendo conhecido um breve momento de crise. O que podia ter justificado a paz da produção, ainda que esta dependesse do trabalho escravo.

Tal não aconteceu, como lembra Mário Moutinho, devido à intervenção dos chocolateiros de Birmingham, que procederam a inquéritos, tanto em Angola como em São Tomé e Príncipe, o que lhes permitiu demonstrar a manutenção das técnicas de recrutamento e de utilização dos trabalhadores de acordo com o modelo criado durante o período áureo da escravatura. Ou seja: a velha afirmação portuguesa de que a África só podia ser explorada pelo trabalho africano confirmava-se plenamente, tal como se confirmava a capacidade portuguesa de pôr os africanos a trabalhar para aumentar o enriquecimento dos europeus, e dos portugueses em particular. Colocados na cena internacional, denunciados pelas publicações inglesas, os colonos portugueses recorrem à trincheira do dispositivo jurídico manipulado pelo governo, para se furtar à reprovação internacional: a escravatura não podia deixar de existir, pois estava proibida pelas leis e regulamentos!

Pode simplesmente acrescentar-se que este sistema se manteve vivo e rendível até 1974. Diga-se de passagem, que já começa a vislumbrar-se, frente ao descalabro das plantações e à queda brutal das cotações do cacau nas praças internacionais, uma tentativa, embora modesta, de reestruturar o sistema, sem, contudo, o modificar grandemente. Os portugueses, administração civil e proprietários, conseguiram encontrar uma maneira de substituir uma parte da força do trabalho provinda do continente africano, recorrendo aos trabalhadores cabo-verdianos, vítimas das secas — estando o arquipélago colocado numa zona marítima ainda sob a influência do *harmattan*, que os cabo-verdianos designam como *lestada* —, que, escorraçados pela miséria, esfomeados, física e mentalmente diminuídos, preferem a violência do arquipélago de São Tomé e Príncipe à fome e aos cemitérios de Cabo Verde.

Estas astúcias, estas dissimulações, permitem compreender as razões pelas quais o sistema colonial português foi capaz de se manter contra alguns ventos e muitas marés. Podemos também salientar outra operação estratégica, levada a cabo a partir de 1954: trata-se da introdução e da generalização da explicação luso-tropicalista. Contrariamente a uma afirmação que se tornou relativamente banal, não é verdade que os portugueses tenham defendido ao longo da sua história colonial as diferentes formas de mestiçagem, mesmo se o dispositivo legal nunca conseguiu impor uma visão eugenista das relações sexuais e da reprodução. Pode até adiantar-se que os portugueses não tinham previsto a mestiçagem, ou pelo menos, não a tinham encarado como uma consequência normal da própria colonização. É tal, contudo, o que podemos deduzir da polémica que se gerou em São Tomé no século XV, quando os jovens mulatos, resultantes das relações entre colonos brancos e escravas pretas, produziram os seus resultados, humanamente desejados, mas inçados de problemas.

O debate, tendo como intervenientes a corte portuguesa e os colonos brancos, girou em torno do estatuto dos jovens mulatos, que, naturalmente, tinham pai branco. Estes eram considerados, respeitando um dos preceitos do direito romano, como escravos, pois que descendiam de um ventre escravo. A esta maneira de interpretar o estatuto destes mulatos opôs-se a determinação dos pais brancos, que declararam que tais mulatos eram seus filhos, e que por eles tinham afecto e ternura. A perturbação registada provinha de um elemento que não fora contabilizado: a afectividade que, supõe-se, deve ligar os pais aos filhos e inversamente. A corte portuguesa agiu, neste caso, com bom senso, assegurando não só a liberdade dos mulatos — embora a história colonial portuguesa esteja cheia de escravos mulatos vendidos de maneira regular nos mercados a tal destinados —, mas também a liberdade das mães, escravas que tinham sido distribuídas aos europeus solteiros ou instalados sem mulher no arquipélago.

A segunda metade do século XIX permitiu que fossem importadas algumas teses racistas elaboradas na Europa e, mais particularmente, em França. O eugenismo impôs-se, autorizando a rejeição das formas de mestiçagem, consideradas como um agente da degenerescência dos grupos dominantes, como, de resto, já fora feito em França por Paul Broca, que não hesitara em denunciar os malefícios das mestiçagens mal organizadas. Os defensores das teses das «raças puras», combatidas por alguns especialistas das questões associadas à classificação das raças humanas, não hesitaram em pôr também em causa a banalização da mestiçagem. Um certo «darwinismo social» invadiu o discurso colonialista português, permitindo a exautoração das populações africanas, que não seria possível distinguir dos grandes macacos. Mário Moutinho encontrou, na produção literária portuguesa relativamente recente, uma acusação dirigida aos africanos, que teriam relações sexuais com os animais, o que não pode deixar de ser considerado como um elemento suficiente para reforçar a denúncia da sua animalidade.

Estamos diante de mais um dos estereótipos que pesam sobre as escolhas dos africanos, quase sempre perto da animalidade. Podemos, com efeito, encontrar uma longa série de referências às relações sexuais entre os orangotangos e as mulheres «indígenas», já no século XVIII, pelo menos, no reino de Luango, como afirma sem o menor titubeio Monsieur de P***, isto é, Cornelius de Pauw. Baseando-se em informações que lhe foram prestadas, de Pauw refere o caso de algumas africanas que tinham relações sexuais com os grandes macacos, e que, ainda por cima, encontravam prazer nessa relação.

Não deixa de ser curioso verificar que só se registam relações entre os macacos machos e as fêmeas humanas, não havendo a menor referência à situação complementar, embora Georges Durrell nos refira a oferta que lhe fez uma gorila que se colocou numa posição de cópula, na posição clássica do «missionário», oferta que Durrell afirma ter recusado.

Como é evidente, este inventário confirma as características inevitavelmente selvagens dos africanos, a ponto de se registar tamanha intimidade entre os homens e os animais, não só os grandes macacos, mas muitos outros. Não interessará agora alargar o debate, embora talvez não seja inútil salientar que o tema das relações sexuais entre homens e alguns animais se encontra na literatura ocidental, como é o caso de Balzac, Henri Michaux, Ferreira de Castro e Romeu Correia, sem pretender proceder à organização de um catálogo sistemático do tema. O mais significativo reside, por isso, na necessidade de asselvajar: a animalização não é mais do que um dos elementos que caracterizam o asselvajamento. Cornelius de Pauw não hesita em salientar o facto de não haver a mínima violência nesta relação, a ponto de ela procurar dar prazer às mulheres que nela participam. Lembremos que dois séculos depois, Tarzan, o grande herói branco da floresta, não tem a menor relação afectiva ou sexual com as «indígenas», estando integrado numa relação exclusivamente branca.

Quer isto dizer que a importação do luso-tropicalismo só podia ser recente, pois na década que vai de 1920 a 1930, e mais precisamente a 1934, — data da 1.ª Exposição Colonial Portuguesa, levada a cabo no Porto — se defende, sobretudo, a necessidade de evitar as mestiçagens. Esta corrente portuguesa, que se afirmara já na escrita do antigo ministro das colónias e alto-comissário da República em Angola, Vicente Ferreira, é reforçada pelos antropólogos que participaram no Congresso Colonial. Não se regista a menor centelha de luso-tropicalismo, embora se saliente que a mestiçagem não acrescenta qualidades nem aos brancos, nem sequer aos pretos. Tanto uns como outros perdem qualidades, e não falta sequer uma teoria para propor uma suspensão de toda e qualquer forma de mestiçagem, visto que esta resultaria não na perda de qualidade dos brancos, mas na perda de qualidade dos pretos!

Estas referências permitem também compreender a situação constantemente marginal do mulato, que a sociedade teima em identificar mais com as mães africanas do que com os pais europeus, denunciando, desta forma, a importância da presença do sangue e da cor negras. A situação mantém-se inalterada: são raríssimos os mulatos que resultam de relações — e ainda menos de casamentos — entre brancos e pretos. A norma social portuguesa, que fornece um dos falsos suportes do luso-tropicalismo, assenta nas relações entre homens brancos, que se consideram superiores, e mulheres pretas, obrigatoriamente inferiores e subordinadas. Podemos encontrar as marcas ferozes desta maneira de classificar as relações humanas na polémica que, na segunda metade do século XVIII, estalou entre o mulato brasileiro Domingos Caldas Barbosa e Manuel Maria Barbosa du Bocage. O agressor só podia ser o poeta português que, já no Brasil, mas, sobretudo, na Índia — ainda «portuguesa» —, denunciara com talento e veemência a falta de qualidades dos indígenas, e mais especialmente, dos mestiços («nestes vis, nestes cães, nestes mestiços»).

Mais uma vez, antecipando, de certa maneira, Oliveira Martins, Bocage aparenta mulatos e orangotangos («e o orangotango a corda à banza abana»), rejeitando o mulato que não pode ser integrado entre os brancos, pois, por assim dizer, por razões zoológicas, deve ser antes contabilizado entre pretos, ou até, de maneira ainda mais radical, entre os animais selvagens. Não se pretende alargar o número ou a qualidade destas referências, mas apenas salientar a extrema violência da denúncia dos mestiços ou mulatos, que já pudéramos, de resto, encontrar no século XV marítimo e ultramarino, e que não desapareceu nunca do vocabulário racista português. Ou, dito por outras palavras: não se regista o menor apaziguamento no que se refere ao vocabulário e às práticas racistas portuguesas. Muito pelo contrário, o que se regista, seja em Lisboa, seja no Brasil — e, neste caso, a prova literária seria fornecida pelo baiano Gregório de Matos Guerra —, é a rejeição violenta e constante de qualquer forma de mestiçagem.

Verifica-se neste século, por volta dos anos 1950, uma mudança cujas causas estão ainda por verificar, embora Mário Moutinho nos forneça algum material capaz de nos ajudar a ver mais claramente uma situação indubitavelmente confusa. O aparelho político português importa e impõe as teses do luso-tropicalismo criadas pelo brasileiro de origem galega Gilberto Freyre. Nos últimos anos, tem-se registado um grande número de estudos, artigos, livros, colóquios, simpósios, conferências, cursos, provocados pela análise do luso-tropicalismo, bruscamente transformado em suporte ideológico e teórico das práticas coloniais portuguesas. Convém ser mais modesto e, sobretudo, mais respeitador da história, mesmo se legiões de universitários, portugueses, franceses, brasileiros, norte-americanos, ingleses, consideram que o luso-tropicalismo fornece uma grelha capaz de proceder à interpretação do colonialismo secular português.

Está-se perante uma profunda confusão, que revela falta de método histórico: a primeira versão do luso-tropicalismo foi elaborada nos Estados Unidos em 1922, por um jovem estudante brasileiro. Mau grado as grandes obras dos primeiros anos de 1930, a sociologia colonialista de Freyre não conseguiu mobilizar o interesse dos portugueses, embora tenha suscitado uma atenção considerável por parte de alguns colonialistas, como os cabo-verdianos. O funcionário da Agência Geral das Colónias, José Osório de Oliveira, talvez com mais experiência do Brasil, onde o seu pai foi cônsul, procurou convencer as autoridades portuguesas a adoptar o luso-tropicalismo como arma política, mas não obteve resultados convincentes. Quais as razões que levaram os responsáveis pela explicação ideológica do colonialismo a recusar o luso-tropicalismo? Será o simples efeito de alguns artigos anti-salazaristas que Freyre publicara na imprensa carioca? Não é impossível, mas os artigos continuavam a existir nos anos 50 quando, bruscamente, as portas colonialistas se abriram para integrar Freyre e o seu luso-tropicalismo no quadro ideológico português. Mário Moutinho diz o suficiente para podermos encarar a necessidade de proceder à revisão do luso-tropicalismo inserido no das ideologias colonialistas portuguesas.

Na verdade, a importância concedida ao luso-tropicalismo permite que alguns, quando não muitos, valorizem a empatia das relações humanas que teria caracterizado o colonialismo português. Mário Moutinho fornece as provas, tanto ideológicas como práticas, que põem em evidência a violência desumana do colonialismo português, antes e depois do luso-tropicalismo. Todavia, esta demonstração obriga a denunciar a preguiça teórica de muitos «especialistas» que injetam o luso-tropicalismo freyrano em todos os momentos da história colonial portuguesa, o que, do ponto de vista histórico, pode ser considerada uma falsificação. Por outro lado, como esquecer a importância das intervenções críticas de António Cândido e de Florestan Fernandes, que demonstram o carácter falaz do luso-tropicalismo como teoria capaz de explicar os particularismos do racismo brasileiro?

Por sua vez, esta maneira de adoçar as relações sociais existentes sublinha o peso da ideologia, que funciona como uma máscara deformadora, permitindo que o colonialismo utilize, contra os autênticos anti-colonialistas, as armas da sua ideologia. Ora, o luso-tropicalismo não conseguiu travar as aspirações sociais e políticas das populações africanas dominadas, o que provocou a longa duração da guerra colonial, que deve ser, todavia, classificada como guerra da independência. O esforço mais constante do aparelho político e militar português assentou na necessidade de rejeitar a legitimidade dos combates impostos pelos africanos. Mário Moutinho refere o que parece ser a maravilha desta operação ideológica: um «pensador» português, fiel a certas teses patológicas do século XIX, considera o desejo de independência não o resultado de um projecto político adulto, mas, antes e exclusivamente, uma manifestação patológica que só podia ser tratada pela conjunção existente entre a psiquiatria e a repressão armada. O que explica a existência das equipas encarregadas da famosa «recuperação psicológica».

Noutro plano, a violência urbana mantém-se fiel a esses parâmetros. Mário Moutinho evoca o momento em que foram criadas as *cadernetas*, provocadas pela necessidade de controlar e regularizar o pagamento do imposto de palhota, e de que provem essencialmente do modelo britânico, que, antes do *apartheid*, já começara a aplicar a dureza das regras que só a independência da África do Sul podia dissolver. Se os portugueses não impõem o *pass*, a caderneta desempenha bem esse papel. Basta, de resto, considerar a pungência de algumas obras literárias africanas, como *Eles Mataram o Cão Tinhoso*, de Luís Bernardo Honwana, para podermos penetrar no espaço repressivo que a cidade dos brancos impõe aos africanos, excluídos do seu território, pelas medidas repressivas e discriminatórias dos brancos, considerados europeus, mesmo quando nascidos em África.

Os combatentes africanos são, por isso, duplamente irracionais, pois aparecem simultaneamente como indígenas, guerrilheiros e estrangeiros, pondo-se ao serviço do comunismo, quer este seja russo, chinês ou cubano. Os portugueses auto-consideram-se vítimas dos apetites universais do ogre comunista, que, ao contribuir para a eclosão das operações de guerrilha, teria permitido ressuscitar, ou pelo menos reforçar, as normas da antropofagia que a pressão do bom colonialista português tinha contribuído para atenuar, embora não as pudesse ter feito desaparecer. Se durante anos a fio os portugueses tinham desqualificado os africanos que se vestiam como os colonizadores, chamando-lhes *calcinhas*, assim também procederam à desvalorização dos africanos que tinham optado pela guerra da independência, classificando-os como «turras». O colonialismo português mantém-se fiel aos seus hábitos, recusando considerar os africanos, seja como cidadãos de pleno direito, seja como combatentes agindo em defesa dos direitos nacionais.

Terminarei com algumas considerações respeitantes ao problema da escolaridade e da língua, que mereceu o interesse justificadíssimo de Mário Moutinho, pois se verifica uma situação surpreendente, sobretudo nos dias de hoje, quando não há vogal de junta de freguesia que não solicite os valores da lusofonia para inaugurar um fontenário: como foi possível que os agentes do colonialismo tivessem desprezado tanto a própria expansão da língua portuguesa? Trata-se de uma das mais penosas consequências da desqualificação dos africanos, que deviam manter-se exteriores aos valores culturais portugueses, de maneira a permitir o recrutamento dos trabalhadores, impossibilitados de preencher, compreender, assinar, sequer, os documentos. Aqueles que são obrigados a «assinar de cruz» são também aqueles a quem se imputam ou recusam direitos.

Mas o que o mais impressiona hoje, acompanhando a via-sacra da língua portuguesa estruturada por Mário Moutinho, é certamente a rejeição dos africanos do espaço linguístico, o que os transforma em coisas do trabalho, radicalmente excluídos da língua portuguesa. Num país onde se tornou banal considerar a língua portuguesa como sendo uma «pátria», estas operações do passado colonialista não podem deixar de provocar a indignação. Mais ainda, não se compreende muito bem, mau grado a cegueira fascista, como foi possível confiar às mãos da igreja católica, por via do Acordo Missionário, a escolaridade destinada aos «indígenas». Estão ainda por explicar as razões que levaram a igreja católica a fazer esta exigência ao Estado português; sem dispor nem de orçamentos, nem sequer de autênticos projectos escolares. Só tarde, a igreja católica conseguiu descobrir que não dispunha dos meios financeiros indispensáveis a tarefa de tal amplitude.

Verifica-se muito facilmente que os responsáveis pela igreja adoptaram um ponto de vista ferozmente colonialista, o que explica que muitos responsáveis católicos tenham denunciado a concorrência das missões protestantes, assim como o seu ensino, que seria demasiado literário, isto é, que estaria menos empenhado no carácter agrário e artesanal do que as missões católicas prefeririam. A adopção, em África, do modelo que, em Portugal, já provocara uma estabilização dos analfabetos, condenando o país a uma notória insuficiência escolar, agravou-se em África, onde se pretendeu manter os africanos fora dos parâmetros das culturas dotadas de formas de conhecimento amplas e cosmopolitas. O provincianismo dos missionários amputou de maneira deliberada as potencialidades culturais de grupos que pediam a formação que os libertasse das formas arcaicas de dominação.

É esta associação tão apertada entre a administração civil, os interesses económicos e ideológicos dos colonos e da Igreja católica que constitui a tripeça em cima da qual se instalou a violência da dominação colonial. Mário Moutinho fornece as armas da compreensão, sem recusar nem as armas da ironia, nem aquelas que já pertencem ao domínio da indignação necessária. O carácter compacto da ideologia, a sua rejeição de forma crítica e ainda menos de autocrítica considerada — uma nefasta prática marxista —, permitiu que se mantivessem e fossem até reforçadas formas de dominação arcaicas, todas destinadas a satisfazer as exigências dos colonos. Se o governo colonial fora obrigado a renunciar a «branqueação» do território — como tinham pretendido alguns colonatos, como o da Cela, onde os colonos deviam recusar todo e qualquer recurso à força de trabalho africana —, tal não impediu que a ideologia dominante exaltasse apenas os valores brancos, exigindo, nas suas formas mais caricaturais, que os «pretos tivessem alma branca». Esperando do oxímoro o reforço da dominação colonial. O estudo de Mário Moutinho cabe bem no quadro das interrogações polémicas que a extrema-esquerda decidiu fazer à sociedade portuguesa, às quais nem sempre foi dada, a tempo e horas, a resposta necessária. Não havia quem, no campo minado das ideologias colonialistas, pudesse dizer melhor a estrutura do inaceitável do que Mário Moutinho.

4.4. OS ANTROPÓLOGOS PORTUGUESES NA RATOEIRA DO COLONIALISMO

Um dos problemas centrais da nossa vida cívica reside na necessidade urgente de proceder à descolonização interna. Frase que pode parecer sibilina, mas facilmente explicável: se conseguimos pôr termo ao processo colonial que nos caracterizou durante mais de cinco séculos, a verdade é que ainda não fomos capazes de transformar os elementos da prática nacional a ponto de dar lugar a uma nova estrutura política, mas, sobretudo, a uma nova visão do mundo. A existência dos *retornados* não é apenas um problema económico, constitui, essencialmente, um problema político, mas também um problema afectivo e intelectual. Os retornados testemunham, na praça pública, a dificuldade de liquidar o problema colonial, assim do pé para a mão.

Ora, este colonialismo penetrou profundamente na nossa prática política, económica e intelectual. Quando se procura analisar com algum pormenor a massa impressionante de documentos que tratam das antigas colónias portuguesas, somos colocados perante uma constante: a exaltação dos valores portugueses, com um desprezo concomitante pelos valores dos povos com quem estivemos em contacto e a quem quisemos impor, fosse como fosse, os esquemas da vida nacional. Quer se trate da escrita dos missionários, dos documentos dos funcionários, ou das teses e das teorias mais pretensamente científicas dos historiadores ou dos antropólogos, os portugueses vêem-se e querem ser vistos como os melhores colonizadores, ou até como o único povo que dispõe de qualidade autorizando a colonização. De Camões a Gilberto Freyre, o caminho é mais directo e mais curto do que se pode pensar.

Ultrapassar o colonialismo, o espírito colonialista e as práticas que lhe estão ligadas exige também uma mudança radical dos hábitos intelectuais portugueses. Tarefa singularmente difícil, tanto mais que são pouquíssimos os intelectuais portugueses que conseguiram escapar aos moldes e aos modelos colonialistas. E não se pense que esse través caracterizou apenas os «reaccionários», ou os «fascistas», categorias ideológicas que servem para eliminar os que incomodam a nossa tranquilidade. Pelo contrário: se quisermos pesquisar e definir os estratos colonialistas do pensamento português dos últimos cinquenta anos, havemos de ficar dolorosamente surpreendidos com os termos e os lugares onde tal se verifica.

Os «especialistas» de antanho

É por isso que a descolonização da antropologia e dos estudos africanos, ou americanos, ou asiáticos, me parece extremamente difícil. Sobretudo, quando se quer utilizar os «especialistas» de antanho. Uma pequena viagem no interior dos textos mais «científicos» permite descobrir afirmações colonialistas típicas. Assim, por exemplo, em Francisco Tenreiro, poeta da negritude (*Ilha de Nome Santo*, em 1942) e geógrafo de talento.([218]) Escrevendo a propósito das estruturas religiosas da sua ilha natal, São Tomé, afirmou: «Não se conhecem, que eu saiba, em S. Tomé, formas nítidas de sincretismo religioso, antes se tende para um catolicismo autêntico, mesmo quando eivado de certa ingenuidade por parte dos crioulos de S. Tomé»([219]).

([218]) Francisco Tenreiro, *Ilha de Nome Santo* (Coimbra: Portugália [distrib.], 1942).

([219]) Francisco Tenreiro, *A Ilha de São Tomé* (Lisboa: Junta de Investigações do Ultramar, 1961), p. 198.

Afirmação francamente escandalosa, que recusa a permanência das estruturas religiosas africanas, e destinada a fazer do arquipélago um lugar de afirmação do catolicismo, quer dizer, da religião oficial do Governo português. Para o fazer, Tenreiro ignorou deliberadamente os elementos africanos que formam o fundo da prática religiosa das duas ilhas do arquipélago. Ora, basta considerar a estrutura das cerimónias do *pagá-devê*, inteiramente africana, ou a presença obcecante dos espíritos *ocosso* que vivem na água, ou nas cavernas próximo da água, e cuja brancura é às vezes tão fulgurante que «encanta» aqueles que os vêem. Ora, estes espíritos brancos, vivendo na água corrente dos rios ou dos ribeiros, estão intrinsecamente associados aos espíritos brancos das religiões dos povos africanos de língua bantu. Quer dizer que se trata de manifestações genuinamente africanas, que provam o contrário do que foi avançado por Tenreiro: a religião católica nunca conseguiu varrer as estruturas africanas, e são, por conseguinte, estas que submetem e trituram os dados católicos.

Os trabalhos de Jorge Dias

Constata-se uma atitude assaz idêntica no trabalho de um antropólogo de talento como foi Jorge Dias. As suas monografias abordam sistematicamente um problema crucial: as razões e os fundamentos da expansão colonial portuguesa, considerada como uma condição natural da nossa estrutura, tanto económica como cultural, ou até mesmo psicológica. Por isso, a guerra colonial nunca aparece na sua escrita, e a sua importante monografia sobre os Macondes de Moçambique não contém uma única referência directa ao estado de guerra, mesmo sabendo, como não podia deixar de saber, que as populações entre o Rovuma e o Zambeze estavam todas empenhadas no combate contra a dominação colonial portuguesa. Jorge Dias, tinha, todavia, uma explicação na algibeira científica: «esta monografia só faz referência ao povo maconde até 1960. Todas as transformações resultantes dos acontecimentos políticos recentes, que promoveram contactos maciços de cultura, não puderam ser observados por nós.»([220])

Repare-se na subtileza da escrita, que podia ter honrado o melhor estilo neo-realista deste período. Ora, é evidente que Jorge Dias não podia ignorar, em 1964, a situação política, económica e, sobretudo, militar do norte de Moçambique. Descrever os afrontamentos e os combates como «contactos maciços de cultura» nem sequer pode ser descrito como caricatural: trata-se de uma afirmação propriamente indecente, que, de resto, já tinha censurado na imprensa francesa ainda em vida do professor Jorge Dias. Pode dizer-se que Jorge Dias estava ilaqueado pelas instituições e pelo sistema repressivo que era o nosso. Seja como for, o antropólogo não está autorizado a ignorar as práticas reais dos povos de quem fala. E não se pode abrigar atrás de uma explicação cronológica, quando se trata da destruição maciça de uma cultura, de uma nação, de uma parte de um continente. Mas tais são os avatares da nossa «antropologia»!

Esta atitude de Jorge Dias contamina grandemente o livrinho de A. Rita-Ferreira, *Povos de Moçambique. História e Cultura*, surpreendentemente editado pela Afrontamento no ano passado.([221]) O capítulo consagrado aos Macondes é decalcado da monografia de Jorge Dias, o que lhe dá um aspecto de *digest* pouco digerível.([222]) Há, porém, coisas mais graves no livro de Rita-Ferreira, e queria apenas dar um exemplo flagrante, que me parece ressaltar na definição da personalidade do chefe Zulu Chaka: «É fora de dúvida que desenvolveu uma fixação obcessiva a sua mãe, fixação que marcou profundamente a sua personalidade e pode explicar parte das suas reacções de psicopata».([223]) Pode não se morrer de amores pelo grande chefe Zulu, e conto-me entre os historiadores da África Negra

([220]) Jorge Dias, *Os Macondes de Moçambique, I, Aspectos Históricos e Económicos* (Lisboa: Junta de Investigações do Ultramar, 1964), p. 11.

([221]) A. Rita-Ferreira, *Povos de Moçambique: história e cultura* (Porto: Edições Afrontamento, 1975).

([222]) *Ibidem*, cap. IX, pp. 255–204.

([223]) *Ibidem*, p. 272.

que não hesitam em se interrogar sobre o papel particular da Chaka na evolução dos problemas da África Austral. Mas avançar uma explicação psicanalítica, sem os elementos que a fundamentam e a autorizam, é inadmissível.

De resto, esta caracterização é marcadamente racista, dado que ela procura descrever Chaka como um chefe inteiramente dominado por impulsos irracionais, que o levam a gerir a sociedade Zulu de maneira inteiramente arbitrária. Ora, nestas páginas de Rita-Ferreira não há uma única referência aos Europeus e aos Árabes colonialistas, que provocaram uma grande perturbação nesta região africana, como, de resto, aconteceu em toda a África. Convém, contudo, salientar esta verdade comezinha, portanto, esquecida neste livrinho: não é possível explicar a gesta de Chaka sem estudar em pormenor os elementos da modificação provocada pelas potências coloniais, tanto a Inglaterra como Portugal, mas também a França e os comerciantes árabes que durante séculos puderam controlar as estradas comerciais da região. Mas, uma vez mais, há um desfasamento profundo entre o antropólogo e a prática africana, o que torna difícil, e até impossível, a *compreensão* do fenómeno africano.

Vou terminar esta viagem relativamente incómoda com dois exemplos angolanos. Podia, no caso de Moçambique, referir as tentativas de um «antropólogo» como Victor Hugo Velez Grilo, que tem direito a um lugar muito particular na história do Partido Comunista Português, que ele tentou liquidar, ou de Maria Leonor Correia de Matos. Prefiro, porém, mudar de costa e apresentar dois autores que ocuparam um papel importante na organização «científica» da colónia. O primeiro, Eduardo dos Santos, escreveu demoradamente sobre os Quiocos, mas também sobre as *Religiões de Angola*.(224) Retenhamos a descrição de Angola após o breve episódio da ocupação holandesa no século XVII: «O trabalho de reconstrução material e moral de Angola era ingente. Era preciso pacificar sobas do interior, trazer ao redil de Cristo as ovelhas

(224) Eduardo dos Santos, *Religiões de Angola* (Lisboa: Junta de Investigação do Ultramar. Centro de Estudos Missionários, 1969).

tresmalhadas».([225]) Passagem exemplar, porquanto ela mostra a maneira como o colonialismo *faz* a sua história, que é também a história da ignomínia do Outro, aqui considerado como o mau selvagem por excelência, capaz de trair os portugueses recorrendo aos holandeses, que ainda por cima eram heréticos. Visão do mundo africano que apenas considera os valores europeus e não pode conceber uma posição autónoma das populações africanas.

O caso Mesquitela Lima

Creio que já podemos definir as condições em que trabalharam os melhores antropólogos e historiadores portugueses nas suas relações com o Outro colonizado. Este é sempre visto como uma *coisa* que o colonizador deve manipular sem grandes cuidados, para o forçar a entrar no espaço da civilização, mesmo se isso lhe custa a vida. Mas há ainda melhor e mais perfeitamente «científico» na utilização da antropologia ao serviço do colonialismo. Encontramo-lo nas páginas de um antropólogo que começou a sua actividade profissional como chefe de posto em Angola: Guilherme Augusto de Mesquitela Lima, natural de Cabo Verde, mas jamais militante do PAIGC, diga-se de passagem. Para não complicar as tarefas de leitura, retenho apenas uma comunicação apresentada ao Congresso Internacional de Etnografia, *A Etnografia Angolana. Considerações Acerca da Sua Problemática Actual*, Luanda, 1964.([226]) As datas são importantes porque recusam os álibis tradicionais, das pessoas bem-intencionadas, mas que não podem adivinhar as malandrices dos maus colonizadores...

Em Mesquitela Lima, temos o intérprete de uma certa antropologia aplicada, que quer impor os antropólogos à administração. Assim, nota ele uma «desarticulação absoluta entre a Etnografia e a Administração Pública. Aqui, queremo-nos

---

([225]) *Ibidem*, p. 112.

([226]) Mesquitela Lima, *A Etnografia: Considerações acerca da sua Problemática Actual* (Luanda: Museu de Angola, 1964).

referir à ausência de um objectivo em certos estudos; no sentido do fornecimento de elementos que possam servir de orientação para uma tomada de posição e consequente actuação posterior» ([227]). Afirmação soberbamente reveladora das intenções do antropólogo, pois tomar posição e actuação posterior só podem significar a submissão do antropólogo às orientações da administração e, necessariamente, das forças repressivas, polícia política e exército. O antropólogo aparece aqui como o praticante da «antropologia aplicada», cara aos ingleses, sobretudo, na esteira da escola de Cambridge, com E. E. Evans Pritchard, ou S. F. Nadel, e menos defendida pelos franceses, ainda que Roger Bastide tenha insistido nesta tónica.

Mas há mais e mais explícito neste belo texto de Mesquitela Lima, que defendia a necessidade da passagem dos «estudos estritamente etnográficos» a uma «antropologia estruturalista e sistémica», cujos métodos «visam o estudo da totalidade» ([228]). Confesso que esta passagem me parece assaz obscura, mas convém citá-la, porque mostra que Mesquitela Lima não compreendeu nada do estruturalismo, e, por isso, o deslocou para o espaço da antropologia aplicada, o que devia provocar calafrios a Claude Lévi-Strauss, ou a Jean Pouillon, se por acaso pudessem ler estas propostas insanas. Mais ainda, este estruturalismo totalizante não seria gratuito, pois, o aviso é de Mesquitela Lima, «nunca se esqueça que tais dados servirão sobremaneira à Administração e à Política» *sic*: as maiúsculas não são ironia minha, que seria despropositada, mas homenagem reverentíssima do autor([229]). Está-se mesmo a ver a bela antropologia que perdemos, pois o governo colonial mostrou-se perspicaz e não encarregou Mesquitela Lima de chefiar a secção especial dos estudos etnográficos ou antropológicos. O que não o impediu de dedicar a sua tese ao general Silvino Silvério Marques, que soube utilizar os poucos dados antropológicos fornecidos por Mesquitela Lima para esmagar mais conscienciosamente as populações angolanas.

([227]) *Ibidem*, pp. 45–46.

([228]) *Ibidem*, p. 46.

([229]) *Ibidem*.

A conclusão parece-me óbvia: está tudo por fazer no campo tão complexo da antropologia. Em Portugal, primeiro, mas também nas relações que podemos ter com o Outro, seja ele quem for, e esteja ele onde estiver. Ora, não me parece que estes textos, e estes autores, possam ajudar grande coisa. Temos de fazer tábua rasa, eliminando os livros e também os homens. Para começar praticamente a partir do nada que possuímos e que não pode ser superado por simples afirmações demagógicas. É preciso trabalhar, e muito. Afirmação na qual queria que ninguém visse o stakhanovismo que tanto detesto.

5.

Portugal perante o facto colonial

5.1. AS MÚLTIPLAS VARIANTES DO PROCESSO COLONIAL PORTUGUÊS

Prefácio a *O Império Português entre o Real e o Imaginário*, de Adelino Torres

É com um atraso lastimável que se publica, enfim, a parte mais importante da tese de doutoramento de Adelino Torres, defendida há precisamente dez anos (1981) na Universidade Técnica de Lisboa.

Como acontece com alguma frequência, esta tese foi lida e pilhada: não se admire o leitor se, aqui e ali, ficar com a impressão de já conhecer temas e argumentos. É bem possível que já tenha lido uma glosa, em virtude de o trabalho de Adelino Torres oferecer uma matriz dinâmica de interpretação da história económica — social, por consequência — de Angola. Com algumas referências naturais ao arquipélago de São Tomé e Príncipe, muito ligado ao sul-africano, em consequência da importação contínua de força de trabalho angolana.

Não há razão para surpresas perante estas pilhagens universitárias: alguns debates actuais, no campo das ciências exactas, mostram que os interesses pessoais podem calar ou adulterar as regras da ética. Podemos lamentar que tal aconteça, sobretudo quando se prova que investigadores — entre os quais, um prémio Nobel — são capazes de falsificar os protocolos da investigação.

O livro de Adelino Torres permite compreender o mecanismo complexo do sistema colonial português, sobretudo no caso dos dois territórios referidos. O facto de serem considerados como uma espécie de unidade orgânica, explica-se em consequência da simbiose em que têm vivido desde o século XVI, situação que se reforçou na segunda metade do século XIX, quando as ricas plantações de cacau e de café (as roças) exigiam uma força de trabalho que não podia ser recrutada entre a população autóctone, e que devia ser importada, quaisquer que fossem as técnicas utilizadas para a «convencer» a aceitar a condenação do trabalho nas duras condições impostas pelos patrões do arquipélago.

Creio conveniente pôr em evidência o facto de este texto se ocupar essencialmente da maneira como se organizou a dominação portuguesa. Não que as estruturas e os valores africanos não estejam presentes, explícita ou implicitamente, mas Adelino Torres quer mostrar a maneira como os africanos tiveram de renunciar à sua hegemonia, para se integrar — na maior parte dos casos, pela força — no sistema de valores das burguesias portuguesas.

Com efeito, este trabalho analisa o que será de agora em diante um elemento central na explicação do facto colonial português: a existência de várias burguesias, cujos interesses são mais concorrenciais do que convergentes. Se todas elas, pelo menos até 1789, estão ligadas pelas capilaridades impostas pela burguesia estatal portuguesa, podemos também dar-nos rapidamente conta de que, nos fins de século XVIII, começam a registar-se sobressaltos internos que põem em causa — de maneira mais ou menos brutal ou coerente — a legitimidade e a permanência do poder colonial português.

A grelha cronológica de Adelino Torres, que vai de 1820 ao fim dos anos 20 deste século, permite explicitar a maneira como o colonialismo português foi forçado a reorganizar-se em consequência da evolução das diferentes burguesias de língua portuguesa. Não dispomos, até hoje, de uma história dessas burguesias, mas podemos já verificar que foi nas colónias que se registaram as primeiras manifestações das autonomias (no sentido etimológico da palavra) burguesas. Considera-se que a data mais importante, neste aspecto, foi o 7 de Setembro de 1822, que deu a independência à burguesia brasileira, que se fora constituindo pelo menos a partir do século XVII, contra os interesses da burguesia da Metrópole europeia. A lição histórica portuguesa, demasiado banalizadora, insiste em salientar a habilidade das combinações estabelecidas entre D. João VI e o príncipe D. Pedro, que acabaram por permitir que a Casa de Bragança mantivesse, durante alguns anos, o poder no Brasil, não o deixando cair imediatamente nas mãos da burguesia brasileira.

Convém, na verdade, restabelecer o peso desta realidade portuguesa, já que os brasileiros tinham procurado libertar-se do colonialismo português a partir dos fins do século XVIII: a Inconfidência Mineira (1789), que fora precedida por outras opções menores contra o poder colonial português, deve ser compreendida como a primeira grande tentativa de organizar uma operação revolucionária, para permitir o acesso à independência da burguesia brasileira. O peso da lição política dos Estados Unidos é mais do que evidente, como, de resto, provam os contactos — mesmo se parcos — estabelecidos entre os «Inconfidentes» e Thomas Jefferson em França. A operação era, por isso, burguesa e americana.

O fracasso desta operação não pode nem ocultar, nem reduzir a importância desta primeira tentativa da revolução burguesa, confirmada pelo curto espaço de tempo que a separa da independência: apenas 33 anos. Um segundo elemento exige ser claramente enunciado: o poder previsto pelos Inconfidentes não seria aristocrático, mas, exactamente como nos Estados Unidos, republicano e burguês.

Trata-se de uma situação muito significativa, na medida em que os angolanos, tão profundamente ligados ao Brasil, não podiam manter-se indiferentes a tais acontecimentos políticos. Tudo mostra, neste trabalho, que, até aos dias de hoje, Angola mantem ligações preferenciais com o Brasil, se bem que o regime «fascista» tenha feito tudo o que estava em seu poder para reduzir a importância desses laços. A reacção da burguesia angolana à independência brasileira foi, por assim dizer, imediata, tendo-se criado em Benguela, em 1823, a *Confederação Brasílica*, cujo objetivo é transparente: conseguir a independência de Angola no quadro de uma relação federal com o Brasil, o que poria termo, dos dois lados do Atlântico, à dominação da burguesia portuguesa da Europa.

Não parece inútil acrescentar que esta autonomia, destinada a consolidar a hegemonia adquirida pela burguesia colonial angolana — em que se contavam, ainda provisoriamente, não só raros africanos, mas um número elevado de angolanos (mulatos) de origem portuguesa ou brasileira —, foi pensada sem a menor participação das populações africanas. O que sublinha a importância burguesa do projecto, cujo objetivo profunda residia no controlo de uma vastíssima fracção do Atlântico Sul. Este projecto (ou esta utopia) ainda não desapareceu inteiramente do horizonte político dos dois países, se bem que estes últimos anos de guerra — desde 1961 — tenham obscurecido os seus contornos e o seu interesse.

Estes abalos exteriores repercutiram-se em Portugal, que conheceu, com o afrontamento entre miguelistas e liberais, um choque profundo que deveria pôr termo ao Antigo Regime. As soluções políticas implicam ou exigem uma renovação dos parâmetros económicos. O autor sublinha que a vitória da burguesia «liberal» — em 1834 — não corresponde necessariamente, no plano económico, à vitória do liberalismo sobre o mercantilismo. Sem esquecer, por outro lado, as divergências e os embates constantes e profundos entre os vários grupos da burguesia. Com efeito, diz-se, a burguesia metropolitana opõe-se quase sempre às burguesias coloniais. Todavia, esta situação não pode ocultar o facto de a própria burguesia metropolitana estar longe de ser homogénea: os interesses da fracção do Norte não coincidem automaticamente com os da fracção do Sul.

Podemos dar-nos conta da importância desse facto lendo a maneira como Bazílio Telles explica as razões que impuseram a organização da insurreição republicana de 31 de janeiro de 1891, que, entre o mais, devia responder ao *Ultimatum* inglês de 11 de Janeiro de 1890, tão profundamente humilhante para o orgulho nacional. Forçados a dar-se conta da impossibilidade de responder pela força aos ingleses, os republicanos procuram deitar pela borda fora a família real e o regime monárquico, considerado incapaz de gerir de maneira aceitável os interesses portugueses, para permitir que o Norte controle o Estado republicano.

No caso das burguesias exteriores, ultramarinas, se os brasileiros conseguem proclamar uma independência que já fora encarada como possível em 1789, os angolanos, devido a uma demografia burguesa demasiado frágil, não conseguem fazê-lo. Mas esta burguesia angolana, que se associa tão frequentemente com os brasileiros, encontra-se num estado de concorrência aberta e permanente com a burguesia metropolitana. Mais subtilmente ainda, Adelino Torres distingue — em Angola — o choque entre a burguesia do litoral e a do sertão, agravado pelas questões que sempre separam os ricos dos pobres.

Quer dizer que não basta servir-se do «capitalismo» como explicação única: Adelino Torres sublinha a importância precoce das burguesias na medida em que só estas se mostram belamente interessadas na ocupação comercial do interior. Se o Estado Português e os seus representantes acabam por satisfazer, com a presença no litoral, ou em algumas povoações um pouco mais no interior, a burguesia e os seus agentes visam um objectivo mais amplo: criar uma rede de relações comerciais capaz de permitir uma circulação contínua e fácil, assim como barata, das mercadorias, seja do interior para a costa, seja da costa para o interior.

Na verdade, o estudo de Adelino Torres permite pôr em evidência, por um lado, a importância da mercadoria principal: o escravo africano; enquanto, pelo outro, procede ao inventário da mudança de ideias de uma fracção da burguesia dinâmica portuguesa. O Estado português foi forçado a enfrentar a lenta, mas inelutável, modificação dos juízos europeus e mundiais a respeito do tráfico negreiro, tendo também de agir no sentido de defender o património territorial português perante os apetites suscitados pelos desejos «imperiais» de algumas nações europeias. O Marquês de Sá da Bandeira assume, com uma constância singular, a defesa das ideias novas no que diz respeito às relações inter-humanas e inter-étnicas, multiplicando as medidas legislativas para pôr termo ao tráfico negreiro, e à escravatura, praticamente no mesmo movimento.

A acção legislativa não consegue, porém, alterar radicalmente a situação, uma vez que as burguesias coloniais recusam respeitar as regras elaboradas pelo Estado português. Se as burguesias angolanas — ou de maneira mais lata, mas mais precisa, as burguesias coloniais — são impotentes para alcançar a independência, mostram-se, todavia, suficientemente coerentes para rejeitar as regras criadas pelo Estado português. Trata-se da prova irrefutável da fragilidade administrativa portuguesa, que explica não poucas derivas do processo colonial.

Procedendo à revisão crítica e exemplar dos aspectos militares da colonização portuguesa, René Pélissier não escondeu a sua surpresa perante os gastos, humanos e outros, impostos pela má administração portuguesa do facto colonial. Podemos encontrar uma explicação, mesmo se implícita, neste trabalho: a pouca eficácia da Administração Pública que constituiu, de resto, uma das dificuldades constantes do processo colonial português. Seja em número, seja em qualidade, os membros da Administração Pública mostraram-se sempre incapazes de organizar uma administração barata, flexível e eficaz.

Podemos encontrar nesta obra múltiplas manifestações dessa insuficiência administrativa, que contrariou os projectos de Norton de Matos, tal como já tinha dificultado a aplicação de muitas e excelentes decisões de Henrique Paiva Couceiro. É possível descortinar mais uma prova dessa incapacidade na dificuldade em pôr termo ao tráfico negreiro, uma vez que uma parte da Administração Pública se associou à burguesia colonial para permitir que prosseguisse uma actividade internacionalmente condenada. Por essa razão, o tráfico só pôde ser realmente liquidado graças às medidas tomadas pelo governo brasileiro, sob proposta do Conselheiro Eusébio Queiros, que proibiu que os escravos provindos de África pudessem ser desembarcados nos portos ou nas costas brasileiras. Perante a ineficácia das medidas portuguesas, intervêm os brasileiros, que se mostram muito mais aptos em fazer respeitar a lei, a ponto de terem reduzido, e até liquidado, o caudal de escravos que, dos portos angolanos e vizinhos, invadia o território brasileiro.

A conferência de Berlim vibra um novo golpe nos projetos portugueses, amputando Angola e os territórios a norte, na bacia do Congo, mas, sobretudo, a leste, onde se perdeu — ponto de vista da tradição colonial portuguesa — a vasta região dos Lundas e lundaizados. O choque foi profundo, tanto mais que, durante esse final de século, os portugueses se viram obrigados a encontrar uma solução para os problemas respeitantes ao funcionamento do aparelho de Estado nas relações entre as burguesias, a metropolitana e a angolana, que arrasta, na sua esfera, a são-tomense.

A escravatura está ligada ao funcionamento do mercado do trabalho, o que explica o segundo aspecto da resistência da burguesia: foi certamente por essa razão que os circuitos internos da escravatura continuaram a funcionar, se bem que com um ritmo bastante reduzido. Essa situação interessa alguns chefes africanos, mas é preservada pelos colonos, que podem, assim, dispor de uma força de trabalho barata e passiva.

A análise histórico-teórica proposta por esta obra põe a nu a grande incerteza dos europeus diante da organização do trabalho.

A abolição da escravatura, mesmo se constantemente diferida ou transgredida, impôs uma reorganização das regras de exploração da colónia, tal como forçou à reconsideração das regras das relações inter-étnicas e, principalmente, tudo o que dizia respeito ao trabalho. A «solução» deste problema fundamental não foi elaborada pelo antigo Comissário-Régio em Moçambique, António Ennes, dependeu, sobretudo, das observações e das experiências deste teórico do colonialismo em Moçambique durante as campanhas que opuseram os portugueses às forças dos zulus de Gaza.

A importância da análise de Adelino Torres deriva do facto de servir também para desnudar os caminhos ínvios do capitalismo. A dificuldade maior por parte dos portugueses reside na sua hesitação no que respeita ao trabalho livre. A obrigação de abolir a escravatura criara fricções constantes entre as burguesias coloniais e o aparelho de Estado, que não podia agir de outra forma, não por convicção profunda da maior parte dos seus membros, mas devido ao peso dos imperativos internacionais. Ora, como não podia deixar de ser, a própria transição do mercantilismo para o capitalismo moderno estava comprometida pela resistência arcaica dos colonos. Sá da Bandeira, que compreendera perfeitamente o interesse humanitário e económico da transição, pretendeu impor, por via legislativa, o trabalho livre, que tanto repugnava à quase totalidade da burguesia colonial.

O Marquês de Sá da Bandeira — burguês aristocratizado como tantos outros — esbarrara com o arcaísmo da burguesia colonial angolana, uma parte da qual, de origem africana ou brasileira, não possui contactos com a realidade europeia, o que explica a sua constante sub-informação. Estas características são agravadas por uma outra: não dispondo de capitais abundantes, esta burguesia só podia proceder a uma acumulação lenta graças à sobre-exploração do trabalho dos africanos. Tal é a regra que permite que os colonos sem capitais e, muitas vezes, sem grandes competências profissionais, possam levar a cabo uma tíbia acumulação primitiva, que, muitas vezes, é desviada do território para ser depositada em Londres ou em Lisboa.

Sem a exploração excessiva ou brutal dos trabalhadores africanos, não poderia haver burguesia minimamente independente. É assim posta em evidência a violência do choque inevitável entre um Estado abolicionista e uma burguesia escravocrata. A força da burguesia angolana pode medir-se pela impossibilidade em que se encontrou, durante anos e anos, o Estado português em impor as leis. Mas também podemos afirmar que esta resistência constituiu um arcaísmo, uma vez que as regras do direito internacional, reforçadas pelo peso do comércio mundial, acabarão por impor a rudeza da sua inevitabilidade. Acrescente-se que o Governo português só consegue impor realmente a sua autoridade quando as consequências da crise de 1929 provocaram a ruína de um número ainda mal conhecido de proprietários e de cultivadores coloniais, forçados a dobrar-se à violência das regras do Estado fascista, que encontrou no duo Oliveira Salazar-Armindo Monteiro um agente eficaz e, frequentemente, impiedoso.

Contudo, insiste Adelino Torres, esta burguesia não se pode furtar à necessidade de rever a organização da produção angolana, procedendo a uma reestruturação que serve para dar à dupla agricultura-comércio a importância que manteve praticamente até aos anos 1950, o que se deve ao facto de não haver projecto industrial válido. As burguesias portuguesas mantiveram-se essencialmente agrícolas, às vezes, fisiocratas, por não serem capazes de pensar o país em termos industriais, sob a pressão dos ideólogos da viragem século XIX para o século XX.

Para levar a cabo a reconversão indispensável, os colonos organizam verdadeiras embaixadas, a fim de informar os chefes africanos da necessidade de pôr termo ao homem-mercadoria. Tal era, por exemplo, o objetivo da caravana mais conhecida, a de Joaquim Rodrigues Graça, que, em 1844, foi dizer ao Imperador da Lunda, ao Muatiânvua, ser indispensável pôr termo ao comércio dos homens, para o substituir pelo das mercadorias. E tal foi a tarefa, entre outras, do então major Henrique de Carvalho, na famosa expedição que, de 1884 a 1888, percorreu, com lentidão, minúcia e recolha de boas e sólidas informações, o território que vai de Malange à capital dos Lundas centrais, a Musumba.

Os comerciantes portugueses compram assim, preferencialmente, a cera, o marfim, a urzela, os couros, dando aos angolanos, em troca, algodão, aguardente de cana e alguns outros produtos, entre os quais se incluem todas as espécies de missanga e não poucas armas de fogo, as lazarinas de carregar pela boca. Trata-se, para uns e para outros, de reorganizar os velhos circuitos do comércio de escravos, embora estas operações trouxessem como resultado a promoção de alguns grupos africanos, como foi o caso dos Quiocos, que se revelaram excecionais caçadores de elefantes, capazes de organizar expedições numerosas e eficazes, tendo contribuído para a eliminação dos elefantes em várias regiões, tanto de Angola como do Zaire ou da Zâmbia.

Esta reciclagem do processo colonial não põe termo à rivalidade entre o capital colonial — que se apoia em produtos locais, como o açúcar e o álcool — e o capital metropolitano — que procura encontrar mercados preferenciais para o vinho e para os têxteis de algodão ou de lã. Adelino Torres estuda com um utilíssimo luxo de pormenores a maneira como o álcool extraído da cana-de-açúcar foi utilizado como moeda por uma parte dos colonos portugueses, o que lhes permitia resistir às tentativas de dominação organizadas pelos capitais metropolitanos. Todavia, à medida que se verificava o crescimento do aparelho administrativo, diminuíam as possibilidades de réplica por parte dos colonos, tanto mais que o governo metropolitano estava naturalmente empenhado em assegurar a banalização da moeda fiduciária, que nenhum governo conseguira até então.

Leve-se também em linha de conta o facto de os capitais metropolitanos se mostrarem altamente refratários aos investimentos nas colónias. O texto prova que esta maneira de organizar as relações com África não se deve a uma lancinante falta de capitais, como não poucas vezes tem sido banalmente afirmado. A tese da falta de capitais nunca foi produtiva, como, de resto, mostra um estudo de Inocêncio Camacho, já nos anos 30, ao proceder ao balanço dos prejuízos sofridos, em Londres, pelos capitalistas portugueses que tinham preferido confiar os seus capitais aos tão «estáveis» bancos ingleses: a burguesia perdeu, então, alguns milhões de libras, sem nenhuma contrapartida.

Adelino Torres prova que a realidade é outra: a africana, em geral, e a portuguesa, em particular, não oferecem atrativos suficientes aos capitalistas nacionais, que preferem as operações financeiras e, sobretudo, a usura. De resto, essa situação pode facilmente ser comprovada procedendo ao balanço da massa impressionante de capitais que abandonou Portugal após a proclamação da República — sobretudo no período que vai de 1910 a 1914. Essas operações mostram que existiam capitais suficientes para permitir uma política colonial mais ousada, mais moderna, mais irrigada pelos capitais adormecidos na Metrópole.

Esta observação, que se apoia nas informações fornecidas por esta obra, talvez pudesse arrastar para outro plano, mais directamente ligado à história do capital em Portugal: não será esta timidez investidora devida à falta de autêntico espírito capitalista? A existência dos «pés-de-meia», ou de outras formas de entesouramento, pode confortar esta maneira de dizer e de ver, dado que o entesouramento está excluído da zona de reprodução capitalista. O entesouramento, que constitui uma das maneiras portuguesas de concretizar a poupança, deve ser considerado como uma recusa do mecanismo capitalista, um instrumento de defesa perante a incerteza da evolução financeira da sociedade.

Esta situação é curiosa por estar em contradição absoluta com a «africanização» da economia portuguesa. Adelino Torres salienta a importância estratégica das pautas aduaneiras, que são pensadas, elaboradas e aplicadas sob sugestão e controlo das burguesias mercantis de Lisboa e do Porto. Este grupo de medidas permitiu que o Estado recuperasse, graças às alfândegas, uma parte da sua hegemonia. São inúmeros e quase insurrecionais os protestos de alguns angolanos, mas o Estado pode prosseguir uma política destinada a amputar a autonomia das burguesias coloniais, que tinham perdido já uma parte da batalha desencadeada contra a Administração portuguesa.

As primeiras pautas aduaneiras datam de 1837, mas são essencialmente as datadas de 1892 que permitem a criação de uma situação extremamente profícua para o mercantilismo metropolitano. Tratava-se, então, de agir no campo estrito do comércio de importação-exportação, que permitia criar em Portugal um núcleo industrial associado aos comerciantes que podia impor as mercadorias preferenciais aos colonos. As burguesias coloniais procuraram, em vão, defender os seus interesses.

Quer dizer que, a partir desta pauta aduaneira, as colónias portuguesas passam a depender realmente do Estado português, e essa situação manteve-se, com poucas alterações, até à independência das antigas colónias africanas. Adelino Torres fornece, assim, um quadro de leitura que permite verificar em que medida os interesses das burguesias metropolitanas passam de uma situação de inferioridade comercial à posição hegemónica que tanto tinham exigido ao Estado, mas sem êxito. É com muita razão que Adelino Torres salienta a importância de uma operação legislativa que dá a compreender a «longa duração» do facto colonial português. E que permite também compreender que só a fragilidade das burguesias coloniais — no plano demográfico, técnico e financeiro — possibilitou que as burguesias metropolitanas manipulassem o Estado em favor das suas opções. Esta tão particular «longa duração» permite também recusar as teorias que pretendem mostrar — ou até provar! — a ausência, ou a deliquescência de um vero projecto colonial português. Fora das guerras, no remanso dos gabinetes ministeriais lisboetas, em sintonia com as Associações Comerciais e Industriais do Norte e do Sul, apoiado pela Banca, o aparelho de Estado ia organizando a teia capaz de permitir sangrar — sem matar, evidentemente, na aplicação lógica das técnicas da pilhagem — as burguesias coloniais.

Ficam, assim, a claro, na obra de Adelino Torres, dois elementos fundamentais: a burguesia portuguesa consegue racionalizar o aparelho de Estado por meio da ditadura, pondo-o ao serviço de uma política destinada a «domesticar» as diferentes burguesias coloniais, e mais particularmente a angolana. Em segundo lugar, o aparelho de Estado só pode apoiar o capitalismo relativamente hegemónico: o capitalismo português é dependente do capitalismo mundial, mas está em condições de impor as suas regras aos colonos.

Retenhamos as regras essenciais: os micro-capitalismos nunca conseguem travar a acção dos macro-capitalismos, e não há teoria nacional que possa impor-se e sobreviver enquanto não conseguir tornar coeso o aparelho de produção. No caso angolano, verifica-se que as múltiplas tentativas de autonomização das burguesias esbarram com a sua própria impotência capitalista, pelo que a burguesia angolana — o que acontece até nos dias de hoje com a burguesia da África do Sul — não conseguiu fazer a economia de guerra, condenando-a a partir e a redistribuir os seus membros pelo mundo inteiro.

Podemos, de resto, verificar facilmente ser possível apoiar-nos em algumas alterações profundas do sistema para compreender a eficácia relativa do facto colonial português: a política aduaneira torna-se mais firme, mais enérgica, após a criação do Banco Nacional Ultramarino (BNU), em 1864. Por sua vez, a legislação aduaneira acompanha a reorganização da legislação do trabalho, que, e não será por acaso, constitui também uma operação de longa duração. A legislação do trabalho de 1899 foi inspirada pelos relatórios do antigo Alto Comissário Régio de Moçambique, António Ennes, tendo sido modificada algumas vezes, mas sem que a sua estrutura fosse realmente alterada. Nem sequer em 1961, quando Adriano Moreira, sob a pressão dos acontecimentos que não soubera prever, procurou dar a essa legislação alguns toques de modernidade.

Nessas condições, podemos dar-nos conta do seguinte: contrariamente ao que se pode pensar, a burguesia mercantil metropolitana, que não hesitou nunca em pôr o Estado e o aparelho administrativo ao seu serviço, mostrou-se capaz de organizar um sistema que era amplamente rendoso para um número assaz largo de beneficiários. Mesmo se os portugueses emigram pouco para África, emigram o suficiente para *branquear* pouco a pouco a burguesia que, até aos primeiros anos do século XX, contava ainda alguns grupos de origem africana — negros, mulatos, cabritos.

Nesse caso, para que serviu a criação do Banco Nacional Ultramarino, em 1864? Adelino Torres consagra minuciosas e excelentes páginas a essa situação, em razão de este Banco — que, nos anos 30, sob pressão de um *lobby* presidido, em Lisboa, pelo Engenheiro Cunha Leal, e, em Luanda, pelo seu cunhado, o advogado António Videira, será substituído pelo Banco de Angola — constituir um agente específico da burguesia metropolitana, agravando, por isso, o choque entre as duas burguesias, como prova a inflação de folhetos, que, dada a ausência de uma imprensa numerosa e capaz de se fazer ouvir, se multiplicam então.

Analisando a política do BNU em Angola, podemos verificar que essa instituição manifesta uma preferência duvidosa pelas operações de curto prazo, muitas vezes, se não todas, com juros elevadíssimos — que, pelo menos num caso provado pelos documentos, atingiram o valor fabuloso de 66% ao ano! O crédito é concedido a conta-gotas e a metáfora de Adelino Torres é destinada a visualizar esta política restritiva. que, a partir de 1867, se orienta para a apropriação de prédios urbanos. Ou seja, não se trata de uma vera política de financiamento dos projectos agrícolas modernizantes, mas de um estrangulamento contínuo dos burgueses angolanos ou angolanizados, considerados como representando uma ameaça para os interesses das burguesias metropolitanas.

No caso de São Tomé e Príncipe, a situação é tão escandalosa como a angolana. O Banco participa de maneira muito activa na *branqueação* das roças, expulsando pouco a pouco, graças à utilização terrorista do crédito, os grandes e médios proprietários são-tomenses, ou principenses. Por outro lado, estas operações servem para confirmar o tão singular estatuto do Banco, que, a partir de 1875, procura recrutar trabalhadores na costa da Libéria, tal como, em 1877, consegue obtê-los, em condições algo escabrosas, na região angolana de Novo Redondo. O BNU torna-se, assim, um agente duplo, combatendo as burguesias angolanas, brancas ou de cor, ao mesmo tempo que age como um elemento fundamental na nova política de escravização dos africanos.

Estas últimas operações são reveladoras da grande dificuldade dos europeus perante as necessidades de força de trabalho. Os colonos portugueses receiam até muito tarde as intervenções abruptas da marinha de guerra britânica, que, diga-se de passagem, nem sempre se mostra muito equânime em relação aos portugueses, é verdade que considerados pelos ingleses como sendo pouco brancos — leia-se e releia-se Livingstone! — e capazes de todas as espécies de artimanhas para levar a cabo as operações de tráfico negreiro.

No caso do território angolano, a primeira grande dificuldade é a dos carregadores. O facto de os africanos pertencendo ao grupo dos locutores de línguas banta não terem domesticado animais, situação agravada pela existência de vasta zonas onde abunda a tsé-tsé, explica a ausência dos animais de montar ou de tiro. A esta situação soma-se o desconhecimento da roda, que a introdução do camelo expulsara da África do Norte, e que, por isso, se não pôde difundir no continente. Estas condições negativas tornam o comércio deveras difícil, já que o transporte das mercadorias exige um número importante de homens jovens, assim arrancados às suas aldeias, contribuindo para uma desestruturação pouco profícua das sociedades africanas.

Os comerciantes portugueses adoptam, diante desta situação, uma política extremamente brutal, já denunciada pelas autoridades portuguesas no século XVIII: os carregadores são exigidos aos chefes locais, e não só não recebem nenhum pagamento, como, em muitos casos, são forçados a alimentar-se por sua conta. Trata-se de uma operação destinada a obter o máximo de lucro possível em operações que apresentam alguns riscos, uma vez que os chefes locais, ou as populações não hesitam em apropriar-se das mercadorias dos comerciantes europeus, ou dos agentes africanos (pombeiros, aviados e outros).

Estamos perante um aspecto central das relações comerciais, na medida em que o transporte das mercadorias, seja para o interior, seja para a costa, só se pode fazer por via do recrutamento dos carregadores, o que, não poucas vezes, só pode ser levado a cabo pela violência. A legislação do século XIX procura extirpar esta mazela sombria, mas sem o êxito rápido e generalizado que se pretendia. Pode dizer-se que durante todo o século XX, mesmo quando existiam já estradas e transportes mecânicos, muitos angolanos continuaram a ser obrigados a transportar às costas os 25/30 quilos de mercadorias que constituíam a carga máxima que estes homens aceitavam.

Como a construção de caminhos de ferro foi tardia e morosa, os angolanos só muito tarde conseguiram libertar-se desta variante de escravatura.

A resistência à modernização manifestou-se também durante a negociação da concessão do Caminho de Ferro de Benguela com Robert Williams, em 1902. Esta operação, vital para a modernização de Angola, provocou uma tempestade entre os «africanistas» e os «colonialistas» portugueses, que pretendiam — afirmavam — defender a integridade do território angolano sem oferecer nada em troca às populações, nem aos colonos, nem aos africanos. Mas os protestos permitem entender ainda melhor, no caso de tal ser necessário, o carácter arcaico do pensamento português perante as exigências financeiras e técnicas dos territórios coloniais.

Como a rede das estradas avançou muito lentamente, como só aos poucos se começaram a importar automóveis e veículos utilitários, a situação económica angolana nunca conseguiu organizar a rede de produção conveniente e necessária. Tanto mais que a construção e a conservação das estradas foi imposta às populações africanas, que, na maior parte das vezes, foram obrigadas a recorrer às mulheres, mesmo grávidas, mesmo com filhos extremamente jovens às costas, para satisfazer as exigências da administração colonial.

De resto — acrescento aos documentos de Adelino Torres —, a vontade de travar o desenvolvimento dos transportes modernos em Angola era tal, que o Ministro Armindo Monteiro chegou ao apuro de proibir a importação não apenas de veículos automóveis, mas também de gasolina, de pneus e de câmaras de ar, com as consequências que se podem facilmente entender. Como se a conservação das colónias só fosse possível graças a uma política de «re-asselvajamento», como, de resto, se verificou no campo português.

Compreende-se também a importância da legislação do trabalho, quando a exploração do território angolano dependia quase exclusivamente do trabalho excessivo extorquido aos angolanos. A rendibilidade da colónia não podia ser obtida por outra via, o que explica que o sistema português tenha reagido tão mal à abolição da escravatura. No caso de São Tomé os trabalhadores abandonaram pura e simplesmente as roças, recusando os antigos escravos continuar a ocupar-se da agricultura do arquipélago nas condições que tinham sido impostas pelo patronato, tanto africano como europeu. A solução, como já foi salientado, apareceu com a legislação de António Ennes, que quis restabelecer a escravatura recorrendo a meios discretos, multiplicando as formas de trabalho obrigatório. O legislador mostrou-se deveras inventivo, pois, embora tendo posto termo à escravatura, encontrou formas de trabalho permitindo uma espécie de regresso a essa situação que tanto agradava à burguesia colonial, em geral, à sua fracção mais retrógrada, em particular. Os próprios teóricos do trabalho em África — como Silva Cunha — titubeiam — teórica e praticamente — frente à fragilidade da fronteira entre o trabalho compelido e o trabalho escravo. Vários escândalos mostraram que a legislação tinha permitido que o quadro administrativo — Intendentes, Administradores, Secretários, Chefes de Posto, Aspirantes — podia vender as populações das aldeias, acumulando, assim, rendimentos que a modéstia dos vencimentos lhes não facultava. Alguns nomes desses «administrativos» tornaram-se conhecidos e, até, localmente célebres, tão numerosas tinham sido as vendas e tão fulminante o enriquecimento.

A única grande tentativa de mudança, afirma e prova Adelino Torres, foi a de Norton de Matos, Governador-Geral de 1912 a 1915, Alto-Comissário da República de 1921 a 1924. O então major Norton de Matos tinha aprendido em Coimbra algumas teorias da transformação social importadas da Inglaterra e da França. Foi ele o primeiro estudante coimbrão a expor na Universidade, em 1897, em nome dos candidatos à Escola do Exército, as teorias de Karl Marx. Ao analisar de perto as suas propostas, encontramos seja um fisiocrata, seja, ainda mais, um bom leitor de Proudhon, como era frequente no seu tempo coimbrão.

O que quer ele? Em primeiríssimo lugar, favorecer o incremento do trabalho livre, de modo a criar uma relação inédita entre os colonos e os africanos, apoiada numa nova condição do trabalho. Norton de Matos aposta também numa modificação dos costumes africanos, não por via de uma europeização absoluta, mas pela alteração política de um certo número de práticas sociais, que iam da habitação à alimentação e ao vestuário. Para não falar da introdução de uma prática monetária, que, para muitos africanos, já estava associada à riqueza, como revela a existência entre os Quiocos do escapulário *upite*, ou seja, uma moeda portuguesa ou angolana — mais raras vezes, belga — suspensa ao pescoço, para atrair, primeiro, mercadorias, dinheiro, mais tarde, até aos dias de hoje.

Quando foi forçado a abandonar Angola em 1915, na véspera da consecução do «milagre de Tancos», quer dizer, na organização do CCP — Corpo Expedicionário Português, que se bateu em França de 1916 a 1918, assim como em Angola e em Moçambique —, Norton de Matos estava convencido de ter reorganizado de maneira profunda as estruturas económicas e sociais, a ponto de o trabalho livre se ter transformado na condição normal e constante da sociedade angolana. Confessa ele o seu desapontamento quando, ao regressar a Angola em 1921, se encontra perante uma situação degradada, na qual os trabalhadores africanos tinham sido forçados a regressar à sua velha situação de escravos.

Adelino Torres analisa o choque entre o Alto-Comissário, que pretende criar uma sociedade moderna em Angola, e a obstinação cerrada dos colonos, que resistem com afinco a toda e qualquer tentativa de mudança, sobretudo quando esta dá uma liberdade aos africanos que põe em perigo a dominação europeia. Os parcos lucros obtidos graças a esta dominação excessiva do trabalhador africano — os colonos portugueses utilizam o modelo esclavagista ou semi-esclavagista — permitiam que os poucos capitais, ou a pouca tecnicidade encontrassem uma recompensa suficiente. Como sempre, a qualidade da burguesia — neste caso, a sua muito má qualidade — determinava a estrutura da sociedade, assim como as condições físicas e culturais dos dominados.

Saliente-se que Adelino Torres, apoiando-se na documentação da época, mostra a importância da intervenção do BNU na operação de desestabilização de Norton de Matos, uma vez que ao Banco interessava, sobretudo, manter uma gestão colonial arcaica. Deve ser um caso singular, na história bancária do mundo, o comportamento de um Banco que não procura incentivar nem a produção, nem a modernização dos sistemas de exploração. O que lhe interessa é agir continuamente em defesa da burguesia mercantil metropolitana, situação agravada pela sua intervenção na política económica do arquipélago de São Tomé e Príncipe. Seja como for, o Banco reprime de maneira violenta — às vezes brutal — os desejos e projectos da pequena e média burguesias que formavam, então, a base das unidades de produção tanto em Angola como em São Tomé e Príncipe.

Como o recrutamento dessas burguesias só podia fazer-se no seio da burguesia comercial e agrícola — devido à ausência de uma burguesia industrializante, cuja aparição estava, ainda por cima, tornada difícil pelo facto de, até 1911, os engenheiros serem todos oriundos das escolas militares —, não podemos mostrar-nos surpreendidos perante a sua tendência evidente para conservar o passado rural. Teóricos como António Feliciano de Castilho, Anselmo de Andrade e Oliveira Salazar deram a essa visão, já superada no plano europeu e mundial, o alimento de que necessitavam tais grupos, que receavam, acima de tudo, toda e qualquer forma de medida «revolucionária», quer dizer, modernizante, ou, simplesmente, atenta aos direitos do homem.

O balanço final, estabelecido por Adelino Torres, mostra, todavia, que os dois períodos de governação de Norton de Matos, mas sobretudo o segundo, tiveram alguns resultados negativos para a sociedade angolana: o aumento constante da imigração branca provocou uma inversão da tendência, pelo que, a partir de 1920, a burguesia recupera uma hegemonia que fora obrigada a partilhar com elementos africanos e luso-africanos. Num texto recente, o escritor Arlindo Barbeitos procede ao inventário dessa alteração na região entre Catete e o Dondo, onde nasceu, mostrando como se passara de uma certa interacção étnica à rejeição cada vez mais áspera dos mulatos, dos cabritos e dos negros: não há *apartheid*, mas há um racismo cada vez mais duro.

Pode, assim, dizer-se que as operações levadas a cabo por Norton de Matos deram, neste ponto pelo menos, o resultado que se podia esperar: reforço da autoridade branca, uma vez que o crescimento gradual da população branca reforçou também os projectos capitalistas desse grupo, dos quais estavam afastados os africanos. Digamos, pois, que os anos 20 assinalam a liquidação definitiva da hegemonia africana, que só pôde ser recuperada após a guerra de guerrilha — desencadeada em 1961 — e a independência — obtida em 1975.

Adelino Torres recorre também aos arquivos judiciários e, mais particularmente, aos Acórdãos do Tribunal da Relação de Luanda, para mostrar as condições em que funcionava ainda, nos princípios do século, a escravatura. Confirma-se, assim, graças a documentos que, até agora, tinham sido deixados de lado, o carácter conservador da sociedade burguesa angolana, que não podia pensar-se senão graças ao trabalho escravo. Não se trata de uma situação singular, sobretudo para quem, como me aconteceu, viveu alguns anos no arquipélago de São Tomé e Príncipe nos anos 1950, num período em que os «serviçais contratados» nem sequer podiam abandonar o perímetro da roça onde trabalhavam, a não ser munidos com o viático de um bilhete passado pelo feitor, que os autoriza a percorrer, aos domingos, alguns quilómetros até à roça vizinha, para ver um «navio», na falta de parentes ou de amigos.

Os diferentes elementos reunidos nesta obra permitem compreender a necessidade de modificar a lógica portuguesa, possibilitando o aparecimento de artífices e de pequenos agricultores independentes. Todavia, como fazê-lo quando os comerciantes e agricultores portugueses, que se exprimiram mais de uma vez pela pena de Venâncio Guimarães, só queriam uma força de trabalho passiva, que não pudesse nem manifestar-se, nem protestar, menos ainda infletir a orientação geral das operações? Como, por outro lado, associar o pequeno capitalismo com o macro-capitalismo, quando o Banco Nacional Ultramarino, Banco Emissor, se tinha transformado em máquina devoradora de homens, de propriedades e de iniciativas? Certo é que Norton de Matos — que só encontrará em Álvaro de Freitas Morna um continuador pouco apreciado e rapidamente eliminado do Governo de Angola —, que queria que a agricultura engendrasse homens livres, assim como a indústria — como o Dr. Benassis do *Médecin de Campagne* de Balzac —, receava, acima de tudo, o proletariado, que, do seu ponto de vista, constituía o mal absoluto.

Não podemos acompanhar Norton de Matos em todos os meandros da sua teorização, mas, no período estudado por

Adelino Torres, só este homem de Estado se mostrou capaz de compreender a necessidade de assegurar a reconversão dos homens e das estruturas. Não foi ele capaz, todavia, de obter, na Metrópole, os apoios que lhe eram indispensáveis para proceder a uma tarefa cujo carácter hercúleo está à vista.

Um dos resultados paradoxais da gestão de Norton de Matos aparece na criação do *Banco de Angola e Metrópole*, cuja história tem sido afastada do caso geral angolano. Ora, Alves dos Reis insere-se no espaço suscitado pelo projecto de Norton de Matos, que exigia capitais vultuosos que nem os capitalistas portugueses, nem a Banca, nem o Estado, quiseram fornecer.

Como proceder para criar as condições, permitindo superar estes obstáculos, aparentemente definitivos? Na impossibilidade de mobilizar os capitais autênticos, fechados a sete chaves, Alves dos Reis não hesitou em inventar capitais inexistentes.

De uma maneira geral esta questão do *Banco Angola e Metrópole* é tratada pela imprensa da época, mas também pelos tribunais, como uma simples operação de fraude, levada a cabo por um homem genial, no plano do conto do vigário. Convém, parece-me, ver nesta operação uma tentativa de encontrar uma maneira de assegurar a realização do que fora projectado por Norton de Matos, embora se tivesse utilizado uma via que, desgraçadamente, só podia levar à penitenciária.

Imaginemos, contudo, que este plano não fora denunciado pelo *O Século*, e que Alves dos Reis — e os seus amigos — tinham conseguido fornecer os capitais necessários a tantos projectos, a tantas empresas. Não teria sido então possível alcançar a zona do *take-off* (permitam-me que retome o já velho vocabulário de W. W. Rostow) e assegurar as bases de um capitalismo angolano, que não submetesse Angola ao controlo mesquinho do BNU e da burocracia do Estado? Infelizmente estes «capitais» não passavam de uma nuvem de fumo: sujaram tudo e não deixaram rasto útil.

Adelino Torres consegue mostrar, com provas numerosas, que Angola sofreu de alguns males centrais: o carácter arcaizante da emigração portuguesa, normalmente despojada de capitais e com competências técnicas mais do que magras; a ineficácia de uma administração pública, ela própria formada por homens apaixonados pela Angola branca, mas dispondo de uma bagagem técnica insuficiente; a ausência de capitais abundantes postos à disposição dos imigrantes, dos colonos e dos africanos.

Trata-se, é claro, de males bem portugueses, que não puderam ser compensados por nenhuma ilusão luso-tropicalista, uma vez que a lentidão das formas de acumulação impôs a agravação da dominação excessiva dos brancos sobre os africanos. Como revela esta obra, bastaria ter recusado o brilho fugaz das explicações ideológicas, para nos darmos conta da brutalidade das tensões criadas pela arrogância pequeno-burguesa dos colonos portugueses. Trata-se de uma conclusão terrível: o Império africano português mostrou-se incapaz de produzir as burguesias que o poderiam reforçar, conservar e reproduzir. Também não foi capaz de suscitar o nascimento e a afirmação das burguesias africanas, que continuam a faltar em Angola como nos demais países de língua oficial portuguesa, o que tem emperrado o desenvolvimento de todos eles.

A lição que podemos extrair da obra de Adelino Torres é cruel: frente às exigências das sociedades industriais e capitalistas modernas, o colonialismo português não conseguiu superar a sua visão mesquinha do mundo. Se Angola permitiu a promoção de tantíssimos antigos camponeses, pequenos comerciantes, funcionários ou artífices, a sua energia gastou-se nessa pequena tarefa. A criação destas pequenas-burguesias acarretou, contudo, um gravíssimo prejuízo para a Angola de ontem, que a Angola de hoje continua a pagar: dominado pelo magro apetite dessa burguesia colonial, o colonialismo não permitiu que os africanos acedessem livremente ao saber e ao capitalismo.

Os resultados estão à vista: Angola — como acontece com Moçambique, com a Guiné, com São Tomé e Príncipe, e menos com Cabo Verde, devido à intervenção correctora da imigração — não pôde treinar-se para gerir de maneira autónoma a sua própria sociedade: nem administração pública coerente e eficaz, nem indústria adequada aos interesses e às necessidades, nem capitalismo capaz de permitir que o país pudesse explorar as suas riquezas potenciais, para assegurar aos angolanos a porção de bem-estar a que têm irrecusavelmente direito.

Por maior que seja a simpatia pelo esforço colonizador, esbarra-se com a longa litania das inconsequências, das agressões, das formas discretas, mas recorrentes, da escravatura — qualquer que seja a sua máscara legal ou legisladora —, que, contudo, não enriqueceram o país colonizador como se podia esperar, tendo, porém, empobrecido Angola de maneira visível.

Compreende-se, por isso, o elogio feito a Norton de Matos e a Álvaro de Freitas Morna: se a miopia política portuguesa tivesse deixado que estes dois responsáveis levassem a cabo os seus projectos, Angola contar-se-ia hoje entre as grandes potências africanas e poderia, certamente, gerir o Atlântico Sul em companhia dos brasileiros.

Leitura entusiasmante, é claro, mas amarga para os portugueses, como não pode deixar de ser sempre que os economistas recrutam os dados da história socio-política para desenhar o perfil do passado, sem jamais esquecer que dele depende o futuro.

Razão pela qual a leitura indispensável da obra de Adelino Torres se pode mostrar inconfortável. Mas será o conhecimento destinado a assegurar o conforto, ou apenas a incomodidade criadora?

Lisboa/Paris/New York/S. Francisco 1990–1991.

5.2. UMA ILHA AFRICANA NA DUQUE D'ÁVILA (1997)

As ilhas foram sempre, no imaginário ocidental europeu, tal como no imaginário africano, lugares indispensáveis à afirmação dos indivíduos e das culturas. Na mitologia Luba/ /Lunda, a terra começa a organizar-se graças às formigas que carreiam a terra fundadora, que será não só o lugar da natureza, mas, essencialmente, a base da cultura.

Isoladas, as ilhas permitem a independência mais plena, e nenhuma cultura conseguiu furtar-se à necessidade de as inscrever na geografia indispensável da criação. Os africanos que o carácter descaroável das regras do ensino secundário e superior português obrigavam a desembarcar em Lisboa, ou na Metrópole, não podiam escapar à necessidade de inventar um território, uma ilha.

É este espaço utópico que acalenta as muitas utopias que caracterizaram a vida da Casa dos Estudantes do Império, algumas das quais acabaram por se tornar realidade. Sem esquecer, contristados, aquelas que ainda esperam realização e amadurecimento. Os países africanos recuperaram a liberdade: o que foi simples utopia é hoje plena realidade. A igualdade esperada continua completamente desatendida.

O facto de uma utopia se não realizar, não quer dizer que devamos considerá-la ou morta, ou anulada. Uma utopia deve amadurecer, fornecendo graças a essa espera, o vigor indispensável à realização dos actos indispensáveis à sua eclosão. Assim foi com a CEI: quando, em 1958, voltei a desembarcar em Lisboa, impedido de viver em Angola, senti-me amputado de alguma coisa que talvez não soubesse definir. Amputado de uma parte, também, da minha utopia.

O falso acaso faz por vezes bem as coisas, pois fui morar num prédio da Duque d'Ávila, instalado exatamente em frente da CEI: bastava atravessar a rua, e subir as escadas, quase sempre frementes de entradas e saídas. O porteiro procurava assegurar o controlo, em nome de não sei que segurança, mas não havia nenhum vero obstáculo à livre circulação. A CEI começava quando se entrava à porta: Lisboa perdia a sua eventual louçania, para permitir a construção de outras paisagens.

Não seriam certamente nem as buganvílias da Alda Lara, nem as ferazes acácias rubras do Fernando Costa Andrade, que já fora Flávio Silvestre e começara a engendrar o Ndunduma wé Lépi, mas eram as violentas florações da utopia. Com efeito, a instituição devia permitir várias operações: a primeira era, certamente, a de possibilitar que os africanos recuperassem um duplo do território perdido; a segunda, devia autorizar a elaboração de projectos políticos, envolvendo os diferentes aspectos da consciência nacional em via de elaboração; sem esquecer, e seria a terceira, a necessidade premente das relações que ajudavam a reduzir as feridas simbólicas, provocadas pela violência do «desenraizamento».

Não se poderá compreender o vigor do mecanismo aglutinador da CEI, se não considerarmos os três aspectos desta problemática. No meu caso, esta situação permitia-me recuperar essa relação com a África, e mais particularmente com Angola, aprendendo, inclusivamente, coisas que não pudera aprender em Luanda, como a aprendizagem de umbundo, pacientemente ensinado pelo Gonzaga Lambo, antes de vir a sê-lo também pelo Henrique Abranches.

As consciências nacionais

Num despacho famoso, proclamava uma das autoridades administrativas angolanas — o secretário-geral Manuel da Cruz Alvura — que não se deviam criar estudos superiores em

Angola, para obrigar os estudantes africanos, e os angolanos em particular, a estabelecer relações íntimas e prolongadas com a «casa lusitana». O processo de portugalização não devia dispensar, dizia o ilustre funcionário superior, a relação contínua com o território português, que, em alguns casos, se prolongaria por cinco longos anos.

Ou seja, a recusa da criação de cursos superiores nas diferentes colónias não era apenas a consequência de uma visão malthusiana dos projectos culturais angolanos, mas a aplicação de um princípio profundo, destinado a impedir a afirmação de pensamentos e de projectos autónomos. A Universidade não serve apenas para assegurar uma determinada escolaridade: ela serve também, e apetece-me às vezes dizer sobretudo, para permitir a elaboração de projectos nacionais. É nas escolas que se elaboram os projectos que dizem respeito à comunidade nacional.

O governo português reconhece de maneira explícita que o ensino, e mais particularmente o ensino superior, faz parte do dispositivo técnico do aparelho de Estado. Digamos que o governo fascista se revelou demasiado avarento em relação à sua política, pois devia ter generalizado as bolsas de estudo, para assegurar o reforço da integração dos africanos nos quadros do que agora se designa como sendo a «lusofonia». Não o fazendo, reduziu de forma sensível a eficácia da filosofia luso-tropicalista do antigo governador de Malanje e da Huíla.

Os estudantes africanos replicam, a princípio, com muita incerteza e até muita tibieza, como revela, entre outros, o texto que o Sócrates Dáskalos consagrou à criação da Casa de Angola, para manifestarem uma maior decisão à medida que se aproximava o fim da Segunda Guerra Mundial, e o renovo da luta anti-fascista. Os angolanos esperaram do fim dessa guerra o acesso a uma maior igualdade, como mostraram as manifestações que se desenrolaram em Angola e descritas, com pormenor e paixão, por Mário António Fernandes de Oliveira: a Casa dos Estudantes do Império não hesita em debater as questões mais candentes da autonomia do pensamento africano, associada ao Centro de Estudos Africanos, criado por Francisco (José) Tenreiro, Mário (Pinto) de Andrade, Noémia de Sousa e alguns membros da família são-tomense Espírito Santo.

Se bem que não fazendo parte do imaginário colectivo, a verdade é que o momento de transição política foi marcado pela Guerra de Batepá, em Fevereiro de 1953, na ilha de São Tomé. Para protestar contra essa violência, que provocara centenas de mortos e alguns torturados, sobretudo em Fernão Dias, publicou-se, então, o primeiro *Caderno da Poesia Africana de Expressão Portuguesa.* Trata-se do primeiro documento unitário, destinado a pôr em evidência a existência da consciência dos dominados.

Hoje, refletindo a propósito dessas operações, verificamos que, deliberadamente, manifestam a necessidade de estruturas menos exclusivamente culturais e mais políticas. Todavia, dissolvidas as organizações políticas que tinham caracterizado a vida política dos africanos em Lisboa, só podia haver uma solução: a adesão aos movimentos políticos portugueses que militavam na oposição. Quantos africanos não passaram pelas fileiras do PCP ou do MUD? Não foi Agostinho Neto dirigente nacional do MUD-Juvenil?

Da consciência nacional à organização política

Naturalmente, a CEI não podia manter-se alheia à importância do debate político, fosse em cada uma das colónias, fosse em Lisboa, ou em Portugal. As condições de organização eram fundamentais, em razão de os portugueses serem eminentemente colonialistas, esperando apenas, os mais democratas, que o regime corrigisse os erros eventuais ou as violências.

Creio que é essa situação que espelha melhor a condição de ilha que caracterizava a CEI: entradas as portas da instituição, dissolvia-se a ameaça do racismo que podia pesar sobre os africanos em geral. Esta situação permitia que o diálogo das gerações se fizesse, mas exigia, sobretudo, uma solidariedade contínua. Não que o racismo português fosse tão brutal como passou a sê-lo posteriormente, mas registava-se uma violência difusa, que já Costa Alegre denunciara no século XIX, tal como fora claramente posto em evidência em algumas reportagens do principense Mário Domingues.

Lembro-me bem da total impotência de quantos, nesses anos que, para mim, vão de 1958 a 1964 (deixei de lado os anos 52–54), militantes do PAIGC dispunham de condições de funcionamento eficazes em termos políticos, de relação, mesmo se arriscada, com o Movimento. Os demais conheciam situações mais esfarrapadas, sobretudo no caso dos militantes angolanos, já que o nosso *quiet-man* em Paris, o Paulo (Teixeira) Jorge, se mostrava incapaz de assegurar as tarefas que pareciam urgentes a todos e a mais algum.

O peso da censura obrigou os universitários de então a optar pelas manifestações literárias, sobretudo as poéticas, como era então a moda no mundo português. Não poucos deixaram-se arrastar pela convicção de que o combate político devia ser essencialmente, quando não exclusivamente, literário. A CEI não poderia furtar-se ao peso dos condicionalismos culturais que caracterizavam a sociedade portuguesa, se bem que, enquanto africanos, todos viviam nessa situação ambígua que os obrigava a partilhar os valores do colonizador. Daí que a reflexão política fosse extremamente reduzida, sendo, sobretudo, veiculada graças à expressão literária.

Não que a situação não provocasse muitos engulhos, pois já aparecera a ideia de ser necessário proceder à elaboração de uma história angolana depois de inteiramente descolonizada. Creio que a ideia pertenceu ao Henrique Abranches, entretanto expulso de Angola, mas não houve tempo de a levar a cabo em Lisboa, ou em Portugal, devido à actividade política de muitos membros da CEI, manifestamente integrados em organizações da oposição portuguesa. Mas a ideia, indispensável, sublinha as condições da transição para uma nova forma de luta: se os poetas como Alda Lara exaltavam as forças do regresso, os historiadores já tinham dado um passo em frente: descolar Angola do tecido português era uma actividade essencial e precedendo a solução política que só podia ser a independência.

O gato e o rato, ou a História da repressão

Um dos grandes mistérios da CEI foi sempre, para mim, a relativa astenia da polícia política em relação à instituição.

Certo, de tempos a tempos, anunciava-se a prisão de um dos membros da Casa, mas quase sempre esta operação repressiva encontrava a sua razão de ser em actividades militantes, sempre nas organizações políticas da oposição portuguesa. É certo que se sucediam as intervenções ministeriais, que provocavam as comissões administrativas, mas elas não pareciam chegar ao Estado-maior da rua António Maria Cardoso.

A maneira como foram negociadas as edições da CEI, que incluíam autores já então votados ao ódio nacional português — como nos casos de Agostinho Neto e de Viriato da Cruz —, sublinha a consciência do risco corrido. Só a extrema coragem de Carlos Ervedosa e de Fernando Costa Andrade permitiu que essas operações fossem levadas a cabo. Não sem choques, como o que resultou da proibição e da apresentação da segunda edição dos *Poetas Moçambicanos*, que tinha organizado, tal como já tinha tido em mãos a primeira edição, que continua assinada pelo Luís Polanah.

A actividade conspiratória foi, por vezes, tão apaixonada, que, à distância, revela a sua extrema periculosidade, como no caso dos militantes do PAIGC, que se reuniam todas as quintas-feiras num dos cafés do outro lado da Duque d'Ávila, quase sempre sob a autoridade do Jorge Querido. Digamos as coisas mais simplesmente: houve um momento, difícil de datar, que se coloca entre 1961 e 1962, em que a CEI decide pôr em funcionamento as suas próprias regras: a ilha rebelara-se.

Tal foi, de resto, a sensação que experimentei após alguns meses de afastamento, entre 1962 e 1963, que me viram passar pelas prisões políticas da Rua do Hermo, no Porto, Aljube e Caxias. Carlos Ervedosa, que dispunha de uma extrema sensibilidade política, alterara as condições específicas das edições da CEI, com pequenos cadernos de ensaios, de que saíram apenas três (o do próprio Carlos Ervedosa, o de Onésimo Silveira e o meu). Passava-se claramente da afirmação poética à actividade política, acompanhada pela reflexão teórico-política.

Quando é que a PIDE se deu conta do carácter inaceitável da CEI? Talvez tenha sido consequência do prémio concedido a José Luandino Vieira, ou mais simplesmente resultado da intervenção de Amândio César numa emissão organizada por

José Mensurado na televisão da época e consagrada a este caso. Há quem diga que a intervenção policial se deveu a uma fagulha de inteligência do ministro Silva Cunha, um especialista da investigação policial... Porque não? A verdade é que se esperava esta medida a partir de 1961. Não havia razão para surpresas, salvo a do carácter tardio desta decisão.

Balanço

Haverá maneira de proceder a um balanço objectivo? Há alguns anos, Fernando Mourão contou-me uma história que me parece reveladora: conversava ele com o malogrado Presidente Samora Machel, em companhia de outras pessoas, quando, a certo momento, verificou que tinha ficado sozinho com o Presidente. Este, também surpreendido, quis saber o que se passava e Fernando Mourão, após ter lançado um rabo de olho para a concentração que se refizera a poucos metros, esclareceu: «São os antigos da CEI, o senhor Presidente tenha paciência, mas vai ficar sozinho, porque eu também sou um antigo.» Sereno, o Presidente Samora Machel encontrou a solução: «Nesse caso, eu passo também a ser um antigo da CEI!»

Quer dizer esta história que a CEI participou muito activamente na elaboração e, sobretudo, no reforço das linhas internas das diferentes consciências nacionais. A lenta, mas constante, degradação da força do colonizador deve-se ao trabalho teórico e prático de militantes que souberam libertar-se do peso dos modelos colonialistas, isto no preciso momento em que as autoridades políticas e científicas portuguesas pretendiam impor *urbi et orbi* a lição do luso-tropicalismo freyriano. Se me fora possível denunciar esta lição num jornal luandense, com pouco eco nacional e internacional, Mário Pinto de Andrade pôde fazê-lo na *Présence Africaine*, com um eco internacional que ainda se não apagou.

Tal foi uma das forças desta ilha africana em plena Avenida Duque d'Ávila: impedir que a deformação colonialista pudesse funcionar com verdade indiscutível e indiscutida. Quem teria dado o prémio a José Luandino Vieira se não se registasse já a presença da lição e do combate da CEl, editando os «clássicos» de cada um dos países ainda colonizados? Quem, em Moçambique, teria podido assegurar a edição de José Craveirinha, esse poeta-tambor, que queria assegurar a produção dos sinais mais violentos e definitivos da apaixonada consciência nacional moçambicana?

Creio ter percebido uma certa amargura na *Geração da Utopia* do Artur Pestana (que durante tantos anos foi o Pestaninha, para o distinguir dos dois «grandes» Pestana Heineken, antes de se metamorfosear, ajudado pela guerrilha, em Pepetela); o projecto afinal não só não foi realizado, como se regista uma perversão que o escritor não pode aceitar sem pelo menos um lamento. As utopias possuem uma condição particular, nisso parecidas com os gatos: têm, quando autênticas, sete fôlegos. Ao evocar a CEI, não posso deixar de salientar o vigor dessa utopia que, mesmo amolachada, continua a perfumar a minha existência.

Lisboa, 1996

5.3. A SOMBRA DOS MOÇAMBICANOS NA CASA DOS ESTUDANTES DO IMPÉRIO

Dos tempos coloniais ficou, em Portugal, o hábito de considerar as *colónias* como um todo homogéneo que ainda hoje justiça a etiqueta dos PALOP, todavia, em via de ser substituída por outra sigla, a CPLP (Comunidade dos Países de Língua Portuguesa). Mas, se o substantivo colectivo é cómodo, nem por isso permite a eliminação dos particularismos, na medida em que convém considerar a autonomia de cada um dos territórios coloniais, pois se Angola e Moçambique se caracterizam pela mobilização de colonos, já o mesmo se não regista em colónias como Cabo Verde e São Tomé e Príncipe. E o mesmo acontece também, embora por razões diferentes, no caso da Guiné-Bissau.

Do ponto de vista da circulação de pessoas e de bens, verificamos que o colectivo se esboroa, permitindo as articulações particulares. Sendo que, por outro lado, podemos dar-nos conta do juízo diferenciado que as colónias sempre suscitaram, como, de resto, continuam a fazer — no imaginário nacional. Podia até dizer-se, sem receio de desmentido, que as colónias mais míticas são São Tomé e Angola, por razões que nem sequer convergem. A verdade, porém, é que ainda até há bem pouco tempo o calão lisboeta dava ao dinheiro o nome de cacau, evocação da produção agrícola de São Tomé e Príncipe, que justificava os lucros dos roceiros. Esta categoria só existia, de resto, no arquipélago, pois a terminologia era diferente em qualquer um dos outros territórios coloniais e colonizados. E só Angola mereceu a consagração do hino que melhor substanciava o que podemos designar como o colonialismo popular, proclamando sem descanso e com insistência: «Angola é nossa! É nossa!» O que quer dizer que ainda se não fez a história diferenciada das colónias nas suas relações com Portugal, e que nos seria muito útil, pois Moçambique sempre se distinguiu das mais colónias não só devido à sua condição geofísica, mas, sobretudo, pela relação tecida, na história e na geografia, entre o território, o Índico e o Oriente. Sem esquecer, contudo, o peso dos moçambicanos, sobretudo a partir de 11 de Janeiro de 1890, quando a Inglaterra, a nossa aliança privilegiada, decidiu impor à Monarquia a violência do Ultimato, que, como é geralmente sabido, espevitou a decisão de proclamar a República, operação revolucionária que fracassou no Porto a 31 de Janeiro de 1891. Veremos já a seguir que a relação entre a antiga Metrópole e a nova República ainda se tece com uma certa babugem da história, no sentido em que uma parte substancial dos intelectuais moçambicanos integraram a Universidade portuguesa, em número e qualidade que se não registou nem no caso angolano, nem no caso de Cabo Verde. E se bem que tal não pareça, a verdade é que só se pode explicar a maneira como os moçambicanos aceitaram ou rejeitaram as funções e as actividades da Casa dos Estudantes do Império (CEI) considerando os particularismos de cada uma das colónias. De resto, não podemos esquecer que a CEI deriva da criação de uma Casa de Angola que, graças às intervenções angolanas, se transformou na CEI, que teve delegações activas tanto em Coimbra como no Porto.

Convém, de resto, salientar a actividade dos estudantes de Coimbra, que, sob o impulso do casal formado pela angolana Alda Lara e o moçambicano Orlando de Albuquerque, multiplicaram as manifestações culturais, entre as quais se contaram os recitais de poesia que procuraram banalizar o fluxo da criação poética. Foi também a delegação de Coimbra que suscitou a organização e a publicação — ciclo-estilada, dada a pobreza da instituição e dada a desconfiança dos editores da primeira antologia da poesia em Moçambique. Sublinho, como faço sempre, esta reserva dos organizadores — Victor Evaristo e Orlando de Albuquerque —, que não acreditavam na existência de uma poesia já autenticamente moçambicana. Já tinha começado, então, a transferência de alguns poetas moçambicanos para as hostes da poesia portuguesa, como nos casos de Victor Matos e Sá, Merícia de Lemos ou Alberto Lacerda, ficando em suspenso o caso de Augusto dos Santos Abranches, que levara na sua bagagem, quando se instalou em Moçambique, não só os seus poemas — que estiveram para ser integrados na colecção do «Novo Cancioneiro» —, mas, sobretudo, a convicção de que a literatura podia e devia ser uma arma política. Convém talvez salientar que paradoxalmente, neste período, as colónias portuguesas eram consideradas como o lugar de exílio que convinha aos antigos militantes políticos que tinham sido afastados dos seus lugares na função pública, ou dos seus empregos, e, assim, se instalaram em Moçambique antigos responsáveis políticos como Cansado Gonçalves, que levou a cabo uma actividade pedagógica considerável, e Victor Hugo Velez Grilo, que, em 1975, procurou levar a cabo um falso golpe de Estado, para impedir o processo de independência já em marcha.

Uma das grandes diferenças entre Angola e Moçambique residiu sempre na maior autonomia financeira dos moçambicanos.

Em Lisboa, a Casa dos Estudantes do Império mobilizou, sobretudo, os estudantes mais pobres, tendo esta *ilha* da Duque d'Ávila lisboeta permitido que os jovens estudantes universitários encontrassem não só a fraternidade que facilitava a adequação ao quadro lisboeta, mas, acima de tudo, a análise das condições existenciais: as próprias e as do país de origem. O paradoxo desta instituição reside no facto de utilizar a perturbação física e intelectual da mudança do quadro físico e até afectivo — uma ampla fracção dos estudantes africanos perdia toda e qualquer referência familiar, devendo, ainda, reconhecer e integrar a própria natureza, que não repetia nem as micaias, nem os embondeiros, embora multiplicasse nos jardins e hortas de Lisboa ou de Coimbra a presença das couves, que tanto contaram no regime alimentar português.

Uma parte destes estudantes africanos foi arrastada pela generalização de uma noção — o luso-tropicalismo — que o sociólogo brasileiro propôs em 1954 e foi ultimamente instrumentalizada pelo colonialismo oficial, tendo fornecido o suporte teórico do próprio colonialismo. E se é certo que ainda hoje o luso-tropicalismo continua a fornecer a justificação do colonialismo português — leiam-se pensadores como Valentim Alexandre ou Guilherme de Oliveira Martins —, podemos verificar que esta proposta foi precocemente rejeitada pelos africanos (convém ler ou reler o ensaio que Buanga Fele, ou seja Mário (Pinto) de Andrade, consagrou nesse mesmo ano de 1954, na *Présence Africaine*, a esta proposta destinada a justificar o alargamento do colonialismo de língua portuguesa, tanto o português como o brasileiro). O próprio estatuto da CEI alterou-se sob a pressão de dois acontecimentos: o primeiro, mais ideológico do que teórico, depende da sobrevalorização do colonialismo português graças a Gilberto Freyre, ao passo que o segundo depende do processo aberto no pós-guerra mundial, em que se permitiu ainda alguns morticínios — na Argélia, em 1945, em Madagáscar, em 1947 — e multiplicou, sobretudo, as independências dos antigos colonizados, tanto na Ásia como na África. Se os colonizados de língua portuguesa denunciam precocemente a baba teológica do luso-tropicalismo, não se esquecem de aderir profundamente à revisão das relações de dominação propostas pela Conferência de Bandungue, em 1955. A CEI descobre, na esteira dos pan-africanistas dos fins do século XIX, princípios do século XX, a importância do pan-africanismo, pois se pode registar a transição desse movimento de autonomização para o independentismo. Podiam referir-se os descontentes dessa vaga de activistas que frequentavam a CEI, como os Azancot de Menezes, os Espírito Santo, eu-mesmo, os Pinto de Andrade.

A CEI não se esqueceu de tomar posição no debate político português, e as eleições presidenciais de 1958, que provocaram um abalo significativo na própria estrutura do colonialismo, desenhando-se, a partir de então, o perfil de um nacionalismo angolano branco que levou, poucos anos depois, à criação da FUA, inicialmente partilhada entre Benguela e Sá da Bandeira.

(Uma parte da sua história aparece nas memórias de Sócrates Daskalos.) Não admira, por isso, que a CEI, e, sobretudo, a sua direcção, tenha sido mobilizada pela acção estudantil de 1962, registando-se, então, a presença de responsáveis comunistas, como no caso do malogrado José Bernardino e dos seus irmãos.

Os moçambicanos representavam um pequeno fragmento numa instituição onde dominava a presença dos angolanos e dos cabo-verdianos. Dispondo de recursos financeiros mais importantes, os estudantes moçambicanos disseminavam-se pelos muitos quartos alugados, quando, maioritariamente brancos, não possuíam parentes na própria capital do Império. Por outro lado, se se fazia sentir a disciplina militante do PAIGC, era mais ténue a presença do MPLA — mau grado a instalação de Paulo Jorge Teixeira em Paris na Rua Hippolite Maindron, no 14.e. E era cada vez mais evidente que havia duas cidades centrais na estratégia, Paris, assim como Dar es Salaam, situação que impunha escolhas políticas aos estudantes matriculados em Portugal. Sem que isso impedisse as manifestações da autonomia cultural, pois se aceitou enfim — em parte, devido à influência indirecta de Noémia de Sousa, que assegurara o secretariado do CEA (Centro de Estudos Africanos) criado por Francisco José Tenreiro e Mário Pinto de Andrade, que funcionou na Rua Actor Vale, em casa de uma velha família nativista são-tomense, associando os Graça, os Espírito Santo e os Paquete.

O núcleo de criadores moçambicanos tinha como figura epónima o oceanógrafo Gualter Soares, que já passara pelas prisões de Caxias, pois contou entre os militantes do MUD--Juvenil, aos quais se acrescentavam Fernando Canhão e Sérgio Vieira, que coabitavam com o Álvaro Mateus (Dalas), que mais tarde se empenhou em criar células do PCP (Partido Comunista Português) na CEI, o que provocou a intervenção repressora da polícia política, que não acreditava — e estamos perante o paradoxo fundamental das relações entre a CEI e a repressão policial — nos projectos dos membros da CEI, tal como não podiam acreditar na veemência da sua proposta política. São desses anos as duas edições da antologia da «Poesia de Moçambique», tendo a primeira começado a ser organizada por Luís Polanah, que, sendo embora moçambicano e laurentino — no sentido do termo nessa época —, se tinha esquecido de ler as obras, então sobretudo dispersas, nos suplementos culturais, excepto no caso dos autores que estavam reduzidos aos inéditos. Organizei, depois, outra edição, tendo a selecção dos autores e dos poemas, assim como o prefácio, desencadeado uma violenta tormenta, na medida em que os comentadores moçambicanos recusaram compreender que esta segunda versão da Antologia tinha como projecto denunciar a violência absurda do colonialismo português. O debate, que ainda não está encerrado, estava centrado em torno da função da criação poética e do criador, como, de resto, mostrava bem a colaboração de Fernando Ganhão e de Sérgio Vieira, embora a poesia minimalista de Gualter Soares não hesitasse em evocar o destino e os afro-americanos, para mais violentamente denunciar a mácula desumanizante do colonialismo.

Não deixa de ser revelador que esta poesia moçambicana, escrita no exílio, seja contemporânea da criação das células destinadas a uma mobilização menos literária e mais capaz de pôr em causa a estrutura repressiva do regime. O que nos permite rever o paradoxo policial, que só tarde descobriu qual a função que se atribuíra a CEI, decidida a generalizar o independentismo africano, o que exigia a liquidação da sociedade colonialista, prevendo já, então, a saída maciça dos colonos, incapazes de aceitar o poder dos africanos, como, de resto, se verificou alguns anos depois. O fracasso da repressão policial coloca a análise perante uma situação delicada, pois muitos foram os membros da CEI presos, interrogados, julgados e condenados, devido à acção da Polícia política, incapaz, contudo, de compreender a violência do projecto independentista dos estudantes africanos exilados em Portugal.

5.4. ALGUMAS OBSERVAÇÕES ANÓMICAS SOBRE A LUSOFONIA

A lusofonia está longe de ter conseguido um lugar estável à mesa das ideologias que circulam hoje nos espaços culturais onde se fala a língua portuguesa. Se alguns a consideram um dos mitos da nossa contemporaneidade, não faltam aqueles que a denunciam como uma forma hipócrita de neo-colonianismo, aparecendo os portugueses não apenas como os «criadores» da língua portuguesa, mas, sobretudo, como «proprietários», ou, pelo menos, como «guardiões». No primeiro caso, a política da lusofonia visa um futuro, caracterizado pelas relações cada vez mais íntimas entre os utilizadores da língua portuguesa, ao passo que, no segundo, as pretensões portuguesas seriam não só excessivas, como estariam em contradição com a «igualdade» que devia existir entre os utilizadores da mesma língua, que podem, contudo, organizar formas culturais muito diferenciadas.

Haverá sempre hipótese, certamente menos pimpona, mas nem por isso menos sedutora: e se a lusofonia não fosse mais do que um dos aspectos do formidável trabalho do luto que marca a própria história dos portugueses, nas relações que mantiveram com o seu próprio território e a sua própria cultura? Trabalho do luto de cariz duplo, na medida em que se trata de celebrar as condições em que os portugueses se instalam algures no mundo que fazem entrar no plano do conhecimento, assim como de evitar a violência das rupturas, que implica sempre a partida e a instalação algures.

Creio que se pode recorrer a duas situações específicas para pôr em evidência a contínua violência dos choques provocados pelo ritmo da colonização portuguesa; em primeiro lugar, nos versos em que Sá de Miranda denuncia as tarefas ultramarinas ligadas, entre o mais, às especiarias, pois ao «cheiro desta canela» se iria despovoando o país. Não há situação mais apaixonante do que aquela que seduz um homem pelo nariz, como lembra a Bíblia, que impõe que os sacrificadores queimem os animais, imolados de maneira que o perfume dessa carne votiva possa alcançar, sob a forma de nuvem compacta, a própria divindade, o próprio Deus criador. Operação que os rituais da Igreja cristã, e sobretudo católica, souberam manter, sacrificando o incenso que nuvem de perfume ascendente, dirá a Deus, em nome dos crentes, o prazer incendiado do sacrifício.

O cheiro desta canela constitui uma das nuvens perfumadas mais intensas da nossa história cultural, como me lembra sempre a fábrica minha vizinha dos «autênticos» pastéis de Belém, que, contudo, só está instalada desde o século XIX, embora mantenha uma relação topográfica com a própria substância dos monumentos marítimos, como são realmente os Jerónimos. A canela não é para nós uma matéria de origem mítica, com se registava ainda no mundo grego, mas, antes, uma mercadoria destinada ao comércio internacional, antes de ser uma especiaria que excita, primeiro, o nariz, para, depois, submergir as papilas e edificar, entre o palato e a língua, a densidade do gosto, que exige, naturalmente, os ovos, a farinha e o açúcar. Se o Terreiro do Paço mobilizou as figuras da Corte, do Rei aos truões, mergulhando-os no cheiro das especiarias saindo das portas e janelas da Casa das Índias, os Jerónimos não podem hoje ser compreendidos sem os pastéis de Belém, que consomem canela, esparzida com generosidade pelos portugueses, ex-viajantes, ex-colonos e novos lusófonos.

A canela não é, por isso, apenas um produto agrícola e comercial, mas uma quase mercadoria espiritual — com agradecimentos a João de Barros — que proporciona aos portugueses encontrarem, no gosto espesso e refinado da especiaria, a evocação de um paraíso gustativo que permite compreender o sentido das próprias operações marítimas e comerciais. O que não impede a emergência lancinante de outras operações, como aquela que nos conta a Carta de Pero Vaz de Caminha, de Abril de 1500, que não relata apenas a revelação dos homens que confirmam o sentido das operações de Cristóvão Colombo: nus, de bons corpos, com cabelos espessos, mas não africanos, falando as línguas que Babel não fora capaz nem de reconhecer, nem de integrar no vasto dicionário reconhecido pela própria divindade.

As duas maneiras portuguesas de procurar entrar em contacto com os novos homens, cujos parentes próximos já tinham sido mostrados em Lisboa, em 1493, por Cristóvão Colombo, passam, em primeiro lugar, pelos sistemas alimentares: *diz-me o que comes e como comes, dir-te-ei quem és* (esta fórmula será mais tarde analisada pelo Erasmo de *A Educação Pueril*). Os portugueses, almirante à cabeça, ofereceram aos novos homens, que ainda não são índios, e só muito tarde se transformaram em brasileiros — operação que não podemos deixar de contabilizar na coluna do haver lusófono —, as bebidas e as vitualhas que pertencem ao sistema culinário português. Tal como em África, estes homens hesitam: comer o que o Outro cozinha e oferece talvez seja uma maneira de perder a sua própria imagem. Tal será, de resto, durante séculos, um dos lugares do debate civilizacional, que os americanos acabarão por ganhar: não somos nós comedores de batatas provindas das civilizações dos Andes e, mais particularmente, dos Incas e dos Aymaras?

Mais ainda: qual é a surpresa dos portugueses e deste bom burguês tripeiro que era Pero Vaz de Caminha? Pois simplesmente o facto de as vergonhas das índias não mostrarem sombra de pêlos, impedindo, por isso, que se manifeste o desejo dos portugueses, aparentemente adeptos das mulheres com púbis bem decorados (não há, nos cancioneiros portugueses, de norte a sul, muitas quadras que recomendam aos homens que só se casem com mulher com bigode? E não são as nossas mulheres, as Deula-Deu Martins e as padeiras de Aljubarrota, mulheres de *pêlo na venta*?). A subversão das práticas corporais está ali à vista, embora ainda não se saiba: mas qual será a brasileira que ousará instalar-se num areal de Copacabana com pêlos nas pernas, mostrando da maneira mais objectiva o laço que continua a unir-nos à experiência lusa de Abril de 1500. Não quebrámos ainda os laços com esse dia auroral, pois os corpos das mulheres brasileiras recuperaram o código das suas avós, e permitiram que se mantivesse um modelo civilizacional, mau grado a crueldade da colonização que condenou à morte tantas e tantos milhões de índios.

Há, contudo, mais, muito mais, suficientemente revelador para nos darmos conta destes laços inesperados, que continuam a fazer do Brasil e dos índios, ascendentes não dos portugueses, nem dos brasileiros, mas, antes, de uma certa lusofonia. Na expedição de Pedro Álvares Cabral contam-se também alguns «lançados», dois dos quais ficaram nas areias que depois foram brasileiras: «e mandou com eles para ficar lá um mancebo degradado, criado de D. João Telo, a que chamam Afonso Ribeiro, para lá andar com eles e saber do seu viver e maneira». Na verdade, sempre havia de ficar mais gente, entre a qual «dois grumetes, que esta noite se saíram desta nau, no esquife, em terra fugidos, os quais não vieram mais». Acrescentamos a pitada de mistério que convém, quando ainda não havia luso-tropicalismo: e se estes dois grumetes tivessem abandonado a falsa tranquilidade das naus para se lançarem nos braços das índias, livres do mar e da hierarquia tão rígida das naus?

Seja como for, verifica-se aqui o peso dessa dupla tarefa que associa o conhecimento à necessidade de explicar o destino dos homens, alguns dos quais dependem de um mecanismo falsamente libertador: condenados à morte, ou a duras penas de prisão, podiam optar pela instalação em lugares desconhecidos, entre populações cuja língua e costumes ignoravam. Não é Pero Vaz de Caminha que deles espera uma informação obtida entre os habitantes, excluída qualquer armadilha literária, na medida em que arriscam a vida para fornecer as informações indispensáveis ao próprio sistema de colonização? E quem, nas aldeias de onde eles vieram, estará em condições de compreender a distância incomensurável a que se encontram? Por isso, como já mostrei algures, eram as operações ritualizadas que permitiam que o trabalho do luto fosse constante e colectivo.

Não podemos deixar de dar conta desta singularidade portuguesa, que faz parte integrante do modelo europeu, que continuamos a utilizar nas nossas relações com continentes e populações pouco ou nada conhecidos. Alguns comentadores têm feito da saudade um dos mecanismos fundamentais dessa experiência, mas não podemos aderir a tal explicação: os colonos portugueses inscrevem-se sempre no futuro, agindo exactamente ao invés da saudade, destinada a exaltar e a sobrevalorizar o passado. O saudosismo de Teixeira de Pascoaes não pode ser entendido por via de uma relação com um dos muitos passados que o indivíduo pode exaltar e mitificar, sendo, antes, uma ponte lançada sobre o abismo do estar, para que o homem se possa sempre instalar no *seu* futuro. A multiplicação dos rituais que podem ser integrados na vasta panóplia das operações do luto permite que a comunidade possa multiplicar as operações de colonização sem mergulhar na desordem que estava latente nos versos de Sá de Miranda, que encontram confirmação, ou eco em Gil Vicente, ou Garcia de Resende.

Os nossos milenarismos, com uma lembrança de Giocchino da Fiòre (Joaquim di Fiore), e outra de S. Francisco de Assis

Num volume colectivo, consagrado ao *Fim dos Tempos*, Jean Delumeau procede ao inventário dos milenarismos, dando uma importância considerável às tarefas portuguesas nesse terreno tão pouco tratado entre nós (mau grado a mobilização de alguns dos defensores da «filosofia portuguesa»). Para Delumeau, Portugal terá sido percorrido, entre o século XV e o século XVII, por violentas correntes milenaristas, fazendo dos portugueses um povo singular, já que só entre o povo judeu se encontrariam manifestações milenaristas da mesma veemência. Creio que Delumeau não se dá conta de que uma fracção da população portuguesa possuía uma origem judia, se bem que alguns historiadores israelitas — caso flagrante de Benzion Netanyahu, que, adoptando uma linha reflexiva, não o sabendo, retoma as ideias fundamentais de António José Saraiva, para afirmar que «a Inquisição não perseguiu os judeus por motivos religiosos», esqueceram que se multiplicaram em toda a Europa as comunidades judias de origem peninsular, que foram, na sua maior parte, liquidadas pelo nazismo; nem Saraiva, nem Netanyahu estão em condições de explicar como estes «não-judeus» multiplicaram as sinagogas, tal como participaram de maneira activa nas tarefas intelectuais associadas à interrogação religiosa.

Os portugueses não se lançam no Atlântico, no Índico, ou no Pacífico sem uma teoria que lhes permita encarar a expansão do conhecimento como uma tarefa que, contraditoriamente, reforça a autoridade do Criador, ao mesmo tempo que permite aos homens aumentarem, de maneira constante, a autonomia das suas sociedades. A figura principal não seria nem Bandarra, nem aqueles que acompanharam D. Sebastião, mas, antes, o Padre António Vieira, que anunciara o V Império já presente no Livro de Daniel. Não cabe aqui analisar a própria informação de Delumeau — que se revela bastante frágil no que se refere a Vieira, também vítima da Inquisição —, mas reter, essencialmente, o facto de existir, na estrutura da sociedade portuguesa, uma maneira de encarar o futuro que depende de uma lição bíblica que não poderá ocultar — que nunca conseguiu ocultar — a existência de uma lição judia.

Todavia, salienta Delumeau, os portugueses sofrem também o influxo das teses dos Joaquimitas, se bem que, muito curiosamente, não pareça que tenha sido grande a circulação da obra de Joaquim de Fiora. Jaime Cortesão, mas sobretudo Agostinho da Silva (não esqueçamos os laços de parentesco existentes entre os dois homens, pois Agostinho da Silva casou com uma das filhas de Jaime Cortesão, qualquer que tenham sido os avatares deste casamento), mostraram os laços que uniram Fiora a São Francisco de Assis, tendo o franciscanismo — que não deve ser confundido com franciscanos, havendo muitos destes que não foram e não podiam ser franciscanitas — fornecido o suporte religioso para que se alargassem as fronteiras do espaço português. A racionalidade positivista opôs-se frequentemente à leitura destas operações, em que a racionalidade da fé parece entrar em colisão com a racionalidade do conhecimento. Convirá encarar a situação de maneira mais flexível, aceitando que os homens podem ser movidos pela fé, mesmo se esta não possui o menor suporte positivo.

O mais importante é saber que os homens criam os deuses à sua imagem e semelhança, como já em tempos sublinhara Teixeira de Pascoaes, em nome do paganismo português.

Ou seja, as operações portuguesas entre os séculos XV e XVII devem integrar também os valores milenaristas, mas tal não quer dizer que se tenha renunciado à elaboração científica do conhecimento. Nem estamos perante uma situação híbrida, complicada de maneira grave e, sobretudo, injusta, pela intervenção repressiva da Inquisição, a qual não podia deixar de agir contra todas as formas de escatologia, tal como procurou reprimir todas as operações — fatalmente contrárias às regras da teologia romana vigentes — que, do ponto de vista do discurso científico, anunciavam a constituição de outras formas de ver e de construir o mundo. Esta tensão contribuiu de maneira decisiva para pôr termo às condições da própria expansão, restringindo a pulsão inventiva dos portugueses. Em minha opinião, só começamos a afastar-nos dessa situação repressiva graças à propaganda republicana, integrando, nesta operação, os surtos anarquizantes e socializantes do século XIX, que não podiam deixar de ser vigorosamente anti-clericalista, já que este grupo socio-profissional fora recrutado e treinado para manter o processo do analfabetismo português.

Contrariamente a um juízo apressado, este período milenarista não pode ser inscrito no débito cultural e até político português, ainda que os seus resultados — como se verificou com a acção dos jesuítas na América do Sul — não possam ser considerados uniformemente positivos. O facto de, como denuncia Sérgio Buarque de Holanda, os portugueses terem impedido a multiplicação das cidades e dos instrumentos culturais — nem escolas, nem Universidades, nem tipografia, quer dizer, sem livros e menos ainda jornais — sublinha já o período da decadência do milenarismo: a sociedade repressiva do poder monárquico posterior a 1640 sublinha o *défit* criador da monarquia dos Braganças, que ainda continuam a proclamar ser «herdeiros do trono», que a República teve o bom senso de abolir. Pode talvez até sublinhar-se que o deperecimento desse fluxo, assinalado tanto pela prisão do Padre António Vieira, como pela condenação à fogueira de António José da Silva, impediu a construção de um Estado moderno entre nós, o que nos condenou, em primeiro lugar, à «guerra das laranjas» (1801) e, depois, às invasões francesas, que permitiram o poder precocemente totalitário do marechal Beresford.

A emigração como lugar de afirmação dos portugueses

Regista-se hoje, nos média nacionais, uma mania falsificadora: Portugal seria um país de emigrantes. Trata-se de um contra-senso, tanto etimológico como histórico. Os portugueses foram, desde que se instalaram no arquipélago da Madeira, obstinadamente colonizadores, capazes de modificar as práticas naturais e sociais. Já mostrei, em tempos, que a colonização da Madeira tinha permitido a criação de um ecossistema capitalista, que possibilitou que os produtores madeirenses «açucarassem» não só o comércio, mas as preparações culinárias dos europeus. Se o homem não vive apenas para comer, já parece difícil — excepto no caso de alguns faquires — que o homem e as sociedades humanas possam viver sem comer. A fome, ouvi-mo-lo todos os dias, constitui uma das mais constantes e duras condenações que pesam sobre milhões de habitantes da terra. Daí que não possamos furtar-nos à necessidade de salientar a parte que coube aos portugueses não só no conhecimento da natureza — fauna e flora —, mas, sobretudo, na mundialização de algumas plantas que pertencem, nos dias de hoje, às cozinhas nacionais e até universais. Quem, ao entrar em Paris num restaurante oriental, não vê, em primeiro lugar, a malagueta instalada no centro da mesa, lembrando que o palato oriental se modificou quando os lusos introduziram a malagueta? Só os preconceitos culturais permitem que se exalte tanto o canhangulo introduzido por Fernão Mendes Pinto no Japão, deixando de lado uma tão grande subversão das técnicas da cultura, da paisagem, da cozinha, como aquela que resultou da introdução e da banalização da malagueta.

Colonizar quer dizer isso mesmo, assegurar a circulação dos homens, das ideias e dos materiais que permitem a organização e a reprodução continuamente alargada das sociedades humanas. O quinto centenário daquilo a que teimosamente se dá ainda o nome de «descoberta» do Brasil permitiu que se renovassem as balelas insultuosas que se tinham registado no mesmo Brasil em 1922, quando se comemorou o primeiro centenário da Independência, operação simbólica que permitiu à imprensa e aos pensadores brasileiros se lançarem num delírio de escritas insultuosas, destinadas a denegrir os portugueses, permitindo que alguns dos brasileiros, mais anti-portugueses, lamentassem não ter sido colonizados pelos holandeses, graças aos quais a América do Norte conhecera o impulso decisivo. Esqueciam os brasileiros, portadores de percentagens variáveis de sangue africano, que se os holandeses os tivessem realmente colonizado, estariam condenados às regras do *apartheid*, que fizeram da África do Sul o país mais trágico da África, e contribuíram para a banalização da linchagem nos Estados Unidos. Lembro, entre todos, a prosa de Alberto Torres, inçada de anti-portuguesismos, esquecido de que alguém que carrega o nome de Torres dificilmente poderá ter outra origem que não a portuguesa.

É certo que o ano de 1822 marca uma fronteira fundamental, visto que um príncipe da casa de Bragança proclama a independência, sem jamais ter dado um passo político para que tal fosse possível. Celebre-se a astúcia do príncipe, certamente aconselhado por D. Carlota Joaquina, empenhada em amputar o «império» português, para enfraquecer o Estado frente aos apetites espanhóis. Mas não é possível esquecer que as operações que levaram à proclamação do príncipe D. Pedro tinham sido organizadas pelos burgueses brasileiros, mesmo se mobilizando alguns aristocratas e alguns pequeno-burgueses, cujas relações com o artesanato eram conhecidas. Se o Brasil deve aos portugueses as suas fronteiras actuais, convém salientar o papel desempenhado por Alexandre de Gusmão, assim como, mais tarde, pelo Marquês de Pombal. Gusmão conseguiu manter o Amazonas e a sua imensa bacia nas fronteiras brasileiras; o Marquês de Pombal, ao eliminar a língua geral, permitiu que se acelerasse a homogeneidade linguística brasileira, que manteve, contudo, alguns resíduos linguísticos índios, tal como não expulsou as línguas das religiões de origem africana.

Estamos, no entanto, perante uma ruptura: a independência do Brasil, insistamos, cria a emigração. Os colonos mudam de qualidade e devem optar, mantendo-se portugueses, com tamancos e sotaque, ou transferindo-se para o espaço brasileiro, onde são obrigados a renunciar ao sotaque e, muitas vezes, aos tamancos. O que repugna, por isso, os brasileiros que menosprezam os seus ascendentes portugueses deriva de uma circunstância hoje penosa: provinham eles dos campos, de lugares onde havia apenas fontes de chafurdo, e onde a escolaridade era dispensada a conta-gotas, quando não era simplesmente recusada. Ora, todos aprendemos em Aristóteles que a democracia só pode criar o seu próprio corpo doutrinário quando, tendo-se inventado a *Pólis*, a cidade grega, foi possível reduzir a autoridade dos patriarcas, situação que autorizou a emergência da democracia. Podemos, por isso, declarar sem o menor titubeio que não pode haver banalização do conhecimento, nem criação e adopção de regras democráticas enquanto não for criada a cidade. Compreende-se melhor o lamento de Sérgio Buarque de Holanda: a incompetência técnica dos portugueses, incapazes, na Europa, ou na América, de criar cidades, impede o próprio percurso democrático e reforça a gestão obscurantista de uma monarquia em que há o menor gosto pela cultura, como mostra o espólio das diferentes dinastias portuguesas, como confirma o canto V d'*Os Lusíadas*.

Nem foi fácil, em termos linguísticos, importar um substantivo tão significativo como a «emigração». Na primeira edição do seu *Dicionário*, Morais e Silva considera que não era necessário importar este galicismo. Mas já Solano Constâncio, na quarta edição do seu *Dicionário*([230]), contesta esta opinião que não leva em conta a nova articulação interna do espaço de língua portuguesa, onde o Brasil fora sempre tentado a encontrar na América modelos que permitissem reorganizar o sistema político. Se já atrás mostrei que a colonização pode modificar de maneira radical os ecossistemas, deve acrescentar-se que modifica também as condições da gestão e das ideias políticas.

([230]) Solano Constâncio, *Novo Dicionário Crítico e Etimológico da Língua Portuguesa*, 4.ª ed. (Paris: Ângelo Francisco Carneiro Filho, 1852).

Os brasileiros manifestam claramente a sua autonomia durante a organização, tão lenta como pouco hábil, da Inconfidência, a qual assenta na importação do modelo da independência norte-americana de 1776. O facto de a repressão portuguesa se ter iniciado em 1789, leva os espíritos mais preguiçosos a encarar uma relação com a Revolução Francesa. Convém dizer as coisas de maneira mais coerente: são os brasileiros e os franceses que não podem furtar-se ao peso da lição norte-americana.

Veremos, já a seguir, qual a importância desta situação, mas queria ainda sublinhar o carácter tardio da criação da emigração entre nós, a ponto de, já então, registarmos um atraso vocabular significativo. Os franceses conhecem a emigração já na segunda metade do século XVIII, mas os portugueses não a podiam conhecer antes da independência do Brasil, situação que assinala um dos momentos mais agudos das alterações registadas no que ainda não é o «espaço lusófono» que hoje se nos oferece.

Não se trata, como se pretende de maneira subalterna, de evocar a constância do império, mas, antes, de pôr em evidência a maneira como os nossos comportamentos repelem as soluções que a Europa colonialista está em via de inventar. A recusa da emigração não pode ser considerada uma operação de retardatários, mas sim a consequência de técnicas fundadoras. O objectivo dos portugueses respeita sempre um mito, um milenarismo, que não pode ser separado dos bons princípios dos «países de cocanha», que forneceu aos homens os bens de uma natureza pródiga, que supera os limiares das sociedades humanas normais e punitivas.

As soluções políticas originais

Há uns meses, fui convidado por Marc Ferro para participar numa emissão de história na *Antenne* 2 francesa, tendo sido obrigado a responder a uma pergunta que preocupa o historiador francês: «quais as consequências da colonização?» Pergunta legítima, sobretudo quando se considera a brutalidade do *déficit* humano provocado pelo tráfico de escravos.

A pergunta parece-me utilíssima, não só no caso do Brasil, mas, ainda em grau menor, no que se refere ao continente africano. Sublinho o caso particular do Brasil, por nos dizer respeito, e por se provar de maneira insofismável que só a colonização portuguesa podia ter permitido a criação da nação e, depois, do Estado brasileiro. Não que essa tarefa exija agradecimentos, mas, antes, porque a própria história do Brasil é inseparável das opções portuguesas, tal como os portugueses não podem ser explicados sem a relação com os galegos, e até da tensão guerreira que — sublinha António José Saraiva — sempre nos opôs aos castelhanos.

Quando analisamos a maneira como a Inconfidência se organizou em 1789 e nos anos anteriores, encontramos, sobretudo, o elemento primordial: os brasileiros, para rejeitar a dominação portuguesa e os seus valores cediços, não recorrem aos modelos europeus, partindo do princípio simples de que todas as colonizações se equivalem. Trata-se de um esplêndido princípio, que permite varrer as querelas bizantinas consagradas a diferenças milimétricas, que fariam de uns esplêndidos colonizadores, ao passo que outros teriam fracassado de maneira miserável. Claro que, neste caso, não se pode deixar de separar a colonização do colonialismo. A diferença é essencial, dado que o colonizador age, principalmente, com os seus próprios naturais, ou com homens e mulheres que a eles se associam, ao passo que o colonialista é aquele que impõe a sua autoridade sobre sociedades organizadas sem a sua participação. Digamos imediatamente: os portugueses foram quase sempre colonizadores e, mais raramente, colonialistas, tal como, de resto, se verifica em parte com os ingleses. Já são colonialistas sem partilha de países como a Holanda, a França ou a Itália.

O que caracteriza esta operação reside, por isso, na capacidade de proceder à criação de uma burguesia que, sem poder renegar a sua origem lusitana, não hesita em construir o vocabulário conspirativo que deve permitir alcançar a independência. Considero que, de uma maneira geral, a historiografia brasileira se deixou aprisionar pela historiografia portuguesa, que repete sempre o mesmo vozeário desorganizado:

a Inconfidência seria um movimento insurreccional de pouco alcance, quando se trata, de facto, da primeira acção de grande envergadura registada na América Central e na América do Sul para encontrar uma solução política conveniente. Não esqueçamos que a conspiração se inicia antes de 1789, revelando a profunda americanização da burguesia e dos seus teóricos, então viajando na Europa, ou instalada, sobretudo, nos chapadões de Minas Gerais. Onde reside, por isso, o interesse e a originalidade? Esta operação é levada a cabo dentro de um quadro de valores burgueses que se separam das escolhas da nobreza e da Corte, e se orientam, como não podia deixar de ser, para a solução republicana.

A colonização permite que os colonizados repudiem os interesses do aparelho político colonizador. Esta atitude revela perfeitamente que — e responde-se aqui à pergunta de Marc Ferro — a colonização não serve sempre os interesses dos colonizadores. A dinâmica própria da colonização arrasta consigo o reconhecimento da necessidade de autonomia daqueles que deviam aceitar apenas as condições da dominação, reproduzidas interminamente. Daí que não se possa conceber nenhuma colonização durando de maneira eterna, o que nos permitiria propor um ligeiro acrescendo à reflexão de Albert Memmi: a humilhação da dominação terá de ser resolvida na recusa do colonizador e das operações de colonização que lhe fornecem poder e legitimidade. Poderia, também aqui, salientar um dos temas de discussão já antigos com Memmi, que queria que a humilhação da dominação não pudesse ser modificada, quando, do meu ponto de vista, a recuperação da língua do dominador permite que o dominado lhe devolva o projecto deformador. O colonizado pode, por isso, servir-se constantemente da colonização para desequilibrar o colonizador.

Compreende-se a importância central desta situação, em virtude de a lusofonia não corresponder de maneira alguma a uma operação homogénea da colonização, estando construída a partir de uma relação dialéctica entre colonizado e colonizador. Mais ainda, o colonizado altera-se de dentro, recuperando aquilo que no seu comportamento favorece a eclosão do sentimento anti-colonialista, ou até anti-colonização. Não se trata de uma operação limitada aos portugueses, mas não podemos deixar de salientar que as operações nacionalistas brasileiras são realmente precoces nas Américas, embora a repressão portuguesa se revele eficaz e eficiente e impiedosa, mesmo se há apenas um condenado à morte executado. O aparelho colonial revelou, na escolha desse homem, o alferes Joaquim José da Silva Xavier, a importância da alcunha, o Tiradentes, actividade que, na época, não honrava ninguém, antes, o remetia para uma mediocridade social que explica a sua condenação e, sobretudo, a crueza da execução e do espostejamento, que permitiu que o corpo fosse disseminado entre o Rio de Janeiro e Ouro Preto.

Na verdade, podemos verificar que a corte portuguesa e o seu aparelho judiciário se mantiveram fiéis aos seus preconceitos de classes, distinguindo os aristocratas e os licenciados dos pequenos burgueses. A condenação e, sobretudo, a execução do alferes Silva Xavier encontra aqui a sua explicação mais profunda, mas permite mostrar que a Inconfidência não se resume a um movimento de classe, sendo, antes, inter-classista. Foi, todavia, a Corte, com o seu aparelho judiciário, que reforçou os princípios da hierarquia social, para bem servir os portugueses. Digamos as coisas de outra maneira: enquanto fiéis aos princípios da aristocracia da Corte, os juízes e as autoridades que lhe são subordinadas reforçam as regras da hierarquia, os conspiradores anunciam já outro tempo, em que o espírito nacional pode varrer, de maneira decidida, os compromissos com uma hierarquia que apenas podia travar o impulso conspirativo. O Brasil é, por isso, a construção mais precoce e mais apurada da lusofonia, provando, de uma maneira indiscutível, que os homens que constroem o Brasil não podem ser reduzidos à função secundária de agentes da colonização e do colonialismo.

Estes homens, estes conspiradores, estes inconfidentes tinham sido todos lusos, portugueses de origem ou de nascimento, portugueses em via de abandonar a sua cultura para adoptar o sotaque e os usos e costumes dos brasileiros. Já em tempos assinalei que um dos elementos que permitiam desenhar a fractura entre o colonizador português e o português assumindo-se como brasileiro residia não só na diferença de sotaque — tão caricaturado! —, mas, sobretudo, na existência de uma semântica original. Pus em evidência que, na poesia do baiano Gregório de Mattos e Guerra, a fronteira entre o sentimento e a língua — portuguesa ou brasileira — passava pela autonomia da língua sexual dos brasileiros, partindo do princípio teórico de que o colonizado recupera a sua autonomia física e genesíaca graças à invenção de uma terminologia que lhe permite dizer e fazer sexo de maneira completamente livre do controle da norma portuguesa. Tudo se passa como se Gregório de Mattos e Guerra tivesse pressentido que a poesia de Manuel Bandeira, denunciando aqueles que macaqueavam a «sintaxe lusíada», havia de completar o monumento que: lentamente, permitiria o reconhecimento e a exaltação da língua «errada do povo».

É por natural considerar que o Brasil antecipou as inquietações que se registaram em outros territórios onde, todavia, o colonialismo foi mais importante do que a colonização, embora tal não tivesse impedido o aparecimento de grupos de colonos que não hesitaram em procurar encontrar soluções políticas destinadas a liquidar o sistema de dominação. Nem sempre estas operações conseguiram encontrar o reconhecimento que mereciam, como se pode verificar no caso da FUA (Frente de Unidade Angolana), que reuniu, nos anos 60 e depois — este movimento foi historiado por um dos seus dirigentes míticos, Sócrates Daskalos — os nacionalistas angolanos, brancos e mulatos concentrados numa organização que pretendia estar intimamente associada aos movimentos de libertação africanos, que tinham a mesma pretensão: independência de Angola, única maneira de devolver aos angolanos a completa cidadania que sempre lhes fora recusada pelos colonialistas portugueses. Digamos, assim, que a FUA expõe os projectos dos colonizadores que recusam qualquer função colonialista, pretendendo, sobretudo, uma frente integrada, que lhes permitisse participar num combate imposto pelo governo ditatorial português e alegremente apoiado pelas forças armadas.

Estamos perante o outro ramo do mesmo problema, que deve definir as condições capazes de permitir que os nacionais de um país se reconheçam como tais e exijam do colonizador-colonialista as soluções políticas convenientes. Não pretendo lançar-me numa análise dos avatares destas operações militares: não é esse o meu objectivo. Direi apenas que a solução encarada por estes militantes, que eram também patriotas, não podia deixar passar pela rejeição dos particularismos repressivos utilizados pelos portugueses, imitando nesse aspecto, embora de maneira menos virulenta, o comportamento dos brasileiros, acirrado nestes últimos meses pelas comemorações consagradas ao aniversário da chegada de Pedro Álvares Cabral ao que mais tarde viria a ser o Brasil. Convém lembrar que a rejeição do descobrimento e do próprio almirante fazem parte do próprio folclore das relações entre brasileiros e portugueses, não hesitando os primeiros em designar como «Cabrais» os portugueses que se arriscam a enunciar uma opinião consagrada aos problemas internos brasileiros.

E agora, José?

Recorro a um poema amputado de Carlos Drummond de Andrade, para poder e cocar com mais tranquilidade a necessidade em que se encontraram os brasileiros de criar a sua língua no quadro da língua portuguesa. O exemplo famoso é fornecido pelo mesmíssimo Carlos Drummond que ousou escrever «no meio do caminho tem uma pedra», repelindo o recurso ao verbo haver ou ao verbo estar, que teriam fornecido as formas sintaxicamente correctas de organizar a frase. Drummond faz eco de uma forma oral, para sublinhar a maneira como os brasileiros se iam afastando pouco a pouco da ortodoxia linguística. Sabemos, de resto, que um dos problemas mais acutilantes neste espaço da lusofonia reside na questão da própria língua. Ninguém fala «luso», mas toda a gente fala «português», e aqueles que ainda estão atrasados no domínio da língua são empurrados pelos outros para entrarem no círculo cada vez mais alargado que reúne os utilizadores da língua portuguesa.

Ou seja, não é possível a uma nação colonizadora e colonialista, seja qual for a dimensão e a duração do Império, impor de maneira eterna as suas regras. O próprio da colonização consiste na possibilidade, por assim dizer, involuntária de liberdade que fornece aos dominados. Não chega a compreender-se porque é que os dirigentes portugueses que já se tinham manifestado contra a independência do Brasil puderam lançar-se na guerra colonial, como se a característica principal das colónias residisse no seu carácter permanente. O que também pode levar o analista a mostrar-se surpreendido quando é obrigado a dar-se conta da falta de movimentos vigorosamente anti-colonialistas entre nós. Isto, mau grado os resultados das operações colonialistas na Argélia e no Vietnam, como se os nossos militares fossem os mais retrógrados que jamais passaram por academias militares e cursos de Estado-maior. Pelo que se justifica a minha pergunta e o meu recurso a este José, que não deve ser confundido com nenhumas das formas do Zé Povinho. Este José encarrega-se de designar o tipo de cirurgia a adoptar, para conseguir liquidar os enquistamentos que estamos a acumular desde 1822 e talvez desde 1801.

Mito ou trabalho do luto

Nesse caso, será melhor tentar esventrar a lusofonia actual, para estarmos em condições de saber se se trata de uma forma de mito destinado a devolver aos portugueses a certeza de que, tendo perdido a guerra colonial e as colónias, nem por isso deixam de manter a sua hegemonia, mesmo se reduzida apenas a estruturas simbólicas. Não falta quem saliente o facto de a lusofonia ser simplesmente uma estrutura destinada a preparar as condições do neo-colonialismo, que se vê emergir em muitas intervenções teóricas e até em algumas práticas financeiras. A situação económica de uma parte substancial dos países africanos de língua oficial portuguesa parece dar algum suporte a estas especulações que esbarram, contudo, com a fraqueza financeira congénita do país e com os interesses das multinacionais. A miséria de África não poderá durar para sempre, mesmo se exige o recurso a alguns remédios de cavalo para poder sair do fosso em que está agora instalada. A lusofonia desempenha, aqui, um papel particular.

Podemos verificá-lo com alguma facilidade, sobretudo em Angola, onde a língua e a memória portuguesas já permitiram impedir a ocupação do Norte e, sobretudo, da cidade de Luanda e do seu *hinterland* pelas populações provindas do Congo, o de Brazzaville e o de Kinshasa. Há poucos anos, na sequência da independência e da necessidade de resolver os problemas suscitados pela concentração de angolanos empurrados pelo colonialismo português para o exílio, julgava-se que a região angolana do Norte, incluindo Luanda, estava condenada a uma «zairização» (ou congolização), que viria reforçar o espectro do banditismo e da corrupção que então dominavam o país. A corrupção continua a resistir às mudanças e à moral. As acusações irrompem no meio do mato, pronunciadas por bocas invisíveis, mas acertam em cheio nos defeitos estruturais. Caberia à lusofonia a difícil tarefa de permitir que o mito em que assenta se transforme em realidade funcional, operacional. Mas como?

O mito da lusofonia assenta, por isso, em soluções disjuntas, contraditórias: a primeira pretende pôr em evidência a tarefa histórica dos portugueses, não isolados, mas associados, desde o século XV, aos africanos e, ainda mais particularmente, às populações dos arquipélagos, que são também populações que puderam e quiseram inventar as línguas crioulas. Associação desigual que muitos interpretam como ressumando apenas «dominação». Como dissimular, contudo, a violência do paradoxo, quando essas operações deram nascimento a populações inéditas, cuja estrutura social e cultural — o que arrasta consigo o político — prova a originalidade e, por isso, a coesão? É como se uma fracção da violência da colonização se furtasse ao seu próprio destino, para criar aquelas estruturas que porão em causa a legitimidade do seu projecto. Não sem sofrimento, e a questão fundamental reside precisamente aqui: haverá o direito de manipular tão brutalmente os homens para dar origem a sociedades novas, que não podem deixar de arrastar consigo a violência e a humilhação, que só um demorado processo químico pode transformar em nações autónomas, orgulhosas da sua própria história?

Neste caso, a importância do mito engloba tanto o colonizador como o colonizado, pois se regista uma evidente simetria entre o orgulho de uns e a exaltação dos outros. É, de resto, esse orgulho que tem permitido que as operações coloniais, despojadas da sua ganga colonialista, forneçam a legitimidade histórica dos antigos colonizados. Mas, em tais casos, verifica-se facilmente que não é a língua, que não pode ser a lusofonia que suporta esta longa duração histórica, pois as estruturas implicadas são mais complexas e envolvem, como diria De Saussure, «os costumes». É nesse cadinho que se forjam as novas identidades nacionais, e creio que os portugueses devem estar criticamente satisfeitos com a sua capacidade não de dar novos mundos ao mundo, mas de permitir a criação de novas nações, novos Estados. Essa constelação tem servido de suporte ao mito, no qual se cruzam tanto a necessidade de um mero «espaço lusófono» como a existência do recurso à língua portuguesa para dizer e construir o mundo.

Mas como esquecer que esta situação implica também o trabalho do luto, indispensável à reorganização das relações tecidas entre os múltiplos agentes do processo, caracterizadas pelas feridas, umas voluntárias, a maior parte involuntárias, engendradas pelo mecanismo do sistema? Creio ser essa a tarefa principal da lusofonia: dar sentido à violência do passado, pondo em evidência o carácter exaltante dos resultados, o que implica a minimização paralela de tudo o que pode ainda hoje macular a necessidade de uma história que seja capaz de assegurar a complementaridade. Esta operação não recusa a violência, mas procura transcendê-la, mostrando que esta foi frequentemente utilizada contra o próprio interesse do colonizador, empenhado em conseguir resultados capazes de permitir a construção de comunidades não só coerentes, mas capazes de uma eficácia, permitindo a afirmação da autonomia de cada indivíduo. O processo colonizador, que não pode deixar de ser holista, autorizaria, assim, a afirmação do indivíduo, apoiado e confortado pela comunidade em que está inserido.

Naturalmente, qualquer trabalho do luto, nesta perspectiva, salienta a importância da memória, que deve adequar-se ao projecto, mas, ainda mais, aos resultados. A leitura da história torna-se selectiva, mas não falsificadora. O trabalho da memória implica a reformulação do passado em função do trabalho do luto, que, por sua vez, se apoia no vigor da mitificação. Como se o passado não pudesse ser mais do que o cimento que permite o funcionamento das nacionalidades que o próprio sistema colonizador engendrou. Por isso, se limita a saudade, demasiado vinculada ao passado infeliz, para a substituir pela capacidade regeneradora do mito, que não pode deixar de falar português, com os sotaques diferenciadores que permitem a originalidade de cada língua no quadro sempre amplo da língua portuguesa, que pertence àqueles que a falam.

Origem dos textos

1. Ideologias da independência

1.1. «Negritude e Humanismo» (Lisboa: Casa dos Estudantes do Império, 1964).

1.2. «A propósito de Senghor. Antes e depois da Negritude», *Seara Nova* (Jan.–Mar. 2002), pp. 42–45.

1.3. «Negritude e Método Histórico», *Diário Popular* (13 de Novembro, 1984), p. 19.

1.4. «Do Nativismo ao "Mundo que o Mulato criou"», *Latitudes* (Paris, Dez. 2002), pp. 56–62.

2. Diferentes faces da autonomia

2.1. «A perspectiva histórico-cultural de Pedro Monteiro Cardoso», in Pedro Cardoso, *Folclore Cabo-verdiano* (Paris: Solidariedade Cabo-verdiana, 1983), pp. XXI–LXXXIII; 1.ª edição, Porto, 1933).

2.2. «Da Emigração em Geral. Da Emigração Cabo-Verdiana em Particular», *Latitudes* (Paris, Abril 2008), pp. 5–10.

2.3. «Algumas formas da hegemonia africana nas relações com os Europeus», in *I Reunião Internacional de História de África* (Lisboa: Instituto de Investigação Científica Tropical, 1989), pp. 383–406.

2.4. «A África oriental, central e austral: mutações internas ou pressão externa?», in *História Universal*, vol. VII (Lisboa: Alfa, 1985), pp. 196–216.
2.5. «A emergência do Estado angolano» (1996), in Carlos Serrano, *Angola — Nascimento de Uma Nação* (Luanda, Kilombelombe Editorial, 2008), pp. 17–37.
2.6. «A lenta e difícil construção do Brasil», *Latitudes*, n.º 11 (Paris, 2000), pp. 28–39.

3. Sistemas de dominação e estratégias de resistência

3.1. (com Isabel Castro Henriques), «Introdução», in André João Antonil, *Cultura e Opulência do Brasil* (Lisboa, Alfa, 1989), pp. 5–18.
3.2. «Gregório de Matos em Angola», separata de *Estudos Universitários de Língua e Literatura* (Rio de Janeiro: Tempo Brasileiro, 1993), pp. 443–457.
3.3. «Erotismo e sexualidade brasileira», *Latitudes*, n.º 10 (Paris, 2000), pp. 76–78.
3.4. «A invenção do "homem brasileiro"», in *Construções e Visões das Américas Hispânicas* (Lisboa, CIDAC, 1994), pp. 41–59.
3.5. «Um livro trágico», in José C. Curto, *Álcool e Escravos* (Lisboa: Editora Vulgata, 2002), pp. 5–15.
3.6. «A participação dos africanos — escravos ou livres — na mudança cultural, em Portugal e no Brasil», in *Escravatura e Transformações Culturais — África — Brasil — Caraíbas* (Lisboa: Editora Vulgata, 2002), pp. 29–50.

4. Legitimação «científica» do colonialismo

4.1. «Escrita, colonialismo e Estado», *Studia Africana*, n.º 2 (Barcelona, Fevereiro, 1991), pp. 71–81.
4.2. «Antropologia e preconceito», in Donato Gallo, *Antropologia e Colonialismo — O Saber Português* (Lisboa: Heptágono, 1988), pp. 8–14.

4.3. «A fragilidade conceptual portuguesa», in Mário Moutinho, *O Indígena no Pensamento Colonial Português 1895–1961* (Lisboa: Universitárias Lusófonas, 2000), pp. 237–254.

4.4. «Os antropólogos portugueses na ratoeira do colonialismo», *Diário Popular* (18 de Maio, 1976), suplemento, p. 1.

5. Portugal perante o facto colonial

5.1. «As múltiplas variantes do processo colonial português», in Adelino Torres, *O Império Português entre o Real e o Imaginário* (Lisboa: Escher, 1991), pp. 7–21.

5.2. «Uma ilha africana na Duque d'Ávila», *Mensagem*, n.º especial (Lisboa: Associação da Casa dos Estudantes do Império), 1997, pp. 41–44.

5.3. «A Sombra dos Moçambicanos na Casa dos Estudantes do Império», *Latitudes*, n.º 25 (Paris, Dezembro, 2005), pp. 14–16.

5.4. «Algumas observações anómicas sobre a Lusofonia», in *A Globalização Societal Contemporânea e o Espaço Lusófono* (Lisboa: Edições Lusófonas-Universidade Lusófona de Lisboa, 2000), pp. 29–46.

Índice Onomástico

Índice Toponímico

Índice

INTRODUÇÃO

I.
DOMINAÇÃO E AUTONOMIAS

II. IDEOLOGIAS DO COLONIALISMO